大数据与人工智能技术丛书

经济管理中C++程序设计

第2版

◎ 韩冬梅 赵龙强 张勇 王炳雪 编著

U0361072

清华大学出版社

北京

内 容 简 介

本书在介绍计算机编程的思想、方法及算法分析的基础上,以C++程序设计语言为教学实践语言,结合财经类院校的特点阐述程序设计方法。本书面向实用、注重实践,采用深入浅出、通俗易懂的案例,着重培养读者程序设计能力,提高读者数据获取、数据处理及数据分析的能力。

全书内容分为C++面向过程程序设计、面向对象程序设计及附录三大部分。第1~6章为面向过程程序设计,主要阐述C++语言基础、程序控制结构、函数、数组、构造数据类型、指针和引用。第7~12章为面向对象程序设计,主要阐述类和对象、继承和组合、多态和虚函数、运算符重载、输入/输出流、C++的异常处理。

本书在阐述案例程序算法分析及编写程序的基础上,着重进行了程序分析和思考拓展,还配有相关练习题。本书适合作为高等院校非计算机类专业教学用书,尤其是财经管理类专业,也适合作为从事C++程序设计领域相关工作人员的参考书。

图书在版编目(CIP)数据

经济管理中C++程序设计/韩冬梅等编著. —2版. —北京:清华大学出版社,2022.8
(大数据与人工智能技术丛书)
ISBN 978-7-302-58327-1

Ⅰ. ①经… Ⅱ. ①韩… Ⅲ. ①C++语言—程序设计—应用—经济管理—高等学校—教材 Ⅳ. ①F2-39

中国版本图书馆CIP数据核字(2021)第113819号

责任编辑:黄　芝
封面设计:刘　键
责任校对:郝美丽
责任印制:曹婉颖

出版发行:清华大学出版社
　　　　网　　　址:http://www.tup.com.cn, http://www.wqbook.com
　　　　地　　　址:北京清华大学学研大厦A座　　　邮　　编:100084
　　　　社 总 机:010-83470000　　　　　　　　邮　　购:010-62786544
　　　　投稿与读者服务:010-62776969,c-service@tup.tsinghua.edu.cn
　　　　质量反馈:010-62772015,zhiliang@tup.tsinghua.edu.cn
　　　　课件下载:http://www.tup.com.cn,010-83470236
印 装 者:三河市铭诚印务有限公司
经　　销:全国新华书店
开　　本:185mm×260mm　　印　张:28.5　　　　　字　　数:659千字
版　　次:2019年1月第1版　2022年8月第2版　　印　　次:2022年8月第1次印刷
印　　数:2301~3800
定　　价:79.80元

产品编号:092718-01

前 言

 人类进入了信息时代,信息技术和数据技术的核心是计算机技术。计算机的迅速发展改变了人们学习和生活的方式,各行各业都在利用计算机进行信息管理,信息化进程促使人们正确掌握计算机的编程思想和方法。程序设计成为当代大学生必须掌握的一项基本技能,财经院校的学生从事金融投资等相关研究领域通常需进行数据分析,而全面深入的数据分析会涉及一些重要的模型,模型计算与计算机编程紧密相关,所以掌握计算机编程思想和方法能够更方便地拓展研究以深入分析相关数据。计算机程序设计教学是高校财经管理类专业必须掌握的一门基本技能,随着信息化的深入,计算机编程的重要性也逐步得到了财经院校财经管理类专业的重视,使财经院校的学生成为金融知识与计算机技术兼备的复合型创新型人才。

 本书在阐述计算机编程的思想、方法及算法分析的基础上,以 C++ 程序设计语言作为教学实践语言。C++ 是面向计算机硬件基于机器系统软件开发的一种非常流行的高级语言,其功能强大,既支持面向过程的程序设计又支持面向对象的程序设计。本书培养读者熟练掌握 C++ 程序设计方法解决实际问题的能力,使读者掌握相关数据类型及算法的基本逻辑,掌握程序编程的基本思想和方法,提高数据分析的能力,尤其是数据获取、数据处理、数据分析和信息决策的能力,掌握在财经管理类专业课程学习中使用的编程方法,为后继学习计算机相关课程以及熟练使用专业软件包夯实基础。

 本书用 12 章内容阐述 C++ 程序设计。第 1~6 章为面向过程程序设计。第 1 章 C++语言基础,阐述数据类型、表达式及程序的基本结构。第 2 章程序控制结构,阐述程序设计三种控制方法(顺序结构、分支结构和循环结构)及模块化程序控制流程与算法。第 3 章函数,阐述函数的调用及数据存储的性质及过程封装、递归思想与递归设计技术。第 4 章数组,阐述数据的批量存储和批量处理。第 5 章构造数据类型,阐述结构体数据类型和使用。第 6 章指针和引用,阐述数据的直接访问与间接访问。第 7~12 章为面向对象程序设计。第 7 章类和对象,阐述类的定义和对象构造、对象的析构及面向对象程序的特点和基本设计方法。第 8 章继承和组合,阐述面向对象的重要特征——代码重用。第 9 章多态和虚函数,阐述面向对象程序设计中多态性的两种实现方法:静态绑定编译时的多态和动态绑定运行时的多态。第 10 章运算符重载,阐述对类类型的对象执行内置运算符的操作。第 11 章输入/输出流,阐述输入与输出是一连串字节流方式进行的,面向对象的输入与输出流通过输入与输出库实现。第 12 章 C++ 的异常处理,阐述 C++ 程序异常的处理机制。

 本书由具有丰富计算机程序设计教学经验的教师编写。理论与实践相结合,面向实用、注重实践,采用深入浅出、通俗易懂的案例,着重培养读者的编程能力和实际应用能力。本书在阐述程序算法分析及编写程序的基础上,着重进行程序分析和思考拓展,配有相关的练习题。本书中所有程序代码均在 Visual C++ 6.0 环境下调试运行。本书适合作为高等院校非计算机类专业教学用书,尤其是财经管理类专业。阅读本书不要求读者有任何编程经验。本书也适合作为从事 C++程序设计领域相关工作人员的参考书。

本书配套教学视频,读者可在智慧树网站通过作者等信息找到该课程,观看视频。其他教学资源可以从清华大学出版社网站下载。

本书第 1~3 章由韩冬梅编写;第 4~6 章由赵龙强编写;第 7~9 章由王炳雪编写;第 10~12 章由张勇编写。全书由韩冬梅教授审定和统稿。

由于编者学识浅陋,水平有限,书中的不当之处恳请广大读者批评指正。

编 者

2022 年 5 月

目　录

第 2 部分 面向对象程序设计

第1部分　面向过程程序设计

第 1 章

C++语言基础

软件的运行离不开数据。日常生活中我们将数字、文字等数据输入到计算机中,通过各种计算机程序处理这些数据。数据有常量和变量之分,常量是指在程序运行过程中值保持不变的量;变量是指在程序运行过程中,其值可以随时改变的量。常量和变量都属于某种数据类型。此外,处理数据需要进行运算,C++语言提供了丰富的运算符,如进行算术计算、比较值的大小、修改变量、逻辑组合关系等。本章主要介绍 C++语言编程的基础组成成分,包括数据类型、运算符和表达式等。

1.1 引言

20 世纪发明的计算机到了 21 世纪发生飞跃性的发展,其与各种形式的智能设备紧密联系,为企业生产和人民生活带来了便利。在不同场合使用的计算机(或智能设备),都由硬件和软件组成。如果没有软件,计算机将无法工作。软件是一系统按照特定顺序组织的计算机数据和指令的集合,通常用某种程序设计语言编写,运行于某种目标体系结构的计算机上。例如,一个程序就像一个用汉语(程序设计语言)写下的红烧肉菜谱(程序),用于指导懂汉语的人制作菜肴。计算机程序是通过在计算机内存中开辟一块存储空间,并用一个语句序列不断修改这块存储空间上的内容,最终得到问题的解答来解决实际问题。

人与计算机的交流,同样需要解决语言问题,需要创造一种计算机和人都能识别的语言,这就是计算机语言。通过使用跟人类自然语言相接近的高级程序设计语言,在程序中表达人们的旨意,程序则负责调度各种计算机资源完成人们下达的旨意。计算机语言通过定义变量的形式,给出申请内存的方式,并通过表达式和赋值语句给出对内存中的数据进行运算和修改的方法,通过分支和循环语句提供不同方式安排语句序列的能力。大部分计算机语言还提供基础函数库,以完成一些常用的计算和数据处理的功能。本书将带领读者系统地学习 C++ 语言。

1.2　编写 C++ 程序

1. 简单的 C++ 程序

人们经常使用计算机来进行各种生活或工作中的数学运算,以下是用 C++语言编写的一个简单的计算机程序。

```
1   # include < iostream >
2   using namespace std;
3   int main()
4   {
5       float a,b;
6       char op;
7       cout <<"依次输入第一个运算数、运算符( + , - , * ,/)、第二个运算数"<< endl;
8       cin >> a >> op >> b;
9       switch(op)
10      {
11          case ' + ':
12              cout << a + b << endl;
13              break;
14          case ' - ':
15              cout << a - b << endl;
16              break;
17          case ' * ':
18              cout << a * b << endl;
19              break;
20          case '/':
21              if(b == 0)
22              {
23                  cout <<"第二个运算数不能是 0"<< endl;
24                  return 1;
25              }
26              cout << a/b << endl;
27              break;
28          default:
29              cout <<"您的输入有误!";
30      }
31      return 0;
32  }
```

大家刚开始学习时,看不懂以上程序没关系,我们从上往下逐行分析以上代码的含义。首先,第 1 行 ♯ include < iostream >,表示在编写这段程序时,包含另外一个已经写好的 iostream 文件,这个文件可以让我们和计算机进行交互。第 2 行代码表示使用名为

std 的 namespace 中的标识符,如程序中的 cin、cout。第 3 行代码表示程序的主函数,它是程序执行的入口。第 5～6 行代码定义了三个变量,分别表示第一个运算数、运算符和第二个运算数。第 7 行代码表示向屏幕输出一行文字,对用户进行提示。第 8 行代码表示接收用户输入的数字和符号,并赋值给相应的变量。第 9 行代码表示一个开关逻辑,根据输入运算符的不同,决定执行哪个运算,也就是执行下面的哪一个 case 语句。第 11～29 行代码表示根据情况进行相应的具体计算,稍微特殊的是除法"/"的情况,要判断第二个运算数是否为"0"。第 31 行代码表示程序执行结束。

2. C++进行输入和输出

计算机语言(如 C++语言)可以实现让人类与机器进行交互,交互最基本方式体现为通过键盘向其输入数据,计算机在进行处理运算之后通过屏幕输出结果。C++语言已经实现了输入和输出功能,我们要做的就是正确地调用。

输入和输出是将数据从计算机外部设备传送到计算机内存或反向传送的过程,数据如流水一样从一处流向另一处。C++语言中形象地将此过程称为流(stream)。C++语言提供用于输入和输出的 iostream 类库。单词 iostream 由 3 部分组成,即 i-o-stream,意为 input 输入、-output 输出、-stream 流。

类库 iostream 包含了对输入和输出流进行操作所需要的基本信息,因此大多数 C++程序都包括 iostream。在 iostream 文件中定义了常用的两个流对象,cin 对应来自键盘的标准输入流;cout 对应发往屏幕的标准输出流。cin 通常与>>符号结合在一起,用于将键盘输入的数据分配给相应的变量;cout 通常与<<符号结合在一起,用于将数据向屏幕进行输出。有一个简单而形象的方法理解运算符<<和>>的作用:它们指出了数据移动的方向。

例如,>> a 箭头方向表示把数据放入 a 中。而<< a 箭头方向表示从 a 中拿出数据。读者可以参考先前的示例。

1.3 常量

常量是指在程序运行过程中,其值不能被改变的量,如数据"2""−56""3.14""0.22""3.16E7""hello"都是常量。常量可分为整型常量、浮点型常量、布尔常量、字符常量、字符串常量和符号常量。

1. 整型常量

例如整数"6""−45""978"都是整型常量。C++语言把不含小数点和指数的数当作整数,因此"7.0"和"0.314159e1"则不是整型常量。大多数整型常量看作 int 类型。如果整数特别大,则有不同的处理。整型常量分为八进制整型常量、十进制整型常量和十六进制整型常量 3 种表示形式。其表示方法如表 1.1 所示。

表 1.1 整型常量的表示方法

整型常量	表示方式	正确示例	错误示例
八进制整型	由数字 0~7 组成的数字串,并以数字 0 开头	0111(十进制 73)、011(十进制 9)、0123(十进制 83)	256(无前缀 0)、03A2(包含非八进制数码)、-0127(出现负号)
十进制整型	由数字 0~9 组成的数字串	0、1、364、28、-34	045(不能有前导 0)、45D(包含非十进制数码)
十六进制整型	由 0~9、a~f 或 A~F 中的数字或英文字母组成的数字串,并以 0x 或 0X 开头	0x11(十进制 17)、0Xa5(十进制 165)、0x5a(十进制 90)	6B(无前缀 0x 或 0X)、0X2H(包含非十六进制数码)

例如,固定资产的最低折旧年限如下。

(1) 房屋、建筑物的最低折旧年限为 20 年,用八进制表示为 024 年,用十六进制表示为 0x14 年。

(2) 飞机、火车、轮船、机器、机械和其他生产设备的最低折旧年限为 10 年,用八进制表示为 012 年,用十六进制表示为 0xa 年。

(3) 与生产经营活动相关器具、工具、家具等的最低折旧年限为 5 年。

(4) 除飞机、火车、轮船以外的运输工具的最低折旧年限为 4 年。

(5) 电子设备的最低折旧年限为 3 年。

2. 浮点型常量

浮点数可以和数学中实数概念相对应。实数包含整数之间的数。如"2.75""3.16E7""7.00""2e-8"则都是浮点数。注意,加小数点的数是浮点型值,所以"7"是整型常量,而"7.00"是浮点型常量。显然,浮点数只采用十进制,并且书写浮点数有多种形式。浮点型常量有两种表示形式:十进制小数形式和指数形式。

1) 十进制小数形式

十进制小数形式为包含小数点的十进制数字串。例如,车辆购置税税率 0.10,一般纳税人增值税税率 0.17 等。需要注意的是,此类浮点型常量小数点前或后可以没有数字,但不能同时没有数字,如 300.,.2。

2) 指数形式

指数形式的格式由两部分组成:十进制小数形式或十进制整型常量部分和指数部分。其中指数部分是在"e"或"E"(相当于数学中幂底数 10,后文中均用"e")后跟整数阶码(即可带符号的整数指数)。需要注意的是,"e"或"E"前面必须有数字,"E"或"e"后面的阶码必须为整数,且浮点型常量中不能出现空格。

例如,2013 年国家财政收入 129 143 亿元,可以表示为 1.29e13 元。也可以表示为 0.129143e14 亿元或者 129e-1 兆亿元。但不可以表示为如下形式。

(1) e13,缺少十进制小数部分。

(2) 1.29e,缺少阶码。

（3）1.29e−13.2,阶码不是整数。

（4）1.29 e 13,浮点型常量中不能出现空格。

【例 1-1】　A 企业持一张面额 100 万元,尚有 120 天到期的商业票据到银行贴现,如果银行规定的贴现年利率为 6%,则银行应付款给 A 企业多少钱?

问题分析

贴现是指银行承兑汇票的持票人在汇票到期日前,为了取得资金,贴付一定利息将票据权利转让给银行的票据行为,是持票人向银行融通资金的一种方式。贴现息、贴现净额的计算公式如下。

$$贴现利息＝贴现金额×贴现年利率×贴现天数/360$$

$$贴现净额＝票面金额−贴现利息$$

根据上述公式,A 企业应支付贴现利息为 $100×6\%×120/360$,银行最终支付 A 企业贴现净额为 $100−(100×60\%×20/360)＝98$（万元）。

编写程序

```
1   # include < iostream >
2   using namespace std;
3   int main()
4   {
5       float bill = 1e6;            //1e6 为指数形式的浮点型常量
6       float rate = 6e - 2;         //6e - 2 为指数形式的浮点型常量
7       int n = 120;                 //120 为整型常量
8       float pay;
9       pay = bill * (1 - rate * n/360);
10      cout <<"银行应付款"<< pay << endl;
11      return 0;
12  }
```

运行结果

```
银行应付款: 980000
```

默认情况下,编译器将浮点型常量当作 double 类型（通常使用 8 字节进行存储）。例如,假设是一个 float 变量（通常使用 4 字节进行存储）,执行下面的语句。

```
Result = 3.0 * 5.0;
```

其中 3.0 和 5.0 被存储为 double 类型,乘积运算使用双精度,运算结果被截尾转换为 float 类型。将浮点型常量当作 double 类型能保证计算精度,但是会减慢程序的执行。

如果需要类型为 float 类型的浮点型常量,可以通过"f"或"F"后缀来定义,如 3.1f 和 4.32E5F,编译器会把这种浮点型常量当作 float 类型。

3. 布尔常量

布尔常量有两个值,一个是 true,代表"真";另一个是 false,代表"假"。

4. 字符常量

字符常量是用一对单引号括起来的单一字符。例如,'a','b','=','+','?'都是合法字符常量。字符常量属于 char 类型,在计算机的存储中占据 1 字节。单引号是定界符,并不是字符常量的一部分。一个字符常量代表 ASCII 字符集中的一个字符,它的值即为该字符对应的 ASCII 码值。字符常量存储在计算机存储单元中时,并不是存储字符本身,而是以其代码(一般采用 ASCII 码)存储的,例如字符'A'的存储单元中存放的是"65"(以二进制形式存放)。一个字符常量也是一个整数,字符常量一般用来与其他字符进行比较,但也可以像其他整数一样参与数值运算。

字符常量有以下特点。

(1) 区分大小写。单引号中的大小写字母代表不同的字符常量,如'A'与'a'是不同的字符常量。

(2) 单引号中的空格符是一个字符常量。

(3) 字符常量只能包括一个字符,不能是字符串,如'ab'是非法的。

(4) 字符常量只能用单引号括起来,不能使用双引号。如"a"不是一个字符常量而是一个字符串。

(5) 区分数字与数字字符。例如,'5'和 5 是不同的,'5'是字符常量,其 ASCII 值为 53;5 是整型常量,数值大小为 5。

字符常量包括两种类型,普通字符和转义字符。

普通字符,用一对单引号括起来,如'a','b','=','+','?'都是普通字符。

转义字符是表示特定意义的字符,以\开头的字符序列,后面跟一个或几个字符。当然也要用一对单引号括起来。转义字符具有特定的含义,不同于字符原有的意义,故称为"转义"字符。转义字符主要用来表示一般字符不便于表示的控制代码,常用的转义字符如表 1.2 所示。

表 1.2　常用转义字符

转义字符	功　　能	ASCII 码	八进制表示
\n	换行符	10	012
\t	水平制表符	9	011
\v	垂直制表符	11	013
\b	退格符	8	010
\r	回车符	13	015
\\	反斜线字符	92	0114
\'	单引号字符	39	047
\"	双引号字符	34	042
\ddd	ddd:1~3 位八进制数形式的 ASCII 码所代表的字符		
\xhh	hh:1~2 位十六进制数形式的 ASCII 码所代表的字符		

表 1.2 中的转义字符的具体含义如下。

转义序列\n, \t, \v, \b 和\r 是常用的输出设备控制字符。换行符\n 可替换 endl,

使光标移到下一行的开始处。水平制表符\t将当前位置移到下一个水平制表位置(通常为字符位置1,9,17,25等)。垂直制表符\v将当前位置移到下一个垂直制表对齐点。退格符\b使光标在当前行上退回一个空格。回车符\r使光标回到当前行的开始处。

字符常量\是转义字符的前缀,'是字符常量的定界符,"是字符串常量的定界符,在字面上直接使用则会造成混乱,通过表中的三个转义序列\\、\'和\"可以输出字符常量\、'和"。例如,要打印以下内容:

The teacher says,"How do you do!"

可以使用以下代码。

cout <<"The teacher says,\"How do you do!\"\n";

转义字符\ddd和\xhh是ASCII码的专用表示方法。\ddd是一个以八进制数表示的字符,如'\101'表示八进制数101的ASCII码所对应的字符,即大写字母'A';'\012'表示八进制数12的ASCII码所对应的字符"换行"符。\xhh是一个以十六进制数表示的ASCII字符,如'\x41'表示十六进制数41的ASCII字符,即大写字母'A'。用表1.2中的方法可以表示任何可以显示的字母字符、数字字符、专用字符、图形字符和控制字符。

【例1-2】　某企业从事A、B、C 3种产品的生产,该企业各产品的销售额见表1.3,编写程序输出该企业的销售数据。

表1.3　某企业各产品销售额

GOODS	SALES	GOODS	SALES
A	800	C	1200
B	1000		

问题分析

转义字符可以实现输出格式。转义字符\n实现换行和空行,转义字符\t实现不同行数据列对齐。

编写程序

```
1   # include < iostream >
2   using namespace std;
3   int main()
4   {
5       cout <<"该企业各产品的销售额:\n";        //换行符\n
6       cout <<"\n";                              //空一行
7       cout <<"产品\t销售额\n";                  //水平制表符\t
8       cout <<"A\t800\n";
9       cout <<"B\t1000\n";
10      cout <<"C\t1200\n";
11      return 0;
12  }
```

运行结果

该企业各产品的销售额：

产品	销售额
A	800
B	1000
C	1200

5. 字符串常量

字符串常量是由一组双引号括起来的 0 个或多个字符组成的序列。如"This is a string"，"benefit"，"＄12.5"都是合法的字符串常量，注意不能错写成'This is a string'，'benefit'，'＄12.5'。双引号是定界符，不是字符串常量的一部分，正如单引号标识一个字符一样。

字符串是用字符型一维数组来存放的，字符型一维数组由连续存储单元组成，每个字符占用一个存储单元，如图 1.1 所示。系统在每个字符串的末尾自动加上一个字符'\0'作为字符串结束标志，'\0'在这里占用存储空间但不计入字符串的实际长度，该字符的存在意味着数组的单元数至少比要存储的字符数多 1。两个连续的双引号""也是一个字符串常量，称为空串，占 1 字节，该字节用来存放'\0'。

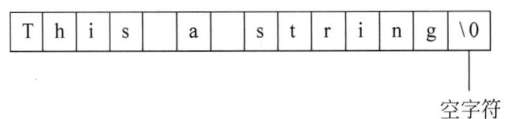

图 1.1　字符串在数组中的存储形式

字符串常量与字符常量是不同的。例如，字符常量'c'和字符串常量"c"虽然都只有一个字符，但在内存中的存储情况是不同的。

'c'在内存中占 1 字节，用字符变量来存放，可表示为：

$$\boxed{c}$$

"c"在内存中占 2 字节，用字符型一维数组来存放，可表示为：

$$\boxed{c \mid \text{\0}}$$

除了用字符型一维数组存放字符串常量，C++语言还引入了 string 类。使用 string 类比数组更为简单，一般建议使用 string 类。

6. 符号常量

用一个标识符来代表一个常量，称为符号常量。符号常量在使用之前要先定义，定义格式如下。

#define <符号常量名> 常量

如 #define TAXRATE 0.015

其中 #define 是一条预处理命令(预处理命令都以"#"开头),称为宏定义命令,当预编译时,值 0.015 将会在 TAXRATE 出现的每个地方替换它。为什么使用符号常量比较好呢?

(1)含义清楚。一个名字比一个数字提供的信息多,读程序时从 TAXRATE 可以大致知道它表示税率。

(2)容易修改。例如,在程序中多处使用到税率,一旦税率变动,就需要在程序中的多处进行修改,若用符号常量 TAXRATE 表示税率,只需要改变这个符号常量的定义,而不用在程序中查找这个常量并做修改。

为什么 TAXRATE 要大写呢?在程序中遇到大写的符号名时,表示这是一个常量而非变量。大写常量只不过是使程序更易阅读的技术之一。如果没有大写常量,程序也会照常工作,但应该培养大写常量的好习惯。

【例 1-3】 小王在 4S 店选中一辆价格为 15.8 万元的国产汽车,如果车辆购置税税率为 10%,小王应缴纳多少元的车辆购置税?

问题分析

车辆购置税是对在境内购置规定车辆的单位和个人征收的一种税,我国车辆购置税实行统一比例税率,税率为 10%,应纳税额的计算公式如下 。

应纳税额=应税车辆价格(含税价)/1.17(增值税率 17%)×10%

根据上述公式,小王应缴纳的车辆购置税为 15.8/1.17×10%=1.350 43(万元)。

编写程序

```
1   # include < iostream >
2   # define TAXRATE 0.1            //符号常量 TAXRATE 表示 10% 的车辆购置税税率
3   using namespace std;
4   int main()
5   {
6       float price = 15.8;
7       cout <<"汽车单价为:"<< price <<"万元\n";
8       cout <<"所需缴纳的车辆购置税为:";
9       cout << price/1.17 * TAXRATE <<"万元\n";
10      return 0;
11  }
```

运行结果

汽车单价为: 15.8 万元
所需缴纳的车辆购置税为: 1.35043 万元

使用 #define 指令易犯的错误:
符号常量定义中没有符号"=",末尾没有分号。例如:

```
# define PRICE = 30                    //这样定义是错误的
```

如果这样定义符号常量 PRICE，PRICE 将会被赋值 30 而不是被 30 所替换。

1.4　变量

变量是指在程序运行过程中其值可以随时改变的量，变量可以为任意数据类型。变量代表计算机内存中的某一存储空间，该存储空间中存放的数据就是变量的值。每个变量都有一个名字，这个名字称为变量名。变量名和变量值是两个不同的概念，如图 1.2 所示，a 是变量名，9 是变量 a 的值，即存放在变量 a 的存储单元中的数据。

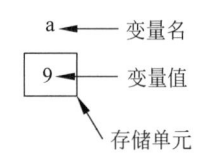

图 1.2　变量的存储形式

变量提供了一个有名字的内存存储区，可以通过程序对其进行读、写等操作。C++语言中的每个变量都与一个特定的数据类型相关联，这个类型决定了存储单元的长度(占多少字节)、数据的存储形式、能够存储在该内存的值的范围以及可以应用其上的操作集。

变量和常量属于某种数据类型。它们的区别在于变量是可寻址的，尽管常量的值也存储在计算机内存中的某个地方，但是我们没有办法访问它们的地址。从变量中取值或赋值，实际上是通过变量名查找相应的存储单元地址，对该存储单元进行读数据或写数据操作。

标识符及变量命名规则如下。

在计算机高级语言中，用来标识变量名、符号常量名、函数名、数组名、类型名、文件名的有效字符序列统称为标识符。例如，前文使用的符号常量名 TAXRATE、PRICE，还有变量名 price 等都是标识符。

标识符只能由字母、数字和下画线字符 3 种字符组成，且必须以字母或下画线开始。例如，abc、f1、p2、_sum 等都是合法的标识符，可以作为变量名。标识符是区分大小写的，大写字母和小写字母是不同的，所以标识符 stars 不同于 Stars。在传统的用法中，变量标识符用小写字母，符号常量标识符用大写字母，以示区别。

以下是不合法的标识符和变量名。

```
123,849                         //标识符不能以数字开始
new value,two + three           //标识符组成不能有空格和运算符
int,if                          //标识符不能使用关键字(参见表 1.4)
```

表 1.4　关键字

asm	do	if	return	try
auto	double	inline	short	typedef
bool	dynamic_cast	int	signed	typeid
break	else	long	sizeof	typename
case	enum	mutable	static	union
catch	explicit	namespace	static_cast	unsigned
char	export	new	struct	using

续表

class	extern	operator	switch	virtual
const	false	private	template	void
const_cast	float	protected	this	volatile
continue	for	public	throw	wchar_t
default	friend	register	true	while
delete	goto	reinterpret_cast		

1. 整型变量

1）整型变量的分类

C++语言提供多种整数类型，针对不同用途选择不同的整数类型。具体来讲，C++语言的各种整数类型的区别在于所提供数值的范围，以及数值是否可以取负值。通过关键字（long、short 和 unsigned）提供整型变量（int）的变种，扩展成 6 种整数类型，具体见表 1.5。

表 1.5　6 种整数类型

类　　型	类型说明符	长度	数值的范围
整型	int	4 字节	$-2^{31} \sim (2^{31}-1)$（即 $-2\,147\,483\,648 \sim 2\,147\,483\,647$）
短整型	short	2 字节	$-2^{15} \sim (2^{15}-1)$（即 $-32\,768 \sim 32\,767$）
长整型	long	4 字节	$-2^{31} \sim (2^{31}-1)$（即 $-2\,147\,483\,648 \sim 2\,147\,483\,647$）
无符号整型	unsigned	4 字节	$0 \sim (2^{32}-1)$（即 $0 \sim 4\,294\,967\,295$）
无符号短整型	unsigned short	2 字节	$0 \sim (2^{16}-1)$（即 $0 \sim 65\,535$）
无符号长整型	unsigned long	4 字节	$0 \sim (2^{32}-1)$（即 $0 \sim 4\,294\,967\,295$）

C++语言没有统一规定各类数据在内存中所占的字节数，编译系统分配给 int 型数据 2 字节或 4 字节（由具体的计算机系统和编译器自行决定），Visual C++为每一个 int 型数据分配 4 字节。

整数在存储单元中以二进制数字存储。例如，整数 7 的二进制表示为 111，在 1 字节中存储它需要将前 5 位置 0，将后 3 位置 1，如图 1.3 所示。

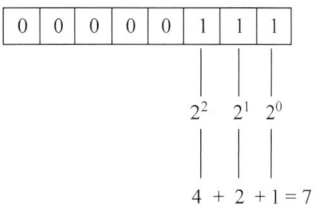

图 1.3　使用二进制编码存储整数 7

2）整型变量的定义

程序中使用的各种变量都应预先加以定义，即先定义，后使用。

变量声明格式如下。

<类型标识符> 变量名 1,变量名 2,变量名 3,…;

正确格式的示例如下。

```
int x, y, z;
unsigned short c,d;
long e,f;
```

可以分别声明每个变量,也可以在一条语句中声明多个变量。两种方法的效果是一样的,都将为变量赋予名称并安排存储空间。例如,示例中最后一行的定义也可以等价地写为:

```
long e;
long f;
```

3)整型变量初始化和赋值

以上变量声明创建了变量,但没有为其赋值。如何为变量赋值?

(1)先定义,后赋值。示例如下。

```
int eggs;
eggs = 100;
```

(2)定义时直接初始化。示例如下。

```
int a = 5, b = 6, c = 7;
long x = 32768;
```

【例1-4】 小王有两个账户,各存款100元,现在两个账户都要支付101元的消费额,为了保证账户的正常交易,账户应该定义为什么整数类型?

问题分析

通常把整数存储为 int 型,如果数值太大,可以考虑 unsigned、long、unsigned long 型。

编写程序

```
1    # include < iostream >
2    using namespace std;
3    int main()
4    {
5        int iaccount = 100;
6        unsigned uaccount = 100;        //unsigned型只能存储非负整数
7        iaccount = iaccount - 101;
8        uaccount = uaccount - 101;        //减运算结果为 - 1,变量 uaccount 的值会怎样
9        cout <<"转账后余额(int 账户)为: "<< iaccount <<"元\n";
10       cout <<"转账后余额(unsigned 账户)为: "<< uaccount <<"元\n";
11       return 0;
12   }
```

运行结果

转账后余额(int 账户)为: - 1元
转账后余额(unsigned 账户)为: 4294967295 元

程序分析

iaccount 和 101 都是 int 型,所以可以直接进行运算,结果为 - 1;uaccount 和 101 的数据类型不一致,系统会先自动把"较低"的类型提升为"较高"的类型,即 101 转换为

unsigned 型,再进行减运算,运算结果为−1,超越 unsigned 型的数据范围,其值将为范围另一端的取值,如图 1.4 和图 1.5 所示(感兴趣的读者也可以查找二进制补码的知识来解释运算结果)。

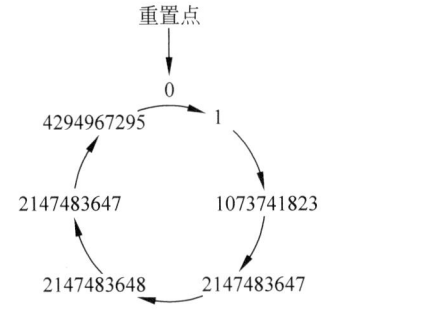

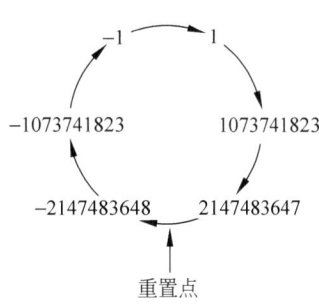

图 1.4　unsigned 型数据范围示意图　　　　图 1.5　int 型数据范围示意图

4) 整数的溢出

如果整数太大,超出整数类型的范围会怎么样? 下面分别将有符号类型和无符号类型整数设置为最大允许值加略大一些的值,观察结果如何。

【例 1-5】　整型变量的最大允许值的讨论。

编写程序

```
1   # include < iostream >
2   # include < iomanip >        //头文件 iomanip 包含输入/输出流中使用的控制符信息
3   # include < limits >         //头文件 limits 包含整数最大长度的信息
4   using namespace std;
5   int main()
6   {
7       int i = INT_MAX;          //INT_MAX 为 int 型的最大取值
8       unsigned int j = UINT_MAX;  //UINT_MAX 为 unsigned 型的最大取值
9       cout << setw(15)<< i << setw(15)<< i + 1 << setw(15)<< i + 2 << endl;
10      cout << setw(15)<< j << setw(15)<< j + 1 << setw(15)<< j + 2 << endl;
11      return 0;
12  }
```

运行结果

```
2147483647     − 2147483648     − 2147483647
4294967295               0                1
```

程序分析

i 和 j 都是 int 型,可以直接进行运算,表达式 i＋1 超越了 int 型的数据范围,沿数值增大方向,与 INT_MAX(2147483647)相邻的数值即为表达式 i＋1 的值,如图 1.5 所示,与 INT_MAX 相隔两个位置的数值即为表达式 i＋2 的值。同样道理,表达式 j＋1 超越了 unsigned 型的数据范围,如图 1.4 所示,沿数值增大方向,与 UINT_MAX(4294967295)相邻的数值即为表达式 j+1 的值,与 UINT_MAX 相隔两个位置的数值即为表达式 j+2 的值。

2. 布尔变量

布尔变量可以赋值为 true 或 false,示例如下。

```
bool found = false;                  //定义时直接初始化布尔变量 found
```

当需要一个整数值时,布尔常量被隐式地提升成 int 型,false 变成 0,而 true 变成 1。示例如下。

```
int i = true;                        //true 转变成 1,整型变量 i 的初始值为 1
```

正如常量 false 和 true 能自动转换成整数值 0 和 1 一样,如果有必要,整数值也能隐式地被转换成布尔类型的值。0 被转换成 false,非零值都被转换成 true。示例如下。

```
bool succeeded = 2;                  //2 转换成 true,布尔变量 succeeded 的初始值为 true
```

3. 字符变量

字符变量用于存储字母和标点符号之类的字符,但是在技术实现上字符变量却是整数类型,这是因为字符变量实际存储的并不是字符本身,而是以其代码(一般采用 ASCII 码)存储的。但是,字符数据在使用上有自己的特点。

1) 字符变量的定义

字符变量用来存储字符常量,即单个字符。字符变量的类型说明符是 char,char 类型占用 1 字节的存储空间。字符变量类型定义的格式和书写规则都与整型变量相同。示例如下。

```
char a,b;                            //定义 a,b 为字符变量
```

2) 字符变量初始化

如果把一个字符变量初始化为字母 A,无须记住该字符的 ASCII 码,使用下面的初始化语句把字符 A 赋给变量 grade。

```
char grade = 'A';
```

'A'是一个字符常量,其中的单引号是必不可少的,编译器遇到'A'时会将其转换为相应的编码值 65,系统把整数 65 赋给变量 grade。因为字符实际上以数值的形式存储,所以也可以使用数值编码来赋值。

```
char grade = 65;
```

对于 ASCII 码,这是可以的,但这是一种不好的编程风格。

下面给出了更多字符变量赋值的示例。

```
char passed;                         //声明一个 char 变量
passed = 'Y';                        //正确
```

```
passed = Y;                        //错误,除非 Y 是一个已经定义好的 char 变量
passed = "Y";                      //错误,"Y" 是一个字符串,无法赋值给 char 变量
```

【例1-6】　大小写字母的转换。

问题分析

字符变量实际存储的是其相应 ASCII 码值,所有小写字母的 ASCII 码值比对应的大写字母的 ASCII 码值大 32,所以通过数值运算可以实现大小写字母的转换。

编写程序

```
1    # include < iostream >
2    using namespace std;
3    int main()
4    {
5        char c1 = 'y',c2 = 'n';
6        c1 = c1 - 32;
7        c2 = c2 - 32;
8        cout <<"输入字符"<< c1 <<"代表 Yes\n";
9        cout <<"输入字符"<< c2 <<"代表 No\n";
10       return 0;
11   }
```

运行结果

输入字符 Y 代表 Yes
输入字符 N 代表 No

4. 浮点变量

1) 浮点变量的分类

在账务和数学计算程序中经常要用到浮点数。浮点数包括 float(单精度浮点型)、double(双精度浮点型)和 long double(长双精度浮点型)类型,浮点数能够表示包括小数在内的更大范围的数,具体见表 1.6。

表 1.6　3 种浮点数类型

类　　型	类型说明符	长　　度	数值的范围(绝对值)	有 效 位 数
单精度浮点型	float	4 字节	$3.4 \times 10^{-38} \sim 3.4 \times 10^{38}$	6
双精度浮点型	double	8 字节	$1.7 \times 10^{-308} \sim 1.7 \times 10^{308}$	15
长双精度浮点型	long double	8 字节	$1.7 \times 10^{-308} \sim 1.7 \times 10^{308}$	15

不同的计算机系统和编译器对 long double 型的处理方法不同,Visual C++ 对 long double 型和 double 型处理方法相同,分配 8 字节。

浮点数与整数的最重要的区别是存储方案不同。浮点数表示法将一个数分为小数部

分和指数部分并分别存储。例如,在十进制中 3.141 59 可表示为 0.314 159e1,0.314 159 是小数部分,1 是指数部分,如图 1.6 所示。计算机的内部存储实际上使用二进制数字。

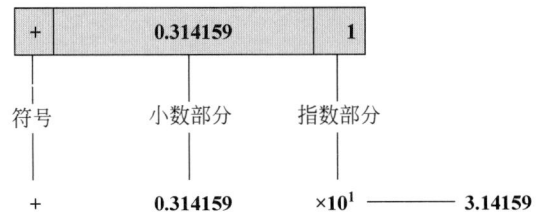

图 1.6　以浮点格式存储实数 3.141 59(十进制版本)

2) 浮点变量的定义

浮点变量定义的格式和书写规则与整型变量相同。示例如下。

```
float x,y;                      //x,y 为单精度浮点变量
double a,b,c;                   //a,b,c 为双精度浮点变量
```

5. 常变量

在定义变量时,如果加上限定符 const,则变量的值在程序运行期间不能改变,这种变量称为常变量,示例如下。

```
const int weight = 23;
```

变量 weight 被初始化后,其值就被固定了,始终为 23,编译器将不允许再修改该变量的值。上面的代码如果改写成下面的形式:

```
const int weight;              //常变量的值不确定
weight = 23;                   //无法修改常变量的值
```

如果在声明变量 weight 时没有提供值,则该变量的值将不确定,并且无法修改。

要区别用限定符 const 定义的常变量和用 ♯define 指令定义的符号常量。用 ♯define 定义符号常量是 C++语言所采用的方法,但使用 const 的方法有很多的优越性。通常 ♯define 指令经常被认为好像不是语言本身的一部分。例如:

```
♯define TAXRATE 0.015
```

当预编译时,所有的符号常量 TAXRATE 替换为指定值 0.015,于是 TAXRATE 不会加入符号列表中。如果涉及这个常量的代码在编译时报错,则会很令人费解,因为报错信息指的是 0.015,而不是 TAXRATE,甚至要花时间才能找出错误代码的位置。使用 const 定义变量,可以有效地解决这个问题。另外,使用 const 定义变量可以显式指明数据类型。更重要的是,const 方法可以方便地应用于复杂的派生类型。

【例 1-7】　小王在银行存入 3 年期存款 100 万元,若 3 年期定期存款年利率为 4%,利息所得税率为 20%,利用单利法计算小王存满 3 年的实得利息额。

问题分析

单利(simple interest)是指按照固定的本金计算的利息,是计算利息的一种方法。单利法的计算公式为:

实得利息额＝本金×利率×计息期数×(1－税率)

其中计息期数通常以年为单位。根据上述公式,小王存满 3 年的实得利息额＝100×4％×3×(1－20％)＝9.6(万元)。

编写程序

```
1   # include<iostream>
2   using namespace std;
3   int main()
4   {
5       const double irate = 0.04;
6       const int year = 3;
7       const double taxrate = 0.2;
8       float savings = 100;
9       double interest;
10      interest = savings * irate * year * (1 - taxrate);
11      cout <<"存满 3 年的实得利息额为:"<< interest <<"万元\n";
12      return 0;
13  }
```

运行结果

存满 3 年的实得利息额为:9.6 万元

1.5 数据类型

数据类型是对数据分配存储单元的安排,包括存储单元的长度(占多少字节)以及数据的存储形式。不同的数据类型分配不同的长度和存储形式。

1. 类型分类

C++语言允许使用的数据类型见表 1.7。C++语言数据类型可分为基本类型、派生类型、空类型 3 类。本章详细介绍基本类型,即整数类型和浮点数类型两种,如 78 是整数,而 42.100 是浮点数。布尔型(bool)、字符型(char)、短整型(short)、整型(int)、长整型(long)统称为整数类型。关键字 int 提供了整型,另外关键字(long、short 和 unsigned)用于提供整型的变种。char 类型用于表示字母以及其他字符(如♯、％和＊),char 类型也可以表示小的整数。float 和 double 统称为浮点数类型,表示带有小数点的数。在基本类型的基础上创建的派生类型,包括数组类型、结构体类型、共用体类型、枚举类型、函数类型和指针类型,在后面的章节中逐一详细介绍。

表 1.7　C++语言数据类型

数据类型	基本类型	整数类型	整型(int)
			短整型(short)
			长整型(long)
			布尔型(bool)
			字符型(char)
		浮点数类型	单精度浮点型(float)
			双精度浮点型(double)
	派生类型		数组类型([ ])
			结构体类型(struct)
			共用体类型(union)
			枚举类型(enum)
			函数类型
			指针类型(*)
	空类型(void)		

【例 1-8】　某公司投资 2 000 000 元生产产品 A,年产量为 180 000 件,单位产品的变动成本为 32 元/件,总固定成本为 1 080 000 元。如果公司希望获得 25%的年投资回报率,那么该公司产品应该如何定价?

问题分析

单位产品的变动成本＝32 元/件

单位产品的固定成本＝1 080 000 元/180 000 件＝6 元/件

单位产品总成本＝单位产品的变动成本＋单位产品的固定成本＝32+6＝38 元/件

单位产品利润＝2 000 000 元×25%/180 000 件＝2.78 元/件

单位产品价格＝38 元＋2.78 元＝40.78 元/件

则该企业对该种产品的价格应定为 40.78 元/件。

编写程序

```
1    # include < iostream >
2    # include < string >              //头文件 string 包含字符串类型 string 的信息
3    using namespace std;
4    int main()
5    {
6        string a = "单位产品的变动成本";   //string 为字符串类型
7        string b = "单位产品的固定成本";
8        string c = "单位产品的总成本";
9        string d = "单位产品的利润";
10       string e = "单位产品的价格";
11       int tfc = 1080000;              //总固定成本定义为整型变量
12       int i = 2000000;
13       int n = 180000;
14       int vc = 32;                    //变动成本
15       int fc,tc;                      //固定成本,总成本
16       float p;                        //利润定义浮点型变量
```

```
17      float r = 0.25;                        //投资回报率
18      float v;                               //产品价格
19      fc = tfc/n;
20      tc = vc + fc;
21      p = i * r/n;
22      v = tc + p;
23      cout << a <<' = '<< vc <<"元/件\n";
24      cout << b <<' = '<< tfc <<'/'<< n <<' = '<< fc <<"元/件\n";
25      cout << c <<' = '<< vc <<' + '<< fc <<' = '<< tc <<"元/件\n";
26      cout << d <<' = '<< i <<' * '<< r <<'/'<< n <<' = '<< p <<"元/件\n";
27      cout << e <<' = '<< tc <<' + '<< p <<' = '<< v <<"元/件\n";
28      cout <<"该企业对该种产品的价格应定为"<< v <<"元/件\n";
29      return 0;
30 }
```

运行结果

单位产品的变动成本 = 32 元/件
单位产品的固定成本 = 1080000/180000 = 6 元/件
单位产品的总成本 = 32 + 6 = 38 元/件
单位产品的利润 = 2000000 * 0.250000/180000 = 2.777778 元/件
单位产品的价格 = 38 + 2.777778 = 40.777778 元/件
该企业对该种产品的价格应定为 40.777778 元/件

2. 类型转换

当一个运算符的几个操作数类型不同时,如 5+3.14,则需要先通过一些规则把它们转换为某种共同的类型,再进行运算。一般来说,C++程序会执行自动类型转换,即把"较低"的类型提升为"较高"的类型,并且保证不丢失信息,例如,在计算表达式 f+i 时,将整型变量 i 的值自动转换为浮点类型(这里的变量 f 为浮点类型)。

除了自动类型转换,可以利用强制类型转换运算符将一个表达式转换成所需类型。强制类型转换形式有以下两种。

(类型名) 表达式
类型名(表达式)

示例如下。

(double)a　(将 a 转换成 double 类型)
int(x + y)　(将 x + y 的值转换成 int 类型)
(float)7　(将整数 7 的值转换成 float 类型)

1.6　运算符和表达式

1. 算术运算符和算术表达式

1) 基本算术运算符

(1) +(加法运算符,或称正号运算符,如 3+5、+3)。

(2) —(减法运算符,或称负号运算符,如 5—1、—4)。

(3) *(乘法运算符,如 3 * 5)。

(4) /(除法运算符,如 5/3)。

(5) %(模运算符,或称求余运算符,%两侧均应为整型数据,如 7%3 的值为 4)。

说明:整型数的除法运算和浮点数的除法运算有很大的不同。浮点类型的除法运算得出一个浮点数结果,例如,5.0/4 的值为 1.25;而整数除法运算,截断结果中的小数部分,产生一个整数结果,例如,5/4 的值为 1。

【例 1-9】 A 公司属于商品流通企业,为一般纳税人,售价中不含增值税,该公司第一季度销售收入为 600 万元,销售成本为 510 万元,则第一季度的实际销售毛利率为多少?

问题分析

销售毛利率是毛利占销售净值的百分比,通常称为毛利率,其中毛利是销售净收入与产品成本的差。毛利率是一个衡量盈利能力的指标,毛利率越高则说明企业的盈利能力越高,控制成本的能力越强。销售毛利率计算公式如下。

销售毛利率=(销售收入—销售成本)/销售收入×100%

根据上述公式,A 公司第一季度的实际毛利率为(600—510)/600×100%=15%。

编写程序

```
1  # include< iostream >
2  using namespace std;
3  int main()
4  {
5    int revenue,cost;              //销售收入、销售成本定义为 int 型,但结果有些问题
6    float gross;                   //销售毛利率
7    cout <<"请输入销售收入、销售成本: \n";
8    cin >> revenue >> cost;
9    gross = (revenue - cost)/revenue;
10   cout <<"销售毛利率为: "<< gross * 100 <<" % \n";
11   return 0;
12 }
```

运行结果

请输入销售收入、销售成本:
600 510
销售毛利率为: 0 %

变量 revenue、cost 定义为 int 型,表达式(revenue—cost)/revenue 进行了整数除法运算,截断结果中的小数部分 0.15,产生一个整数结果 0。解决的方法很简单,只要将变量 revenue、cost 定义为 float 型即可。

2)自增、自减运算符

自增、自减运算符(++、——)的作用是使变量的值加 1 或减 1,示例如下。

i++; 等价于 i=i+1;(先引用 i 值,再使 i 的值加 1)。

＋＋i；等价于 i＝i＋1；(先使 i 的值加 1,再引用 i 值)。

i－－；等价于 i＝i－1；(先引用 i 值,再使 i 的值减 1)。

－－i；等价于 i＝i－1；(先使 i 的值减 1,再引用 i 值)。

表 1.8 给出两个具体实例。

表 1.8 自增运算符程序实例

程 序 段	执 行 结 果

a = 3;
c = a++;
cout << a <<' '<< c << endl;
	3 4

b = 3;
d = ++b;
cout << b <<' '<< d << endl;
	4 4

注意：自增运算符(＋＋)和自减运算符(－－)只能用于变量,而不能用于常量或表达式。

(1) 常量不能进行自增、自减运算。

如 4＋＋,与其等价的表示形式为 4＝4＋1,不符合赋值表达式的要求。特别注意的是,在 C++语言中数组名和函数名都是常量,故不能进行自增、自减运算。

(2) 表达式不能进行自增、自减运算。

如(x＋y)＋＋,与其等价的表示形式为 x＋y＝x＋y＋1,不符合赋值表达式的要求。

【例 1-10】 小王将 100 万元积蓄进行投资,投资年限为 3 年,每年都能获得 4％的回报,按复利计算,3 年后小王的资产总值将变为多少？

问题分析

复利是指在每经过一个计息期后,将计息周期的利息加入本金,以计算下期的利息。这样,在每一个计息期,上一个计息期的利息都将成为生息的本金,即以利生利,俗称"利滚利"。复利的计算公式如下。

$$S＝P(1＋i)^n$$

其中,P 为本金；i 为利率；n 为持有期限。根据复利计算公式,小王 3 年后的资产总值将变为 $100\times(1＋4％)^3＝112.486$(万元)。

编写程序

```
1   #include<iostream>
2   using namespace std;
3   int main()
4   {
5       float p,s;
6       int j;
7       cout <<"请输入本金:";
8       cin>> p;
9       s = p;
10      for(j = 0;j < 3;j++)
11          s = s * (1 + 0.04);
```

```
12      cout <<"投资"<< p <<"万元\n";
13      cout <<"3 年后的资产总值为:"<< s <<"万元\n";
14      return 0;
15  }
```

运行结果

请输入本金: 100
投资 100 万元
3 年后的资产总值为 112.486 万元

3）算术表达式和算术运算符的优先级

用算术运算符和括号将常量、变量、函数等运算对象相连接的式子,称为算术表达式。例如,5＋'a'－i＊f＋d％3 是一个合法的算术表达式。

C++语言不仅规定了运算符的优先级,还规定了运算符的结合性。二元运算符"＋"和"－"具有相同的优先级,它们的优先级比运算符"＊""/""％"的优先级低,而运算符"＊""/""％"的优先级又比一元运算符"＋""－"和自增、自减运算符"＋＋""－－"优先级低,圆括号的优先级最高,运算符优先级次序如表 1.9 所示。在表达式求值时,先按运算符的优先级别顺序执行,优先级高的运算符先执行。例如,表达式 a－b＊c,b 的左侧为"－",右侧为"＊",而"＊"优先级高于"－",因此先对 b 进行乘法操作,再进行减法操作。

表 1.9　按优先级递减顺序排列的运算符

运　算　符	结　合　性
（）	从左到右
＋(正号) －(负号) ＋＋ －－	从右到左
＊ / ％	从左到右
＋ －(加减法运算符)	从左到右

对于大多数的算术运算符,运算符采用从左到右的结合规则。当运算符优先级一致时,则按"运算符结合性"处理。例如,在表达式 12/3 ＊ 2 里,有相同优先级的"/"和"＊"运算符共享操作数 3,按照从左到右的结合性,先执行"/"后执行"＊",这个表达式将被简化为 4 ＊ 2,结果为 8(如果是从右到左计算,先执行"＊"后执行"/",结果将是 2,得到错误的结果)。

2. 赋值运算符和赋值表达式

1）赋值运算符

在 C++语言里,符号"＝"不表示"相等",而是一个赋值运算符。下面的语句将值 560 赋给变量 a。

a＝560;

注意,符号"＝"左边是变量名,右边是赋给该变量的值,可以是常量、变量或任何一个表达式。赋值运算符低于所有算术运算符,运算符的结合性是从右到左。如 a＝b＝c＝5,首先 c 得到值 5,然后 b 得到值 5,最后 a 得到值 5。

2）复合赋值运算符

在赋值符"＝"之前加上其他运算符，可以构成复合的运算符。例如"＋＝""－＝"" ＊＝""/＝""％＝"等。每个这样的赋值运算符在使用时都是左边为变量名，右边为一个表达式。变量被赋予一个新的值，这个新值是它原来的值根据右边表达式的值进行调整得到的。示例如下。

```
s += 20;                    //等价于 s = s + 20;
t * = 3;                    //等价于 t = t * 3;
a % = 5;                    //等价于 a = a % 5;
```

复合赋值运算符右边的表达式还可以更为复杂，示例如下。

```
x * = 5 * a + 6;            //等价于 x = x * (5 * a + 6);
```

复合赋值运算符具有与"＝"同样低的优先级，也就是说低于所有的算术运算符的优先级，因此在与 x 进行相乘之前计算"5＊a＋6"。

3）赋值表达式

用赋值运算符和括号将常量、变量、函数等运算对象相连接的式子，称为赋值表达式。赋值表达式的一般形式如下。

变量 赋值运算符 表达式

上面的"表达式"可以是常量、变量、函数等运算对象，也可以是各种运算对象相连接的式子。对赋值表达式求解的过程是：先求赋值运算符右侧的"表达式"的值，再赋给赋值运算符左侧的变量。最后变量的值是赋值表达式的值。表 1.10 给出几个合法的赋值表达式。

表 1.10　合法的赋值表达式示例

赋值表达式	结　　果
c＝3＋4	c＝7
a＝b＝c＝5	a＝5，b＝5，c＝5
x＊＝5＊a＋6(假定 x 值为3，a 值为2)	x＝48

3. 关系运算符和关系表达式

关系运算符主要用于比较两个量的大小、两个量是否相等或不相等。所以关系运算符主要用于比较运算。完整的关系运算符见表 1.11。

表 1.11　关系运算符

运算符	名　　称	示　　例	功　　能	缩　写
＜	小于	a＜b	a 小于 b 时返回真；否则返回假	LT
＜＝	小于或等于	a＜＝b	a 小于或等于 b 时返回真；否则返回假	LE
＞	大于	a＞b	a 大于 b 时返回真；否则返回假	GT
＞＝	大于或等于	a＞＝b	a 大于或等于 b 时返回真；否则返回假	GE
＝＝	等于	a＝＝b	a 等于 b 时返回真；否则返回假	EQ
！＝	不等于	a！＝b	a 不等于 b 时返回真；否则返回假	NE

关系运算符的优先级次序说明如下。

（1）6个关系运算符中,前4种"<""<="">"">="的优先级相同,后2种"=="和"!="的优先级相同,前4种优先级高于后2种。

（2）关系运算符的优先级低于算术运算符。

（3）关系运算符的优先级高于赋值运算符。

用关系运算符将两个数值或数值表达式相连接的式子,称为关系表达式。如果关系为真,则关系表达式的值为布尔常量 true;如果为假,则关系表达式的值为布尔常量 false。当需要一个整数值时,布尔常量被隐式地提升成 int 型,false 变成 0,而 true 变成1。示例如下。

5＞2 为真,则该关系表达式的值为 true。

（2＋a)==a 为假,则该关系表达式的值为 false。

【例 1-11】 用关系表达式描述消费者的预算约束。

问题分析

消费者的选择不仅取决于消费者的偏好,还受到支付能力和商品价格的限制。这种在既定价格下,消费者对各种商品和服务的支付能力的限制表现为一种预算约束。经济学认为消费者总是选择他们能够负担的最佳物品。(x1,x2)表示消费者的消费束,即消费者选择商品 x1 时的消费量和选择商品 x2 时的消费量;已知两种商品的价格(p1,p2)和消费者要花费的货币总数 m。则消费者的预算约束可以写为 p1 * x1+p2 * x2 <=m。

若某些消费束刚好可以把消费者的收入用完,则这一系列消费束构成值为 m 的预算线,即 p1 * x1+p2 * x2==m。

【例 1-12】 假设一位消费者现在拥有 10 美元的财富,他正在考虑是否要进行一项抽奖。在这次抽奖中,他赚 5 美元的概率是 50%,亏损 5 美元的概率也是 50%。即他的期望收益是 10 美元,则他的期望效用如何用关系表达式描述?

问题分析

期望效用指的是消费者在不确定条件下可能获得的各种结果的效用的加权平均数。期望效用越大意味着这个结果发生的概率越大,它用于判断不同人对风险的不同的偏好。

对于一个风险厌恶的消费者而言,财富的期望效用大于财富的期望值的效用,即 $0.5u(5)+0.5u(15)>u(10)$。

【例 1-13】 项目 A 第一年年初投资 10 万元,从第一年年末连续两年有 5.6 万元的回报,设折现率为 8%,计算该项目的净现值,并判断企业是否会进行此项投资。

问题分析

净现值是指一项投资所产生的未来现金流的折现值与项目投资成本之间的差值。净现值法是评价投资方案的一种方法。该方法是利用净现金效益量的总现值与净现金投资量算出净现值,根据净现值的大小来评价投资方案。净现值的计算公式如下。

$$\mathrm{NPV} = \sum_{t=1}^{n} \frac{C_t}{(1+r)^t} - C_0 \qquad (1.1)$$

其中,NPV 为净现值;C_0 为初始投资额;C_t 为 t 年现金流量;r 为折现率;n 为投资项目的周期。针对每个方案计算净现值,有下面决策标准。

净现值大于或等于0,投资方案可行。

净现值小于0,投资方案不可行。

净现值均大于0,净现值最大的方案为最优方案。

根据公式,本题净现值为$\frac{5.6}{1+0.08}+\frac{5.6}{(1+0.08)^2}-10=-0.013\,717\,7$ 万元,所以企业不会进行此项投资。

编写程序

```
1   #include <iostream>
2   #include <math.h>              //头文件math.h包含pow()函数的信息
3   using namespace std;
4   int main()
5   {
6       const double r = 0.08;
7       float y1,y2,npv,c0,ct;
8       cout <<"请输入初始投资额、年收益: ";
9       cin >> c0 >> ct;
10      y1 = ct/(1 + r);
11      y2 = ct/pow(1 + r,2);
12      npv = y1 + y2 - c0;
13      if(npv <= 0)
14          cout <<"净现值为"<< npv <<"小于或等于0,投资方案不可行\n";
15      else
16          cout <<"净现值为"<< npv <<"大于0,投资方案可行\n";
17      return 0;
18  }
```

运行结果

请输入初始投资额、年收益: 10 5.6
净现值为 - 0.013 717 7 小于或等于0,投资方案不可行

4. 逻辑运算符和逻辑表达式

在实际应用中,两个或多个关系表达式组合起来更为有用,这时就要借助逻辑运算符连接式子。有三个逻辑运算符:与(&&)、或(||)、非(!)。

逻辑运算符的优先级次序说明。

(1)! 优先级高于 &&,&& 优先级高于||。

(2)! 优先级高于基本算术运算符,&& 和|| 低于关系运算符。

逻辑运算符的含义。

与运算 &&,参与运算的两个量都为真时,结果才为真,否则为假。如 5>0 && 4>2,由于 5>0 为真,4>2 也为真,相与的结果为真。

或运算||,参与运算的两个量只要有一个为真,结果就为真。两个量都为假时,结果

为假。如 5>0||5>8,由于 5>0 为真,相或的结果为真。

非运算!,参与运算量为真时,结果为假;参与运算量为假时,结果为真。如!(4>7),由于 4>7 为假,非运算的结果为真。

注意:逻辑表达式是从左到右求值的,在知道结果值为真或假后立即停止计算。如 x!=0 &&(20/x)<5,当 x=0 时,此时已经能判断表达式为假,不必再进行(20/x)<5 的运算;只有当 x 不为 0 时,才计算第二个表达式的值。

【例 1-14】 客户申请贷款,必须满足以下条件,资产不低于 10 万,或开户年限不小于 10 年,并且没有欠款记录,用表达式描述客户申请贷款的条件。

问题分析

令 a 表示资产,n 表示开户年限,年总存款额为 x;t 表示欠款次数,t=0 表示无欠款记录,当出现欠款行为时执行 t++;客户申请贷款的条件可表示为(a>=10||n>=10) &&! t。

【例 1-15】 关键审计合伙人在审计客户成为公众利益实体后的任职时间有如下规定,用逻辑表达式描述下面几种情况。

(1)在审计客户成为公众利益实体前,如果关键审计合伙人已为该客户服务的时间 "不超过 3 年",在该客户成为公众利益实体后,关键审计合伙人还可以为该客户提供服务的年限为 "5 年减去已经服务的年限"。

(2)如果关键审计合伙人为客户服务了 "4 年或更长的时间",在该客户成为公众利益实体后,关键审计合伙人还可以继续服务 2 年。

(3)如果审计客户是 "首次公开发行证券的公司",关键审计合伙人在该公司上市后连续提供服务的期限不得超过两个完整的会计年度。

问题分析

若 ipo 表示客户是否为 "首次公开发行证券的公司",ipo 取值为 1 表示是 "首次公开发行证券的公司",否则 ipo 取值为 0;t 表示关键审计合伙人已经提供服务的期限,n 表示客户成为公众利益实体后合伙人可以服务的时间。具体描述如表 1.12 所示。

表 1.12　根据审计客户类型 ipo 和已服务时间 t 的值来确定 n 值

条　　件	n 值确定	条　　件	n 值确定
if(! ipo && t<=3)	n=5-t	if(ipo)	n<=2
if(! ipo && t>=4)	n=2		

5. 条件运算符和条件表达式

当 a>b 时将 a 的值赋给 max,否则将 b 的值赋给 max。无论 a>b 条件是否满足,都是给同一个变量赋值。条件运算符提供了一种便利的表示方法,处理这类问题。例如可以用下面的语句实现:

```
max = (a>b)?a:b;
```

赋值号右侧的(a>b)? a:b 是一个条件表达式,"?:" 是一个条件运算符。

条件运算符由两个符号(? 和：)组成,必须一起使用,要求有 3 个操作对象,称为三目(元)运算符。条件运算符优先级高于赋值运算符,低于其他运算符。采用这种条件表达式可以编写出很简洁的代码。条件表达式的逻辑框如图1.7所示。

条件表达式的一般形式为:

表达式 1?表达式 2：表达式 3

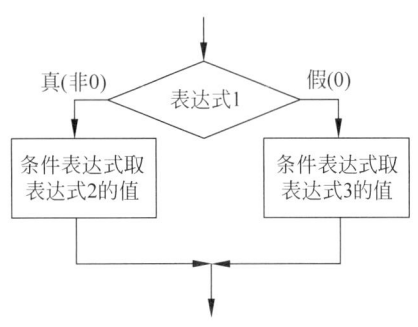

图 1.7　条件表达式逻辑框

可以这样理解条件表达式,首先计算表达式 1,如果其值不等于 0(为真),则计算表达式 2 的值,并以该值作为条件表达式的值,否则计算表达式 3 的值,并以该值作为条件表达式的值。表达式 2 与表达式 3 中只能有一个表达式被计算。

【例 1-16】 中国财政部数据显示,中国 2014 年 7 月全国财政收入约 12 700 亿元,全国财政支出约 10 300 亿元,用条件运算符描述中国 7 月财政状况,判断财政盈余还是财政赤字,并编程实现。

问题分析

政府在每一财政年度开始之初,会制定一个当年的财政预算方案,若实际执行结果收入大于支出,则为财政盈余;若支出大于收入,则为财政赤字。理论上说,财政收支平衡是最佳情况,在现实中一般财政收支相抵或略有结余。

设 revenue 表示财政收入,expend 表示财政支出,用条件运算符表示如下。

(expend > revenue)?"财政赤字":"财政盈余"

编写程序

```
1   # include < iostream >
2   # include < string >
3   using namespace std;
4   int main()
5   {
6       double revenue = 12700, expend = 10300;
7       double balance;
8       string result;
9       result = (expend > revenue)?"财政赤字":"财政盈余";
10      balance = (expend > revenue)? expend - revenue: revenue - expend;
11      cout << result << balance <<"亿元\n";
12      return 0;
13  }
```

运行结果

财政盈余 2400 亿元

6. 逗号运算符和逗号表达式

C++语言提供一种特殊的运算符——逗号运算符。用逗号运算符将两个表达式相连接,称为逗号表达式。示例如下。

3 * 2,5 + 6

逗号表达式的一般形式为:

表达式 1,表达式 2,…,表达式 n

逗号表达式的运算过程是从左向右,依次对表达式求值,首先计算表达式 1 的值,再计算表达式 2 的值,……,最后得到表达式 n 的值就是逗号表达式的值,所以表达式"3 * 2,5+6"的值为 11。

注意:逗号运算符是所有运算符中级别最低的。逗号表达式保证左边子表达式在计算右边的子表达式之前生效。示例如下。

x = (y = 3, (z = ++y + 2) + 5);

首先把 y 赋值为 3,然后 y 自增运算后值为 4,执行 4 加 2,结果 6 赋值给 z,执行 z 加 5,最后把 x 赋值结果为 11。

7. 运算符优先级与求值次序

表 1.13 总结了所有运算符的优先级与结合性,其中的一些规则还没有讲述。同一行中的各运算符具有相同的优先级,各行间从上往下,优先级逐行降低。如"＊""/""％"三者具有相同的优先级,它们的优先级都比二元运算符"＋""－"高。运算符"－>"和"."用于访问结构成员。

表 1.13 运算符的优先级与结合性

运 算 符	结合性
( ) 〔〕 －> .	从左至右
! ++ －－ ＋ － ＊ (类型)	从右至左
＊ / ％	从左至右
＋ －	从左至右
== !=	从左至右
& &	从左至右
||	从左至右
? :	从左至右
= += －= ＊= /= ％=	从右至左
,	从右至左

1.7 综合实例

【例 1-17】 编写程序,若变量 a,b 是整型,从键盘输入 a,b 的值,输出 f 的结果。

$$f = \frac{a}{a-b}\sqrt{\frac{a+b}{b}}$$

问题分析

定义两个整型变量存放两个整数,定义浮点型变量,存放表达式的值,计算表达式值的过程中,注意整数除法不能保留小数位,为了保证精度,因此要使用强制类型转换操作。本题开根号要调用数学库函数,函数原型为 double sqrt(double,double),因此需要使用 #include < cmath >预处理命令把数学库函数头文件包含进来。

编写程序

```
1  # include < iostream >
2  # include < cmath >
3  using namespace std;
4  int main()
5  {int a,b;
6    double f;
7    cout <<"输入 a,b:";
8    cin >> a >> b;
9    f = double(a)/double(a - b) * sqrt(double(a + b)/double(b));
10   cout <<"f = "<< f << endl;
11   return 0;
12 }
```

运行结果

```
输入 a,b:3,7
f = - 0.896421
```

【例 1-18】 输入一个摄氏温度值,转换并输出华氏温度值。转换公式如下。

$$F = \frac{9}{5}C + 32$$

式中,F 为华氏温度值;C 为摄氏温度值。

编写程序

```
1  # include < iostream >
2  using namespace std;
3  int main()
4  {
5  double C,F;
6  cout <<"请输入摄氏温度 C:\n";
7  cin >> C;
8  F = (9.0/5) * C + 32;
9  cout << "摄氏温度 C = " << C << endl;
10 cout << "华氏温度 F = " << F << endl;
11 }
```

运行结果

```
请输入摄氏温度 C:
26.5
摄氏温度 C = 26.5
华氏温度 F = 79.7
```

【例 1-19】 编写程序求一元二次方程 $ax^2 + bx + c = 0$ 的根。其中,当 $b^2 - 4ac \geqslant 0$ 时有实数根。编写此方程的求根程序,要求:输入整型数 a, b, c,根据判定式,若有实数根,则输出实数根;若无实数根,则输出无实数根的提示。

问题分析

定义 3 个变量存放 3 个系数。利用分支语句,如果条件表达式 $b^2 - 4ac \geqslant 0$,则根据求根公式计算两个不等实根或相等实根;否则提示无实根。

编写程序

```cpp
1   # include < iostream >
2   # include < cmath >
3   using namespace std;
4   int main()
5   { int a, b, c;
6   float x1, x2, t;
7   cout <<"Please input a, b, c:";
8   cin >> a >> b >> c;
9   t = b * b - (4 * a * c);
10  if(t < 0) cout <<"No real root!"<< endl;
11  else
12  {
13    x1 = ((-b) + sqrt(t))/(2 * a);
14    x2 = ((-b) - sqrt(t))/(2 * a);
15    cout <<"x1 = "<< x1 <<" x2 = "<< x2 << endl;
16  }
17  return 0;
18  }
```

运行结果

```
Please input a, b, c: a = 1 b = 2 c = 1
x1 = -1 x2 = -1
Please input a, b, c: a = 1 b = 1 c = 1
No real root!
```

【例 1-20】 因购房从银行贷款为 d,准备每月还款金额为 p,月利率为 r,计算多少个月能还清贷款。设 d 为 300 000 元,p 为 6000 元,r 为 1%。对求得的月份取小数点后一位,对第 2 位小数按四舍五入处理。

提示:计算还清月数 m 的公式如下。

$$m = \frac{\lg p - \lg(p - d \times r)}{\lg(1 + r)}$$

问题分析

该题目调用标准库函数 double log10(double)，因此程序中要使用♯include < cmath >，把数学库函数头文件用编译预处理命令包含进来。所有变量都要定义为浮点型变量，否则影响表达式运算结果精度。另外，控制输出的小数位数，调用数学库函数 setiosflags(ios::fixed)和 setprecision(1)实现。

编写程序

```
1   # include < iostream >
2   # include < stdio.h >
3   # include < math.h >
4   # include < iomanip >
5   using namespace std;
6   int main()
7   {   float d = 300000, p = 6000, r = 0.01, m;
8       cout << setiosflags(ios::fixed)<< setprecision(1);
9       m = log10(p/(p - d * r))/log10(1 + r);
10      cout <<"m = "<< m << endl;
11      return 0;
12  }
```

运行结果

m = 69.7

【**例 1-21**】 编写程序，将 China 译成密码，密码规律是用原来的字母后面的第 4 个字母代替原来的字母。例如，字母 A 后面的第 4 个字母是 E，用 E 代替 A。因此，China 应译为 Glmre。编写程序，用赋初值的方法使 c_1, c_2, c_3, c_4, c_5 这 5 个变量的值分别对应 China 的每个字符，并输出结果。

问题分析

字符在计算机内存中是以 ASCII 值（整数）形式存储，因此，每个字母的 ASCII 值加 4，得到原来字母后面的第 4 个字母，按照字符形式输出。

编写程序

```
1   # include < stdio.h >
2   int main()
3   {   char ci = 'C', c2 = 'h', c3 = 'i', c4 = 'n', c5 = 'a';
4       c1 = c1 + 4;
5       c2 = c2 + 4;
6       c3 = c3 + 4;
7       c4 = c4 + 4;
8       c5 = c5 + 4;
9       cout <<"password is "<< c1 << c2 << c3 << c4 << c5 << endl;
```

```
10   return 0;
11 }
```

运行结果

Password is Glmre

【例 1-22】 编写程序,将 5 位整数译成密码,密码规律是每位数字加 10 得到一个新数字,再转换成相应的小写字母。

问题分析

参照本书附录 D 的 ASCII 表,按照整数和字母在表中对应的 ASCII 值,进行转换。从小写字母 'a' 开始的 ASCII 值为整数 97,因此将整数加整数 10 后,转换成小写字母的方法,可以在原有整数基础上加整数 97。

分离整数各个位数,还有其他的方法,如任意一个整数 n, $n\%10$,获得个位数,再进行 $n/10$,可以把整数 n 的个位数截去,依次进行,直到 $n/10==0$ 为止,这样可以获得每个位数。

编写程序

```
1   # include < iostream >
2   using namespace std;
3   int main()
4   {
5       int n,a,b,c,d,e;
6       char j,k,p,q,r;
7       cout <<"输入一个五位数 n:"<< endl;
8       cin >> n;
9       a = n/10000;
10      n = n - a * 10000;
11      b = n/1000;
12      n = n - b * 1000;
13      c = n/100;
14      n -= c * 100;
15      d = n/10;
16      n -= d * 10;
17      e = n;
18      j = a + 10 + 97;
19      k = b + 10 + 97;
20      p = c + 10 + 97;
21      q = d + 10 + 97;
22      r = e + 10 + 97;
23      //  cout <<"加密输出:"<< j << k << p << q << r << endl;
24      system("pause");
25      return 0;
26  }
```

运行结果

输入一个五位数 n:
12345
加密输出:
lmnop

【例 1-23】　发展为了人民、发展依靠人民、发展成果由人民共享。2020 年面对疫情冲击,我国着力做好"六稳""六保",有效发挥社会政策托底作用,切实办好民生实事,就业民生保障有力有效。新中国成立以来所积累的坚实国力,更是为我国在惊涛骇浪中持续增进民生福祉提供了深厚底气。据国家统计局网站消息,2020 年全国居民人均可支配收入为 32 189 元。目前"就业物价总体稳定""投资消费表现较好""主要行业的稳增长作用显著""经济发展新动能持续释放",全国居民收入在疫情冲击下仍较快增长。

问题描述:2020 年全国居民人均可支配收入为 32 189 元,若年均增长率为 7.17%(复利),与经济增长基本同步,与 2010 年相比,10 年间得到了很大的提高。

2010 年全国居民人均可支配收入为多少元? 若再经过 15 年的发展,2035 年全国居民人均可支配收入在 2020 年的基础上翻两番,每年的平均增长率(复利)应为多少?

说明:翻一番是 2 的 1 次方倍,翻两番是 2 的 2 次方倍,翻三番是 2 的 3 次方倍也就是 8 倍。某一个数翻几番,等于这个数乘以 2 的几次方。例如,20 翻三番就是 20 乘以 2 的 3 次方,公式表达为 $20 \times 2^3 = 20 \times 8 = 160$,也就是说 20 翻三番为 160,160 是原来 20 的 8 倍,也就是 2 的 3 次方倍。

要求:编写程序并输出结果。

编写程序

```
1   # include < iostream >
2   # include < cmath >
3   using namespace std;
4   int main()
5   {int r2020;
6     r2020 = 32189;
7     cout <<"2010 年全国居民人均可支配收入"<<
8     r2020/pow((1 + 7.17/100),10)<< endl;
9     cout <<"到 2035 年(15 年间)全国居民人均可支配收入的年平均增长率(复利)
10    为"<<
11    (pow(4,(1.0/15.0)) - 1) * 100 <<" % "<< endl;
12    return 0;
13  }
```

运行结果

2010 年全国居民人均可支配收入 16105.5
到 2035 年(15 年间)全国居民人均可支配收入的年平均增长率(复利)为 9.6825 %

本章小结

本章首先给读者展示了用 C++语言实现简单计算机程序,然后详细介绍 C++语言编程的基础组成成分,包括数据类型、运算符和表达式等。

在 C++语言中,数据类型可分为基本类型、派生类型和空类型三大类。在本章中,详细介绍基本类型。其余类型在后面章节中陆续介绍。

对于基本类型量,按其取值是否可改变又分为常量和变量两种。在程序执行过程中,其值不发生改变的量称为常量,其值可变的量称为变量。它们可与数据类型结合起来分类。例如,可分为整型常量、整型变量、浮点常量、浮点变量、布尔常量、布尔变量、字符常量、字符变量、字符串常量、符号常量和常变量。在程序中,常量是可以不经说明而直接引用的,而变量则必须先定义后使用。

在不同类型数据的混合运算中,C++语言会自动实现类型转换,由少字节类型向多字节类型转换。不同类型的量相互赋值时也由系统自动进行转换,把赋值号右边的类型转换为左边的类型。除了自动类型转换,C++语言还可以利用强制类型转换运算符进行类型转换。

C++语言中运算符和表达式数量之多,在高级语言中是少见的。正是丰富的运算符和表达式使 C++语言功能更加完善。这也是 C++语言的主要特点之一。

C++语言的运算符不仅具有不同的优先级,而且还有一个特点——结合性。在表达式中,各运算量参与运算的先后顺序不仅要遵守运算符优先级别的规定,还要受运算符结合性的制约,以便确定是自左向右进行运算还是自右向左进行运算。这种结合性是其他高级语言的运算符所没有的,因此也增加了 C++语言的复杂性。

一般而言,单目运算符优先级较高,赋值运算符优先级低。算术运算符优先级较高,关系和逻辑运算符优先级较低。多数运算符具有左结合性,单目运算符、三目运算符、赋值运算符具有右结合性。

表达式则是由运算符连接常量、变量、函数所组成的式子。每个表达式都有一个值和类型。表达式求值按运算符的优先级和结合性所规定的顺序进行。

思考题

1. C++语言有哪些特点和优点?

2. 什么是变量,定义变量后,如何分配内存单元,与变量的数据类型是什么关系?

3. 写出 C++语句声明一个常量 PI,值为 3.1416;再声明一个浮点型变量 a,把 PI 的值赋给 a。

4. 什么是标识符? 如何声明? 合法的标识符声明规则是什么?

5. 什么是常量? 什么是符号常量? 什么是常变量? 区别是什么?

6. 如何理解运算符的优先级和结合性? 如何运用其规则求解表达式?

7. 程序设计包括几个阶段? 每个阶段的主要任务是什么? 如何通过软件系统完成?

8. 程序设计中的语法错误和逻辑错误的区别是什么？如何处理和解决错误？

9. 已知复利终值的计算公式为 $F=P(1+i)^n$，写出只含加法、乘法的三年期复利终值表达式。

10. 生产企业出口货物劳务免抵退税的计算公式如下，请设定变量，用算术表达式实现下面公式。

当期应纳税额 = 当期销项税额 -（当期进项税额 - 当期不得免征和抵扣税额）

当期不得免征和抵扣税额 = 当期出口货物离岸价 × 外汇人民币折合率 ×

（出口货物适用税率 - 出口货物退税率）-

当期不得免征和抵扣税额抵减额

当期不得免征和抵扣税额抵减额 = 当期免税购进原材料价格 ×

（出口货物征税率 - 出口货物退税率）

练习题

1. C++语言中有哪几种数据类型？简述其值域。编程显示你使用的计算机中的各种数据类型的字节数。

2. 打印 ASCII 码为 32～127 的字符。

3. 下列标识符中哪些是合法的？

Program, -page, _lock, test2, 3in1, @mail, A_B_C_D

4. 在下面的枚举类型中，Blue 的值是多少？

enum COLOR{WHITE, BLACK=100, RED, BLUE, GREEN=300};

5. 定义枚举类型 weekday，包括 Sunday 到 Saturday 七个元素在程序中定义 weekday 类型的变量，对其赋值，定义整型变量，能否对其赋 weekday 类型的值？

6. C++语言中有哪几种数据类型？简述其值域。编程并显示所使用计算机中的各种数据类型的字节数。

7. 写出下列程序的运行结果。

```cpp
#include < iostream >
using namespace std;
int main()
{ char i,j;
  i = 'A';
  j = 'B';
  cout << i <<","<< j <<","<< i + j << endl;
  return 0;
}
```

8. 写出下列程序的运行结果。

```cpp
#include < iostream >
using namespace std;
int main()
```

```
{ int i,j;
  int m,n;
  i = 8;j = 10;
  m = ++i + j++;
  n = (++i) + (++j) + m;
  cout << i <<","<< j << endl;
  cout << m <<","<< n << endl;
  return 0;
}
```

9. 写出下列程序的运行结果。

```
# include < iostream >
using namespace std;
int main()
{ char i,j;
  i = 'A';
  j = 'B';
  cout << i <<","<< j <<","<< i + j << endl;
  return 0;
}
```

10. 已知 A 公司 4 月份购买产品甲,支付货款 10 000 元,增值税进项税额 1700 元,取得增值税专用发票。销售产品甲含税销售额为 23 400 元。定义变量,编写程序,求出增值税额。

增值税额计算公式如下。

应纳税额＝当期销项税额－当期进项税额

销项税额＝销售额×税率

销售额＝含税销售额÷(1＋税率)

11. 公司固定资产原值为 11 万元,预计残值为 1 万元,使用年限为 4 年。利用年数总和法,编程计算每一年的固定资产折旧额。

年折旧额计算公式如下。

$$年折旧率＝\frac{尚可使用年限}{预计使用年限各年数之和}＝\frac{尚可使用年限}{预计使用年限×(预计使用年限＋1)÷2}×100\%$$

年折旧额＝(固定资产原值－预计残值)×年折旧率

12. 已知 A 公司 4 月份购买产品甲,支付货款 10 000 元,增值税进项税额 1700 元,取得增值税专用发票。销售产品甲含税销售额为 23 400 元。定义变量,编写程序,求出增值税额。

增值税额计算公式如下:

应纳税额＝当期销项税额－当期进项税额

销项税额＝销售额×税率

销售额＝含税销售额÷(1＋税率)

13. 设圆半径 $r＝1.5$,圆柱高 $h＝3$,编写程序求圆周长、圆面积、球(r 为半径)表面积、球体积、圆柱(底面圆半径为 r)体积。

第 **2** 章

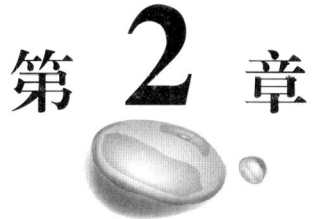

程序控制结构

代码运行需要遵循一定的次序：有时需要从上往下一步一步执行代码；有时仅需要选择某一部分代码执行；有时还需要反复执行某一段代码。通过程序控制结构可以实现这些目的。理论和实践已经证明，无论多复杂的算法，皆可应用顺序、选择、循环这三种基本控制结构来实现。

2.1 顺序结构

顺序结构，即程序执行时，程序中的代码行按照语句书写的先后顺序从上往下一条一条地顺序执行。它是程序结构中最简单的形式。顺序结构流程如图 2.1 所示。

下面一起来看两道例题，该题目的解答程序中仅包含顺序结构。

【例 2-1】 计算一名同学语文、数学和英语三门课程的平均成绩，其中成绩由键盘输入。

问题分析

首先，分别设置三个变量来表示三门课程，平均成绩也需要有对应的变量表示；其次，成绩经常由小数表示，采用浮点型表示；最后，键盘输入和结果的输出，可以使用标准的输入输出流对象实现。

编写程序

```
1    # include < iostream >
```

程序入口
↓
程序块1
↓
程序块2
↓
程序块3
↓
程序出口

图 2.1 顺序结构流程

```
2   using namespace std;
3   int main()
4   {
5       float chineseScore,mathScore,englishScore,averageScore;
6       cout <<"请按语文、数学、英语的次序输入三门课程的成绩: "<< endl;
7       cin >> chineseScore;
8       cin >> mathScore;
9       cin >> englishScore;
10      averageScore = (chineseScore + mathScore + englishScore)/3;
11      cout <<"平均分: "<< averageScore << endl;
12      return 0;
13  }
```

运行结果

请按语文、数学、英语的次序输入三门课程的成绩:
80 ✓
85 ✓
90 ✓
平均分:85

【例 2-2】 某企业在前三季度的净利润分别是 100 万元、180 万元和 200 万元,而第四季度则净亏损 80.5 万元,求该企业平均每个季度的净利润。

问题分析

首先,分别设置四个变量来表示四个季度的净利润,总利润和平均每个季度的净利润也需要有对应的变量表示;其次,题目中净利润由小数表示,采用浮点型表示;最后,结果的输出可以使用标准的输出流对象实现。

编写程序

```
1   # include < iostream >
2   using namespace std;
3   int main()
4   {
5       float first = 100, second = 180, third = 200, fourth = - 80.5;
6       float sum = 0, average = 0;
7       sum = first + second + third + fourth;
8       average = sum/4;
9       cout <<"平均每个季度的净利润为: "<< average << endl;
10      return 0;
11  }
```

运行结果

平均每个季度的净利润为:99.875

正如数学学科中的计算过程是按特定步骤和顺序执行一系列运算,才能得到正确结果,错误的运算步骤将导致得不到问题的正确解答。通常情况下,编写程序的语句也是如此,然而,有些程序并不是按顺序依次执行,这种情况称为"控制的转移",它涉及两类新的程序的控制结构,即分支结构和循环结构。

2.2　分支结构

计算机要处理的问题复杂多样,仅采用顺序结构往往是不够的,适时采用新的控制结构,如分支结构等,来灵活应对实际应用中的不同状况。

分支结构也称为选择结构,在许多问题中,程序需要根据输入的数据或中间运算结果的不同而选择对应的语句块执行,而此时代码中对应的是根据某个变量或表达式的值作出判断,以决定执行哪些语句和跳过哪些语句不执行。

C++语言中构成选择结构的流程控制语句有 if 语句和 switch 语句,其中 if 条件语句主要用于两个分支的选择,而 switch 语句则用于多个分支的选择。

2.2.1　if 条件语句

if 语句用于判断给定的条件是否满足,根据判断的结果(是真或假)来决定执行哪个分支的程序段,从而实现根据不同条件,执行不同操作和处理的目的。if 语句有三种形式。

第一种形式如下。

if(表达式)
　　语句

流程如图 2.2 所示。

其中的表达式可以是如下几种类别:算术表达式、关系表达式或逻辑表达式。注意算术表达式的值若非零则为 true,零为 false。关系表达式和逻辑表达式的结果本身就是逻辑值 true 或 false。

在该形式下,若表达式的结果为 true,则执行 if(表达式)后面的语句;若表达式的结果为 false,则跳过 if(表达式)后面紧跟的语句继续执行。

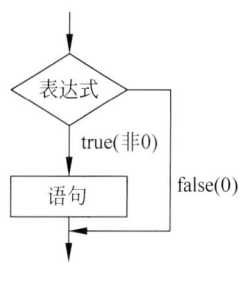

图 2.2　if 语句流程

例如:

if(x > y)
cout << x;

该代码表示若 x 大于 y 为真,则输出较大值 x。

【例 2-3】　接收键盘输入的一个实数,输出其绝对值。

问题分析

首先,设置一个浮点型变量来表示一个实数;其次,这个实数若为负数,取其相反数,而正数则不处理;最后,键盘的输入和结果的输出,可以使用标准的输入输出流对象来实现。

编写程序

```
1    # include < iostream >
2    using namespace std;
3    int main()
4    {
5        float real;
6        cout <<"请输入一个实数: "<< endl;
7        cin >> real;
8        if(real < 0)
9            real = - real;
10       cout <<"其绝对值为"<< real << endl;
11       return 0;
12   }
```

运行结果

请输入一个实数:
- 82 ↙
其绝对值为 82

【例 2-4】 现在大多数电子设备都提供十二小时制和二十四小时制两种计时方式。现在有一系列时间数据,有些用的是二十四小时制,有些用的是十二小时制。将这些数据统一成十二小时制。注:时间数据可以键盘模拟输入,按照"时:分"格式,如输入 18:28,则输出 6:28;若输入 6:28,则不做任何处理,直接输出即可。

问题分析

首先接收键盘输入,分别定义两个整型变量来表示小时和分钟,此外定义一个字符来过滤掉小时与分钟中间的冒号;其次,小时数大于 12 时进行进制的转换,将其减去 12 即可,小时数不大于 12 时则不做处理;最后,键盘的输入和结果的输出,可以使用标准的输入输出流对象来实现。

编写程序

```
1    # include < iostream >
2    using namespace std;
3    int main()
4    {
5        int hour, minute;
6        char symbol;
7        cout <<"请输入时间: "<< endl;
8        cin >> hour;
9        cin >> symbol;
10       cin >> minute;
11       if(hour > 12)
12           hour = hour - 12;
```

```
13        cout <<"十二小时进制时间为"<< hour <<":"<< minute << endl;
14        return 0;
15  }
```

运行结果

请输入时间：
13 ↙
: ↙
39 ↙
十二小时进制时间为 1:39

【例 2-5】 商店售货时按购货款的金额分别给予不同的优惠折扣,标准如下。

购货款不足 250 元	没有折扣
购货款为 250 元(含 250 元)以上但不足 500 元	2.5％折扣
购货款为 500 元(含 500 元)以上但不足 1000 元	5％折扣
购货款为 1000 元(含 1000 元)以上但不足 2000 元	7.5％折扣
购货款为 2000 元以上	10％折扣

编程计算实际应付货款。

问题分析

购货款是指购买货物时所付的款项,实际应付货款是指根据购货款对应的折扣,货物打折后实际应付的款项。设购货款为 m,折扣为 d,则实际应付货款 t 的计算公式为 $t = m(1-d)$。

折扣 d 可表示为:当购货款 $m<250$ 时,折扣 $d=0$;当购货款 $250 \leqslant m < 500$ 时,折扣 $d=2.5\%$;当购货款 $500 \leqslant m < 1000$ 时,折扣 $d=5\%$;当购货款 $1000 \leqslant m < 2000$ 时,$d=7.5\%$;当购货款 $m \geqslant 2000$ 时,$d=10\%$。

采用的算法是,首先收入购货款 m,然后使用 if 语句判断购货款 m 所处的范围,选择相应的折扣 d,最后根据实际应付货款 t 的计算公式得出实际应付款 t。

例如,A 购货款 m 为 480 元,折扣 d 为 2.5％,实际应付货款 t 为 468 元;B 购货款 m 为 1200 元,折扣 d 为 5％,实际应付货款 t 为 1140 元。

编写程序(用 if 语句实现)

```
1   # include < iostream >
2   using namespace std;
3   int main()
4   {
5       float m,d,t;
6       cout <<"请输入购物金额: ";
7       cin >> m;
8       if(m < 250) d = 0;
9       if(m >= 250&&m < 500) d = 0.025;
10      if(m >= 500&&m < 1000) d = 0.05;
11      if(m >= 1000&&m < 2000) d = 0.075;
```

```
12    if(m > = 2000) d = 0.1;
13    t = m * (1 - d);
14    cout <<"实际应付款: "<< t << endl;
15    return 0;
16 }
```

运行结果

请输入购物金额: 480 ↙
实际应付款: 468
请输入购物金额: 1200
实际应付款: 1140

if 语句的第二种形式如下。

if(表达式)
语句 1
else
语句 2

流程如图 2.3 所示。

在该形式下,若表达式的结果为 true,则执行
if(表达式)后面的语句 1,并跳过 else 及语句 2 继续执
行;若表达式的结果为 false,则跳过 if(表达式)后面
的语句 1,执行 else 后面紧跟的语句 2,并继续执行。

例如:

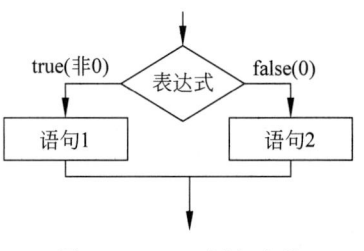

图 2.3   if-else 语句流程

```
if(x > y)
    cout << x << endl;
else
    cout << y << endl;
```

该代码表示若 x>y 为真,则输出较大值 x;否则若 x>y 为假,即 x≤y,则输出较大
值 y。

【例 2-6】   接收键盘输入的两个整数,输出其中较大的整数。

问题分析

首先接收两个整数,分别设置两个整型变量来表示,定义一个整型变量来存储比较的
结果;其次,对于比较的过程,若第二个输入的数值大于第一个输入的数值,则将第二个
数值存入结果变量中,否则结果变量保存第一个输入的数值;最后,键盘的输入和结果的
输出,可以使用标准的输入输出流对象来实现。

编写程序

```
1   # include < iostream >
2   using namespace std;
3   int main()
4   {
```

```
5       int a,b,max;
6       cout <<"请输入两个整数: "<< endl;
7       cin >> a >> b;
8       if(a < b) max = b;
9       else max = a;
10      cout <<"二者中较大的数值为"<< max << endl;
11      return 0;
12  }
```

运行结果

请输入两个整数:

36 27 ↙

二者中较大的数值为 36

【例 2-7】 信用卡的额度是银行根据信用卡申请人的个人资信情况决定给予其所能透支的最大限度,是银行根据客户申请时提供的相关材料,由发卡银行审核后确定的。但许多持卡人进行大宗消费时,常遇到信用额度不足的情况。假设某人的信用额度为 5000元,而他要购买的商品单价各不相同,当其额度不足以支付商品时,请给出"额度不足"的提示;若额度足够,则进行核算并输出剩余额度。

问题分析

首先接收一个商品单价,定义一个浮点型的变量来表示,而信用额度和余额,分别定义相应的浮点型变量。其次,对于购物刷卡的过程,需要分两种情况:一种是额度不足时,给出"额度不足"的提示;另一种情况是正常消费,并计算余额。最后,键盘的输入和结果的输出,可以使用标准的输入输出流对象来实现。

编写程序

```
1   # include < iostream >
2   using namespace std;
3   int main()
4   {
5       float price,total = 5000,left;
6       cout <<"请输入商品单价: "<< endl;
7       cin >> price;
8       if (price > total)
9           cout <<"额度不足"<< endl;
10      elsc {
11          left = total - price;
12          cout <<"您的信用卡余额为"<< left << endl;
13          }
14      return 0;
15  }
```

运行结果

请输入商品单价：
3600 ↙
您的信用卡余额为 1400

【例 2-8】 假设计算个人所得税的方法如下：收入在 6000 元以下的个人所得税为 20％；收入高于或等于 6000 元的个人所得税为 30％。编写程序读入某人的收入，并输出其应交的个人所得税（假设收入和税款都是整数）。

问题分析

个人所得税是国家对本国公民、居住在本国境内的个人的所得和境外个人来源于本国的所得征收的一种所得税。应交的个人所得税计算公式为：应纳个人所得税税额＝应纳个人收入额×适用税率。

采用的算法是，首先读入个人收入 income，然后使用 if-else 语句判断收入 income 是否小于 6000。如果收入 income 小于 6000，个人所得税 tax 为收入的 20％；如果收入 income 大于或等于 6000，个人所得税 tax 为收入的 30％。最后，计算个人所得税 tax 并输出收入 income 和个人所得税 tax。

例如，如果个人收入为 5566 元，则应交的个人所得税为 5566×0.2＝1113.2 元；如果个人收入为 7682 元，则应交的个人所得税为 7682×0.3＝2304.6 元。因为题目假设了收入和个人所得税都是整数，所以个人所得税分别是 1113 元和 2304 元。

编写程序

程序读取收入值。如果收入低于 6000 元，其个人所得税率为 20％，如果收入高于或等于 6000 元，其个人所得税率为 30％。读取收入值后程序输出个人收入和个人所得税。

```
1   #include< iostream >
2   using namespace std;
3   int main()
4   {
5       int income,tax;
6       cout <<"请输入个人收入： ";
7       cin >> income;
8       if( income < 6000)
9           tax = 0.2 * income;
10      else
11          tax = 0.3 * income;
12      cout <<"个人收入： "<< income << endl <<"个人应交的税款： "<< tax << endl;
13      return 0;
14  }
```

运行结果

请输入个人收入： 5566 ↙
个人收入： 5566
个人应交的税款： 1113

在语句 tax＝0.2 * income;和语句 tax＝0.3 * income;中,乘法运算的结果为小数。但是,因为将运算后的结果赋值给整型变量 tax,小数部分被截断。

【例 2-9】 判断某一年是否为闰年。

问题分析

闰年是可以被 4 整除,但是不能被 100 整除的年份,或者可以被 400 整除的年份。

可以用一个逻辑表达式来表示闰年:

(year % 4 ＝＝ 0 && year % 100 != 0) || (year % 400 ＝＝ 0)

采用的算法是,首先输入年份 year,然后使用 if-else 语句判断逻辑表达式(year % 4＝＝0 && year % 100 != 0) || (year % 400＝＝0)的值。如果为真,则输出 year 是闰年;如果为假,则输出 year 不是闰年。

例如,2017 年不是闰年,2008 年是闰年。

编写程序

```
1   # include < iostream >
2   using namespace std;
3   int main()
4   {
5       int year;
6       cout <<"请输入年份: ";
7       cin >> year;
8       if((year % 4 ==0 && year % 100 != 0) || (year % 400 == 0))
9           cout << year <<"是闰年"<< endl;
10      else
11          cout << year <<"不是闰年"<< endl;
12      return 0;
13  }
```

运行结果

请输入年份: 2017 ↙
2017 不是闰年
请输入年份: 2008
2008 是闰年

if 语句的第三种形式如下。

```
if(表达式 1)
    语句 1
else if(表达式 2)
    语句 2
…
else if(表达式 m)
    语句 m
else
    语句 m + 1
```

其流程如图 2.4 所示。

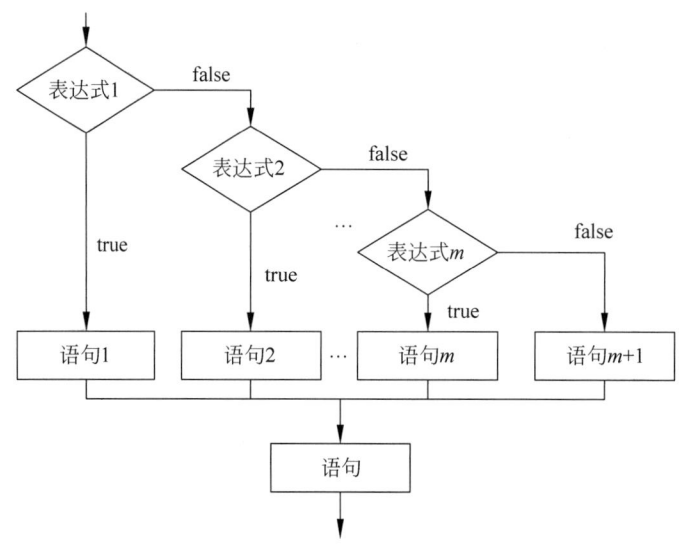

图 2.4　else if 语句流程图

在该形式下,若表达式 1 的结果为 true,则执行 if(表达式 1)后面的语句 1,并跳至语句 $m+1$ 的后面继续向下执行;若表达式 1 的结果为 false,则不执行语句 1,而表达式 2 的结果为 true,则执行语句 2,并跳至语句 $m+1$ 的后面继续向下执行……若前 m 条表达式都为 false,则不执行语句 1 到 m,执行语句 $m+1$ 并继续向下执行。

需要注意的是,在以上的叙述中所说的语句,也可以是语句块。每个语句块中,可以有多个语句,但需要加上大括号。

例如:

```
if(score > 80)
        cout <<"A";
    else if(score > = 60)
        cout"B";
    else
        cout <<"fail";
```

该代码表示若成绩 score 大于 80 分,则输出成绩等级 A;若成绩大于或等于 60 分,但小于 80 分,则输出成绩等级 B;若成绩小于 60 分,就输出 fail。

【例 2-10】 接收键盘输入的一个字符,判断其种类并输出结果。其中字符按以下三类划分:数字、字母和其他字符。

问题分析

首先设置一个字符型变量来表示接收的字符;其次字符都用 ASCII 码表示,数字、字母等都有其范围划分。判断的过程可以依据字符所对应的 ASCII 码判断是否落入相应的范围;最后,键盘的输入和结果的输出,可以使用标准的输入输出流对象来实现。

编写程序

```
1   #include<iostream>
2   using namespace std;
3   int main()
4   {
5       char c;
6       cout<<"请输入一个字符: "<<endl;
7       cin>>c;
8       if (c>='0' && c<='9')
9           cout<<"数字字符"<<endl;
10      else if ((c>='A' && c<='Z')||(c>='a' && c<='z'))
11          cout<<"字母字符"<<endl;
12      else
13          cout<<"其他字符"<<endl;
14      return 0;
15  }
```

运行结果

请输入一个字符:
8↙
数字字符

【例 2-11】 大学毕业走上职场的年轻人,如果手中有一定的积蓄,应该怎么去做投资?现有如下的理财方案推荐。年收入低于 5 万元,可以进行银行活期储蓄;年收入 5 万元至 10 万元,可以购买基金和股票;年收入 10 万元以上,可以进行债券和贵金属交易。接收键盘输入的某人的年收入,给出相应的推荐。

问题分析

首先接收年收入的数据,设置一个浮点型变量来表示;其次,对于判断的过程,明确输入数据所属的范围,具体落入题目描述的三种范围中的哪一个,依据所对应的区间选择相应的理财推荐;最后,键盘的输入和结果的输出,可以使用标准的输入输出流对象来实现。

编写程序

```
1   #include<iostream>
2   using namespace std;
3   int main()
4   {
5       float salary;
6       cout<<"请输入年收入: "<<endl;
7       cin>>salary;
8       if (salary<5)
9           cout<<"请进行活期储蓄"<<endl;
10      else if (salary>=5 && salary<=10)
```

```
11          cout <<"购买基金和股票"<< endl;
12      else
13          cout <<"债券和贵金属交易"<< endl;
14      return 0;
15  }
```

运行结果

请输入年收入：
6 ↙
购买基金和股票

【例 2-12】 运输公司对用户计算运费。路程(s)越远,每千米运费越低。标准如下。

$s<250$	没有折扣
$250 \leqslant s < 500$	2%折扣
$500 \leqslant s < 1000$	5%折扣
$1000 \leqslant s < 2000$	8%折扣
$2000 \leqslant s < 3000$	10%折扣
$3000 \leqslant s$	15%折扣

问题分析

运费是指支付货运或全部或部分使用船只、火车、飞机或其他类似运输手段的费用。假设每吨货物每千米的基本运费为 p(price 的缩写),货物重量为 w(weight 的缩写),路程为 s,折扣为 d(discount 的缩写),则总运费 f(freight 的缩写)的计算公式为

$$f = p \times w \times s \times (1-d)$$

其中,当 $s<250$ 时,折扣 $d=0$;当 $250 \leqslant s < 500$ 时,折扣 $d=2\%$;当 $500 \leqslant s < 1000$ 时,折扣 $d=5\%$;当 $1000 \leqslant s < 2000$ 时,$d=8\%$;当 $2000 \leqslant s < 3000$ 时,$d=10\%$;当 $s \geqslant 3000$ 时,$d=15\%$。

采用的算法是,首先输入运费单价 p、货物重量 w 和路程 s,然后使用 if-else if-else 语句判断路程 s 所处的范围,选择相应的折扣 d,最后根据总运费 f 的计算公式得出总运费 f。

例如,运费单价 p 为 100,货物重量 w 为 50,路程 s 为 2300,根据路程 s 所处的范围,选择相应的折扣 d 为 10%,总运费为 10 350 000 元。

编写程序

```
1   #include< iostream >
2   using namespace std;
3   int main()
4   {
5       float p,w,s,d,f;
6       cout <<"请输入运费单价,货物重量,路程: ";
7       cin >> p >> w >> s;
8       if(s < 250) d = 0;
```

```
9       else if( s < 500) d = 0.02;
10      else if( s < 1000) d = 0.05;
11      else if( s < 2000) d = 0.08;
12      else if( s < 3000) d = 0.10;
13      else d = 0.15;
14      f = p * w * s * (1 - d);
15      cout <<"运费单价 = " << p <<" " <<"货物重量 = " << w <<" "
16          <<"路程 = " << s <<" " <<"折扣 = " << d << endl;
17      cout <<"总运费 = " << f << endl;
18      return 0;
19  }
```

运行结果

```
请输入运费单价,货物重量,路程: 100 50 2300↙
运费单价 = 100 货物重量 = 50 路程 = 2300 折扣 = 0.1
总运费 = 1.035e + 007
```

2.2.2 switch 分支语句

switch 分支语句是"多路选择结构",是 C++语言中处理多路选择问题的一种较直观和有效的手段。在实际应用中,多种可能情形中选择其中一种,并执行该情形下对应的处理,switch 分支语句是恰当的选择。也可以考虑 if-else if 语句来处理,但易导致分支过多,程序冗长且难以理解。

switch 语句通常与 break 联合使用,break 语句用于跳转程序的执行流程。在 switch 结构中使用 break 可以使程序立即退出该 switch 结构,转而执行该结构后面的第一条语句。

switch 结构的一般格式如下。

```
switch ( 表达式 )
{
    case 常量表达式 1 : 语句 1
    case 常量表达式 2 : 语句 2
    …
    case 常量表达式 n : 语句 n
    default : 语句 n + 1
}
```

switch 语句流程如图 2.5 所示。

switch 结构中的条件控制表达式为整型表达式,可以是整型和字符型。各常量表达式的类型要与之匹配,且各常量表达式要求互不相等。当表达式的值与常量表达式的值匹配时,程序将进入该分支执行。每个 case 分支可有多条语句,一般在各个 case 语句最后加一条 break 语句,可使程序流程跳出 switch 结构,否则程序会按顺序一直向下执行而无论是否匹配。需要说明的是,多个 case 可共用一组执行语句,而 default 语句可以省略。

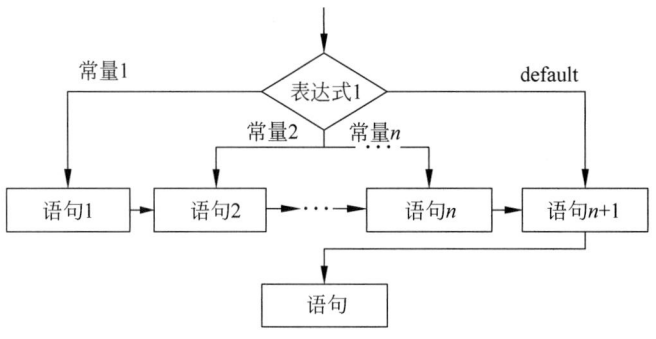

图 2.5 switch 语句流程

例如：

```
switch(score) {
    case 'A':
        cout <<"excellent";
        break;
    case 'B':
        cout <<"good";
        break;
    default:
        cout <<"fair";
}
```

该代码表示若成绩 score 为等级 A，则输出 excellent；若成绩 score 为等级 B，就输出 good；若成绩为其他值，则输出 fair。

【例 2-13】 接收键盘输入的一个月份数字，输出当前月份的天数。

问题分析

首先接收月份的数字，设置一个整型变量来表示；其次，对于月份所含有的天数，1、3、5、7、8、10 月和 12 月有 31 天，4、6、9、11 月有 30 天，而 2 月较为特殊，闰年的 2 月有 29 天，平年有 28 天；最后键盘的输入和结果的输出，可以使用标准的输入输出流对象来实现。

编写程序

```
1   #include< iostream >
2   using namespace std;
3   int main()
4   {
5       int month;
6       cout <<"请输入月份: "<< endl;
7       cin >> month;
8       switch (month)
9       {
10          case 1:
11          case 3:
```

```
12          case 5:
13          case 7:
14          case 8:
15          case 10:
16          case 12:
17              cout << month <<"月有 31 天"<< endl;
18              break;
19          case 4:
20          case 6:
21          case 9:
22          case 11:
23              cout << month <<"月有 30 天"<< endl;
24              break;
25          case 2:
26              cout << month <<"月有 28 或 29 天"<< endl;
27              break;
28          default:
29              cout <<"你输入的月份有误"<< endl;
30      }
31      return 0;
32  }
```

运行结果

请输入月份:
2 ↙
2 月有 28 或 29 天

【例 2-14】 纳税信用等级的评定是根据纳税人遵守税收法律、行政法规以及接受税务机关依据税收法律、行政法规的规定进行管理的情况而进行打分,根据评定内容分指标计分,设置 A、B、C、D 四级。考评分在 90 分及以上为 A 级;考评分在 60 分及以上但在 90 分以下为 B 级;考评分在 20 分及以上但在 60 分以下为 C 级;考评分在 20 分以下为 D 级。考评分值在 0~100 之间。键盘输入某企业的考评分数,并输出其纳税信用等级。

问题分析

首先接收的考评分数,设置一个浮点型变量来表示;其次,对于考评分数根据题意可以除以 10,之后按照其结果所属的范围,输出对应的信用等级;最后键盘的输入和结果的输出,可以使用标准的输入输出流对象来实现。

编写程序

```
1   # include< iostream >
2   using namespace std;
3   int main()
4   {
5       double score;
6       cout <<"请输入分值: "<< endl;
7       cin >> score;
```

```
8        switch ((int)score/10)
9        {
10           case 10:
11           case 9:
12               cout <<"信用为 A 级"<< endl;
13               break;
14           case 8:
15           case 7:
16           case 6:
17               cout <<"信用为 B 级"<< endl;
18               break;
19           case 5:
20           case 4:
21           case 3:
22           case 2:
23               cout <<"信用为 C 级"<< endl;
24               break;
25           default:
26               cout <<"信用为 D 级"<< endl;
27       }
28       return 0;
29   }
```

运行结果

请输入分值:
89 ✓
信用为 B 级

【例 2-15】 商店售货按购货款的金额分别给予不同的优惠折扣,标准如下。

购货款不足 250 元	没有折扣
购货款为 250 元(含 250 元)以上但不足 500 元	2.5%折扣
购货款为 500 元(含 500 元)以上但不足 1000 元	5%折扣
购货款为 1000 元(含 1000 元)以上但不足 2000 元	7.5%折扣
购货款为 2000 元以上	10%折扣

编程并计算实际应付货款。

问题分析

购货款是指购买货物时所付的款项,实际应付货款是指根据购货款对应的折扣,货物打折后实际应付的款项。设购货款为 m,折扣为 d,则实际应付货款 t 的计算公式为 $t = m(1-d)$。

分析此问题,折扣 d 的变化是有规律的:折扣的"变化点"都是 250 的倍数(250,500,1000,2000)。利用这一特点,可以用 c 代表 250 的倍数,c 的值为 $m/250$。当 $c<1$ 时,表示 $m<250$,无折扣;$1 \leqslant c<2$ 时,表示 $250 \leqslant m<500$,折扣 $d=2.5\%$;$2 \leqslant c<4$ 时,表示 $500 \leqslant m<1000$,折扣 $d=5\%$;$4 \leqslant c<8$ 时,表示 $1000 \leqslant m<2000$,折扣 $d=7.5\%$;$c \geqslant 8$ 时,表示 $m \geqslant 2000$,折扣 $d=10\%$。

采用的算法是,首先输入购货款 m,接着使用 if-else 语句判断购货款 m 是否高于 2000 元。如果高于或者等于 2000 元,c 的值置为 8;如果低于 2000 元,c 的值置为 $m/250$。然后使用 switch-case 语句根据 c 的值选择与其相匹配的折扣 d。最后,根据实际应付款 t 的计算公式得出实际应付款 t。

例如,A 购货款 m 为 248 元,c 的值为 0,其对应的折扣 d 为 0,实际应付款为 248 元; B 购货款 m 为 2200 元,c 的值为 8,其对应的折扣 d 为 10%,实际应付款为 1980 元。

编写程序

```
1   # include < iostream >
2   using namespace std;
3   int main()
4   {
5       int c;
6       float m,d,t;
7       cout <<"请输入购货款: ";
8       cin >> m;
9       if(m > = 2000) c = 8;
10      else c = m/250;
11      switch(c)
12      {   case 0: d = 0; break;
13          case 1: d = 0.025; break;
14          case 2:
15          case 3: d = 0.05; break;
16          case 4:
17          case 5:
18          case 6:
19          case 7: d = 0.075; break;
20          case 8: d = 0.1; break;
21      }
22      t = m * (1 - d);
23      cout <<"实际应付款: "<< t << endl;
24      return 0;
25  }
```

运行结果

请输入购货款: 2200↙
实际应付款: 1980

请注意,c 是整型变量,因此 $c=m/250$ 为整数。当 $m \geqslant 2000$ 时,令 $c=8$,而不是使 c 随 m 增大而增大,这是为了在 switch 语句中便于处理,用一个 case 可以处理所有 $m \geqslant 2000$ 的情况。

2.3　循环结构

在实际操作中有许多具有规律性的重复操作,在编写程序中需要反复执行某些语句。循环结构是在符合一定条件时反复执行某段程序的流程控制结构,它也是各种复杂程序的重要构造部件。循环结构有两个核心要素,分别是循环控制条件和循环体。循环控制条件一般为关系表达式或逻辑表达式,是控制循环的开启与终止,而循环体则是反复执行的代码段。

根据循环体和循环条件执行的先后次序,循环结构可以分为如下两类。

当型循环:判定循环条件,为真时执行循环体,否则结束循环,如图2.6所示。

直到型循环:首先执行循环体,再判定循环条件,为真时继续循环;否则结束循环,如图2.7所示。

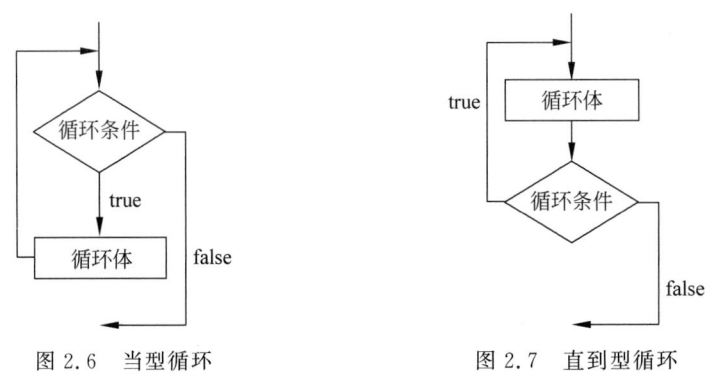

图 2.6　当型循环　　　　　　　图 2.7　直到型循环

在C++语言中,提供三种典型的循环结构:while循环结构、do-while循环结构和for循环结构。三种循环结构可以用来处理同一问题,但往往有各自的适应场景,在学习中要注意三者之间的联系和区别。

2.3.1　while循环结构

当事先不知道需要循环执行循环体多少次时,往往会用到while循环结构。while循环会在循环条件为真时,循环执行循环体。

其语句结构形式如下。

while(表达式)循环体;

while循环执行流程如图2.8所示。

该语句的执行过程是首先计算表达式的值,若表达式的值为真(或非零)时,执行循环体,之后继续循环;若表达式的值为假(或零)时,则退出该循环,执行while语句结构后面的代码。

例如:

```
while (i < 5) {
```

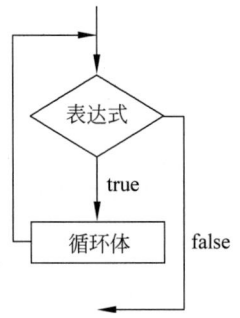

图 2.8　while循环流程

```
    cout <<"The number is "<< i << endl;
    i++;
}
```

本例中的循环在变量 i 小于 5 的条件下将一直执行，直至 i 等于 5 时退出循环。

【例 2-16】　计算 $S = \sum\limits_{i=1}^{100} i$，即从 1 加到 100 的累加和。

问题分析

首先定义整型变量表示当前的整数，以及用来表示当前的累加和 sum；其次不断累加当前整数，更新累加和 sum，以及更新待加整数；最后，结果的输出，可以使用标准的输出流对象来实现。

编写程序

```
1   # include < iostream >
2   using namespace std;
3   int main()
4   {
5       int i = 1, sum = 0;
6       while( i <= 100)
7       {
8           sum = sum + i;
9           i++;
10      }
11      cout <<"sum is: " << sum << endl;
12      return 0;
13  }
```

运行结果

```
sum is :5050
```

【例 2-17】　国内电商企业在社会消费品零售总额中占据相当大的比重，计算前五大电商某年销售收入总和，单位以万元计。数据如下：天猫 11 410，京东 4627，唯品会 402，亚马逊中国 289.6，以及一号店 260。数据可从键盘输入。

问题分析

首先分别定义两个浮点型变量表示某次输入的销售额变量和销售总额变量，定义一个整型变量来表示输入次数；其次用循环结构，不断处理从键盘输入的数据，进行累加，当循环达到 5 次时，则不再进行下一次循环；最后，键盘的输入和结果的输出，可以使用标准的输入输出流对象来实现。

编写程序

```
1   # include < iostream >
2   using namespace std;
3   int main()
```

```
4   {
5       int num = 5;
6       double value, sum = 0;
7       while(num > 0){
8           cout <<"请输入企业的年销售收入：";
9           cin >> value;
10          sum = sum + value;
11          num -- ;
12      }
13      cout <<"the sum is:"<< sum << endl;
14      return 0;
15  }
```

运行结果

```
请输入企业的年销售收入:11410↙
请输入企业的年销售收入:4627↙
请输入企业的年销售收入:402↙
请输入企业的年销售收入:289.6↙
请输入企业的年销售收入:260↙
the sum is:16988.6
```

【**例 2-18**】　假设小黄现在有 10 万元储蓄,将这笔钱存在银行,银行年利率为 5%,复利计算,多少年后小黄的 10 万元积蓄能够翻一番。

问题分析

复利也称利滚利,是指在每经过一个计息期后,将计息周期的利息加入本金,以计算下期的利息的方式。这样,在每一个计息期,上一个计息期的利息都将成为生息的本金。复利的计算公式为

$$s = p(1+i)^n$$

其中,p 表示本金;i 表示年利率;n 表示持有期限。

在这个例子中,循环的终极目标是小黄的积蓄能够翻一番,即 $s \geqslant 20$,循环次数是未知的,这种情况算法采用 while 循环实现更好一些。

编写程序

```
1   # include < iostream >
2   using namespace std;
3   int main()
4   {
5       double s = 10;
6       int j = 0;
7       while(s < 20)
8       {
9           s = s * (1 + 0.05);
10          j++;
11      }
```

```
12      cout << j <<"年后小黄的 10 万元积蓄能够翻一番"<< endl;
13      return 0;
14 }
```

运行结果

15 年后小黄的 10 万元积蓄能够翻一番

注意：循环条件是由 s 确定的,并不是由 j 确定的。

2.3.2 do-while 循环结构

do-while 循环结构是 while 循环结构的变体,它在检查条件是否为真之前会先执行一次循环体,如果条件为真则会重复该循环；当条件不满足时则退出循环。

若循环次数由循环体的执行结果确定,一般用 while 语句或 do-while 语句。当循环体至少执行一次时,则用 do-while 语句；如果循环体可能一次也不执行,则选用 while 语句。

其语句结构形式如下。

```
do {
    循环体;
}while(表达式);
```

do-while 循环结构执行流程如图 2.9 所示。

其执行过程是先执行一次循环体,再判断表达式的值,如果是真(非零)则继续执行循环体,继续循环；否则退出循环,执行下面的语句。

例如：

```
do{
  cout <<"The number is "<< i << endl;
  i++;
}while (i < 5);
```

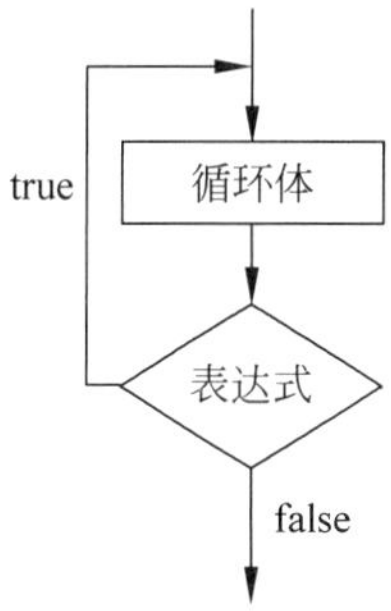

图 2.9 do-while 循环
执行流程

例子使用 do-while 循环,即使条件是 false,循环体也至少执行一次,因为循环体在条件被测试前执行。

【例 2-19】 假设某软件菜单有 5 项功能,分别对应数字 1～5,用户从数字键盘中选择 1～5 数值对应的功能菜单项,若输入正确则输出 success,若超出范围则重新输入。

问题分析

首先接收键盘输入的数值,设置一个整型变量来表示；其次程序需要先进行输入,再判断输入是否合法,不合法则继续循环重新输入；最后,键盘的输入和结果的输出,可以使用标准的输入输出流对象来实现。

编写程序

```
1  # include < iostream >
2  using namespace std;
```

```
3   int main()
4   {
5       int num;
6       do{
7           cout <<"请选择功能菜单项1-5: ";
8           cin >> num;
9       }while (num > 5||num < 1);
10      cout <<"success";
11      return 0;
12  }
```

运行结果

请选择功能菜单项 1-5:5 ↙
success

【例 2-20】 根据如下公式求 π 的近似值,要求累加至最后一项的绝对值小于 10^{-5}。

$$\frac{\pi}{4} \approx 1 - \frac{1}{3} + \frac{1}{5} - \frac{1}{7} + \cdots + (-1)^{n-1} \times \frac{1}{2n-1}$$

问题分析

首先定义变量来表示等式右侧的每一项,这可以通过定义整型变量做分母来实现,正负交替符号可以定义整型变量来表示,两个浮点型变量分别表示等号右侧的各项及累加和;其次程序需要循环结构来进行累加迭代,直到右端项不满足限制要求;最后,结果的输出,可以使用标准的输出流对象来实现。

编写程序

```
1   #include < iostream >
2   #include < cmath >
3   using namespace std;
4   int main()
5   {
6       int fenMu = 1;
7       double sum = 0.0;
8       double term = 1.0;
9       int sign = -1;
10      do{
11          sum = sum + term;
12          fenMu = fenMu + 2;
13          term = sign * 1.0/fenMu;
14          sign = -sign;
15      }while(fabs(term)> 1e-5);
16      cout <<"the pi is:"<< 4 * sum << endl;
17      return 0;
18  }
```

运行结果

the pi is:3.14157

【例 2-21】 用欧几里得算法(也称辗转法)求两个整数的最大公约数。

问题分析

最大公约数也称最大公因数,指两个或多个整数共有约数中最大的一个。例如,两个整数 6 和 2 的最大公约数为 2;18 和 12 的最大公约数为 6。如何求最大公约数呢? 假设两个整数分别为 $n1$ 和 $n2$,最大公约数不超过其中较小的整数。

算法采用欧几里得算法中的辗转相除法,用 do-while 循环实现。辗转相除法:用被除数 $n1$ 除以除数 $n2$,求出余数 r,如果余数 $r==0$,则当前除数 $n2$ 是最大公约数;如果余数 $r!=0$,令 $n1=n2$,$n2=r$,重复以上过程,直到余数 $r==0$ 为止,最后一步的除数 $n2$ 就是两个整数的最大公约数。

例如:两个整数 18 和 12。被除数 18 除以除数 12,求出余数 6 不等于 0。接下来将原来的除数 12 作为被除数,原来的余数 6 作为除数,12 除以 6,求出余数等于 0,除数 6 就是 18 和 12 的最大公约数。

编写程序

```
1    # include < iostream >
2    using namespace std;
3    int main()
4    {
5        int n1,n2,r;
6        cout <<"输入两个整数: ";
7        cin >> n1 >> n2;
8        cout << n1 <<"和"<< n2 <<"的最大公约数为: ";
9        do
10       {
11           r = n1 % n2;
12           if(r == 0) break;
13           n1 = n2; n2 = r;
14       } while(r!= 0);
15       cout << n2 << endl;
16       return 0;
17   }
```

运行结果

输入两个整数: 18　12 ↙
18 和 12 的最大公约数为: 6

也可以将程序的循环部分改成 while 循环,代码如下。

```
r = n1 % n2;
while(r!= 0)
```

```
{ n1 = n2; n2 = r; r = n1 % n2; }
```

2.3.3　for 循环结构

for 循环结构在编程中应用最为频繁,也最为灵活。如果循环次数在执行循环体之前就已确定,一般使用 for 循环结构。在循环次数不确定,但给出循环结束条件的情况下也可以使用。

其语句结构形式为:

for (表达式 1;表达式 2 ;表达式 3)
　　　循环体;

通常情况下,表达式 1 用来进行循环控制变量初始化,表达式 2 用来设置循环条件,表达式 3 用作循环控制变量的步长增量设置。需要注意的是,表达式 1、2、3 在某些场景下可以有选择地省略,即表达式 1、2、3 不是必备的。

for 循环结构执行流程如图 2.10 所示。

执行过程如下。

(1) 计算表达式 1。

(2) 计算表达式 2,若值为真(非零)则执行(3);否则退出循环,执行循环结构后面的语句。

(3) 执行循环体。

(4) 计算表达式 3,并转向 (2)。

例如:

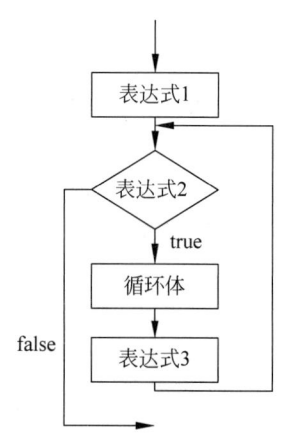

图 2.10　for 循环结构执行流程

```
for(i = 1;i < = 100;i++)
    sum = sum + i;
```

本例在循环控制变量 i 满足小于或等于 100 的条件时将一直执行循环体,即执行累加求和,直至 i 等于 101 时退出循环。

【例 2-22】 求出斐波那契数列的前 n 项。

```
Fibonacci 数列: 0,1,1,2,3,5,8,13,21,34, …
    a1 = 0
    a2 = 1
    an = an-1 + an-2   ( n ≥ 2)
```

问题分析

首先接收键盘输入的数值 n,设置一个整型变量来表示,该数列每一项都是前两项的和,因此在递推新的项时需要用到前两项,故定义两个整型变量保存前两项的值;其次,程序产生的新项,可以重复利用已定义的表示前两项的变量,进行新项值的更新,每次更新两项;最后,键盘的输入和结果的输出,可以使用标准的输入输出流对象来实现。

编写程序

```
1   # include < iostream >
2   using namespace std;
3   int main()
4   {
5       int n,i,a1,a2;
6       cout <<"请输入 n 值: ";
7       cin >> n;
8       a1 = 0;
9       a2 = 1;
10      cout << a1 <<" "<< a2 <<" ";
11      for (i = 2;i <= n/2;i++)
12      {
13          a1 = a1 + a2;
14          a2 = a1 + a2;
15          cout << a1 <<" "<< a2 <<" ";
16      }
17      if (n == (i - 1) * 2 + 1)
18          cout << a1 + a2 << endl;
19      return 0;
20  }
```

运行结果

请输入 n 值:5 ↙
0 1 1 2 3

【例 2-23】 使用循环结构求解输入正整数的位数并输出,假设输入的数不大于 10^8。如 68 765 的位数是 5。

问题分析

首先接收键盘输入的数值 n,设置一个整型变量来表示,计算整数位数,可以定义一个整型变量表示;其次,程序要求应用循环结构求位数,显然是不断进行除以 10 的运算,看可以除多少次保证商不为零;最后,键盘的输入和结果的输出,可以使用标准的输入输出流对象来实现。

编写程序

```
1   # include < iostream >
2   using namespace std;
3   int main()
4   {
5       int n;
6       int digit = 1;
7       cin >> n;
8       for(;n >= 10;) {
9           n = n/10;
```

```
10          digit = digit + 1;
11      }
12      cout << digit;
13      return 0;
14  }
```

运行结果

1003 ↙
4

【例 2-24】 计算未来的学费。假设某大学今年的学费(tuition)是 10 000 元,学费以每年 5% 的幅度递增。编写程序,计算 10 年内的学费。

问题分析

第一年的学费是 10 000 元,第二年的学费是第一年的 1.05 倍,第三年的学费是第二年的 1.05 倍,以后每年的学费都是之前一年学费的 1.05 倍。因此每年的学费可以用下面的公式计算。

$$tuition = tuition * 1.05$$

算法利用 for 循环实现计算并输出每一年的学费,直到计算并输出第 10 年的学费为止。

编写程序

```
1   # include < iostream >
2   using namespace std;
3   int main()
4   {
5       double tuition = 10000;
6       int year;
7       for(year = 1;year <= 10;year++)
8       {
9           cout <<"第"<< year <<"年的学费为: "<< tuition <<"元"<< endl;
10          tuition = tuition * 1.05;
11      }
12      return 0;
13  }
```

运行结果

第 1 年的学费为: 10000 元
第 2 年的学费为: 10500 元
第 3 年的学费为: 11025 元
第 4 年的学费为: 11576.25 元
第 5 年的学费为: 12155.0625 元
第 6 年的学费为: 12762.815625 元
第 7 年的学费为: 13400.956406 元

第 8 年的学费为：14071.004226 元
第 9 年的学费为：14774.554437 元
第 10 年的学费为：15513.282159 元

可以将程序的循环部分改成 while 循环，代码如下。

```
year = 1;
while(year <= 10)
{
cout <<"第"<< year <<"年的学费为："<< tuition <<"元"<< endl;
 tuition = tuition * 1.05;
 year++;
}
```

也可以将程序的循环部分改成 do-while 循环，代码如下。

```
   year = 1;
do
   {
cout <<"第"<< year <<"年的学费为："<< tuition <<"元"<< endl;
   tuition = tuition * 1.05;
   year++;
} while(year <= 10);
```

2.3.4 嵌套循环

一个循环体内包含另一个完整的循环结构，称为循环的嵌套。内嵌的循环中还可以嵌套循环，这就是多层循环。三种循环结构（while 循环、do-while 循环和 for 循环）可以互相嵌套。

当代码中出现嵌套循环时，嵌套循环执行流程如图 2.11 所示，以两层循环为例。

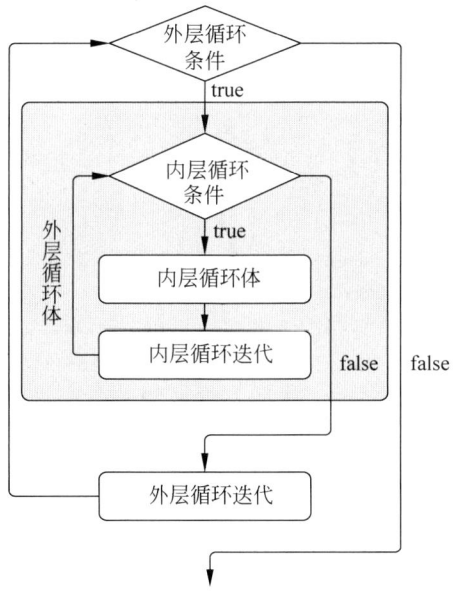

图 2.11　嵌套循环执行流程

首先判断外层循环的循环条件,若为真则执行外层循环的循环体,而内层循环将被作为外层循环的循环体来执行。当内层循环执行结束并且外层循环的循环体执行完毕,则再次检查外层循环的循环条件,决定是否继续执行外层循环的循环体。

　　【例 2-25】　按规范的格式输出九九乘法表。

问题分析

　　首先定义两个整型变量表示乘法表的行和列;其次,程序的第一层循环进行行的控制,一共 9 行。内层循环进行列的控制,列数就是每行的项数等于行数,这明显是一个两层循环结构;最后,键盘的输入和结果的输出,可以使用标准的输入输出流对象来实现。

编写程序

```
1   # include < iostream >
2   # include < iomanip >
3   using namespace std;
4   int main()
5   {
6       int i,j;
7       for(i = 1;i < = 9;i++)
8       {
9           for(j = 1;j < = i;j++)
10          {
11              cout << i <<" * "<< j <<" = "<< setw(2)<< i * j <<" ";
12          }
13          cout << endl;
14      }
15      return 0;
16  }
```

运行结果

```
1 * 1 = 1
2 * 1 = 2   2 * 2 = 4
3 * 1 = 3   3 * 2 = 6   3 * 3 = 9
4 * 1 = 4   4 * 2 = 8   4 * 3 = 12   4 * 4 = 16
5 * 1 = 5   5 * 2 = 10  5 * 3 = 15   5 * 4 = 20   5 * 5 = 25
6 * 1 = 6   6 * 2 = 12  6 * 3 = 18   6 * 4 = 24   6 * 5 = 30   6 * 6 = 36
7 * 1 = 7   7 * 2 = 14  7 * 3 = 21   7 * 4 = 28   7 * 5 = 35   7 * 6 = 42   7 * 7 = 49
8 * 1 = 8   8 * 2 = 16  8 * 3 = 24   8 * 4 = 32   8 * 5 = 40   8 * 6 = 48   8 * 7 = 56   8 * 8 = 64
9 * 1 = 9   9 * 2 = 18  9 * 3 = 27   9 * 4 = 36   9 * 5 = 45   9 * 6 = 54   9 * 7 = 63   9 * 8 = 72   9 * 9 = 81
```

　　【例 2-26】　输出一个 n 层的倒三角形,其中 n 从键盘输入。如 $n = 3$ 时输出如下。

```
# # # # #
  # # #
    #
```

问题分析

首先接收键盘输入的数值 n，设置一个整型变量来表示；其次，程序产生 n 层，需要定义循环结构，而每层的输出内容是有规律呈现的，如空格个数是逐层递增 1 个，而字符 '♯' 则是每层递减两个；最后，键盘的输入和结果的输出，可以使用标准的输入输出流对象来实现。

编写程序

```
1    ♯ include < iostream >
2    using namespace std;
3    int main()
4    {
5        int n;
6        cin >> n;
7        for(int i = 1;i < = n;i++) {
8            for(int j = 1;j < = i - 1;j = j + 1)
9                cout <<" ";
10           for(j = 1;j < = (2 * n - 2 * i + 1);j = j + 1)
11               cout <<'♯ ';
12           cout << endl;
13       }
14       return 0;
15   }
```

运行结果

```
5 ↙
♯ ♯ ♯ ♯ ♯ ♯ ♯ ♯ ♯
  ♯ ♯ ♯ ♯ ♯ ♯ ♯
    ♯ ♯ ♯ ♯ ♯
      ♯ ♯ ♯
        ♯
```

【例 2-27】 张丘建《算经》中提出"百鸡问题"：鸡翁一值钱五，鸡母一值钱三，鸡雏三值钱一。百钱买百鸡，问鸡翁、鸡母、鸡雏各几何？

问题分析

百鸡问题是中国古代数学史上著名的一个问题。本例采用穷举法（也称枚举法）将可能出现的各种情况一一测试，判断是否满足条件，一般采用循环实现。

设鸡翁、鸡母、鸡雏的数量分别为 cocks、hens、chicks，根据题意可得：

cocks + hens + chicks = 100
5 * cocks + 3 * hens + chicks/3 = 100

两个方程无法解出三个变量，只能将各种可能的取值代入，其中能满足两个方程的就是所需的解，这是穷举法的应用。

cocks、hens、chicks 可能的取值有哪些？分析可知，百钱最多可买鸡翁 20 只，鸡母 33

只,鸡雏 300 只。

```
for(cocks = 0;cocks < = 20;cocks++)
  for(hens = 0;hens < = 33;hens++)
    for(chicks = 0;chicks < = 300;chicks++)
      if((cocks + hens + chicks == 100)&&( 5 * cocks + 3 * hens + chicks/3 = 100))
          cout << cocks << hens << chicks;
```

这个算法使用三重循环,执行时间函数是立方阶,循环体将执行 $20 \times 33 \times 300 =$ 198 000 次,为了提高运行的速度,可以将算法改进一下。

实际上,当 cocks 和 hens 确定时,chicks 可由题目要求确定为 $100 - cocks - hens$,因此实际上只要用 cocks 和 hens 去测试,用百钱检测就可以了。循环体将执行 $20 \times 33 =$ 660 次。

算法改进如下。

```
for(cocks = 0;cocks < = 20;cocks++)
  for(hens = 0;hens < = 33;hens++)
    if(5 * cocks + 3 * hens + (100 - cocks - hens)/3 == 100)
        cout << cocks << hens << chicks;
```

编写程序

```
1   # include < iostream >
2   # include < iomanip >
3   using namespace std;
4   int main()
5   {
6   int cocks,hens,chicks;
7   cout <<" 鸡翁      鸡母      鸡雏"<< endl;
8   for(cocks = 0;cocks < = 20;cocks++)
9       for(hens = 0;hens < = 33;hens++)
10      {
11          chicks = 100 - cocks - hens;
12          if((5 * cocks + 3 * hens + chicks/3 == 100)&&(chicks % 3 == 0))
13              cout << setw(6)<< cocks << setw(10)<< hens << setw(10)<< chicks << endl;
14      }
15  return 0;
16  }
```

运行结果

鸡翁	鸡母	鸡雏
0	25	75
4	18	78
8	11	81
12	4	84

思考拓展

在该程序里,(chicks%3==0)非常重要,想一想为什么。试想去掉这一条件,看看结果会有什么不同。

2.3.5　控制循环结构

除了三种循环控制结构,C++语言还提供了 break、continue 和 return 语句来改变循环结构的执行流程。

1. break 结束循环

在循环结构中使用 break 语句,如果执行 break 语句,则结束循环,转而执行循环结构后面的语句。若在多重嵌套循环中使用 break 语句,则执行 break 语句后,退出当前层的循环结构,对外层循环没有任何影响。此外,break 语句还可以用在 switch 语句结构中。

【例 2-28】　计算并输出圆的半径取值为[1,20]区间整数时圆的面积,当圆的面积大于 100 时则停止计算。

问题分析

首先定义两个变量分别表示圆的半径和面积,其中半径已说明是整型,而面积可以定义为浮点型;其次程序要多次计算圆的面积并输出,所以使用循环结构,并且在循环体中进行判断,以保证及时停止计算,这时需要用到 break 语句;结果的输出,可以使用标准的输出流对象来实现。

编写程序

```
1   # include < iostream >
2   using namespace std;
3   int main()
4   {
5       int r,s;
6       for (r = 1;r <= 20;r++){
7           s = 3.14 * r * r;
8           if(s > 100){
9               break;
10          }
11          cout <<"圆的半径为"<< r <<"时,面积为"<< s << endl;
12      }
13      return 0;
14  }
15
```

运行结果

圆的半径为 1 时,面积为 3
圆的半径为 2 时,面积为 12

圆的半径为 3 时,面积为 28
圆的半径为 4 时,面积为 50
圆的半径为 5 时,面积为 78

【例 2-29】 判断 m 是否为素数。

问题分析

素数是指只能被 1 和它本身整除的数。对于某个数 m,在 $2 \sim m-1$ 之间,只要有一个数能被 m 整除,就说明 m 不是素数;只有 m 不能被所有的数整除,才能说明 m 是素数。

采用的算法如下。

(1) 通过循环依次用 $2 \sim m-1$ 之间的数整除 m,如果找到某个整数 i 能整除 m,则输出 m 不是素数,并使用 break 结束循环。

(2) 如果找不到整数 i,则可断定 m 为素数,输出 m 是素数。

例如,5 是素数,8 不是素数。

编写程序

```
1   # include < iostream >
2   using namespace std;
3   int main()
4   {
5       int m,i;
6       cout <<"请输入一个正整数: ";
7       cin >> m;
8       for(i = 2;i < m;i++)
9           if(m % i == 0) break;            //提前结束循环
10      if(i >= m)                            //在 i 从 2 变到 m-1 中,m % i == 0 始终不成立
11          cout << m <<"是素数"<< endl;
12      else
13          cout << m <<"不是素数"<< endl;
14      return 0;
15  }
```

运行结果

请输入一个整数: 5 ↙
5 是素数

程序第 10 行,因为 $i<m$ 之前的 for 循环中没有找到能被整除的数,没有执行 break,循环结束前再执行一次 $i++$,i 等于 m,所以要判断 $i \geqslant m$。

还可以对程序中的循环部分进行优化,i 的取值可以缩小为 2 到 sqrt(m),for 循环可以改成如下代码。

```
for(i < = 2;i < = sqrt(m);i++)
    if(m % i == 0) break;                    //提前结束循环
```

除了利用循环变量的终值来判断有没有提前结束循环外,还可以使用标志型变量 flag,它在程序中的作用是标志 m 是否被某个 i 整除。一开始它的初值设置为 1,在循环体中使用 if(m%i==0)来判断 m 是否被整除,如果表达式为真,则 m 被 i 整除,将 flag 的值置为 0。因此,只要有一个 i 使 m 被 i 整除,则 flag 的值为 0;除非所有的 i 都不能满足 m 被 i 整除,flag 才为 1。这刚好为循环体外通过 flag 的值判断 m 是否为素数提供条件。

对以上程序进行修改,代码如下。

```
1   #include<iostream>
2   #include<cmath>
3   using namespace std;
4   int main()
5   {
6   int m,i,flag=1;
7   cout <<"请输入一个正整数: ";
8   cin>>m;
9   for(i=2;i<=sqrt(m);i++)
10      if(m%i==0)
11      {
12          flag=0;                  //m被某个i整除了,改变标志型变量的值
13          break;                   //提前结束循环
14      }
15  if(flag==1)                      //在i从2变到sqrt(m)中,m%i==0始终不成立
16      cout <<m <<"是素数"<< endl;
17  else
18      cout <<m <<"不是素数"<< endl;
19  return 0;
20  }
```

2．continue 结束本次循环

continue 语句是结束循环的方式中比较特殊的,它并没有终止循环结构的执行,而只是结束本次循环体中 continue 后面语句的执行,所以在使用 continue 的时候要注意这一点。

【例 2-30】 计算成绩大于或等于 60 分的学生人数及成绩平均值。

问题分析

首先定义两个整型变量表示总的学生人数和满足限制的学生人数,定义两个浮点型变量表示当前学生分数以及满足限制的学生总成绩;其次程序要多次计算输入中满足限制条件的总人数和平均值,所以使用循环结构,并且在循环体中进行判断,以保证及时过滤掉不满足限制的输入,这时需要用到 continue 语句;最后结果的输出,可以使用标准的输出流对象来实现。

编写程序

```
1   #include<iostream>
2   using namespace std;
3   int main()
4   {
5       int n,m = 0;
6       float score,totalScore = 0.0f;
7       cin>>n;
8       for(int i = 1;i<=n;i++)
9       {
10          cin>>score;
11          if(score<60)continue;
12          m++;
13          totalScore = totalScore + score;
14      }
15      cout<<"总共有"<<m<<"个学生及格,及格学生的平均分为: "<<totalScore/m<<endl;
16      return 0;
17  }
```

运行结果

3 ↙
69 ↙
38 ↙
89 ↙
总共有 2 个学生及格,及格学生的平均分为:79

【例 2-31】 输出 1~10 的偶数。

问题分析

偶数是指能被 2 整除的数。采用的算法是:通过循环依次取 1~10 的某个整数 m,如果 $m \% 2$ 值为非零,则调用 continue 语句结束本次循环进入下一次循环;如果 $m \% 2$ 值为零,则输出 m,直到整个循环结束,将 1~10 的偶数全部输出。

编写程序

```
1   #include<iostream>
2   using namespace std;
3   int main()
4   {
5   int m;
6   cout<< "输出 1~10 的偶数"<<endl;
7   for(m = 1;m<=10;m++)
8   {
9       if(m%2) continue;            //结束本次循环
10      cout<<m<<endl;
11  }
```

```
12 return 0;
13 }
```

运行结果

```
输出 1~10 的偶数
2
4
6
8
10
```

3. return 结束方法

如果在循环中执行 return 语句,则退出该循环的执行。需要说明的是,尽管 return 语句可以终止循环的执行,但它并不是专门设计用于跳出循环结构的。事实上任何程序结构在执行中遇到 return 语句,则表明程序执行到此结束,可以向上一层调用处返回。

【**例 2-32**】 计算学生成绩中第一个大于 60 分的学生成绩。

问题分析

首先,定义一个整型变量表示总的学生人数,定义一个浮点型变量表示当前学生分数;其次,程序要多次计算输入中满足限制条件的学生成绩,所以使用循环结构,并且在循环体中进行判断,以保证程序及时终止,这时需要用到 return 语句;最后结果的输出,可以使用标准的输出流对象来实现。

编写程序

```cpp
1   #include <iostream>
2   using namespace std;
3   int main()
4   {
5       int n;
6       float score;
7       cin >> n;
8       for(int i = 1; i <= n; i++)
9       {
10          cin >> score;
11          if(score >= 60){
12              cout << "已找到第一个及格的学生,分数为: " << score << endl;
13              return 0;
14          }
15      }
16      cout << "没有学生及格" << endl;
17      return 0;
18  }
```

运行结果

3 ↙
29 ↙
58 ↙
89 ↙
已找到第一个及格的学生,分数为:89

2.4 综合实例

【例2-33】 编写程序,计算商店员工一周工资的支出。商店员工一周的工资按小时计算。首先程序提示用户输入每个员工一周的工作时间和每小时的工资,然后计算每个员工一周的工资总额,包括固定工资和加班工资。其中,固定工资是员工工作时间在40小时(含40小时)以内的工资;如果员工工作时间超过40小时,则要支付加班工资。加班工资等于员工工作时间超过40小时以外的小时数乘每小时工资的1.5倍。输出员工的固定工资、加班工资和工资总额(固定工资和加班工资的总和)。最后询问用户是否继续处理下一个员工数据。用户选择"是",则继续处理,程序重新计算下一个员工的工资;用户选择"否",则表示不继续处理,该程序显示其处理的员工人数和工资总额的总和。

问题分析

采用的算法用伪代码描述如下。

初始化工资总额的总和 total_payroll 和员工总数 employee_count
do
用户输入员工一周的工作时间 hours 和每小时的工资 rate
if(工作时间 hours > 40)
计算固定工资 regular_pay 和加班工资 ot_pay
else
计算固定工资 regular_pay,加班工资 ot_pay = 0
endif
计算工资总额 gross_pay
工资总额的总和 total_payroll 累加和员工总数 employee_count 累加
显示员工的固定工资 regular_pay,加班工资 ot_pay = 0,工资总额 gross_pay
询问用户是否处理下一个员工
得到响应 another_employee
while(响应 another_employee 否)
显示员工总数 employee_count 和工资总额的总和 total_payroll

使用 do-while 循环结构,假定用户至少处理一个员工数据,在 do-while 循环中,循环体至少执行一次。员工的加班工资由 if 语句决定,一个员工一周只有在工作时间超过40小时才能获得加班工资。因此,if 语句在伪代码中检查小时数,如果小时数大于40,程序计算固定工资和加班工资。固定工资等于每小时工资乘40。计算加班工资,首先要计算加班小时数,加班小时数等于工作时间减40,然后将加班小时数乘1.5。最后,加班小时数乘每小时工资,从而得到加班工资。如果工作时间不超过40,则固定工资等于工作时间乘每小时工资,加班工资为"0"。工资总额为固定工资加加班工资(如果员工工作时间不超过 40 小时,则加班工资为"0")。

程序需要两个累加器:一个用于累加被计算的员工数;另一个用于累加工资总额。在程序开始时,首先将两个累加器初始化为"0"。在计算完一个员工工资总额后,程序将安排在循环体末尾的两个累加器累加。

在循环体的末尾,程序询问用户是否处理下一个员工数据。如果选择"是"则继续处理,循环体再次执行。如果选择"否",则循环结束,程序显示员工总数和工资总额的总和。

编写程序

```
1   # include < iostream >
2   # include < iomanip >
3   using namespace std;
4   int main()
5   {
6       const double OT_PAY_FACTOR = 1.5;
7       const double NORMAL_HOURS = 40.0;
8       int employee_count, another_employee;
9       double hours, rate, regular_pay, ot_pay, gross_pay, total_payroll;
10      total_payroll = 0.00;
11      employee_count = 0;
12      do
13      {
14          cout << endl ;
15          cout << "请输入员工一周的工作时间: ";
16          cin >> hours;
17          cout << "\n 请输入每小时工资: ";
18          cin >> rate;
19          if (hours > NORMAL_HOURS)
20          {
21              regular_pay = NORMAL_HOURS * rate;
22              ot_pay = (hours - NORMAL_HOURS) * OT_PAY_FACTOR * rate;
23          }
24          else
25          {
26              regular_pay = hours * rate;
27              ot_pay = 0.00;
28          }
29          gross_pay = regular_pay + ot_pay;
30          total_payroll += gross_pay;
31          ++employee_count;
32          cout << endl ;
33          cout << "固定工资 加班工资 工资总额";
34          cout << endl << setw(7) << regular_pay << setw(13) << ot_pay
35              << setw(13)<< gross_pay << endl;
36          cout << " ------------------------------------------------- " <<
37  endl;
```

```
38              cout << "你是否想处理下一个员工数据?" << endl;
39              cout << "输入 1 表示是,0 表示否: ";
40              cin >> another_employee;
41          }while (another_employee);
42          cout << endl ;
43          cout << "支付给" << employee_count << "名员工的工资总额的总和是"
44              << total_payroll << endl;
45          return 0;
46  }
```

运行结果

```
请输入员工一周的工作时间: 53 ↙
请输入每小时工资: 6.50 ↙
固定工资        加班工资       工资总额
260.00          126.75         386.75
-------------------------------------------------
你是否想处理下一个员工数据?
输入 1 表示是,0 表示否: 1 ↙
请输入员工一周的工作时间: 36 ↙
请输入每小时工资: 4.00 ↙
固定工资        加班工资       工资总额
144.00            0.00         144.00
-------------------------------------------------
你是否想处理下一个员工数据?
输入 1 表示是,0 表示否: 1 ↙
请输入员工一周的工作时间: 45.5 ↙
请输入每小时工资: 10.00 ↙
固定工资        加班工资       工资总额
400.00           82.50         482.50
-------------------------------------------------
你是否想处理下一个员工数据?
输入 1 表示是,0 表示否: 0 ↙
支付给 3 名员工的工资总额的总和是 1013.25
```

【例 2-34】 一家汽车修理厂要求编写程序来计算每个员工的固定工资、加班工资、个人所得税、工资总额和净工资(即税后工资),同时计算员工总数、工资总额的总和、个人所得税总额和净工资总额。程序首先提示用户输入员工每小时的工资、工作时间、员工代码(或 'A'全职或'B'兼职)和州代码('Y'纽约或'J'新泽西),允许用户输入大写或小写字母。要求程序计算并显示每个员工的固定工资、加班工资、个人所得税、工资总额和净工资(即税后工资)。

计算工资总额的方法是:如果员工工作时间小于或等于 40 小时,则固定工资是工作时间乘每小时工资,加班工资是"0";如果员工工作时间大于 40 小时,则固定工资是每小时工资乘 40,加班工资是工作时间超过 40 小时的小时数乘每小时工资的 1.5 倍。工资总额为固定工资加加班工资的总和。

个人所得税的计算方法是:如果员工代码是'A'且州代码是'Y',则应缴纳的个人所得税是工资总额的 7％；如果员工代码是'A'且州代码是'J'，则应缴纳的个人所得税是工资总额的 4.5％；如果员工代码不是'A'，则应缴纳的个人所得税为"0"。净工资等于总工资减个人所得税。

最后询问用户是否继续处理下一个员工数据。用户如果选择"是"，则继续处理，程序重新处理下一个员工的所有数据。如果选择"否"，则该程序显示其处理的员工总数、工资总额的总和、个人所得税总额和净工资总额。

问题分析

采用的算法用伪代码描述如下。

初始化员工总数 employee_count 计数器和工资总额的总和 total_gross_pay
初始化个人所得税总额 total_tax 和净工资总额 total_net_pay
do
输入员工每小时工资 pay_rate，工作小时数 hour
输入员工代码 employee_code 和州代码 state_code
计算员工工资总额 gross_pay
计算员工个人所得税 tax
计算的员工净工资 net_pay
员工总数 employee_count 计数器加 1
工资总额的总和 total_gross_pay 累加
个人所得税总额 total_tax 累加
净工资总额 total_net_pay 累加
显示结果
询问是否处理下一个员工数据
得到响应 response
while(响应 response 否)
显示员工总数 employee_count 和工资总额的总和 total_gross_pay
显示个人所得税总额 total_tax 和净工资总额 total_net_pay

编写程序

```
1   # include < iostream >
2   # include < iomanip >
3   using namespace std;
4   int main()
5   {
6       const double RESIDENT_RATE = 0.070;
7       const double NON_RESIDENT_RATE = 0.045;
8       int employee_count;
9       char employee_code, state_code, response;
10      double pay_rate, hours, regular_pay, overtime_pay, gross_pay,
11      tax, net_pay, total_gross_pay, total_tax, total_net_pay;
12      cout << "请输入计算员工工资所需的数据"<< endl;
13      employee_count = 0;
14      total_gross_pay = total_tax = total_net_pay = 0.00;
15      do
16      {
17          cout << "请输入员工每小时的工资: ";
```

```
18          cin >> pay_rate;
19          cout << "请输入员工的工作时间: ";
20          cin >> hours;
21          cout << "请输入员工的代码(A 全职或 B 兼职): ";
22          cin.get();
23          employee_code = cin.get();
24          cout << "请输入州代码(Y 纽约或 J 新泽西): ";
25          cin.get();
26          state_code = cin.get();
27          if (hours > 40.0)
28          {
29            regular_pay = 40.0 * pay_rate;
30            overtime_pay = (hours - 40.0) * 1.5 * pay_rate;
31          }
32          else
33          {
34            regular_pay = hours * pay_rate;
35            overtime_pay = 0.00;
36          }
37          gross_pay = regular_pay + overtime_pay;
38          if ((employee_code == 'A') || (employee_code == 'a'))
39            if ((state_code == 'Y') || (state_code == 'y'))
40              tax = gross_pay * RESIDENT_RATE;
41            else
42              tax = gross_pay * NON_RESIDENT_RATE;
43          else
44            tax = 0.00;
45          net_pay = gross_pay - tax;
46          cout << "固定工资: " << regular_pay << endl;
47          cout << "加班工资: " << overtime_pay << endl;
48          cout << "个人所得税: " << tax << endl;
49          cout << "工资总额: " << gross_pay << endl;
50          cout << " ----------------------------------------------- " << endl;
51          cout << "净工资(即税后工资): " << net_pay << endl;
52          ++employee_count;
53          total_gross_pay += gross_pay;
54          total_tax += tax;
55          total_net_pay += net_pay;
56          cout << endl << endl;
57          cout << "你是否想处理下一个员工数据?(Y 是/N 否): ";
58          cin.get();
59          response = cin.get();
60      }while ( (response == 'n') || (response == 'N') );
61      cout << "处理的员工总数为: " << employee_count << endl;
62      cout << "工资总额的总和为: " << total_gross_pay << endl;
63      cout << "个人所得税总额为: "<< total_tax << endl;
64      cout << "净工资总额为: " << total_net_pay << endl;
65      return 0;
66  }
```

运行结果

```
请输入计算员工工资所需的数据
请输入员工每小时的工资：7.25 ↙
请输入员工的工作时间：47 ↙
请输入员工的代码(A 全职或 B 兼职)：A ↙
请输入州代码(Y 纽约或 J 新泽西)：Y ↙
固定工资：290.00
加班工资：76.13
个人所得税：25.63
工资总额：366.13
-----------------------------------------------------------
净工资(即税后工资)：340.50
你是否想处理下一个员工数据?(Y 是/N 否)：Y ↙
请输入员工每小时的工资：8.50 ↙
请输入员工的工作时间：30 ↙
请输入员工的代码( A 全职或 B 兼职)：A ↙
请输入州代码(Y 纽约或 J 新泽西)：J ↙
固定工资：255.00
加班工资：0.00
个人所得税：11.47
工资总额：255.00
-----------------------------------------------------------
净工资(即税后工资)：243.53
你是否想处理下一个员工数据?(Y 是/N 否)：Y ↙
请输入员工每小时的工资：6.00 ↙
请输入员工的工作时间：50 ↙
请输入员工的代码( A 全职或 B 兼职)：B ↙
请输入州代码(Y 纽约或 J 新泽西)：Y ↙
固定工资：240.00
加班工资：90.00
个人所得税：0.00
工资总额：330.00
-----------------------------------------------------------
净工资(即税后工资)：330.00
你是否想处理下一个员工数据?(Y 是/N 否)：N ↙
处理的员工总数为：3
工资总额的总和为：951.13
个人所得税总额为：37.10
净工资总额为：914.03
```

【例 2-35】 计算房产经纪人的提成收入。房产经纪人按销售的房产类型分别给予不同的提成率，标准如下。

房屋类型	提成率(%)
普通住宅 Residential(代码 R)	0.060
高层住宅 Multi-Dwelling(代码 M)	0.050
商业住宅 Commercial(代码 C)	0.045

编写程序，提示用户输入房产的销售价格和类型代码，显示经纪人的提成(销售价格

乘提成率)。如果用户输入无效的房产类型代码,则显示适当的错误信息并终止程序。允许用户输入大写或小写字母。

问题分析

采用的算法用伪代码描述如下。

提示用户输入房产的销售价格 sale_price
提示用户输入房产类型代码 property_code
根据房产类型确定提成率 commission_rate
计算提成 commission
显示提成 commission

要根据房产类型代码 property_code 确定提成率 commission,使用 switch 语句。用户输入的房产类型代码 property_code 决定提成率 commission_rate,程序要考虑四种可能的情况。房产类型代码有三个可能的值:'R'、'M'和'C',除了这三个值以外的情况属于第四种。因此,这个问题需要使用一个多路分支,也就是一个 switch 结构,程序流程如图 2.12 所示。

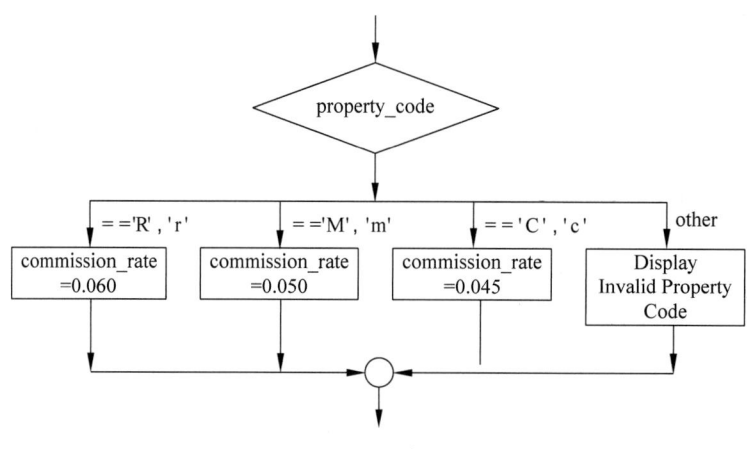

图 2.12　程序流程

在流程图中,程序的执行路径取决于 property_code 的值。因此,如果 property_code 等于'm'或'M',则程序按照第二种情况赋值 commission_rate=0.050。

编写程序

```
1    # include < iostream >
2    # include < iomanip >
3    # include < cstdlib >
4    using namespace std;
5    int main()
6    {
7          const double RESIDENTIAL_RATE = 0.060;
8          const double MULTIDWELLING_RATE = 0.050;
9          const double COMMERCIAL_RATE = 0.045;
10         int property_code;
```

```
11        double sale_price, commission_rate, commission;
12        cout << "请输入房产的销售价格: ";
13        cin >> sale_price;
14        cout << "请根据下面的提示输入房产类型代码"<< endl;
15        cout << "普通住宅,输入 R" << endl;
16        cout << "高层住宅,输入 M" << endl;
17        cout << "商业住宅,输入 C" << endl;
18        cout << "请输入你的选择: ";
19        cin.get();
20        property_code = cin.get();
21        switch (property_code)
22        {
23          case 'R':
24          case 'r': commission_rate = RESIDENTIAL_RATE; break;
25          case 'M':
26          case 'm': commission_rate = MULTIDWELLING_RATE; break;
27          case 'C':
28          case 'c': commission_rate = COMMERCIAL_RATE; break;
29          default: cout <<"无效的房产类型代码!请重新输入" << endl;
30          exit(1); break;
31        }
32        commission = sale_price * commission_rate;
33        cout << "该房产的提成: " << commission << endl;
34        return 0;
35 }
```

运行结果

```
请输入房产的销售价格: 270000↙
请根据下面的提示输入房产类型代码
普通住宅,输入 R
高层住宅,输入 M
商业住宅,输入 C
请输入你的选择: R↙
该房产的提成: 16200
```

【例 2-36】　编写程序,模拟餐厅计算餐费金额。程序首先询问用户是否有顾客需要结账,如果用户响应"是",则提示用户输入餐费金额。然后计算服务费金额(服务费为餐费金额的 8.25%)和总餐费金额,并将其显示给用户。要求用户输入顾客支付的金额,并显示支付金额、总餐费金额和找零金额。询问用户是否有下一个顾客需要结账。如果用户响应"是",则以相同的方式重新计算,直到用户对是否有下一个顾客需要结账的提示不响应为止。最后显示其处理的顾客总数和餐费总金额。

问题分析

由于程序不知道需要处理顾客的数量,所以这种情况算法采用 while 循环实现较好。采用的算法用伪代码描述如下。

```
询问用户是否有顾客需要结账
while(响应是)
```

为顾客结账
提示用户是否有下一个顾客需要结账
endwhile
显示总数和总金额

过程可以进一步细化如下。

初始化顾客总数 num_customers 计数器和餐费总金额 grand_total 累加器
询问用户是否有顾客需要结账
while(响应 response 是)
输入顾客餐费金额 meal_price
计算服务费金额 sales_tax 和总餐费金额 total
显示餐费金额 meal_price,服务费金额 sales_tax 和总餐费金额 total
输入顾客支付金额 amt_tendered
计算找零金额 change
显示支付金额 amt_tendered,总餐费金额 total 和找零金额 change
顾客总数 num_customers 加 1 和餐费总金额 grand_total 累加
询问用户是否有顾客需要结账
endwhile
显示顾客总数 num_customers 和餐费总金额 grand_total

编写程序

```
1    # include < iostream >
2    # include < iomanip >
3    using namespace std;
4    int main()
5    {
6         const double SALES_TAX_RATE = 0.0825;
7         double meal_price, sales_tax, total, amt_tendered, change, grand_total;
8         int num_customers, response;
9         grand_total = 0.0;
10        num_customers = 0;
11        cout << " *********** 餐厅 ******* ***** " << endl << endl;
12        cout << "是否有顾客需要结账?" << endl;
13        cout << "请输入 1(是)或者 0(否): ";
14        cin >> response;
15        while (response == 1)
16        {
17          cout << "请输入餐费金额: ";
18          cin >> meal_price;
19          sales_tax = meal_price * SALES_TAX_RATE;
20          total = meal_price + sales_tax;
21          cout << "餐费金额: " << meal_price << endl;
22          cout << "服务费金额: " << sales_tax << endl;
23          cout << " --------------------------------------------------- " << endl;
24          cout << "总餐费金额: " << total << endl;
25          cout << "请输入顾客支付金额: ";
26          cin >> amt_tendered;
```

```
27          change = amt_tendered – total;
28          cout << "支付金额: " << amt_tendered << endl;
29          cout << "总餐费金额: " << total << endl;
30          cout << " --------------------------------------------- " << endl;
31          cout << "找零金额: "<< change << endl;
32          ++num_customers;
33          grand_total += total;
34          cout << "是否有顾客需要结账?" << endl;
35          cout << "请输入 1(是)或者 0(否): ";
36          cin >> response;
37       }
38       cout << "顾客总数: " << num_customers << endl;
39       cout << "餐费总金额: " << grand_total << endl;
40       cout << " ************  谢谢  ************ "<< endl;
41       return 0;
42  }
```

运行结果

```
************  餐厅  ************
是否有顾客需要结账?
请输入 1(是)或者 0(否): 1✓
请输入餐费金额: 34.50✓
餐费金额: 34.50
服务费金额: 2.85
---------------------------------------------
总餐费金额: 37.35
请输入顾客支付金额: 40.00✓
支付金额: 40.00
总餐费金额: 37.35
---------------------------------------------
找零金额: 2.65
是否有顾客需要结账?
请输入 1(是)或者 0(否): 1✓
请输入餐费金额: 75.23✓
餐费金额: 75.23
服务费金额: 6.21
---------------------------------------------
总餐费金额: 81.44
请输入顾客支付金额: 100.00✓
支付金额: 100.00
总餐费金额: 81.44
---------------------------------------------
找零金额: 18.56
是否有顾客需要结账?
请输入 1(是)或者 0(否): 1✓
请输入餐费金额: 57.92✓
餐费金额: 57.92
服务费金额: 4.78
```

```
------------------------------------------
总餐费金额: 62.70
请输入顾客支付金额: 70.00 ↙
支付金额: 70.00
总餐费金额: 62.70
------------------------------------------
找零金额: 7.30
是否有顾客需要结账?
请输入 1(是)或者 0(否): 0 ↙
顾客总数: 3
餐费总金额: 181.49
************ 谢谢 ************
```

【例 2-37】 编写程序,为当地银行生成一个利息表,计算存单(CD)的月利息。首先程序提示用户输入存款金额、CD 的月份数和百分比年利率。然后按月复利计算利息,并显示每个月的利息、每个月累计的利息、每个月 CD 的新余额。最后显示汇总信息,包括初始存款金额、累计利息总额以及 CD 账户中的最终金额。

问题分析

CD 利息是按月复利计算,复利是指在每经过一个月的计息周期后,将所产生的利息加入本金,以计算下个月的利息。这样,在每一个月的计息周期,上一个月计息周期的利息将成为生息的本金。首先程序要求用户输入的年利率是百分比年利率。在计算之前,必须把百分比年利率转换为十进制年利率,然后再把年利率除以 12,得到月利率。

例如,假设存款 10 000 元的 CD,百分比年利率为 9%,则十进制年利率是 9/100＝0.09,月利率为 0.09/12＝0.0075。那么第一个月的利息是 10 000×0.0075＝75 则第二个月初的账户余额为 10 000＋75＝10 075,第二个月的利息为 10 075×0.0075＝75.56,则第三个月初的账户余额为 10 075＋75.56＝10 150.56。以此类推,每个月 CD 都按月复利计算。

采用的算法用伪代码描述如下。

```
提示用户输入存款金额 deposit、CD 的月份数 term、百分比年利率 annual_rate
计算月利率 monthly_rate
初始化总利息 total_interest 累加器,值为 0
初始化账户余额 acct_balance 累加器,值为存款金额 deposit
显示利息表标题
for(月份 month 从 1 至 CD 的月份数 term)
计算当月利息 interest
将当月利息 interest 累加到账户余额 acct_balance
将当月利息 interest 累加到总利息 total_interest
显示当月的所有数据
endfor
显示存入金额 deposit,总利息 total_interest,账户余额 acct_balance
```

程序首先提示用户输入存款金额 deposit、CD 的月份数 term 和百分比年利率 annual_rate。当用户输入数据后,程序将百分比年利率转换为等价的十进制月利率,将总利息累加器 total_interest 初始化为"0",并将账户余额初始化为存款金额 deposit。使用 for

循环为 CD 每个月计算利息一次,在 for 循环的循环体中,程序计算当月利息 interest,并将当月利息 interest 加账户余额 acct_balance 的和存储到总利息 total_interest 累加器中,同时显示当月的所有信息。当程序退出 for 循环时,显示 CD 的存入金额 deposit、总利息 total_interest 和账户余额 acct_balance。

编写程序

```
1   # include < iostream >
2   # include < iomanip >
3   using namespace std;
4   int main()
5   {
6       double annual_rate, monthly_rate, deposit, acct_balance;
7       double interest, total_interest;
8       int month, term;
9       cout << "请输入存单 CD 的存款金额: ";
10      cin >> deposit;
11      cout << "请输入存单 CD 的月份数: ";
12      cin >> term;
13      cout << "请输入存单 CD 的百分比年利率: ";
14      cin >> annual_rate;
15      monthly_rate = (annual_rate / 100) / 12;
16      total_interest = 0.00;
17      acct_balance = deposit;
18      cout << "----------------------------------------------- " << endl;
19      cout << "时间     月利息     总利息     账户余额" << endl;
20      for (month = 1; month <= term; ++month)
21      {
22        interest = monthly_rate * acct_balance;
23        acct_balance += interest;
24        total_interest += interest;
25        cout << "----------------------------------------------- " << endl ;
26        cout << setw(3) << month << setw(12) << interest
27            << setw(13) << total_interest << setw(15) << acct_balance;
28      }
29      cout << endl;
30      cout << "----------------------------------------------- " << endl ;
31      cout << "\t 总计" << endl << endl;
32      cout << "初始的存款金额: "<< deposit << endl;
33      cout << "总利息: " << total_interest << endl;
34      cout << "账户余额: " << acct_balance << endl;
35      return 0;
36  }
```

运行结果

请输入存单 CD 的存款金额: 1000 ↙
请输入存单 CD 的月份数: 12 ↙

请输入存单 CD 的百分比年利率: 7.5 ↙

时间	月利息	总利息	账户余额
1	6.25	6.25	1006.25
2	6.29	12.54	1012.54
3	6.33	18.87	1018.87
4	6.37	25.24	1025.24
5	6.41	31.64	1031.64
6	6.45	38.09	1038.09
7	6.49	44.58	1044.58
8	6.53	51.11	1051.11
9	6.57	57.68	1057.68
10	6.61	64.29	1064.29
11	6.65	70.94	1070.94
12	6.69	77.63	1077.63

　　总计

初始的存款金额: 1000.00

总利息: 77.63

账户余额: 1077.63

【例 2-38】 求 $Sn = a + aa + aaa + \cdots + aa\cdots a$，其中 a 是一个数字。例如: $2 + 22 + 222 + 2222 + 22222$(此时 $n = 5$)，n 由键盘输入。

编写程序

```
1   # include < iostream >
2   using namespace std;
3   int main()
4   {
5       double a, sn = 0.0, sum = 0.0;
6       int n, i;
7       cout <<"please input a number";
8       cin >> a;
9       cout <<"please input n number";
10      cin >> n;
11      sn = a;
12      sum = a;
13      for(i = 2; i <= n; i++)
14      {
15        sum = sum * 10 + a;
16        sn += sum;
17      }
18      cout <<"Sn = "<< sn << endl;
19  }
```

运行结果

please input a number a = 5
please input n number n = 10
Sn = 6.17284e + 09

【例 2-39】 求 1～200 之间所有素数,将素数和存入变量 sum 并输出。素数是只能被 1 和其本身整除的数。
编写程序

```
1   # include < iostream >
2   # include < cmath >
3   using namespace std;
4   int main()
5   {
6        int N, m, sum = 0;
7        for (m = 2; m <= 200; m++)
8        {
9             int i, tmp = (int)sqrt(m);
10            for (i = 2; i <= tmp; i++)
11                 if (m % i == 0)
12                      break;
13            if (i > tmp)
14            {
15                 cout << m << " ";
16                 sum += m;
17            }
18       }
19       cout << endl;
20       cout << "sum = " << sum << endl;
21       return 0;
22  }
```

运行结果

2 3 5 7 11 13 17 19 23 29 31 37 41 43 47 53 59 61 67 71 73 79 83 89 97 101 103 107 109 113 127 131 137 139 149 151 157 163 167 173 179 181 191 193 197 199
sum = 4227

【例 2-40】 一个球从 100 米高度自由落下,每次落地后反弹回原高度的一半再次落下。求其第 10 次落地时,共经过多少米? 第 10 次反弹高度是多少米?
编写程序

```
1   # include < iostream.h >
2   int main()
3   {
4        double h1 = 100, h2 = 100, sum = 0.0;
```

```
5      int i;
6      for (i = 1; i <= 10; i++)
7      {
8          sum += h2;
9          h1 = h1/2.0;
10         h2 = h1 * 2;
11     }
12     cout <<" sum = "<< sum <<" " <<"h1 = "<< h1 << endl;
13 }
```

运行结果

sum = 299.609   h1 = 0.0976562

【例 2-41】　猴子吃桃。猴子第一天摘下若干个桃子,当即吃了一半,还不过瘾,又吃了一个。第二天早上又将剩下的桃子吃了一半,又多吃了一个。以后每天早上都吃了前一天剩下桃子的一半多一个。到第 10 天早上,只剩一个桃子。求猴子第一天摘下多少个桃子。

编写程序

```
1  # include < iostream. h >
2  int main()
3  {
4      int number, i;
5      number = 1;
6      for (i = 10; i > 1; i-- )
7      number = (number + 1) * 2;
8      cout <<"number = "<< number << endl;
9  }
```

运行结果

number = 1534

【例 2-42】　求多项式 1!＋2!＋3!＋……＋15! 的值。

编写程序

```
1  # include < iostream >
2  using namespace std;
3  int main()
4  {
5      int n = 1, s = 0;
6      for (int i = 1; i <= 15; i++)
7      {
8          n = n * i;
9          s += n;
```

```
10              }
11              cout << "s = " << s << endl;
12              return 0;
13  }
```

运行结果

s = 1 443 297 817

【例 2-43】 输出 $100 \sim 1000$ 之间的各位数字之和能被 15 整除的所有数,输出时每 10 个数一行。

编写程序

```
1   # include < iostream >
2   # include < iomanip >
3   using namespace std;
4   int main( )
5   {
6           int m, n, k, i = 0;
7           for (m = 100; m <= 1000; m++)
8           {
9                   k = 0;
10                  n = m;
11                  do
12                  {
13                          k = k + n % 10 ;
14                          n = n / 10;
15                  }
16                  while (n > 0);
17                  if (k % 15 == 0)
18                  {
19                          cout << setw(5) << m;
20                          i++;
21                          if (i % 10 == 0) cout << endl;
22                  }
23          }
24          return 0;
25  }
```

运行结果

```
159   168   177   186   195   249   258   267   276   285
294   339   348   357   366   375   384   393   429   438
447   456   465   474   483   492   519   528   537   546
555   564   573   582   591   609   618   627   636   645
654   663   672   681   690   708   717   726   735   744
753   762   771   780   807   816   825   834   843   852
```

861　870　906　915　924　933　942　951　960

【例 2-44】　有函数 $y = \begin{cases} x & (x<1) \\ 2x-1 & (1{\leqslant}x<10) \\ 3x-11 & (x{\geqslant}10) \end{cases}$，输入 x 值，输出 y 值。

编写程序

```
1   # include < iostream >
2   # include < cmath >
3   using namespace std;
4   int main()
5   {
6       float x;
7       double y;
8       cout <<"输入 x:";
9       cin >> x;
10      if (x < 1) y = x;
11      else if(x < 10) y = 2 * x - 1;
12          else y = 3 * x - 11;
13      cout <<"x = "<< x <<", y = "<< y << endl;
14      return 0;
15  }
```

运行结果

```
输入 x:4
x = 4, y = 7
输入 x: - 1
x = - 1, y = - 1
输入 x:20
x = 20, y = 49
```

【例 2-45】　提示输入百分制成绩，要求输出成绩等级 A、B、C、D、E。成绩大于或等于 90 为 A 等级，成绩 80～89 为 B 等级，成绩 70～79 为 C 等级，成绩 60～69 为 D 等级，成绩小于 60 为 E 等级。使用 if 语句编写程序。

编写程序

```
1   # include < iostream >
2   using namespace std;
3   int main()
4   { int x;
5       char y;
6       cout <<"输入成绩:";
7       cin >> x;
8       if (x < 0 || x > 100) cout <<"出错,成绩介于 0 至 100 之间,重输!"<< endl;
9       else
```

```
10         { if(x>=90 &&x<=100) y='A';
11          else if (x>=80 && x<89) y='B';
12              else if (x>=70 && x<79) y='C';
13                  else if (x>=60 && x<69) y='D';
14                  else y='E';
15        cout <<"成绩 = "<< x <<",等级 = "<< y << endl;}
16        return 0;
17  }
```

运行结果

输入成绩:90 ✓
成绩 = 90,等级 = A
输入成绩:80 ✓
成绩 = 80,等级 = B
输入成绩:70 ✓
成绩 = 70,等级 = C
输入成绩:60 ✓
成绩 = 60,等级 = D
输入成绩:59 ✓
成绩 = 59,等级 = E

【例 2-46】　提示输入不多于 5 位的正整数,要求:(1)求出它是几位数?(2)分别输出每一位数字。(3)按逆序打印各位数字,如输入 321,输出 123。

编写程序

```
1   # include < iostream >
2   using namespace std;
3   int main()
4   { long int num;
5     int indiv,ten,hundred,thousand,ten_thousand,place;
6     cout <<"输入一个正数(0 - 99999):";
7     cin >> num;
8     if (num > 9999) place = 5;
9     else if (num > 999) place = 4;
10        else if (num > 99) place = 3;
11            else if (num > 9) place = 2;
12                else place = 1;
13    cout <<"位数:"<< place << endl;
14    ten_thousand - num/10000;
15    thousand = (num - ten_thousand * 10000)/1000;
16    hundred = (num - ten_thousand * 10000 - thousand * 1000)/100;
17    ten = (num - ten_thousand * 10000 - thousand * 1000 - hundred * 100)/10;
18    indiv = num % 10;
19    cout <<"每位数字:";
20    switch(place)
21    { case 5:cout << ten_thousand <<","<< thousand <<","<< hundred <<","
22          << ten <<","<< indiv < endl;
23          cout <<"逆序:";
```

```
24          cout << indiv << ten << hundred << thousand << ten_thousand << endl;
25          break;
26   case 4:cout << thousand <<","<< hundred <<","<< ten <<","<< indiv << endl;
27          cout <<"逆序:";
28          cout << indiv << ten << hundred << thousand << endl;
29          break;
30   case 3:cout << hundred <<","<< ten <<","<< indiv << endl;
31          cout <<"逆序:";
32          cout << indiv << ten << hundred << endl;
33          break;
34   case 2:cout << ten <<","<< indiv << endl;
35          cout <<"逆序:";
36          cout << indiv << ten << endl;
37          break;
38   case 1:cout << indiv << endl;
39          cout <<"逆序:";
40          cout << indiv << endl;
41          break;
42   }
43   return 0;
44 }
```

运行结果

```
输入一个正数(0 - 99999):98765
位数:5
每位数字:9,8,7,6,5
逆序:56789
```

【例 2-47】 祖冲之(429—500)是我国南北朝时期杰出的数学家和天文学家。在数学方面,祖冲之推算出圆周率 π 的不足近似值(朒数)3.1415926 和过剩近似值(盈数)3.1415927,指出 π 的真值在盈、朒两限之间,即 3.1415926＜π＜3.1415927。这个圆周率值是当时世界上最先进的数学成就,直到 15 世纪阿拉伯数学家阿尔·卡西和 16 世纪法国数学家弗朗索瓦·韦达(1540—1603)才得到更精确的结果。为了纪念和表彰祖冲之对我国和世界科学文化做出的卓越贡献,紫金山天文台将 1964 年发现的一颗小行星命名为"祖冲之星",在月球背面也有以祖冲之名字命名的环形山。

问题描述:根据下列公式求 π 的近似值,要求累加至最后一项的绝对值小于 10^{-8}。

$$\frac{\pi}{4} \approx 1 - \frac{1}{3} + \frac{1}{5} - \frac{1}{7} + \cdots + (-1)^{n-1} \times \frac{1}{2n-1}$$

要求:

(1) 采用 while 循环语句编程求出 π 的近似值并输出。

(2) 采用 for 循环语句、break 语句编程求出 π 的近似值并输出。

编写程序(采用 while 循环语句)

```
1   # include < iostream >
2   # include < iomanip >
```

```
3   # include < cmath >
4   using namespace std;
5   int main( )
6   {
7       int sign = 1;
8       int num = 1;
9       double t = 1, pi = 0;
10      while ((fabs(t))> = 1e - 8)
11      {
12        pi = pi + t;
13        num = num + 2;
14        sign = - sign;
15        t = sign/double(num);
16      }
17      pi = pi * 4;
18      cout <<"pi = "<< setiosflags(ios::fixed)<< setprecision(8)<< pi << endl;
19      return 0;
20  }
```

运行结果

pi = 3.14159263

本章小结

从程序流程的角度来看,程序可以分为三种基本结构,即顺序结构、分支结构、循环结构。这三种基本结构可以组成所有的各种复杂程序。C++语言提供多种语句来实现程序结构。本章介绍了这些基本语句及其在三种基本结构中的应用,使读者对 C++ 程序有一个初步的认识,为后面章节的学习打下基础。

1. if 语句

if 语句可以构成分支结构。它根据给定的条件进行判断,以决定执行某个分支程序段。C++语言的 if 语句有三种基本形式:if、if-else 和 if-else-if。前两种形式的 if 语句一般用于两个分支的情况。当有多个分支选择时,可采用 if-else-if 语句。

在使用 if 语句中应注意以下问题。

(1) 在三种形式的 if 语句中,if 关键字之后均为表达式。该表达式通常是逻辑表达式或关系表达式,但也可以是其他表达式,如赋值表达式等,甚至还可以是一个变量。

(2) 在 if 语句中,条件判断表达式必须用括号括起来,在语句之后必须加分号。

(3) 在 if 语句的三种形式中,所有的语句应为单个语句,如果在满足条件时执行一组(多条)语句,则必须把这一组语句用{}括起来组成一个复合语句。注意,在}之后不能再加分号。

当 if 语句中的执行语句又是 if 语句时,则构成 if 语句嵌套的情况。嵌套的 if 语句可能又是 if-else 型的,这将会出现多个 if 和多个 else 重叠的情况,这时要特别注意 if 和 else 的配对问题。为了避免这种二义性,C++语言规定,else 总是与它前面最近的 if 配对。

2．switch 语句

C++语言还提供了另一种用于多分支选择的 switch 语句,在使用 switch 语句时应注意以下四点。

(1) 在 case 后的各常量表达式的值不能相同,否则会出现错误。

(2) 在 case 后,允许有多个语句,可以不用{}括起来。

(3) 各 case 和 default 子句的先后顺序可以变动,而不会影响程序执行结果。

(4) default 子句可以省略。

3．循环结构

循环结构是程序中一种很重要的结构。其特点是,在给定条件成立时,反复执行某程序段,直到条件不成立为止。给定的条件称为循环条件,反复执行的程序段称为循环体。C++语言提供了 while、do-while 和 for 三种循环语句,可以组成各种不同形式的循环结构。

使用 while 语句应注意以下两点。

(1) while 语句中的表达式一般是关系表达式或逻辑表达式,只要表达式的值为真(非 0)则可继续循环。

(2) 循环体如果包含一条以上语句,则必须用{}括起来,组成复合语句。

do-while 循环与 while 循环的不同在于: do-while 循环先执行循环中的语句,然后再判断表达式是否为真,如果为真则继续循环;如果为假则终止循环。因此,do-while 循环至少要执行一次循环语句。

在 C++语言中,for 循环使用最为灵活,它完全可以取代 while 和 do-while 循环。使用 for 循环应注意以下几点。

(1) for 循环中的表达式 1(循环变量赋初值)、表达式 2(循环条件)和表达式 3(循环变量增量)都是选择项,即可以默认,但各表达式之间的分号(;)不能默认。

(2) 省略表达式 1(循环变量赋初值),则表示不对循环控制变量赋初值。

(3) 省略表达式 2(循环条件),则不做其他处理时便成为死循环。

(4) 省略表达式 3(循环变量增量),则不对循环控制变量进行操作,这时可在循环体中加入修改循环控制变量的语句。

(5) 可以同时省略表达式 1(循环变量赋初值)和表达式 3(循环变量增量)。

(6) 三个表达式都可以省略。

(7) 表达式 1 可以是设置循环变量初值的赋值表达式,也可以是其他表达式。

(8) 表达式 1 和表达式 3 可以是一个简单表达式也可以是逗号表达式。

(9) 表达式 2 一般是关系表达式或逻辑表达式,但也可能是数值表达式或字符表达式,只要其值非零,就执行循环体。

通过对比以上三种循环语句,得出以下结论。

（1）三种循环都可以用来处理同一个问题，可以互相代替。

（2）while 循环和 do-while 循环，循环体中应包括使循环趋于结束的语句。for 循环功能最强大。

（3）用 while 循环和 do-while 循环时，循环变量初始化的操作应在 while 和 do-while 语句之前完成，而 for 循环可以在表达式 1 中实现循环变量的初始化。

一个循环体内包含另一个完整的循环结构，称为循环的嵌套。内嵌的循环中还可以嵌套循环，这就是多层循环，三种循环（while 循环、do-while 循环和 for 循环）可以互相嵌套。

break 语句通常用在循环语句和开关语句中。当 break 用于开关语句 switch 中时，可使程序跳出 switch 而执行 switch 以后的语句；如果没有 break 语句，则将成为一个死循环而无法退出。

当 break 语句用于 do-while、for、while 循环语句中时，可使程序终止循环而执行循环后面的语句，通常 break 语句与 if 语句一起使用，即满足条件时便跳出循环。

continue 语句的作用是跳过循环体中剩余的语句而强行执行下一次循环。continue 语句只用于 for、while、do-while 等循环体中，常与 if 条件语句一起使用，用来加速循环。

思考题

1. C++语言中有哪些控制结构，简述它们的应用场合。

2. C++语言中有哪些条件分支语句，简述其语法结构，并对比它们的相同点与不同点。

3. C++语言中有哪些循环控制结构，简述其语法形式和执行流程。

4. 简述 if(x＝3) 和 if(x＝＝3) 这两条语句的差别。

5. 在一个 for 循环中是否可以初始化多个变量。如何实现。

6. 已知 x,y 两个变量，编写 if 语句，把较小的值赋给原本较大值的变量。

7. 比较 break 语句与 continue 语句的不同用法。

练习题

1. 我国税法规定：个人将购买不足 5 年的房产对外销售，全额征收营业税；个人将购买超过 5 年（含 5 年）的非普通住宅对外销售，按照其销售收入减去购买房屋的价款后的差额征收营业税；个人将购买超过 5 年（含 5 年）的普通住宅对外销售的，免征营业税。请编写程序实现。

2. 编写程序，表达客户的投资偏好，若收入值小于 x，则选择储蓄；若收入大于 x，则选择投资股票。

3. 编写程序，实现输入一批正数，当输入"0"时结束循环，并输出最大的正数。

4. 编写程序，实现根据年度利润提成，计算企业发放的年度奖金。利润低于或等于 10 万元的部分，奖金按 10％提成；利润高于 10 万元，低于或等于 20 万元的部分，奖金按

7.5％提成；20万～40万的部分,奖金按5％提成；40万～60万的部分,奖金按3％提成；60万～100万的部分,奖金按1.5％提成；超过100万元的部分,奖金按1％提成。通过键盘输入当月利润,输出应发放奖金总数。

5. 编写程序,提示输入百分制的成绩,要求输出成绩等级 A、B、C、D、E。成绩大于或等于90输出 A,成绩80～89输出 B,成绩70～79输出 C,成绩60～69输出 D,成绩小于60输出 E。使用 switch 语句编写。

6. 编写程序,输出所有的"水仙花数"。"水仙花数"是指一个 3 位数,其各位数字立方和等于该数字本身。例如：$153 = 1^3 + 5^3 + 3^3$,153 就是水仙花数。

7. 编写程序,有一个分数数列 $\frac{2}{1}, \frac{3}{2}, \frac{5}{3}, \frac{8}{5}, \frac{13}{8}, \frac{21}{13}, \cdots$,求出这个数列前 20 项之和。

8. 编写程序,使用迭代法求出 $x = \sqrt{a}$。求平方根的迭代公式为 $x_{n+1} = \frac{1}{2}\left(x_n + \frac{a}{x_n}\right)$。要求前后两次求出的 x 的差的绝对值小于或等于 10^{-5}。

9. 编写程序,输出下列的图形。

```
         *
        ***
       *****
      *******
       *****
        ***
         *
```

10. 编写程序,求斐波那契数列前 40 个数,输出时每行 5 个数。这个数列有如下特点：第 1 个数和第 2 个数这两个数为 1,1,从第 3 个数开始,该数是其前面两个数的和。

$$F_1 = 1 \quad (n = 1)$$
$$F_2 = 1 \quad (n = 2)$$
$$F_n = F_{n-1} + F_{n-2} \quad (n \geqslant 3)$$

11. 编写程序,使用 string 数据类型,从键盘输入一个字符串(可含空格),要求如下。
(1) 输出这个字符串。
(2) 统计这个字符串的个数。
(3) 逆序输出这个字符串。

12. 编写程序,求阶乘之和。输入正整数 n,计算 $S = 1! + 2! + 3! + \cdots + n!$ 的末 6 位(不含前导 0)。$N \leqslant 106$,$n!$ 表示 n 的阶乘。

示例输入：

10

示例输出：

37913

13. 编写程序,求子序列的和。输入两个正整数 n,m（$0<n<m<106$），输出 $\dfrac{1}{n^2}+$

$\dfrac{1}{(n+1)^2}+\cdots+\dfrac{1}{m^2}$,保留 5 位小数。提示:本题有陷阱。

示例输入:

2 4↙

示例输出:

0.42361

示例输入:

65536 655360↙

示例输出:

0.00001

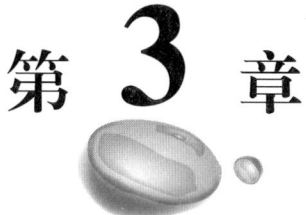

第3章

函　　数

在开发较大的应用程序时,通常将程序分解为若干功能模块,每一模块实现一个特定的功能。采用模块化程序设计的优点在于可以控制程序的复杂性,便于人员分工,提高开发效率,提升软件的可靠性、可维护性和重用性等。在 C++ 程序中,函数是程序的基本模块,通过组合函数模块的调用实现程序特定的功能,如图 3.1 所示。

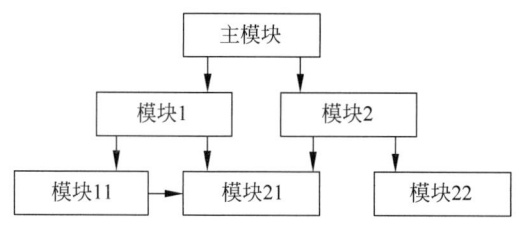

图 3.1　组合函数模块的调用

在前文的程序中,都是在主函数 main() 中编写代码逻辑,有时还需要调用标准函数库中的一些函数。本章主要学习如何实现自定义函数,即将代码逻辑或算法编写成一个个相对独立的函数模块,通过组合调用的方式来实现程序。

3.1　概述

从用户使用的角度看,函数有两种:标准函数和自定义函数。标准函数是库函数,由系统提供,用户可以直接调用。自定义函数则是用户根据需求,自己编写用于实现特定功能的代码块。

C++ 语言提供极为丰富的库函数,这些库函数有数学函数、字符和字符串处理函数、输入输出函数和动态存储分配函数等。库函数的学习可以从掌握一些最基本、最常用的库函数开始,之后再逐步深入学习。

我们来看一个使用 C++ 标准库中的数学函数的示例。

【例 3-1】 求整数 x 的绝对值。

编写程序

```
1    # include < iostream >
2    # include < math. h >
3    using namespace std;
4    int main()
5    {
6        int x;
7        x = - 6;
8        cout <<"|"<< x <<"|"<<"is equal to"<< abs(x)<< endl;
9        x = 0;
10       cout <<"|"<< x <<"|"<<"is equal to"<< abs(x)<< endl;
11       x = + 6;
12       cout <<"|"<< x <<"|"<<"is equal to"<< abs(x)<< endl;
13       return 0;
14   }
```

运行结果

```
|- 6|is equal to 6
|0|is equal to 0
|6|is equal to 6
```

依靠系统给出的标准库函数是远远不够用的,更多时候则需要根据实际业务需求,编写自定义函数。

我们来看一个使用自定义函数的示例,初步了解自定义函数。

【例 3-2】 自定义函数用于实现两个整数求和(被调函数在前)。

编写程序

```
1    # include < iostream >
2    using namespace std;
3    int sum( int x, int y)
4    {
5        int s;
6        s = x + y;
7        return s;
8    }
9    int main()
10   {
11       int z;
12       z = sum(2,6);
```

```
13        cout <<"2 和 6 两数相加的结果是: "<< z;
14        return 0;
15  }
```

运行结果

2 和 6 两数相加的结果是: 8

该程序中的第 3~8 行代码定义了名称是 sum 的函数,第 12 行中的 sum(2,6)是函数调用,利用 sum 函数求 2 加 6 之和。其中 main 函数是主调函数,sum 函数是被调函数。

该例将被调函数的定义代码放到主调函数的定义代码之前,也可以将主调函数的定义代码放到被调函数的定义代码之前,但必须在被调函数调用之前写上如下语句。

```
int sum( int x, int y);
```

该语句称为对 sum 函数声明,也称为函数原形,之所以需要在调用函数之前对该函数声明,是因为 C++编译器还做不到预扫描,只能从文件的开始到结束顺序编译,并且要求编译的执行语句中每个符号或在系统中已经规定了明确的含义或在程序中已经定义,如果没有以上的声明语句,当编译到 sum 函数调用语句时,则会提示 sum 是未声明标识符的错误。

该声明语句告知编译器 sum 是个函数,该函数有两个整型形式参数,函数的返回值的类型是整型(关于形式参数和返回值在后续章节详细介绍)。函数声明也可以理解为告知编译器该函数如何使用,编译器阅读该函数的使用说明之后,就可以使用该函数了。将被调函数定义代码写在主调函数定义代码之前的程序如例 3-2 所示。

有经验的程序编制人员一般会把主调函数(如 main 函数)写在最前面,这样程序的结构和作用一目了然,统揽全局,然后再具体了解各函数的细节。否则,当一个程序包含多个函数时,阅读程序的人需要十分耐心地逐一仔细阅读每个被调函数,直到最后才看到主调函数,这样的程序可读性较差。把主调函数写在前面的代码如例 3-3 所示。

【例 3-3】 自定义函数用于实现两个整数求和(主调函数在前)。
编写程序

```
1   # include < iostream >
2   using namespace std;
3   int sum( int x, int y);
4   int main()
5   {
6        int z;
7        z = sum(2,6);
8        cout <<"2 和 6 两数相加的结果是: "<< z;
9        return 0;
10  }
11  int sum( int x, int y)
```

```
12 {
13     int s;
14     s = x + y;
15     return s;
16 }
```

运行结果

2 和 6 两数相加的结果是:8

3.2 函数的定义

函数是指由多行代码组成,可以实现某个具体功能的程序。通俗地说,每个函数都可以视为一个工具,库函数相当于现成的工具集,自定义函数相当于自己打造的工具。在使用库函数时,需要使用 include 指令把相应的头文件包含到程序中;而对于标准库没有提供的函数,则需要在程序中按照一定的形式规范进行定义。

3.2.1 函数定义的形式

函数定义的一般形式可分为以下两种。

（1）无参函数的定义形式如下。

类型标识符 函数名() {
声明部分
语句
}

其中类型标识符和函数名称为函数头。类型标识符指明本函数的类型,函数的类型实际上指的是函数返回值的类型。函数名是由用户定义的标识符,函数名后有一个空括号,其中无参数,但括号不能省略。{}中的内容称为函数体。在函数体中的声明部分,是对函数体内部所用到的变量的类型说明。

例如：打印一个列表的表头。

```
void printTableHead(){
    cout <<" **************** "<< endl;
    cout <<" *** 资金收益表 *** "<< endl;
    cout <<" **************** "<< endl;
}
```

第一行代码说明 printTableHead 函数是一个没有返回值的函数,其返回的函数值为空。没有形式参数。在{}中的函数体内,没有使用任何变量,因此只有语句而没有声明部分。函数的语句实现三行表头内容的输出。

（2）有参函数定义的一般形式如下。

类型标识符 函数名(形式参数列表) {

声明部分
语句
}

有参函数比无参函数多了一项内容,即形式参数列表。在形式参数列表中给出的参数称为形式参数(简称"形参"),它们可以是各种类型的变量,各参数之间用逗号间隔。在进行函数调用时,主调函数将赋予形参实际的值。形参既然是变量,必须在形参列表中给出形参的类型说明。

例如,定义一个函数,用于求两个数中的较大值,可以编写如下。

```
int getMax(int a, int b) {
if (a > b) return a;
else return b;
}
```

第一行说明 getMax 函数是一个整型函数,其返回的函数值是一个整数。形参为 a,b,均为整型变量。在{}中的函数体内,除形参外没有使用其他变量,因此只有语句而没有声明部分;若要用到新的变量,需要进行声明和初始化等。在 getMax 函数体中的 return 语句是把 a(或 b)的值作为函数的值返回给主调函数。有返回值的函数中至少有一个 return 语句。

函数在使用时将被视为"黑匣子",除输入输出外,其他部分可以不必关心。从函数的定义中可以看出,函数头反映函数的功能和使用接口,它定义用什么输入数据执行一个处理逻辑后产生什么输出。它明确"黑匣子"的输入输出部分,输入就是形参,输出就是函数的返回值。而函数体中具体描述"如何做",但是对函数的使用者而言,不需要知道其具体是如何实现的。

需要说明的是,函数的定义既可以放在主函数 main 之前,也可放在主函数 main 之后。此外,文件中所有的函数定义,包括 main 函数在内,都是平行的,即不能在一个函数的函数体内再定义另一个函数。

3.2.2 定义与声明

函数的定义是指对函数功能的确立,包括为函数命名、指定函数返回值类型和形参类型以及编写函数体等。函数定义之后,需要进行函数声明后才能使用。函数的声明是把函数名、函数类型以及形参类型、个数和顺序通知编译系统,以便在调用该函数时系统按此进行对照检查(如函数名是否正确,实参与形参的类型和个数是否一致)。调用函数之前对被调函数进行声明与使用变量之前先进行变量声明类似。

函数声明遵循如下原则。

(1) 在实践中一般将函数声明放在程序的起始位置,可以使得代码结构清晰。

(2) 若函数定义在先,调用在后,可以省略声明;若定义在后,调用在先,则必须声明。

函数声明的一般形式如下。

类型说明符 被调函数名(类型 形参,类型 形参…);

或为：

类型说明符 被调函数名(类型,类型…);

括号内给出了形参的类型和形参名,或只给出形参类型,便于编译系统进行检查排错,保证程序正确执行。

例如,对上例中的 getMax 函数的声明如下。

int getMax (int a,int b);

或写为：

int getMax (int,int);

3.3 返回语句

调用函数时,主调函数和被调函数之间往往存在数据传递关系。主调函数通过参数将数据传递给被调函数,而被调函数则通过返回语句的返回值向主调函数传递数据。其中函数的返回值是指函数被调用后,执行函数体中的程序段所取得的返回给主调函数的值。如调用正弦函数取得正弦值,调用 getMax 函数取得的最大值等。

函数的返回值通过 return 语句返回给主调函数,语句的一般形式如下。

return 表达式;

return 语句的功能是计算表达式的值,并返回主调函数。在函数中允许有多个 return 语句,但每次调用只能有一个 return 语句被执行,因此只能返回一个函数值。例如,前文示例中的 getMax 函数,有两个 return 语句,但每次有且仅有一个被执行。

既然函数有返回值,这个值就必然有一个确定的类型,应当在定义函数时指定函数值的类型。而对于不返回函数值的函数,可以明确定义为“空类型”,类型说明符为“void”。如前文示例中的 printTableHead 函数并不向主函数返回函数值,因此定义如下。

void printTableHead ( )   { …   }

为了使程序有良好的可读性并减少出错,凡不要求返回值的函数都应定义为空类型。

3.4 函数的参数

函数的参数分为形式参数和实际参数两种。在定义函数时,函数名后面括号中的变量名称为“形式参数”,简称“形参”,在主调函数中调用函数时,函数后面括号中的参数称为“实际参数”,简称“实参”。

形参出现在函数定义中,作用范围是整个函数体,离开该函数则不能使用。实参出现在主调函数中,进入被调函数后,实参变量也不起作用。形参和实参的功能是用来进行数据传输。发生函数调用时,主调函数把实参的值传送给被调函数的形参,从而实现主调函数向被调函数的数据传输。

关于函数的形参和实参,有以下几点说明。

(1)形参变量只有在被调用时才分配内存单元,调用结束时释放所分配的内存单元。因此,形参只有在函数内部有效。函数调用结束返回主调函数后则不能再使用该形参变量。

(2)实参可以是常量、变量、表达式、函数等,无论实参是何种类型,在进行函数调用时,它们都必须已经具有确定的值,以便把这些值传送给形参。

(3)实参和形参在数量、类型,以及顺序上应严格一致,否则会出现类型不匹配的错误。

(4)函数调用中发生的数据传输是单向的。即只能把实参的值传送给形参,而不能把形参的值反向地传送给实参。这意味着在函数调用过程中,形参的值发生改变,而实参中的值不会变化。

【例 3-4】 城市有大量出租汽车运营,其按行车里程收费的方式简单易于理解。首先在固定里程内的部分(三千米以内)按起步价 10 元收取,超出的部分则按每千米 1.5 元收取。程序要求输入行驶里程,经过计算后输出收费金额。

问题分析

设计子函数 CalcFee 实现根据里程数进行计费的功能,而在 main 主函数中实现读取用户输入的里程数,并调用子函数 CalcFee 进行计费运算,在调用时需要向子函数传递参数:里程数。子函数根据一定的计算规则进行计算,完成后将结果返回给主函数,主函数输出结果。

编写程序

```
1   # include< iostream >
2   # include< math. h >
3   using namespace std;
4   double CalcFee(double miles);
5   int main(){
6       double miles;
7       cout <<"请输入行驶里程:"<< endl;
8       cin >> miles;
9       cout <<"应该收取的费用为: "<< CalcFee(miles)<< endl;
10  }
11  double CalcFee(double miles) {
12      double money = 0;
13      if(miles < = 3){
14          money = 10;
15      }
16      else if(miles > 3){
17          money = 10 + ceil(miles − 3) * 1.5;
18      }
19      return money;
20  }
```

运行结果

请输入行驶里程：
4 ↙
应该收取的费用为:11.5

3.5 函数的调用

函数的调用,是使程序转而去执行其他函数体。函数不能嵌套定义,但是函数之间允许相互调用,也允许嵌套调用,习惯上把调用者称为主调函数。函数还可以自己调用自己,称为递归调用。main 函数是主函数,它可以调用其他函数,而不允许被其他函数调用。因此,程序的执行总是从 main 函数开始,完成对其他函数的调用后再返回 main 函数,最后由 main 函数结束整个程序。一个 C++程序必须有且只有一个主函数 main。

在程序中往往通过对函数的组合调用来执行各种具体功能,函数调用的一般形式如下。

无参函数的调用格式：**函数名( )**

有参函数的调用格式：**函数名(实际参数表)**

对无参函数调用时不需要传递参数。有参函数中实际参数表的参数可以是常量、具有值的变量或表达式,各实参之间要用逗号进行分隔。

3.5.1 函数的调用方式

根据函数调用在程序中出现的位置,函数的调用方式可以分为以下三种。

(1) 函数表达式：函数作为表达式中的一项出现在表达式中,以函数返回值参与表达式的运算。这种方式要求函数有返回值。

例如：z＝getMax(x,y)是一个赋值表达式,把 getMax 的返回值赋予变量 z。

(2) 函数语句：函数调用的一般形式加上分号即构成函数语句。

例如：printf ("%d",a);和 scanf ("%d",&b);都是以函数语句的方式调用函数。

(3) 函数实参：函数作为另一个函数调用的实参出现。这种情况是把该函数的返回值作为实参进行传送,因此要求该函数必须有返回值。

例如：printf("%d",getMax(x,y));把 getMax 调用的返回值作为 printf 函数的实参来使用。

使用函数调用语法来解决一个实际问题：快速计算搬运费用。因为要解决的问题要比前文讲述的函数实例复杂,因此用到多个子函数将其简化。

【例 3-5】 某搬家运输公司要求设计一个能快速计算搬运费用的程序。搬家费用由两部分组成：第一项是人力搬运费,每 100 千克收费 40 元；第二项是运输费用,包含 50元的固定费用和每千米 10.5 元的里程费用。程序首先提示用户输入家具的重量和运输距离,然后程序显示人力费用、运输费用和总费用。

问题分析

可以将程序设计成顺序结构形式,如图 3.2 所示。

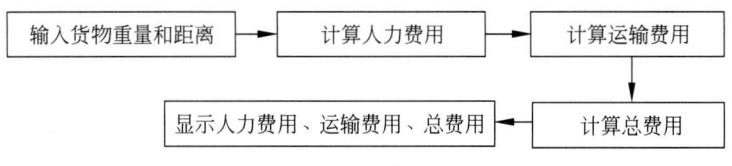

图 3.2　程序流程

可以在程序的主函数中用输入语句(如 cin 语句)输入货物重量和距离,然后依次计算人力费用、运输费用、总费用和显示人力费用、运输费用、总费用等。计算人力费用使用函数 Calc_Labor()完成;计算运输费用使用函数 Calc_Travel()完成;显示人力费用、运输费用和总费用等使用函数 Display_Charges()完成。

编写程序

```
1   //This program estimates the charge for moving furniture.
2   //It uses functions to do calculations and output the results.
3   # include < iostream >
4   # include < iomanip >
5   using namespace std;
6   double Calc_Labor(int);
7   double Calc_Travel(int);
8   void Display_Charges(double, double, double);
9   int main()
10  {
11    int weight;                  //Estimated weight
12    int distance;                //Estimated distance
13    double labor_charge;         //Estimated labor charge
14    double travel_charge;        //Estimated travel charge
15    double total_charge;         //Estimated total charge
16    cout << setprecision(2)
17       << setiosflags(ios::fixed)
18       << setiosflags(ios::showpoint);
19    cout << "Enter the weight in kilograms: ";
20    cin >> weight;
21    cout << endl;
22    cout << "Enter the distance in kilometers: ";
23    cin >> distance;
24    labor_charge = Calc_Labor(weight);
25    travel_charge = Calc_Travel(distance);
26    total_charge = labor_charge + travel_charge;
27    Display_Charges(labor_charge, travel_charge, total_charge);
28    cout << endl;
29    return 0;
30  }
31  double Calc_Labor(int weight)
32  {
33    const double LABOR_RATE = 40;
34    double labor_charge;
```

```
35    labor_charge = (weight / 100) * LABOR_RATE;
36    return labor_charge;
37 }
38 double Calc_Travel(int distance)
39 {
40    const double CHARGE_PER_KM = 10.50;
41    const double FLAT_TRAVEL_COST = 50.00;
42    double travel_charge;
43    travel_charge = FLAT_TRAVEL_COST + distance * CHARGE_PER_KM;
44    return travel_charge;
45 }
46 void Display_Charges(double labor_charge, double travel_charge, double total_charge)
47 {
48    cout << endl;
49    cout << "The estimated charges are as follows:" << endl << endl;
50    cout << "Estimated Labor: " << setw(9) << labor_charge << endl;
51    cout << "Estimated Travel: " << setw(9) << travel_charge << endl;
52    cout << " -------------------------- " << endl;
53    cout << "Total Estimate: " << setw(9) << total_charge << endl;
54 }
```

运行结果

```
Enter the weight in kilograms:1000 ↙
Enter the distance in kilometers:30 ↙
The estimated charges are as follows:
Estimated Labor:400.00
Estimated Travel:365.00
--------------------------
Total Estimate:765.00
```

实例首先声明了三个函数:Calc_Labor()函数返回人力费用,返回值声明为双精度(double)类型,声明一个整型参数用于以千克为单位的货物重量作为函数输入。Calc_Travel()函数返回运输费用,返回值同样声明为双精度(double)类型,声明一个整型参数用于以千米为单位的运输距离作为函数输入。Display_Charges()函数有三个参数,分别是人力费用、运输费用和总费用,类型均为双精度(double)类型,因为该函数没有返回值,所以返回值类型为 void。

程序是一个顺序结构程序,首先用 cin 语句要求用户输入家具的重量和运输距离;然后赋值语句 labor_charge = Calc_Labor(weight);调用执行函数 Calc_Labor(),计算出基于家具重量作参数的人力费用,该费用作为函数返回值返回到 main()函数,并赋值给 labor_charge 变量;赋值语句 travel_charge = Calc_Travel(distance);调用执行函数 Calc_Travel(),计算出基于运输距离作参数的运输费用,该费用作为函数返回值返回到 main()函数,并赋值给 travel_charge 变量;赋值语句 total_charge = labor_charge + travel_charge;调用执行函数计算人力费用和运输费用之和并将结果赋值给 total_charge 变量;函数调用语句 Display_Charges(labor_charge,travel_charge,total_charge);的三个输入参数分别是人力费用、运输费用和总费用,用于在显示器分别显示人力费用、运输费用和总费用。

3.5.2 嵌套调用

C++语言不允许函数嵌套定义,即在一个函数中不能完整地包含另一个函数。各函数之间是平行和独立的,不存在上一级函数和下一级函数的问题,但是允许在一个函数的定义中出现对另一个函数的调用,这就是函数的嵌套调用,即在被调函数中又调用其他函数。需要注意的是,在调用函数之前,需要对每一个被调用的函数作声明(除非定义在前,调用在后)。其关系如图3.3所示。

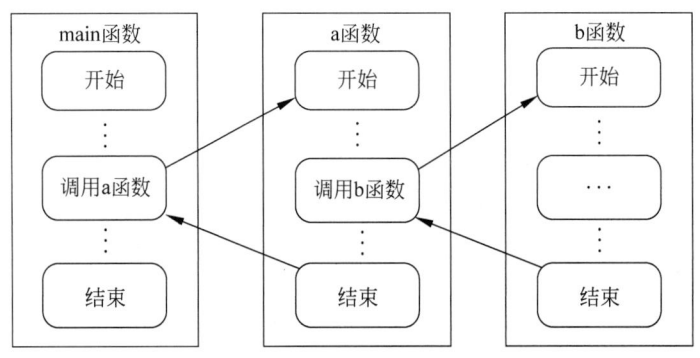

图3.3 函数的嵌套调用

图3.3表示两层嵌套的情形。其执行过程是:执行 main 函数中调用 a 函数的语句时,即转去执行 a 函数,在 a 函数中调用 b 函数时,又转去执行 b 函数,b 函数执行完毕返回 a 函数的断点继续执行,a 函数执行完毕返回 main 函数的断点继续执行。

3.5.3 递归调用

一个函数在它的函数体内调用其自身称为递归调用,该函数称为递归函数。在递归调用中,主调函数同时也是被调函数。执行递归函数将反复调用其自身,每调用一次就进入新的一层。

递归调用有直接递归调用和间接递归调用两种形式。直接递归即在函数中出现调用函数本身。例如,用直接递归求解斐波那契数列第 n 项。斐波那契数列的第一项和第二项是1,而后面每一项是前二项之和,即 $1,1,2,3,5,8,13……$

```
long fib( int x)
{
if(x > 2)
        return(fib(x - 1) + fib(x - 2));        //直接递归
    else
        return 1;
}
```

间接递归调用是指函数中调用了其他函数,而其他函数又调用了原来的函数。例如,下面的代码定义两个函数,它们构成了间接递归调用。

```
int fnl(int a)
{
int b;
    b = fn2(a + 1);                    //间接递归
    //...
}
int fn2(int s)
{
    int c;
    c = fnl(s - 1);                    //间接递归
    //...
}
```

示例中,fn1()函数调用了 fn2()函数,而 fn2()函数又调用了 fn1()函数。它们构成了间接递归调用。

采用递归方法来解决问题,必须符合以下三个条件。

(1) 可以把要解决的问题转化为一个新问题,而这个新问题的解决方法仍与原来的解决方法相同,只是所处理的对象有规律地递增或递减。即解决问题的方法相同,调用函数的参数不同(有规律地递增或递减),如果没有规律则不能适用递归调用。

(2) 可以应用这个转化过程使问题得到解决。使用其他的方法比较复杂或难以解决,而使用递归的方法可以较好地解决问题。

(3) 必须有一个明确的结束递归的条件,保证能够在适当的地方结束递归调用,否则可能导致系统崩溃。

下面我们应用递归调用的方法来估算一下基金本金的发展速度。

【例 3-6】　某基金公司初始资金 5000 万,预计每年收益是 25%,每年固定费用支出 150 万(年终提取),管理方收益提成 20%(也就是年终净收益 1000 万,基金管理人提取 20%),请计算该基金第 5 年的资金额是多少?

问题分析

可以将程序设计成函数的递归调用形式。第 5 年的资金额取决于第 4 年的资金额,而第 4 年的资金额取决于第 3 年的资金额,而第 3 年的资金额取决于第 2 年的资金额,依次类推,已知第 1 年的资金额是 5000 万。

```
money(5) = money(4) * (1 + 0.25) - 150 - money(4) * 0.25 * 0.2
money(4) = money(3) * (1 + 0.25) - 150 - money(3) * 0.25 * 0.2
money(3) = money(2) * (1 + 0.25) - 150 - money(2) * 0.25 * 0.2
money(2) = money(1) * (1 + 0.25) - 150 - money(1) * 0.25 * 0.2
money(1) = 5000
```

可以用式子表述如下。

```
money (n) = 5000                                    (n = 1)
money (n) =  money (n - 1)  * (1 + 0.25) - 150 - money(n - 1) * 0.25 * 0.2    (n > 1)
```

可以看到,当 $n>1$ 时,求第 n 年的资金的公式是相同的,因此可以用一个函数表示上述关系。

编写程序

```
1   //This program estimates the money of the fund after n years.
2   //It uses recursion functions to do calculations.
3   #include <iostream>
4   using namespace std;
5   int money(int n)
6   {
7       int m;
8       if (n==1)
9           m = 5000;
10      else
11          m = money(n-1)*(1+0.25)-150-money(n-1)*0.25*0.2;
12      return m;
13  }
14  int main()
15  {
16      int n = 5;
17      cout <<"The money of the fund after "<< n <<" years is "<< money(n)<< endl;
18      return 0;
19  }
```

运行结果

The money of the fund after 5 years is 9562

main 函数中除了 return 语句外,还有一个定义语句和 cout 语句。整个问题的求解全靠一个函数调用 money(n)来解决。函数调用的过程如图 3.4 所示。从图 3.4 中可以

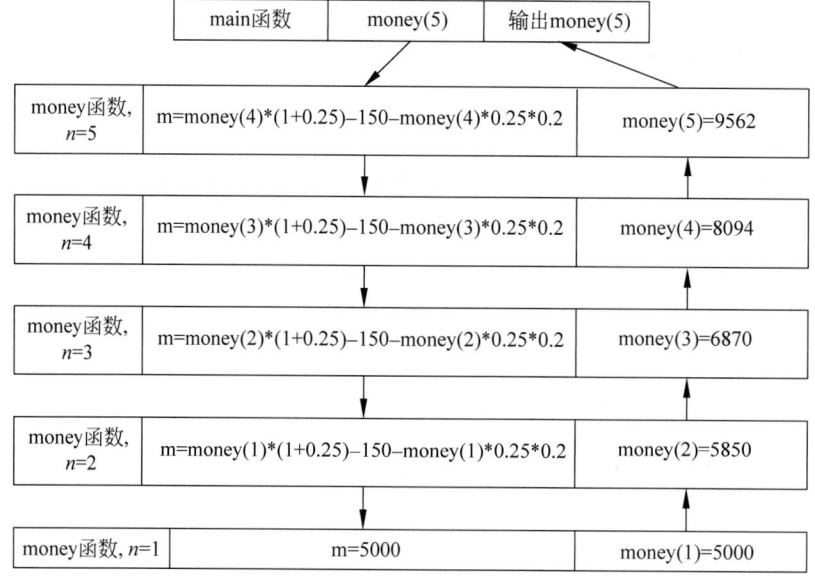

图 3.4 money 函数的递归调用过程

看出,money 函数共调用 5 次,即 money(5)、money(4)、money(3)、money(2)、money(1)。其中 money(5)是在 main 函数中调用的,其余 4 次是在 money 函数中调用的,即递归调用 4 次。请读者仔细分析调用的过程。强调说明的是:在某一次调用 money 函数时并不是立即得到 money(n)的值,而是一次又一次地进行递归调用,直到 money(1)时才有确定的值,然后再递推出 money(2)、money(3)、money(4)、money(5)。

3.6 局部变量和全局变量

学习函数的形参变量时已知,形参变量只在被调用期间才分配内存,调用结束后立即释放。这表明形参变量只在函数内有效,离开该函数则不再使用。这种变量有效性的范围称为变量的作用域。其实不仅是形参变量,C++语言中所有的量都有自己的作用域,变量声明的方式位置不同,其作用域也不同。C++语言中的变量,按作用域范围可分为两种,即局部变量和全局变量。

3.6.1 局部变量

局部变量也称为内部变量。局部变量是在函数内作定义说明的,其作用域仅限于函数内,离开该函数后则不再使用这种变量。示例如下。

```
int fun1(int a){
    int b,c;
    //...
}
float fun2(float x,float y){
    float z;
    //...
}
int main(){
    int m,n;
    {
        int p,q;
        //...
    }
}
```

在函数 fun1 内定义三个变量,a 为形参,b、c 为一般变量。在 fun1 的范围内 a、b、c 有效,或者说 a、b、c 变量的作用域限于 fun1 内。同理,x、y、z 的作用域限于 fun2 内。m、n 的作用域限于 main 函数内,p、q 变量的作用域限于其声明所在位置的大括号内。

关于局部变量的作用域需要注意如下几点。

(1) 主函数中定义的变量也只能在主函数中使用,同时主函数中也不能使用其他函数中定义的变量。

(2) 形参变量是属于被调函数的局部变量,实参变量是属于主调函数的局部变量。

(3) 在不同的函数中可以使用相同的变量名,它们代表不同的对象,互不干扰。

(4) 在复合语句中定义的变量只在本复合语句范围内有效。例如：

```
int main(){
    int x,y;
    //...
    {
        int b;
        b = x + y;
        //...                              /* b作用域到此为止 */
    }
    //...                                  /* x,y作用域可以到此 */
}
```

无论局部变量是否显式初始化，都只有当定义它们的程序块被调用时（即执行时）才分配空间，声明或定义时并不分配。对局部变量需要显式地进行初始化，否则它们的初始值是不确定的。

3.6.2　全局变量

全局变量也称为外部变量，它是在函数外部定义的变量。它不属于某一个函数，而是属于整个源程序文件，其有效范围为从定义变量的位置开始到本源文件结束。全局变量提供函数间数据联系的渠道。

例如：

```
#include<iostream>
using namespace std;
int a,b;                                  /* 外部变量 */
int fun1(){                               /* 函数 fun1 */
    //...
}
int x,y;                                  /* 外部变量 */
int fun2(){                               /* 函数 fun2 */
    //...
}
int main(){                               /* 主函数 */
    //...
    return 0;
}
```

从上例可以看出 a、b、x、y 都是在函数外部定义的外部变量，都是全局变量。但 x、y 定义在函数 fun1 之后，而在 fun1 内没有对 x、y 的说明，所以它们在 fun1 内无效。a、b 定义在源程序最前面，因此在 fun1、fun2 及 main 内不加说明也可使用。

我们来看一个计算商店销售额的示例。

【例 3-7】　商店中通常进行多种商品的销售，每过一段时间需要进行一次商品单品销售额和总销售额的统计。设计程序进行该项任务的计算，要求输入 N 种商品，分别计算 N 种商品的销售额和 N 种商品的总销售额。

问题分析

定义全局变量 salesAmount 来累计总销售额,定义子函数 calcSingleProductSales 来计算单品销售额,该函数需要两个参数,单价 price 和销售量 num 来完成计算任务。在 main 主函数中,完成接收键盘输入的商品数目、每种商品的单价和销售量,之后调用子函数 calcSingleProductSales,并将商品单价和销售量传递给子函数,子函数进行计算。计算任务完成后结果返回给 main 主函数,主函数进行结果的显示输出。

编写程序

```
1   #include <iostream>
2   using namespace std;
3   double salesAmount = 0;
4   double calcSingleProductSales(double price,double num);
5   int main(){
6       int N;
7       double productSales;
8       double price,num;
9       cout <<"请输入商品数量:"<< endl;
10      cin >> N;
11      for (int i = 1;i <= N;i++){
12          cout <<"请输入商品单价和销售量:"<< endl;
13          cin >> price >> num;
14          productSales = calcSingleProductSales(price,num);
15          cout <<"商品"<< i <<"的销售额为"<< productSales << endl;
16          salesAmount += productSales;
17      }
18      cout <<"所有商品总的销售额为"<< salesAmount << endl;
19  }
20  double calcSingleProductSales(double price,double num) {
21      double sales;
22      sales = price * num;
23      return sales;
24  }
```

运行结果

请输入商品数量:
2 ↙
请输入商品单价和销售量:
10.0 5 ↙
商品 1 的销售额为 50
请输入商品单价和销售量:
5.0 3 ↙
商品 2 的销售额为 15
所有商品总的销售额为 65

【**例 3-8**】 分别输入长方形的长和宽,求其周长与面积。
编写程序

```
1   # include < iostream >
2   using namespace std;
3   float circle;
4   float getArea( float a, float b) {
5       float s;
6       circle = 2 * (a + b);
7       s = a * b;
8       return s;
9   }
10  int main(){
11      float l, w, area;
12      cout << "请输入长方形的长和宽:"<< endl;
13      cin >> l >> w;
14      area = getArea( l, w);
15      cout << "该长方形的周长为: "<< circle <<",面积为: "<< area << endl;
16  }
```

运行结果

请输入长方形的长和宽:
3 4 ↙
该长方形的周长为:14,面积为:12

本程序中定义了一个外部变量 circle,用来存放周长,其作用域为整个源程序。函数 getArea 用来求长方形的周长和面积,函数的返回值为面积 area。由主函数完成长和宽的输入及结果输出。由于 C++语言规定函数返回值只有一个,当需要增加函数的返回数据时,用外部变量是一种较好的方式。本例中,如不使用外部变量,在主函数中就不可能求得周长和面积两个值。而采用了外部变量,在函数 getArea 中求得的 circle 值在 main 中仍然有效。因此全局变量是实现函数之间数据通信的有效手段。

全局变量显式初始化时或未初始化时,位于程序映像中不同的分区:已初始化的全局变量是可执行模块的一部分;未初始化的全局变量则不是可执行模块的一部分,只有当定义它们的程序被调用时(即执行时)才分配空间,声明或定义时并不分配。未初始化的全局变量在运行时被初始化为 0。

如果同一个源文件中,外部变量与局部变量同名,则在局部变量的作用范围内,外部变量被"屏蔽",即它不起作用。

例如:

```
# include < iostream >
using namespace std;
int x = 10;
int main(){
    int x = x;
```

```
        cout << x << endl;
        return 0;
    }
```

以上程序定义一个全局变量 x,并初始化为 10,同时在 main 函数内部定义一个局部变量 x。在 main 函数内部对局部变量 x 进行赋值 x = x,因为局部变量会屏蔽全局变量,此时赋值语句中两个 value 都是局部变量,因为 value 还没有初始化,所以其值为随机值,而不是 10。

3.7　内部函数和外部函数

函数本质上是全局的,因为函数定义后是要被其他函数调用的,但是,也可以限定函数不能被其他文件调用。根据函数能否被外部源文件调用,可以将函数分为内部函数和外部函数。

3.7.1　内部函数

内部函数是只能被本文件中的函数所调用的函数。在定义内部函数时,在函数名和函数类型的前面加 static。

定义形式如下。

static 类型标识符 函数名(形参表)

例如:

static int fun(int a, int b)

内部函数又称为静态函数。使用内部函数,可以使函数只局限于其所在文件。即使在不同的文件中有相同名称的内部函数,也互不干扰。程序团队开发人员可以分别编写各自不同的函数,而不必担心所用函数是否会与其他文件中的函数同名。通常把只能由同一文件使用的函数和外部变量放在一个文件中,在它们前面加 static 使之局部化,这样其他文件便不能引用。

3.7.2　外部函数

若在定义函数时在函数首部的最左端加上关键字 extern,则表示该函数是外部函数,可供其他文件调用。例如函数首部可以写为:

extern int fun (int a, int b)

这样,函数 fun 就可以被外部文件调用。此外,若在定义函数时省略 extern,则默认为外部函数。

我们来看一个计算薪资的示例。

【例 3-9】　某企业有部分工人是按照时薪制聘任的,每个月末需要根据与其约定的时薪和工作小时数计算应付薪资,设计程序,使用外部子函数实现时薪制的薪资计算。

问题分析

定义一个外部子函数 CalcSalary 来计算薪资,该函数需要两个参数,时薪 hourPay 和工作小时数 hours,来完成计算任务。该函数需要被外部文件调用,并将结果返回给调用者。在另一文件中的 main 主函数接收键盘输入的时薪和工作小时数,之后调用子函数 CalcSalary,并将时薪和工作小时数传递给子函数,子函数进行计算。计算任务完成后结果返回给 main 主函数,主函数进行结果的显示输出。

编写程序

```
1   / ******* file1.cpp(文件 1) ******* /
2   # include < iostream >
3   using namespace std;
4   int main()
5   {
6       extern double CalcSalary(double hourPay, double hours);
7                                   //声明调用其他文件中定义的函数
8       double a, b;
9       cout <<"请输入时薪和工作小时数: "<< endl;
10      cin >> a >> b;
11      cout <<"该工人的工资为: "<< CalcSalary(a, b)<< endl;
12      return 0;
13  }
14  / ******* file2.cpp(文件 2) ******* /
15  # include < iostream >
16  using namespace std;
17  double CalcSalary(double hourPay, double hours)
18  {
19      double salary = hourPay * hours;
20      return salary;
21  }
```

运行结果

请输入时薪和工作小时数:
10 12

该工人的工资为: 120

在需要调用外部函数的源文件中,需要用 extern 声明所用的函数是外部函数。

3.8 综合实例

【例 3-10】 编写程序,实现搬家公司计算客户搬家的总费用。搬家总费用由人工费和搬运费两个因素决定。首先,搬运每 100 千克的家具收取人工费 40 元。其次,50 元为搬家的固定费用,再加上每千米 10.50 元的搬运费。程序首先提示用户输入家具的重量和搬运的距离,然后计算搬运费,最后显示人工费、搬运费和搬家总费用。

问题分析

采用的算法用伪代码描述如下。

```
提示用户输入家具的重量 weight 和搬运的距离 distance
计算人工费 labor_charge
计算搬运费 travel_charge
计算搬家总费用 total_charge
显示人工费 labor_charge,搬运费 travel_charge 和搬家总费用 total_charge
```

程序计算人工费 labor_charge 和搬运费 travel_charge,使用 Calc_Labor()函数和 Calc_Travel()函数来实现。同样,显示结果使用函数 Display_Charges()来实现。

编写程序

```cpp
1   # include < iostream >
2   # include < iomanip >
3   using namespace std;
4   double Calc_Labor(int);
5   double Calc_Travel(int);
6   void Display_Charges(double, double, double);
7   int main()
8   {
9       int weight, distance;
10      double labor_charge, travel_charge, total_charge;
11      cout << "请输入家具的重量(千克): ";
12      cin >> weight;
13      cout << "请输入搬运的距离(千米): ";
14      cin >> distance;
15      labor_charge = Calc_Labor(weight);
16      travel_charge = Calc_Travel(distance);
17      total_charge = labor_charge + travel_charge;
18      Display_Charges(labor_charge, travel_charge, total_charge);
19      return 0;
20  }
21  double Calc_Labor(int weight)
22  {
23      const double LABOR_RATE = 40;
24      double labor_charge;
25      labor_charge = (weight / 100) * LABOR_RATE;
26      return labor_charge;
27  }
28  double Calc_Travel(int distance)
29  {
30      const double CHARGE_PER_KM = 10.50;
31      const double FLAT_TRAVEL_COST = 50.00;
32      double travel_charge;
33      travel_charge = FLAT_TRAVEL_COST + distance * CHARGE_PER_KM;
34      return travel_charge;
```

```
35 }
36 void Display_Charges(double labor_charge, double travel_charge, double total_charge)
37 {
38     cout << "计算出的搬家费用如下: " << endl;
39     cout << "人工费: " << labor_charge << endl;
40     cout << "搬运费: " << travel_charge << endl;
41     cout << "------------------------------------ " << endl;
42     cout << "搬家总费用: " << total_charge << endl;
43 }
```

运行结果

```
请输入家具的重量(千克): 7400 ✓
请输入搬运的距离(千米): 230 ✓
计算出的搬家费用如下:
人工费: 2960.00
搬运费: 2465.00
------------------------------------
搬家总费用: 5425.00
```

首先声明了程序使用的 Calc_Labor()、Calc_Travel() 和 Display_Charges() 三个函数。Calc_Labor() 计算人工费,所以声明该函数返回一个 double 类型的值,因为重量是以千克为单位输入,所以其参数是 int 类型。Calc_Travel() 函数也返回一个 double 类型的值。因为搬运距离是 int 类型,所以其参数是 int 类型。最后,Display_Charges() 包含三个参数,即人工费 labor_charge、搬运费 travel_charge 和搬家总费用 total_charge。因为 Display_Charges() 没有返回值,所以返回类型为 void。

然后程序提示用户输入家具的重量和搬运的距离。赋值语句 labor_charge = Calc_Labor(weight); 调用函数 Calc_Labor(),该函数的功能是根据家具的重量计算人工费。在 main() 函数中家具的重量 weight 的值,作为实参传递给形参 weight 计算人工费,并用变量 labor_charge 的值返回人工费。

下一个赋值语句 travel_charge = Calc_Travel(distance); 调用 Calc_Travel(),该函数的功能是根据搬运的距离计算搬运费。同样,在 main() 中将变量 distance 的值传递给 Calc_Travel() 函数的参数 distance 计算搬运费,并用变量 travel_charge 的值返回搬运费。变量 total_charge 计算人工费 labor_charge 和搬运费 travel_charge 的总和。

最后程序将变量 labor_charge、travel_charge 和 total_charge 的值传递给 Display_Charges() 函数相应的参数,显示输出。

【例 3-11】 编写一个程序,实现银行为使用自动取款机(ATM)的客户提供个人贷款业务,并显示客户个人的贷款利息、贷款总额和每月的还贷金额。

首先,程序应该显示一段问候语,内容如下。

```
**************************************************************
欢迎使用个人贷款程序。
本程序将显示个人的贷款利息、贷款总额和每月的还贷金额。
```

请按以下指令认真操作。

****

显示问候语后,程序要向用户询问贷款金额(本金)、贷款的年利率(百分比)和贷款年数(期限)。因为程序只用于处理个人贷款,因此,贷款金额不能少于 1000 元,且不能超过 20 000 元。如果贷款金额超出范围,程序则显示相应的提示信息并终止执行。按照我国央行基准利率规定,贷款的年利率不能超过 18.7%。如果输入的年利率大于 18.7%,程序则显示相应的提示信息并终止执行。最后,贷款的最长期限只能在五年之内。如果输入的贷款期限大于五年,程序则显示相应的提示信息并终止执行。

如果所有的输入数据有效,程序计算贷款利息、贷款的总金额,以及每月的还贷金额,使用以下公式计算。

贷款利息＝贷款金额×(年利率/100)×贷款年数

贷款总额＝贷款金额＋贷款利息

每月的还贷金额＝贷款总额/(12×贷款年数)

由于用户输入的年利率是百分比形式,所以在计算贷款利息的公式中需要将年利率值除 100。如果用户输入年利率为 10.7,必须使用公式进行换算,即 10.7/100 ＝ 0.107。

在计算每月的还贷金额公式中,表达式(12×还贷年数)是贷款的月份数。目的是把贷款总额按月还贷。

最后,程序显示用户输入的数据、贷款利息、贷款总额和每月的还贷金额。

问题分析

程序的设计较为简单,层次结构如图 3.5 所示。

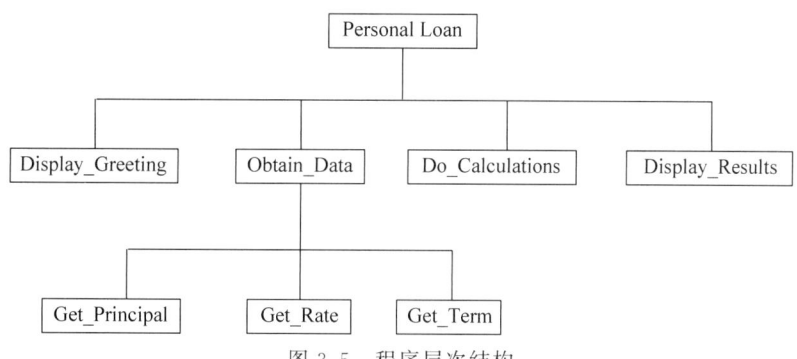

图 3.5　程序层次结构

使用 Display_Greeting 模块实现显示多行问候语,把 Obtain_Data 模块分为三个子模块,分别是 Get_Principal、Get_Rate 和 Get_Term,每个子模块实现相应的一个功能。这种每个输入值作为一个单独的子模块,是常见的一种编程方法。

因为涉及三个简单的计算公式,我们把 Do_Calculations 作为一个模块,这三个计算公式将出现在 main()中。同时,Display_Results 也作为一个模块,也将出现在 main()中。

采用的算法用伪代码描述如下。

```
Display_Greeting
Obtain_Data:
```

```
Get_Principal
Get_Rate
Get_Term
Do_Calculations
Display_Results
```

获取用户的输入数据的三个模块具有相似的结构。因此,只编写 Get_Principal 的伪代码,其他两个模块类似。

贷款金额不能少于 1000 或大于 20 000,使用嵌套 if 语句实现。

Get_Principal 的伪代码描述如下。

```
提示用户输入贷款金额 principal
 if (贷款金额 principal < 1000.00)
显示错误信息
退出程序
else
if (贷款金额 principal > 20000.00)
显示错误信息
退出程序
else
     返回贷款金额 principal
endif
endif
```

编写程序

```
1   #include <iostream>
2   #include <iomanip>
3   #include <cstdlib>
4   using namespace std;
5   void Display_Greeting();
6   double Get_Principal();
7   double Get_Rate();
8   int Get_Term();
9   int main()
10  {
11      double interest, principal, rate, total, monthly_payment;
12      int term;
13      Display_Greeting();
14      principal = Get_Principal();
15      rate = Get_Rate();
16      term = Get_Term();
17      interest = principal * (rate/100) * term;
18      total = principal + interest;
19      monthly_payment = total / (12 * term);
20      cout << "贷款年利率: " << rate << "%" << endl;
21      cout << "贷款期限: " << term << " Years" << endl;
22      cout << "贷款金额: " << principal << endl;
```

```
23        cout << "贷款利息: " << interest << endl;
24        cout << "----------------------------------------------- " << endl;
25        cout << "贷款总额: " << total << endl;
26        cout << "每月的还贷金额: " << monthly_payment << endl;
27        return 0;
28 }
29 void Display_Greeting()
30 {
31     int position;
32     for (position = 1; position <= 61; ++position)
33         cout << " * ";
34     cout << endl;
35     cout << "\t\t 欢迎使用个人贷款程序。" << endl;
36     cout << "本程序将显示个人的贷款利息、贷款总额和每月的还贷金额。";
37     cout << endl;
38     cout << "请按以下指令认真操作" << endl << endl;
39     for (position = 1; position <= 61; ++position)
40         cout << " * ";
41     cout << endl;
42 }
43 double Get_Principal()
44 {
45         const double MIN_PRINCIPAL = 1000.00;
46         const double MAX_PRINCIPAL = 20000.00;
47         double principal;
48         cout << "请输入贷款金额: ";
49         cin >> principal;
50         if (principal < MIN_PRINCIPAL)
51         {
52           cout << "对不起,我们不提供1000元以下的个人贷款。" << endl;
53           exit(1);
54         }
55         else
56             if (principal > MAX_PRINCIPAL)
57             {
58               cout << endl;
59               cout << "对不起,我们不提供20000元以上的个人贷款。" << endl;
60               cout << "请输入合理的贷款金额。\n";
61               exit(1);
62             }
63             else
64                 return principal;
65 }
66 double Get_Rate()
67 {
68         const double MAX_RATE = 18.70;
69         double rate;
70         cout << "请输入当前的年利率(百分比): ";
71         cin >> rate;
```

```
72        if (rate > MAX_RATE)
73        {
74          cout << "对不起,年利率超出了我们的最大值." << MAX_RATE << "%" << endl;
75          exit(1);
76        }
77        else
78          return rate;
79 }
80 int Get_Term()
81 {
82        const int MAX_TERM = 5;
83        int term;
84        cout <<"请输入贷款的期限: ";
85        cin >> term;
86        if (term > MAX_TERM)
87        {
88          cout << endl;
89          cout << "对不起,您的贷款期限不能超过" << MAX_TERM << "years" << endl;
90          exit(1);
91        }
92        else
93        return term;
94 }
```

运行结果

```
********************************************************
欢迎使用个人贷款程序.
本程序将显示个人的贷款利息、贷款总额和每月的还贷金额.
请按以下指令认真操作.
********************************************************
请输入贷款金额: 10000.00 ✓
请输入当前的年利率(百分比): 10.7 ✓
请输入贷款的期限: 4 ✓
贷款年利率: 10.70 %
贷款期限: 4Years
贷款金额: 10000.00
贷款利息: 4280.00
-----------------------------------------------
贷款总额: 14280.00
每月的还贷金额: 297.50
```

　　程序开始对 main()函数里用到的四个子函数进行了原型说明,由于 Display_Greeting()子函数只完成在屏幕显示信息的功能,所以不需要任何参数和返回值。其他三个子函数都不需要参数来完成其功能,只需要获得输入数据。如果用户输入的数据有效,则每个函数都把输入的数据返回给 main()函数。因此,每个函数返回的类型和用户输入数据的类型一致。因为贷款金额和年利率是小数,所以 Get_Principal()和 Get_Rate()子函数的返回值是 double 型。因为贷款期限是整数,所以 Get_Term()子函数的返回值是 int 型。

main()函数首先调用 Display_Greeting()子函数显示问候语,接着调用 Get_Principal()、Get_Rate()和 Get_Term()子函数得到输入数据,并把相应的值赋值给变量 principal、rate 和 term。注意,用户输入的年利率是百分比年利率。

然后,利用问题描述里给出的计算公式计算贷款利息 interest、贷款总额 total 和每月的还贷金额 monthly_payment。

最后,用 7 条 cout 输出语句显示结果。

【例 3-12】 编写函数,由实参传递主调函数中存放的字符串首地址给该函数,统计此字符串中字母、数字、空格和其他字符的个数,并在主调函数中输入字符串以及输出结果。

问题分析

在主调函数中,某一字符串可以存放在一维字符数组中,该数组名字是存放字符串的一维数组首地址,是地址常量,所编写的处理字符串的函数,其形参定义为数组名,调用该函数时,把主调函数中的存放字符串的一维字符数组首地址,通过实参传递到该函数中,能够处理主调函数的字符串。

编写程序

```
1   #include<iostream>
2   using namespace std;
3   void judge(char a[]);
4   void main()
5   {
6     const int size = 100;
7     char a[size];
8     cin.getline(a,size);
9     judge(a);
10  }
11  void judge(char a[100])      //判断字符类型
12  {
13    int letter = 0,number = 0,others = 0,i = 0;
14    while(a[i]!= '\0')
15    {
16      if ((a[i]>= 'a'&&a[i]<= 'z')||(a[i]>= 'A'&&a[i]<= 'z')) letter++;   //统计字母个数
17      else if (a[i]>= '0' && a[i]<= '9') number++;      //统计数字个数
18        else others++;                          //统计其他字符个数
19      i++;
20    }
21    cout <<"letter = "<< letter <<" number = "<< number <<" others = "<< others << endl;
22  }
```

运行结果

输入:!@#$%^QWERT   1234567

letter = 5 number = 7   others = 6

【例 3-13】 键盘输入两个整数,编写两个函数,分别求两个整数的最大公约数和最小公倍数,用主函数调用这两个函数,并输出结果。

编写程序

```
1   # include < iostream >
2   using namespace std;
3   int cdivisor( int, int);
4   int cmultiple( int, int, int);
5   void main( )
6   {
7       int x, y, d, m;
8       cout <<"input two number: ";
9       cin >> x >> y;
10      d = cdivisor( x, y);
11      m = cmultiple( x, y, d);
12      cout <<"common divisor is "<< d << endl <<"common multiple is "<< m << endl;
13  }
14  int cdivisor( int x1, int y1)          //最大公约数
15  {
16      int r, temp;
17      if (x1 < y1)
18      {
19        temp = x1;
20        x1 = y1;
21        y1 = temp;
22      }
23      while(x1 % y1)           //当较大数除以较小数余数等于 0 时,较小数为最大公约数
24      {
25        r = x1 % y1;
26        x1 = y1;
27        y1 = r;
28      }
29      return y1;
30  }
31  int cmultiple( int x2, int y2, int d1) //最小公倍数
32  {
33  return x2 * y2/d1;              //两数相乘结果除以它们的最大公约数为最小公倍数
34  }
```

运行结果

```
input two number:6 8
common divisor is 2
common multiple is 24
```

【例 3-14】 键盘输入一个四位数,编写函数,要求输出这 4 个数字字符,且每两个数

字间空一空格。如输入 1880，则输出"1 8 8 0"。

编写程序

```
1   # include < iostream >
2   # include < string >
3   using namespace std;
4   void outs(char a[ ]);
5   void main()
6   {
7     const int size = 10;
8     char a[size];
9     cin.getline(a, size);
10    outs(a);
11  }
12  void outs(char a[10])
13  {
14    int i;
15    if(strlen(a)< = 4)
16    {
17      for(i = 0; i < 4; i++)
18      cout << a[i]<<" ";
19    }
20    else cout <<"input error."<< endl;
21  }
```

运行结果

```
1880
1 8 8 0
```

【例 3-15】 编写函数，将一个字符串的元音字母复制到另一个字符串并输出。

编写程序

```
1   # include < iostream >
2   # include < string >
3   using namespace std;
4   void scpy(char * , char * );
5   void main()
6   {
7     const int size = 100;
8     char a[size] = "Hello world";
9     char b[size] = "Net";
10    cout <<"a = "<< a <<"b = "<< b << endl;
11    scpy(a,b);
12    cout <<"a = "<< a << endl;
13  }
14  void scpy(char * p,char * q)
```

```
15  {
16    while( * q!= '\0')
17    {
18      if
19      ( * q == 'a' || * q == 'A' || * q == 'e' || * q == 'E' || * q == 'i' || * q == 'I' || * q == 'o' || *
        q == 'O' || * q == 'u' || * q == 'U')
20        * p++ = * q;
21      q++;
22    }
23  }
```

运行结果

```
a = Hello world b =  Net
a = eello world
```

【例 3-16】 编写一个判别素数的函数,主函数输出 $100 \sim 200$ 的所有素数,每行只输出 5 个素数。

编写程序

```
1   # include < iostream >
2   # include < iomanip >
3   using namespace std;
4   int main()
5     {int f(int n);
6      int m, i, n = 0, flag;
7      for(m = 100; m < = 200; m++)
8        {flag = f(m);
9         if (flag) {cout << setw(5)<< m; n++; if (n % 5 == 0) cout << endl;}
10     }
11   cout << endl;
12   system("PAUSE");
13   return 0;
14 }
15 int f(int n)
16   {int i, flag;
17    for(i = 2; i < = n - 1; i++)
18        if (n % i == 0) break;
19    if (i == n) flag = 1;
20    else flag = 0;
21   return flag;
22 }
```

运行结果

```
101   103   107   109   113
```

```
127  131  137  139  149
151  157  163  167  173
179  181  191  193  197
199
```

【例 3-17】 编写一个函数,计算三角形的面积,公式如下。

$$s = \frac{1}{2}(a + b + c)$$

$$\text{area} = \sqrt{s(s-a)(s-b)(s-c)}$$

三角形的三边 a、b、c 的值由主函数输入。

编写程序

```
1   # include < iostream >
2   # include < cmath >          //使用数学函数时要包含头文件 cmath
3   # include < iomanip >        //使用 I/O 流控制符要包含头文件 iomanip
4   using namespace std;
5   int main( )
6   {   double f(double a, double b, double c);
7       double a, b, c;
8       cout <<"输入 a, b, c:";
9       cin >> a >> b >> c;
10      if (a > 0 && b > 0 && c > 0 && a + b > c && b + c > a && c + a > b)
11        {
12           cout << setiosflags(ios::fixed)<< setprecision(4);
13      // 指定输出的数包含 4 位小数
14           cout <<"三角形面积 = "<< f(a,b,c)<< endl;
15        }
16      else
17         cout <<"不是三角形!"<< endl;
18      return 0;
19    }
20  double f(double a, double b, double c)
21  {   double s, area;
22      s = (a + b + c)/2;
23      area = sqrt(s * (s - a) * (s - b) * (s - c));
24      return area;
25  }
```

运行结果

```
输入 a, b, c: 4   5   6
三角形面积 = 9.9216
```

【例 3-18】 使用递归法编写函数,主函数调用函数并输出 3!+5!+8!。

编写程序

```
1   # include < iostream >
2   using namespace std;
```

```
3   int main( )
4   {   long f( int n);
5       long s;
6       s = f(3) + f(7) + f(8);
7       cout <<"3! + 5! + 8!= "<< s << endl;
8       return 0;
9   }
10  long f( int n)
11  {   if (n == 1) return 1;
12      else return f(n - 1) * n;
13  }
```

运行结果

3!+ 5!+ 8!= 45366

【例 3-19】 使用递归法求 n 阶勒让德多项式的值,公式如下。

$$p_n(x) = \begin{cases} 1 & (n = 0) \\ x & (n = 1) \\ \dfrac{(2n - 1)\,x - p_{n-1}(x) - (n - 1)\,p_{n-2}(x)}{n} & (n > 1) \end{cases}$$

编写程序

```
1   # include < iostream >
2   # include < cmath >
3   using namespace std;
4   int main( )
5   {   double p( int n, int x);
6       long s = 0;
7       int i, x, n;
8       cout <<"输入 n, x:";
9       cin >> n >> x;
10      cout << n <<"阶的结果 = "<< p(n, x)<< endl;
11      return 0;
12  }
13  double p( int n, int x)
14  {   if (n == 0) return 1;
15      else   if (n == 1) return x;
16          else return ((2 * n-1) * x - p(n-1,x) - (n-1) * p(n-2,x))/n;
17  }
```

运行结果

输入 n, x:3   4
3 阶的结果 = 2.83333

【例 3-20】 使用递归法求 $f(x) = \sum_{i=0}^{n} i^2$，$n$ 的值由主函数输入。

编写程序

```
1   # include < iostream >
2   # include < cmath >
3   using namespace std;
4   int main( )
5   {   long f(int n);
6       long s = 0;
7       int i,n;
8       cout <<"输入一个正整数 n:";
9       cin >> n;
10      cout <<"sum = "<< f(n)<< endl;
11      return 0;
12  }
13  long f(int n)
14  {   if (n == 0) return 0;
15      else return f(n-1) + pow(n,2);
16  }
```

运行结果

输入一个正整数 n:5 sum = 55

【例 3-21】 中国银联和 VISA、万事达卡(MasterCard)都是国际信用卡组织,都负责信用卡业务的展开。不同的是,中国银联(全称中国银联股份有限公司)作为中国的银行卡联合组织,其业务主要在中国。VISA、MasterCard 作为全球领先的支付公司,因能提供全球消费者一个更便利与更有效率的金融支付环境而遍及全球。我国改革开放以来,越来越多的人到国内和国外旅游。境内(或境外某个地区)旅游使用中国银联信用卡即可,如果是境外全球旅游使用 VISA、MasterCard 信用卡比较方便。虽然目前中国人均银行卡持有率、银行卡消费占社会零售总额比例等指标低于发达和中等发达市场,但改革开放以来,中国经济的持续发展、个人收入水平提高、个人金融需求全面增加及结算观念转变等因素,将推动中国的银行卡业务步入一个高速增长阶段,中国已经成为银行卡产业全球发展潜力最大的国家。中国银行卡产业多年的持续不断地创新,使社会支付体系更趋完善。

问题描述:求出斐波那契数列前 40 个数,输出时每行 5 个数。这个数列有如下特点:第 1 个数为 1,第 2 个数为 1,从第 3 个数开始,该数是其前面两个数的和。

$$F_1 = 1 \quad (n=1)$$
$$F_2 = 1 \quad (n=2)$$
$$F_n = F_{n-1} + F_{n-2} \quad (n \geqslant 3)$$

要求:采用局部变量或全局变量编程,现在已经编写了下列程序,但是此程序运行结果错误。源程序及错误的程序运行结果如下所示。

（1）分析程序运行输出错误结果的原因，找出使程序出错的语句。

（2）若在 f 函数中只允许改变一个语句来得到正确的运行结果，正确的语句是什么？

（3）若不改写程序中的所有语句，只允许改变其中一个语句的位置来得到正确的运行结果，这个语句应移动到程序的哪个位置？

编写程序

```
1   # include < iostream >
2   # include < iomanip >
3   using namespace std;
4   int main()
5   {long f(int);
6    int n = 40,i;
7    for(i = 1;i <= n;i++)
8    {cout << setw(10)<< f(i);
9     if (i % 4 == 0) cout << endl;}
10   cout << endl;
11   return 0;
12  }
13
14  long f(int n)
15  {long f1 = 1,f2 = 1;
16   long f3;
17   if (n == 1) return 1;
18   else if (n == 2) return 1;
19   else {f3 = f1 + f2;f1 = f2;f2 = f3;return f3;}
20  }
```

运行结果（错误的）

1	1	2	2
2	2	2	2
2	2	2	2
2	2	2	2
2	2	2	2
2	2	2	2
2	2	2	2
2	2	2	2
2	2	2	2
2	2	2	2

分析解答：

（1）第 15 行 long f1=1,f2=1；是错误的，相当于语句 auto long f1=1,f2=1；。

第 15 行中的 f1 和 f2 是 auto 存储型的局部变量，表示 f1 和 f2 两个动态局部变量只在 f 函数中有效且没有存储值的能力，程序每次执行 f 函数时，f1 和 f2 都进行初始化且取值为 1，所以程序运行的结果是错误的。

```
15    {long f1 = 1,f2 = 1;      //相当于 auto long f1 = 1,f2 = 1; 定义了动态局部变量
```

（2）将第 15 行改为 static long f1＝1,f2＝1;。

第 15 行中的 f1 和 f2 是 static 存储型的局部变量,f1 和 f2 两个静态局部变量只在 f 函数中有效且有存储最新值的记忆能力,第 1 次执行 f 函数时,f1 和 f2 进行初始化且取值为 1,以后再次执行 f 函数时,f1 和 f2 都取已存储的最新的值。

```
15    {static long f1 = 1,f2 = 1;      // 定义了静态局部变量
```

运行程序正确的输出结果:

1	1	2	3
5	8	13	21
34	55	89	144
233	377	610	987
1597	2584	4181	6765
10946	17711	28657	46368
75025	121393	196418	317811
514229	832040	1346269	2178309
3524578	5702887	9227465	14930352
24157817	39088169	63245986	102334155

（3）将第 15 行的 long f1＝1,f2＝1;语句移到第 13 行 long f1＝1,f2＝1;第 15 行语句只留下左括号｛。

第 13 行是在 f 函数外面定义的变量是全局变量,f1 和 f2 全局变量从定义开始直至程序结束都有效且有存储最新值的记忆能力,第 1 次执行 f 函数时,f1 和 f2 进行初始化且取值为 1,以后再次执行 f 函数时,f1 和 f2 都取存储的最新的值。运行结果正确。

```
13  long f1 = 1,f2 = 1;      // 定义了全局变量
14  long f( int n )
15  {
```

本章小结

在软件开发过程中,通常会将大的软件功能进行分解,分解后的实现则依靠函数。在函数实现后,通过对函数的组合调用来实现具体的功能。

函数有两种,即标准函数和自定义函数。标准函数由系统提供,而自定义函数则是用户自己编写用于实现特定功能的代码块。

函数的定义包括为函数命名,指定函数返回值类型和形参类型,以及编写函数体等。

函数的声明是把函数名、函数类型以及形参类型、个数和顺序通知编译系统,以便在调用该函数时系统按此进行对照检查。

主调函数通过参数将数据传递给被调函数,而被调函数则通过返回语句的返回值向主调函数传递数据。函数参数分为形参和实参两种,返回值是指函数被调用后返回给主调函数的值。

函数调用是使程序转而去执行其他函数体。函数允许相互调用,也允许嵌套调用,以及递归调用。

C++语言中的变量按作用域可分为局部变量和全局变量。而函数根据能否被外部源文件调用,可以分为内部函数和外部函数。

源程序往往由多个函数组成,但必须有且仅有一个 main 函数。程序从 main 函数开始执行,在执行过程中可以调用其他函数,最后回到 main 函数结束运行。

思考题

1. 简述什么是函数,如何进行函数定义,函数声明与定义的不同之处。
2. 简述什么是函数的返回类型,通过什么方式传递返回值。
3. 形式参数与实际参数分别是什么,阐明二者的区别和联系。
4. 简述如何调用一个已经定义的函数,参数是如何传递的。
5. 局部变量和全局变量有什么区别和联系?
6. 比较值调用和引用调用的相同点与不同点。
7. 函数原型中的参数名与函数定义中的参数名以及函数调用中的参数名是否必须一致。
8. 简述什么是嵌套调用和递归调用。

练习题

1. 计算函数 $F(x,y,z)=(x+z)/(y-z)+(y+2\times z)/(x-2\times z)$ 的值,要求将 F 函数实现为子函数,由主函数向子函数传参调用。

2. 要求用户输入一个年月日,判断用户输入的日期是否合法。定义子函数实现合法性验证。

3. 银行要受理客户的贷款请求,设计程序要求根据客户的贷款额度、期限和利率,计算并输出客户最终需要的还款总额。

4. 我国的个人所得税按照累进税计算,要求用户输入其收入,程序输出其应缴纳的个人所得税。

5. 编写函数计算三角形的面积,公式如下。

$$s=\frac{1}{2}(a+b+c)$$

$$\text{area}=\sqrt{s(s-a)(s-b)(s-c)}$$

三角形的三边 a、b、c 的值由主函数输入。

6. 编写函数：使用递归法求 $f(x) = \sum_{i=0}^{n} i^2$，$n$ 的值由主函数输入。

7. 编写函数：统计字符串中字母的个数、数字的个数、空格的个数、其他字符的个数。主函数中从键盘输入一行字符，并输出统计结果。

8. 所谓"回文"是一种特殊的数或文字短语。它无论顺着读还是倒着读，结果都一样。例如，以下几个 6 位整数都是回文数：222222,522225,352235,662266。以下 5 位整数都是回文数：12321、77777、89998 和 44744。编写函数，输入一个 6 位或 7 位整数，判断它是否是回文数。如果是回文数，输出"Yes"；如果不是回文数，输出"No"。整数输入和输出是否为回文数，在主函数中完成。

例如：

请输入一个 6 位或 7 位整数：349943

Yes

请输入一个 6 位或 7 位整数：3499432

No

9. 在主函数输入二维平面上的 3 个点(x1,y1),(x2,y2)和(x3,y3)，编写函数判断是否存在以这 3 个点为顶点的三角形(假定所有坐标值均为整数，且各坐标值的绝对值小于215)，将判断结果返回到主函数中输出。

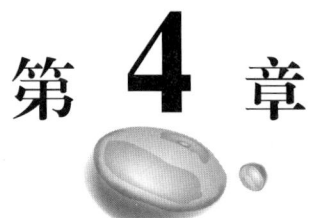

第 4 章

数　组

　　按内存地址顺序排列的相同数据类型元素的集合称为数组。它把类型相同的若干变量构成的变量集合用一个数组名来命名。通过数组名和下标编号来标识每个数组分量，组成数组的各个分量称为数组元素，也称为下标变量。在程序设计中使用数组来处理批量数据。

　　在 C++语言中，数组属于构造数据类型。一个数组可以分解为多个数组元素，这些数组元素可以是数据基本类型或构造类型。因此按数组元素类型的不同，数组可分为数值数组、字符数组、指针数组、结构体数组等各种类别。

4.1　一维数组

4.1.1　一维数组的定义

　　一维数组是指数组元素只有一个下标的数组，数组属于构造数据类型，按照先定义后使用的原则来定义数组和使用数组元素。

　　一维数组的定义格式如下。

　　　　数据类型标识符　数组名[常量表达式]

　　定义一个数组名为 a 的 10 个元素的整型数组可以写成 int a[10]，如图 4.1 所示。C++编译程序从 0012FF20 开始的字节处按照整型变量 4 字节，系统给数组 10 个元素分配了连续的内存空间，每个数组元素分配 4 字节的内存空间。一般采用首字节表示此数组元素的地址，0012FF20 和 0012FF24 分别表示数组元素 a[0]和 a[1]的地址，可写成 &a[0]和 &a[1]来表示 a[0]和 a[1]的地址。& 表示取址运算，实际上 a[0]占用了"0012FF20,0012FF21,0012FF22,0012FF23"4 字节内存空间来存放数值 0。同理，a[1]

占用了"0012FF24,0012FF25,0012FF26,0012FF27"4 字节空间来存放数值 1。对于一维数组而言,数组名 a 是常量,所以 a++是不合法的。数组名 a 在程序中作为实参传递时表示 &a[0],即表示 a[0]的地址,在图 4.1 中 a[0]的内存地址为 0012FF20。而 a[0]则表示引用数组第 1 个元素的数值,在图 4.1 中 a[0]=0。在 C++程序中,数组的大小在编译时必须静态确定,因此,在数组定义格式中"常量表达式"不能是变量,可以是常变量。

例如:

```
int   n;
cin>>n;
int   a[n];                              //不合法
```

但可以是常变量:

```
const int n = 10;                        //n 是常变量
int   a[n];
```

		内存地址	数值	
&a[0]	a	0012FF20	0	a[0]
&a[1]	a+1	0012FF24	1	a[1]
&a[2]	a+2	0012FF28	2	a[2]
&a[3]	a+3	0012FF2C	3	a[3]
&a[4]	a+4	0012FF30	4	a[4]
&a[5]	a+5	0012FF34	5	a[5]
&a[6]	a+6	0012FF38	6	a[6]
&a[7]	a+7	0012FF3C	7	a[7]
&a[8]	a+8	0012FF40	8	a[8]
&a[9]	a+9	0012FF44	9	a[9]

图 4.1　数组元素的地址和数值

4.1.2　一维数组的初始化

数组初始化是指在定义数组时对部分或全部数组元素进行初始赋值。如果程序中的数组元素初始值是确定的,一般在数组定义时给数组元素赋予初值,即在程序编译阶段完成初始化,以减少运行时间,提高程序运行效率。

一维数组初始化采用格式如下。

数据类型标识符　数组名[常量表达式] = {初始化列表};

例如:

```
int   a[5] = {6,5,4,3,2};
```

定义一个数组名为 a,一维数组 a 存放 5 个数组元素整数值,并且对 a 数组的所有元素进行初始化,即在定义数组时赋予初值,表示 a[0]=6,a[1]=5,a[2]=4,a[3]=3,a[4]=2。对于全部数组元素初始化时可以不指定数组长度。上例中省略数组大小也是正确的,即:

```
int   a[] = {6,5,4,3,2};
```

允许初始化列表的个数小于数组的大小,此时对部分数组元素赋初值。

```
int   a[5]={6,5};
```

上述语句表示数组 a 的前 2 个数组元素被赋予初值 a[0]=6,a[1]=5,余下的数组元素的值为 0,即 a[2]=0,a[3]=0,a[4]=0。

在程序中对于局部变量的数组初始化与赋值语句不是完全等价的。初始化只能针对所有元素或前若干个元素,不能间隔赋初值。初始化列表的个数不得大于数组的大小。

例如,int a[5]={6,5};等价于语句 int a[5]; a[0]=6;a[1]=5;a[2]=0;a[3]=0; a[4]=0;,不等价于语句 int a[5];a[0]=6;a[1]=5;。

在函数内部对于局部变量而言,int a[5];a[0]=6;a[1]=5;表示先定义数组,然后使用赋值语句对数组部分元素的赋值,执行三个语句后数组中最后三个数组元素 a[2], a[3],a[4]中的数值是一个不确定的值;执行 int a[5]={6,5};表示定义数组,然后对数组部分元素初始化,数组中最后三个数组元素 a[2],a[3],a[4]中的数值是 0。关键在于数组中最后三个数组元素中存放的数据不同,所以它们不完全等价。

4.1.3　一维数组元素的使用

数组中的每个元素相当于某个数据类型的变量,可以像使用变量一样使用数组中的各个数组元素,数组的各个元素通过数组下标来区分。

一维数组元素使用的格式如下。

数组名[下标表达式]

数组元素中的下标表达式可以是任意合法的算术表达式。但是,下标表达式的计算结果必须是整型数值。数组元素的下标值不得超出声明时确定的数组上下界,否则程序运行时将出现数组越界错误,取到无法确定的值。

例如:

```
int a[10];                              //定义整型数组 a 有 10 个数组元素
```

数组 a 下标的默认取值范围为[0,9]。数组使用时,下标表达式的值必须为整型。例如,a[4.9]不合法,下标必须是整数。int a[10]表示共有 10 个数组元素,并且数组 a 中数组元素的下标从 0 开始,最后一个数组元素下标值为 9。若定义具有 n 个元素的数组 a,数组 a 下标的下界为 0,上界为 $n-1$,即数组元素下标取值范围为[0,$n-1$]。

在输入或输出整型数组全部元素时,只能分别对数组的各个数组元素进行操作,而不能通过使用数组名来对整个数组整体输入与输出。

例如:

```
int a[10];
cout << a;                              //错误!不能使用数组名 a 来表示整型数组 a 中所有元素
```

如果需要将数组中所有数组元素输出,可以通过循环语句来控制数组元素下标的取值来输出数组中每个数组元素的数据。

例如：

```
int a[10],i;
for(i = 0;i < 10;i++) {cout << a[i]<< "   ";}
cout << endl;
```

【例 4-1】 定义一维整型数组并且进行初始化,输出数组元素的地址和数值。
编写程序

```
1   # include < iostream >
2   using namespace std;
3   int main()
4   {int a[10] = {0,1,2,3,4,5,6,7,8,9};
5    int i;
6    for(i = 0;i <= 9;i++)
7        cout <<"内存地址:"<< &a[i]<<","<<(a + i)<<",数组元素值:"<< a[i]<< endl;
8        return 0;
9   }
```

运行结果

内存地址:0012FF20,0012FF20,数组元素值:0
内存地址:0012FF24,0012FF24,数组元素值:1
内存地址:0012FF28,0012FF28,数组元素值:2
内存地址:0012FF2C,0012FF2C,数组元素值:3
内存地址:0012FF30,0012FF30,数组元素值:4
内存地址:0012FF34,0012FF34,数组元素值:5
内存地址:0012FF38,0012FF38,数组元素值:6
内存地址:0012FF3C,0012FF3C,数组元素值:7
内存地址:0012FF40,0012FF40,数组元素值:8
内存地址:0012FF44,0012FF44,数组元素值:9

程序分析

对于数值型数组使用循环语句控制下标变化来实现逐个输出数组元素的值,对于具有 n 个元素的数组而言,默认数组元素下标从 0 开始直至 $n-1$ 结束,a[0]与 &a[0]的区别在于 a[0]表示数组元素数据,而 &a[0]表示数组元素 a[0]的地址。

4.1.4 数组元素的排序处理

排序是一个序列数据按照其中的某个关键字大小进行升序(从小到大递增)或降序(从大到小递减)的规则排列起来的操作。排序算法在很多领域使用,尤其是对批量数据进行有序处理,例如,按工号升序排列,或按薪金降序排列。

常用的排序算法有冒泡排序算法和选择排序算法等。

1. 冒泡排序算法

例如:对下列 5 个数据按照升序(从小到大递增)进行排列。

	数据
a[0]	99
a[1]	89
a[2]	7
a[3]	6
a[4]	1

冒泡排序的思路:若有 n 个数,则进行 $n-1$ 轮比较。在每一轮中,从第 1 个数开始,将相邻两个数依次进行比较,将小的数调换到前头,共进行 $n-1$ 次比较。若 n 表示数的个数,则 i 表示轮的循环次数,若 i 从 0 开始计数,则 i 直至 $n-2$ 结束,共 $n-1$ 次。j 表示每一轮中相邻两个数在数组中的下标,若 n 个数是从下标 0 开始存放在数组中,则 j 的取值必须从 0 开始直至 $n-2$ 结束。算法可以优化,在第 1 轮处理完毕后,最大值就已经定位在最后一个数组元素位置,所以第 2 轮中 j 的次数可减少 1 次,依次类推,j 的终值不一定是 $n-2$。

```
for(i = 0;i <= n - 2;i++)
    for(j = 0;j <= n - 2;j++)
        if (a[j]> a[j + 1]) {x = a[j];a[j] = a[j + 1];a[j + 1] = x; }
```

说明:

(1) 若 i 从 1 开始计数,则 i 直至 $n-1$ 结束,共 $n-1$ 次。语句可改写成 for(i=1;i<= n−1;i++),控制 $n-1$ 轮次的循环。

(2) 若 n 个数是从下标 1 开始存放在数组中的,即从 a[1]一直存放到 a[n],因为 a[0]没有存放数据,则 j 的取值从 1 开始直至 $n-1$ 结束。语句改写成 for(j=1;j<=n−1;j++)。

冒泡算法如图 4.2 所示。

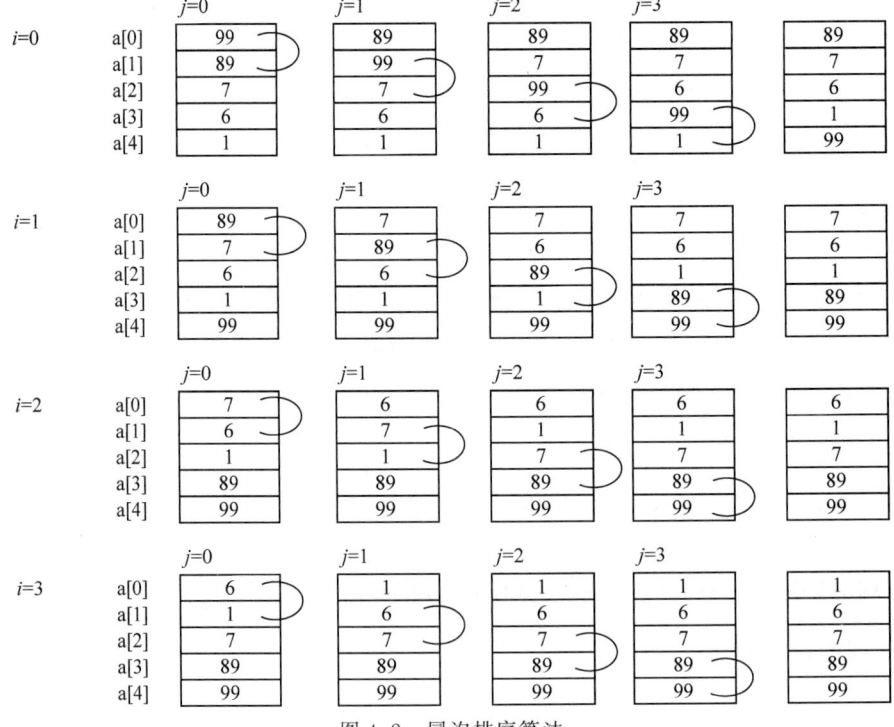

图 4.2　冒泡排序算法

2. 选择排序算法

例如：对下列 5 个数据按照升序（从小到大递增）进行排列。

	数据
a[0]	99
a[1]	89
a[2]	7
a[3]	6
a[4]	1

选择排序算法的思路：若有 n 个数，则进行 $n-1$ 轮循环。在每一轮中，将第 i 个数与第 i 个数后面的各个数进行逐个比较，将最小的数调换到第 i 个数的位置，i 从第 1 个数取到倒数第 2 个数结束，将进行 $n-1$ 轮操作。若数组元素下标从 0 开始存放数组元素值，则 i 从 0 开始直至 $n-2$ 结束，j 表示数组元素下标从 $i+1$ 开始直至 $n-1$ 结束。

```
for(i = 0;i <= n - 2;i++)
    for(j = i + 1;j <= n - 1;j++)
        if (a[i] > a[j]) {x = a[i];a[i] = a[j];a[j] = x; }
```

说明：

若 n 个数是从数组中下标 1 开始存放在数组中的，从 a[1] 一直存放到 a[n]，因为 a[0] 没有存放数据，则 i 的取值从数组下标 1 开始直至 $n-1$ 结束。则 j 的取值从 $i+1$ 开始直至 n 结束。语句改写成：

```
for(i = 1;i <= n - 1;i++)
    for(j = i + 1;j <= n;j++)
        if (a[i] > a[j]) {x = a[i];a[i] = a[j];a[j] = x; }
```

选择排序算法图例如图 4.3 所示。

【例 4-2】 对工号和姓名两个一维数组进行定义并且对 5 位成员进行初始化。采用冒泡排序算法按工号规则升序排列，输出时按工号从小到大次序输出工号和姓名。5 位成员数据如表 4.1 所示。

表 4.1 工号与姓名

工号	10003	10002	10007	10012	10001
姓名	"Zhao long"	"Wang fei"	"Cheng qiang"	"Cheng xili"	"Dai qiang"

编写程序

```
1   # include < iostream >
2   # include < string >
3   using namespace std;
4   int main()
5   {long teacherid[100] = {10003,10002,10007,10012,10001},teacher1;
6     string name[100] = {"Zhao long","Wang fei","Cheng qiang",
7   "Cheng xili","Dai qiang"},name1;
```

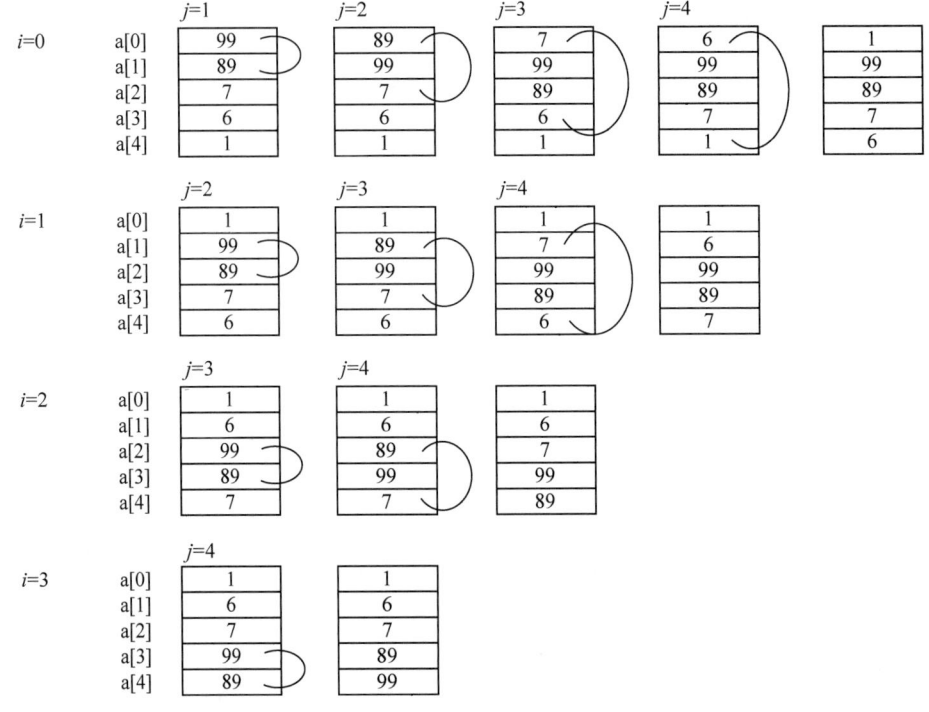

图 4.3 选择排序算法

```
8    int n,i,j;
9    n = 5;
10   for(i = 0;i < = n - 2;i++)
11       for(j = 0;j < = n - 2;j++)
12           if (teacherid[j]> teacherid[j + 1])
13   {teacher1 = teacherid[j];teacherid[j] = teacherid[j + 1];
14   teacherid[j + 1] = teacher1;name1 = name[j];name[j] = name[j + 1];name[j + 1] = name1;}
15   for(i = 0;i < = n - 1;i++)
16       cout <<"第"<< i + 1 <<"位:"<< teacherid[i]<<","<< name[i]<< endl;
17   return 0;
18   }
```

运行结果

第 1 位:10001,Dai qiang
第 2 位:10002,Wang fei
第 3 位:10003,Zhao long
第 4 位:10007,Cheng qiang
第 5 位:10012,Cheng xili

程序分析

程序中工号和姓名分别采用了两个一维数组存放数据。第 12 行中当 teacherid[j]>
teacherid[j+1]为真时,第 13 行和第 14 行表示工号和姓名进行交换。

思考拓展

将例 4-2 中第 11 行 for(j＝0;j＜＝n－2;j＋＋)语句改写成 for(j＝0;j＜＝n－2－i; j＋＋),程序运行能否得到正确答案?

程序中相关排序语句修改如下。

```
for(i = 0;i < = n - 2;i++)
    for(j = 0;j < = n - 2 - i;j++)
        if (teacherid[j]> teacherid[j + 1])
  {teacher1 = teacherid[j];teacherid[j] = teacherid[j + 1]; teacherid[j + 1] = teacher1;name1
= name[j];name[j] = name[j + 1];name[j + 1] = name1;}
```

【例 4-3】　对工号和薪金两个一维数组进行定义并且对 5 位成员初始化。采用选择排序算法按薪金降序排列,若薪金相同则按工号升序排列的规则进行排序,即按薪金主要关键字降序、工号次要关键字升序排列输出数据。5 位成员数据如表 4.2 所示。

表 4.2　工号与薪金

工号	"2001000009"	"2001000008"	"2001000005"	"2001000003"	"2001000002"
薪金	8000	7600	8000	9800	7500

编写程序

```
1   # include < iostream >
2   # include < string >
3   using namespace std;
4   int main()
5   {string employeeid[100] = {"2001000009","2001000008","2001000005",
6   "2001000003","2001000002"},st1;
7    int salary[100] = {8000,7600,8000,9800,7500},salary1;
8    int n,i,j;
9    n = 5;
10   for(i = 0;i < = n - 2;i++)
11       for(j = i + 1;j < = n - 1;j++)
12       {if (salary[i]> salary[j]) {salary1 = salary[i];salary[i] = salary[j];
13       salary[j] = salary1;st1 = employeeid[i];employeeid[i] = employeeid[j];
14  employeeid[j] = st1;}
15       if (salary[i] == salary[j])
16           if (employeeid[i]< employeeid[j])
17   {salary1 = salary[i];salary[i] = salary[j];
18       salary[j] = employeeid[j];employeeid[j] = st1;}
19  employeeid[i] = employeeid[j];employeeid[j] = st1;}
20       }
21   for(i = n - 1;i > = 0;i -- )
22      cout <<"第"<< n - i <<"位:"<< employeeid[i]<<","<< salary[i]<< endl;
23   return 0;
24  }
```

运行结果

第 1 位:2001000003,9800
第 2 位:2001000005,8000
第 3 位:2001000009,8000
第 4 位:2001000008,7600
第 5 位:2001000002,7500

程序分析

本程序考虑了三种情况,第 12 行 if (salary[i]>salary[j]),第 i 位置的数组元素的薪金大于第 j 位置的数组元素的薪金,则将两个数组中第 i 位的工号和薪金与第 j 位的工号和薪金进行交换。第 15 行 if (salary[i]==salary[j]),表示第 i 位置的数组元素薪金等于第 j 位置的数组元素薪金时,再通过第 16 行 if(employeeid[i]< employeeid[j]) 判断工号大小,若第 i 位的员工工号小于第 j 位员工工号时,则将数组中第 i 位的员工工号和薪金与第 j 位的员工工号和薪金进行交换;否则,不进行交换。

思考拓展

同样采用选择排序算法,对例 4-3 源程序第 10~20 行进行修改,程序如下所示。

排序结果是否正确? 与例 4-3 算法有何不同?

```
1   # include < iostream >
2   # include < string >
3   using namespace std;
4   int main()
5   {string employeeid[100] = {"2001000009","2001000008","2001000005",
6   "2001000003","2001000002"},st1;
7    int salary[100] = {8000,7600,8000,9800,7500},salary1;
8    int n,i,j;
9    n = 5;
10  int k;
11  for(i = 0;i <= n - 2;i++)
12  {
13  k = i;
14      for(j = i + 1;j <= n - 1;j++)
15      {if (salary[i]> salary[j]) k = j;
16       if (salary[i] == salary[j])
17          if (employeeid[i]< employeeid[j]) k = j;
18  }
19      salary1 = salary[i];salary[i] = salary[k];salary[k] = salary1;
20  st1 = employeeid[i];employeeid[i] = employeeid[k];employeeid[k] = st1;
21  }
22   for(i = n - 1;i >= 0;i -- )
23     cout <<"第"<< n - i <<"位:"<< employeeid[i]<<","<< salary[i]<< endl;
24   return 0;
25  }
```

【例 4-4】 输出整数 1～1000 内的完美数。

问题分析

判断 i 是否是完美数的算法。

第 1 步,将 i 除以 1 至 $i-1$,将 1 至 $i-1$ 中能被 i 整除的各个整数存放到数组 a 中,并且统计个数 n;

第 2 步,将数组 a 中的 n 个元素的数值求和,将求和结果存放在变量 s 中;

第 3 步,判断 s 中的值是否等于 i 中的值,若 s 等于 i,则 i 就是完美数;否则,i 不是完美数。

编写程序

```
1    # include < iostream >
2    # include < iomanip >
3    using namespace std;
4    int main()
5    {int a[100];
6     int i,j,n,s;
7     for(i = 1;i < = 1000;i++)
8       {for(j = 1,n = 0;j < = i − 1;j++)
9              if (i % j == 0) {a[n] = j;n++;}
10       for(j = 0,s = 0;j < = n − 1;j++) s += a[j];
11       if (s == i) {cout << setw(6)<< i <<"是完美数,因子:";
12               for(j = 0;j < = n − 1;j++) cout << setw(6)<< a[j];
13               cout << endl;}
14       }
15     return 0;
16  }
```

运行结果

```
  6 是完美数,因子:     1     2     3
 28 是完美数,因子:     1     2     4     7     14
496 是完美数,因子:     1     2     4     8     16     31     62     124     248
```

程序分析

第 11 行中 setw(6)输出格式语句使用时,要求在程序首部写 # include < iomanip > 语句。

4.2 二维数组

4.2.1 二维数组的定义

二维数组是指数组元素有两个下标的数组,有三个下标的数组称为三维数组……,有 n 个下标的数组称为 n 维数组。

二维数组的定义格式如下。

数据类型标识符　数组名[常量表达式1][常量表达式2];

n 维数组元素个数等于每一个维度的常量表达式值的乘积。每个维度的下界默认为0,上界为该维度的常量表达式的值减1。

例如:

```
int a[3][4];
```

定义一个整型二维数组 a,该数组有 $3 \times 4 = 12$ 个数组元素。采用双下标表示二维数组的元素。

```
a[0][0]    a[0][1]    a[0][2]    a[0][3]
a[1][0]    a[1][1]    a[1][2]    a[1][3]
a[2][0]    a[2][1]    a[2][2]    a[2][3]
```

可以将二维数组看作数学中的矩阵,第一维对应行,第二维对应列。int a[3][4];定义的三行四列的二维数组 a,也可以看作一个一维数组,它有三个元素分别为 a[0]、a[1]、a[2]。每一个元素又是一个包含四个元素的一维数组,a[0]、a[1]、a[2]是这三个一维数组的名称。

```
a[0]对应一维数组 a[0][0]    a[0][1]    a[0][2]    a[0][3]
a[1]对应一维数组 a[1][0]    a[1][1]    a[1][2]    a[1][3]
a[2]对应一维数组 a[2][0]    a[2][1]    a[2][2]    a[2][3]
```

说明:

(1) 二维数组可以将其看作一种特殊的一维数组,该数组的每一个元素都是一个一维数组,在二维数组中 a[0][0]与 a[0]是不同的概念。二维数组在内存中按行存放,即先放第一行,第一行行中的元素再按列依次存放;然后存放第二行,依次类推。

(2) 二维数组名 a 是数组存储的首地址,第一行数组元素的存储首地址是 a[0]即 &a[0][0];第二行数组元素的存储首地址是 a[1]即 &a[1][0],第三行数组元素的存储首地址是 a[2]即 &a[2][0]。

4.2.2　二维数组的初始化

二维数组初始化格式如下。

数据类型标识符　数组名[常量表达式1][常量表达式2] = {初始化列表};

二维数组初始化和一维数组初始化类似,既可以对数组的部分元素赋值,也可以对数组的所有元素赋值。

例如:int a[3][3]={{1,2,3},{4,5,6},{7,8,9}};

系统按数组元素在内存中的存储结构为数组元素赋初值。a[0][0]=1,a[0][1]=2,a[0][2]=3, a[1][0]=4,a[1][1]=5,a[1][2]=6,a[2][0]=7,a[2][1]=8,a[2][2]=9。

例如:int a[3][3]={1,2,3,4,5};

系统按数组元素在内存中的存储结构给部分数组元素赋初值。a[0][0]=1,a[0][1]=2,a[0][2]=3,a[1][0]=4,a[1][1]=5,数组中其余元素的值为 0。

例如：int a[3][3]={{1},{0,2},{0,0,3}};

等价于 int a[3][3];a[0][0]=1;a[1][1]=2;a[2][2]=3;其余数组元素的值为 0。

二维数组初始化时,如果给出所有数组元素的初值,则第一维可以不用显式说明。

例如：int a[ ][3]={{1,2,3},{4,5,6},{7,8,9}};等价于 int a[3][3]={ {1,2,3}, {4,5,6},{7,8,9}};。

4.2.3 二维数组元素的使用

例如：定义一个二维数组 int a[3][3]={1,2,3,4,5,6,7,8,9};等价于 int a[3][3]= {{1,2,3},{4,5,6},{7,8,9}};。

数组元素可写在表达式中,或对数组元素进行赋值。

例如：a[0][0]=a[0][0]+a[1][1]+a[2][2];

因为 a[0][0]=1,a[1][1]=5,a[2][2]=9,所以运算后 a[0][0]的值为 15。

【例 4-5】 输出一个 4×4 矩阵数据,并且计算输出 4×4 矩阵中主对角线和次对角线上数组元素值是偶数的求和结果。

编写程序

```
1   # include < iostream >
2   # include < iomanip >
3   using namespace std;
4   int main()
5   {   int i, j, sum = 0;
6     int a[4][4] = {{5,12,23,56},{19,28,37,46},{ - 12, - 34,6,8},{1,2,3, - 1}};
7       for (i = 0;i <= 3;i++)
8       {for (j = 0;j <= 3;j++)
9           {cout << setw(10)<< a[i][j];
10              if (i == j || i + j == 3)
11                 if(a[i][j] % 2 == 0) sum += a[i][j];
12          }
13        cout << endl;
14      }
15      cout <<"对角线上偶数和: "<< sum << endl;
16    return 0;
17 }
```

运行结果

```
    5        12      23       56
   19        28      37       46
 - 12      - 34       6        8
    1         2       3      - 1
对角线上偶数和: 56
```

程序分析

第 10 行中判断主对角线和次对角线,表达式(i==j||i+j==3)表示无论在主对角

线或次对角线上,第 11 行中 if(a[i][j]%2==0) sum+=a[i][j];判定 a[i][j]值是偶数则进行求和计算。

【例 4-6】 找出一个二维数组中的鞍点,并且输出鞍点值和位置。鞍点是指二维数组中的元素的值在所在行中是最大值且在该列中是最小值,鞍点也可能不存在。

编写程序

```
1    # include < iostream >
2    # include < iomanip >
3    # include < string >
4    using namespace std;
5    int main()
6    {   int a[4][4] = {{1,2,3,4},{5,6,7,8},{1,2,5,4},{12,13,1,9}};
7        int i,j,k,max,min,r,c,flag = 0;
8        for(i = 0;i <= 3;i++)
9        {for(j = 0;j <= 3;j++) cout << setw(10)<< a[i][j];
10        cout << endl;
11       }
12       for(i = 0;i <= 3;i++)
13       {max = a[i][0];c = 0;r = i;
14         for(j = 0;j <= 3;j++)
15             if (a[i][j]> max) {max = a[i][j];c = j;}
16         min = a[0][c];
17         for(k = 0;k <= 3;k++) if(a[k][c]< min) {min = a[k][c];r = k;}
18             if (i == r && max == min)
19     {flag = 1;cout <<"鞍点(行中最大值且列中最小值): "<< a[r][c]<< endl;
20             cout <<"位置: 行号 = "<< r <<",列号 = "<< c
21     <<"(即 a["<< r <<"]["<< c <<"])"<< endl;}
22        }
23        if (flag == 0) cout <<"不存在"<< endl;
24     return 0;
25     }
```

运行结果

```
        1         2         3         4
        5         6         7         8
        1         2         5         4
       12        13         1         9
```
鞍点(行中最大值且列中最小值): 4
位置: 行号 = 0,列号 = 3(即 a[0][3])

程序分析

第 13~15 行代码首先找出行中最大值 max 且记住行号 i 和列号 c,第 16 和第 17 行再从记住的 c 列各行中找到最小值 min 的行号 r。若行号相同即 $i==r$ 并且行中最大值与列中最小值相同即 max==min,那么第 18 行 if(i==r&&max==min)判断表达式为真时表示存在鞍点,鞍点的位置是 a[r][c];否则,不存在鞍点。

4.3 字符数组与字符串

4.3.1 字符数组的定义及初始化

用于存放字符数据的数组是字符数组。字符数组中每一个数组元素只能存放一个字符。字符数组的定义方法与整数数组定义方法相同。

例如：

char c[7];

定义一个字符数组 c，数组长度为 7，其中数组中每一个元素均为字符型（char）占 1字节，整个数组共占 7 字节。

字符数组也允许在定义时进行初始化。

例如：

char c[7] = { 'P', 'r', 'o', 'g', 'r', 'a', 'm' };

将 7 个字符分别赋给 c[0]～c[6] 的 7 个元素。

c[0]	c[1]	c[2]	c[3]	c[4]	c[5]	c[6]
P	r	o	g	r	a	m

在字符数组初始化时，需要注意以下几点。

（1）若花括号内提供的初值个数大于数组长度，则按语法错误处理。

（2）若花括号内提供的初值个数小于数组长度，则只将这些字符赋给数组中前面的元素，其余元素自动赋予空字符（即 '\0'）。

例如：

char c[8] = { 'P', 'r', 'o', 'g', 'r', 'a', 'm' };

其中数组元素 c[7] 没有赋初值，系统自动赋予空字符 '\0'。

（3）若对全体元素赋初值时，可以省去长度说明。

例如：

char c[] = {'P', 'r', 'o', 'g', 'r', 'a', 'm'};等价于 char c[7] = { 'P', 'r', 'o', 'g', 'r', 'a', 'm' };

（4）可以定义和初始化二维字符数组。

【例 4-7】 定义字符型二维数组且初始化，输出图形。

编写程序

```
1  # include < iostream >
2  using namespace std;
3  int main()
4  {char
```

```
5  d[5][5] = {{'#','#','*','#','#'},{'#','*','*','*','#'},{'*','*','*','*','*'},
6  {'#','*','*','*','#'},{'#','#','*','#','#'},};
7  for(int i = 0;i < = 4;i++)
8  {for(int j = 0;j < = 4;j++) cout << d[i][j];
9    cout << endl;
10 }
11 return 0;
12 }
```

运行结果

```
# # * # #
# * * * #
* * * * *
# * * * #
# # * # #
```

4.3.2 字符串

字符串是用一对双引号括起来的字符序列,如"C++"、"Program"等。字符串在内存中以字符数组的形式存储。字符串中的字符依次存放在内存连续空间,并且字符数组末尾添加'\0'作为字符串结束标记。

例如:字符串"Program"在字符数组中存放形式。

c[0]	c[1]	c[2]	c[3]	c[4]	c[5]	c[6]	c[7]
P	r	o	g	r	a	m	\0

字符'a'与字符串"a"在内存中的存放形式不同,前者占1字节,后者占2字节。

C++语言中允许用字符串的方式对数组进行初始化。

char c[8]={ "Program"};简写成 char c[8]= "Program";花括号可省略,等价于 char c[8]={ 'P', 'r', 'o', 'g', 'r', 'a', 'm', '\0'};。

c[0]	c[1]	c[2]	c[3]	c[4]	c[5]	c[6]	c[7]
P	r	o	g	r	a	m	\0

4.3.3 字符串的输入与输出

用字符数组存放字符串既可以使用循环语句对字符数组元素逐个字符输入与输出,也可以将整个字符串一次性输入和输出。输出字符串时,输出项是字符数组名或某个数组元素的地址,输出时直至遇到'\0'结束,可以输出字符串中的空格。但是,从键盘输入一个含有空格的字符串时,不能采用 cin 语句,C++将空格作为字符串之间的分隔符。若输入的是"C++ Program",cin 语句接收的只是"C++"。

【例 4-8】　从键盘输入一个字符串字符,并且输出整个字符串或字符串中的部分字符。

编写程序

```
1    # include < iostream >
2    using namespace std;
3    int main()
4    {char str[100];
5    cout <<"输入字符串: ";
6    cin >> str;
7    cout <<"输出字符串: "<< str << endl;
8    cout <<"输出部分字符串内容: "<< &str[1]<< endl;     //& 表示取址运算
9    return 0;
10   }
```

运行结果

第 1 次执行程序,从键盘输入一个字符串"Program."。
输入字符串: Program.
输出字符串: Program.
输出部分字符串内容: rogram.

程序分析

C++语言规定一个字符串的结束标志为'\0'字符,它的 ASCII 码值为 0。字符数组在输出时,从指定的数组元素地址开始输出直到遇到第一个'\0'字符(ASCII 码为 0)时结束。第 7 行 cout <<"输出字符串: "<< str << endl;中的 str 数组名表示 str[0]的地址,采用取址运算 &,可以写成 &str[0],即 C++在执行 cout 语句时每输出一个字符之前先检查是否是'\0',所以,运行结果是 Program.。同理,执行第 8 行 cout <<"输出部分字符串内容: "<< &str[1]<< endl;是从 str[1]的地址开始输出字符,所以运行结果是 rogram.。

运行结果

第 2 次执行程序,从键盘输入一个字符串"C++ Program."。
输入字符串: C++ Program.
输出字符串: C++
输出部分字符串内容: ++

程序分析

第 6 行 cin >> str;语句中 cin 用于接收从键盘输入的字符串,此字符串中不能含有空格,遇到空格时表示这个字符串从输入缓冲区中接收完毕,空格后的内容将作为第二个字符串内容。因为,键盘输入"C++ Program."字符串中含有空格,所以 str 中只接收了字符串内容是"C++",而余下的"Program."则留在输入缓冲区,等待第 2 个 cin 语句接收。

4.3.4　常用字符串处理函数

标准 C++库中包含许多处理字符串的函数,在程序中若使用这些函数,程序中要包含

头文件 # include < string >。

例如：

```
strlen(s)              //返回字符串 s 的字符长度
strcpy(s,t)            //将字符串 t 复制给字符串 s
strcat(s,t)            //将字符串 t 连接到字符串 s 的末尾,并且返回新的字符串 s
strcmp(s,t)            //比较字符串 s 和字符串 t 的 ASCII 码值的大小。若两者相等 s = t,
                       //返回 0; 若 s < t,返回一个负值; 若 s > t,返回一个正值
```

【例 4-9】 使用字符串函数进行操作,计算且输出结果。

编写程序

```cpp
1   # include < iostream >
2   # include < string >
3   using namespace std;
4   int main()
5   {char a[] = "abc";
6    char b[] = "ABC";
7    char c[100] = "";
8    strcpy(c,a);
9    cout << c << endl;
10   strcat(c,b);
11   cout << c << endl;
12   cout << strlen(c) << endl;
13   if (strcmp(a,b) > 0) cout << a << ">" << b << endl;
14   else if (strcmp(a,b) == 0) cout << a << " = " << b << endl;
15       else cout << a << "<" << b << endl;
16   return 0;
17  }
```

运行结果

```
abc
abcABC
6
abc > ABC
```

【例 4-10】 查找子字符串。从键盘输入一个子字符串(简称子串),到指定字符串中去查找子串,若子串在指定字符串中找到,则输出子串在指定字符串中的开始位置; 否则,输出"没找到"。

编写程序

```cpp
1   # include < iostream >
2   # define MAXSIZE1 100
3   const int MAXSIZE2 = 100;
4   using namespace std;
5   int main()
```

```
6  {  char str[MAXSIZE1] = "abcdefghigklmnoabcAbcpqrstuvwxyz";
7     char substr[MAXSIZE2] = "";
8     int flag;
9     int i,j;
10    cout <<"字符串: "<< str << endl;
11    cout <<"输入子字符串:";
12    cin >> substr;
13    for(i = 0;str[i]!= '\0';i++)
14    {flag = 1;
15     for(j = 0;substr[j]!= '\0';j++)
16    {if (substr[j]!= str[i + j]) {flag = 0;break;}}
17     if (flag == 1) {cout <<"找到!从第"<< i + 1 <<"字符开始"<< endl;break;}
18    }
19    if (str[i] == '\0') cout <<"没找到"<< endl;
20    return 0;
21 }
```

运行结果

字符串：abcdefghigklmnoabcAbcpqrstuvwxyz
输入子字符串:bc
找到! 从第 2 字符开始
再次运行程序,程序运行结果:
字符串：abcdefghigklmnoabcAbcpqrstuvwxyz
输入子字符串:bb
没找到

【例 4-11】　删除子字符串。从键盘输入一个子字符串(简称子串),到指定字符串中去查找子串,若子串在指定字符串中找到,则从指定字符串中删除子串的字符;否则,输出"没找到"。

编写程序

```
1   # include < iostream >
2   # define MAXSIZE1 100
3   const int MAXSIZE2 = 100;
4   using namespace std;
5   int main()
6   {  char str[MAXSIZE1] = "abcdefghigklmnoabcAbcpqrstuvwxyz";
7      char substr[MAXSIZE2] = "";
8      int flag;
9      int i,j,k;
10     bool find = false;
11     cout <<"字符串: "<< str << endl;
12     cout <<"输入子字符串:";
13     cin >> substr;
14     int len = 0;
15     while(substr[len]!= 0) len++;
16     for(i = 0;str[i]!= '\0';i++)
```

```
17    {flag = 1;
18      for(j = 0;substr[j]!= '\0';j++)
19 {if (substr[j]!= str[i + j]) {flag = 0;break;}}
20      if (flag == 1)
21      {find = true;for(k = i;str[k]!= 0;k++) str[k] = str[k + len];}
22    }
23    if (!find) cout <<"没找到"<< endl;
24    else cout <<"找到,已删除"<< substr <<"了,结果 = "<< str << endl;
25    return 0;
26 }
```

运行结果

字符串: abcdefghigklmnoabcAbcpqrstuvwxyz
输入子字符串:bc
找到,已删除 bc 了,结果 = adefghigklmnoaApqrstuvwxyz

再次运行程序,程序运行结果:

字符串: abcdefghigklmnoabcAbcpqrstuvwxyz
输入子字符串:bb
没找到

4.3.5 string 字符串类型

使用字符数组存放字符串,调用系统中字符串函数来处理字符串不是很方便,为此,C++语言提供了一种面向对象的访问机制字符串类(string 类)。使用 string 字符串类型时需要包括头文件 string。string 类型的常用操作符如表 4.3 所示。

表 4.3 string 类型的常用操作符

操 作 符	示 例	注 释
+	s+t	将字符串 s 与 t 连接成一个新字符串
=	s=t	用 t 赋值于 s
+=	s+=t	等价于 s=s+t
==	s==t	判断 s 与 t 是否相等
!=	s!=t	判断 s 与 t 是否不相等
<	s<t	判断 s 是否小于 t
<=	s<=t	判断 s 是否小于或等于 t
>	s>t	判断 s 是否大于 t
>=	s>=t	判断 s 是否大于或等于 t
[]	s[i]	访问串中下标为 i 的字符

【例 4-12】 从键盘输入一个含有空格的字符串,要求:(1)输出字符串中字符;(2)输出字符串的字符个数;(3)逆向(由右向左)输出字符串中字符。

编写程序

```
1    #include <iostream>
2    #include <string>
3    using namespace std;
4    int main()
5    {    string str;
6         int i,n = 0;
7         char c;
8         cout <<"输入一行字符(含空格):";
9         str = "";
10        while ((c = getchar())!= '\n') str += c;
11        cout <<"输出字符串字符: "<< str << endl;
12        while (str[n]!= '\0') n++;
13        cout <<"字符串字符个数: "<< n << endl;
14        cout <<"逆向输出字符串的字符:";
15        for(i = n - 1;i >= 0;i -- ) cout << str[i];
16        cout << endl;
17        return 0;
18   }
```

运行结果

```
输入一行字符(含空格):How are you
输出字符串字符: How are you
字符串字符个数: 11
逆向输出字符串的字符:uoy era woH
```

程序分析

cin 语句不能读入含有空格的字符串,第 10 行 while ((c=getchar())!='\n')　str+=c;使用循环语句与 getchar 函数来接收含有空格的字符串。

第 12 行 while (str[n]!='\0')　n++;中的 str[n]表示取下标为 n 的字符,相当于字符数组中下标为 n 的数组元素的字符,因为下标是从 0 开始编号,所以读取的是字符串中的第 $n+1$ 个字符。

第 5 行中的 string 类型的 str 变量不是数组,但是可使用下标来表示字符。

【例 4-13】 从键盘输入 n 个不重复的姓名拼音,姓与名之间允许使用空格分开,输出含有空格的 n 个姓名。

编写程序

```
1    #include <iostream>
2    #include <string>
3    using namespace std;
4    int main()
5    {string str1;
6      string name[100];
```

```
7    char x;
8    int i,j,k = 0,n;
9    cout <<"输入 n:";
10   cin >> n;
11   x = getchar();
12   for(i = 0;i <= n - 1;i++)
13   {str1 = "";
14    cout <<"输入第"<<(i + 1)<<"人的姓名:";
15   while ((x = getchar())!= '\n') str1 += x;
16   for(j = 0;j <= k - 1;j++)
17      if (name[j] == str1)
18   {cout << str1 <<"已经存在,重新输入"<< endl;i -= 1;break;}
19   if (j == k) {name[i] = str1;k++;}
20   }
21   for(i = 0;i <= n - 1;i++)
22      cout << name[i]<< endl;
23   return 0;
24   }
```

运行结果

```
输入 n:4
输入第 1 人的姓名:zhao long
输入第 2 人的姓名:li qiang
输入第 3 人的姓名:cheng xi
输入第 4 人的姓名:zhao long
zhao long 已经存在,重新输入
输入第 4 人的姓名:li qiang
li qiang 已经存在,重新输入
输入第 4 人的姓名:cheng xi
cheng xi 已经存在,重新输入
输入第 4 人的姓名:wang fei
zhao long
li qiang
cheng xi
wang fei
```

程序分析

第 11 行 x=getchar();语句表示从输入缓冲区中读入执行第 10 行 cin >> n;键盘输入整数时的回车符,即读入数据 4 后面的回车符。

【例 4-14】 从键盘输入两个字符串,按照下列规则合并两个字符串字符生成和输出第 3 个字符串。合并规则:首先从第 1 个字符串中取 1 个字符,再从第 2 个字符串中取 1 个字符进行连接,依次类推;若第 1 个字符串的长度小于第 2 个字符串,则将第 2 个字符串余下的字符连接到第 3 个字符串;若第 2 个字符串的长度小于第 1 个字符串,则将第 1 个字符串余下的字符连接到第 3 个字符串。

编写程序

```
1    # include < iostream >
2    # include < string >
3    using namespace std;
4    int main()
5    {string a,b,c = "";
6      cout <<"输入第 1 个字符串: ";
7      cin >> a;
8      cout <<"输入第 2 个字符串: ";
9      cin >> b;
10     int i = 0;
11     while (a[i]!= '\0' && b[i]!= '\0')
12     {c += a[i];c += b[i];i++;}
13     if (a[i] == '\0') {while (b[i]!= '\0') {c += b[i];i++;}}
14     else if (b[i] == '\0') {while (a[i]!= '\0') {c += a[i];i++;}}
15     cout <<"合并后的字符串: "<< c << endl;
16     return 0;
17   }
```

运行结果

输入第 1 个字符串: abcd
输入第 2 个字符串: 12
合并后的字符串: a1b2cd

输入第 1 个字符串: ab
输入第 2 个字符串: 1234
合并后的字符串: a1b234

输入第 1 个字符串: ab
输入第 2 个字符串: 12
合并后的字符串: a1b2

4.4　数组名作为函数参数

　　数组元素和数组名均可作为函数的参数实现函数之间数据传递与共享。使用数组元素作为调用函数的实参时与使用变量作为实参进行值传递的规定相同。

　　在 C++ 语言中函数可以将整个数组作为函数参数来使用,使用数组名作为函数参数传递的是地址,数组名就是数组的首地址,函数的形参与实参可以为数组名且数据类型相同。

　　在函数参数中数组元素作为参数传递的是值,称为值传递,而数组名作为参数传递的是地址,称为址传递。在函数参数采用数组名传递时,形参中数组名和实参中数组名的首地址相同,占用相同的内存空间,数组元素按照各自在内存中的存储顺序进行对应。因为实参数组和形参数组这两个数组共享同一段内存空间,使用一维数组作为函数参数时,该函数只需要指明数组中第一个元素的地址,该地址通常写成数组名来传递。

【例 4-15】　使用函数定义和调用,将数组名作为函数参数进行传递,计算并输出现金流的净现值 NPV。

编写程序

```
1   # include < iostream >
2   # include < iomanip >
3   # include < cmath >
4   using namespace std;
5   int main()
6   {double npv(double nper,double rate,double pmt[ ],double value[10000][4]);
7    double nper,rate,pmt[10000],valuearray[10000][4];
8    int i;
9    double v;
10   cout <<"输入总期数 nper:";
11   cin >> nper;
12   cout <<"输入利率 rate:";
13   cin >> rate;
14   for(i = 0;i < = nper − 1;i++)
15   {cout <<"输入第"<<(i + 1)<<"期的净现金值:";
16    cin >> pmt[i];
17   }
18   v = npv(nper,rate,pmt,valuearray);
19   cout << setw(4)<<"期数"<< setw(10)<<"净现金流"<< setw(10)<<"现值"<< endl;
20   for(i = 0;i < = nper − 1;i++)
21   {cout << setiosflags(ios::fixed)<< setiosflags(ios::right)<<
22   setprecision(0)<< valuearray[i][0]<<" ";
23   cout << setiosflags(ios::fixed)<< setiosflags(ios::right)<<
24   setprecision(2)<< valuearray[i][1]<<" ";
25   cout << setiosflags(ios::fixed)<< setiosflags(ios::right)<<
26   setprecision(2)<< valuearray[i][3]<< endl;
27   }
28   cout <<"净现值(NPV) = "<< setiosflags(ios::fixed)<< setiosflags(ios::right)<<
29   setprecision(2)<< v << endl;
30   return 0;
31   }
32   double npv(double nper,double rate,double pmt[ ],double value[10000][4])
33   {int i;
34    double sum = 0;
35    for(i = 0;i < = nper − 1;i++)
36    {value[i][0] = i + 1;
37     value[i][1] = pmt[i];
38     value[i][2] = 1.0/pow((1 + rate),i + 1);
39     value[i][3] = value[i][1] * value[i][2];
40     sum += value[i][3];
41    }
```

```
42   return sum;
43 }
```

运行结果

```
输入总期数 nper:5
输入利率 rate:0.09
输入第 1 期的净现金值:10000
输入第 2 期的净现金值:20000
输入第 3 期的净现金值:30000
输入第 4 期的净现金值:45000
输入第 5 期的净现金值:50000
期数    净现金流      现值
1      10000.00    9174.31
2      20000.00    16833.60
3      30000.00    23165.50
4      45000.00    31879.13
5      50000.00    32496.57
净现值(NPV) = 113549.12
```

【例 4-16】 使用函数定义和调用,在主函数中将二维数组作为实参,在 calc 函数中将一维数组作为形参进行参数传递,计算和输出数组数据来观察两个数组元素的对应关系。

编写程序

```
1   # include < iostream >
2   using namespace std;
3   int main()
4   {int a[3][3] = {{9,8,7},{6,5,4},{3,2,1}};
5   void calc(int p[]);
6    calc(&a[0][0]);
7    for (int i = 0;i < = 2;i++)
8    {for(int j = 0;j < = 2;j++) cout << a[i][j]<<" ";
9     cout << endl;
10   }
11   return 0;
12  }
13  void calc(int p[9])
14  {   for(int i = 0;i < = 8;i++) {cout << p[i]<<" ";p[i] = p[i] + 1;}
15  cout << endl;
16  }
```

运行结果

```
9   8  7  6  5  4  3  2  1
10  9  8
7   6  5
```

4　3　2

程序分析

二维数组 a 在内存中按照先行后列的方式存放了 9 个数组元素。程序中第 6 行 calc(&a[0][0]);表示在调用 calc 函数时将二维数组 a 的首地址作为函数实参传递给形参 p 数组,而 p 数组是一个 9 个元素的一维数组,p 数组的首地址与 a 数组的首地址相同,p 是一维数组,程序对 p 数组元素的操作实际上是对二维数组 a 中数组元素的操作,所以,calc 函数中不需要也不能写 return 语句来返回整个数组,因为在 C++语言中 return 只能返回一个值,不能返回一组值。程序第 13 行 void calc(int p[9])中的 void 表示 calc 函数没有返回值。

实参二维数组 a 与形参一维数组 p 在内存中的对应关系如表 4.4 所示。

表 4.4　实参二维数组 a 与形参一维数组 p 在内存中的对应关系

a[0][0]	a[0][1]	a[0][2]	a[1][0]	a[1][1]	a[1][2]	a[2][0]	a[2][1]	a[2][2]
p[0]	p[1]	p[2]	p[3]	p[4]	p[5]	p[6]	p[7]	p[8]

4.5　综合实例

【例 4-17】　程序功能:有一个 4×4 的整型二维数组,找出其中的鞍点,在此二维数组中可能有若干个相同数值的鞍点。鞍点是指在二维数组中元素的值在所在行中是最大值且在该列中是最小值,二维数组中也可能没有鞍点。

编程提示

int a[4][4]={{3,4,2,4},{1,4,3,4},{4,5,3,4},{4,4,6,4}};整型二维数组 a 用于存放 16 个整数元素。

int maxarray[4][4];整型二维数组 maxarray 用于存放行中元素的最大值。

int minarray[4][4];整型二维数组 minarray 用于存放列中元素的最小值。

编写程序

```
1   #include<iostream>
2   #include<iomanip>
3   using namespace std;
4   int main()
5   {   int a[4][4]={{3,4,2,4},{1,4,3,4},{4,5,3,4},{4,4,6,4}};
6       int i,j,k,max,min,r,c,flag=0;
7       int maxarray[4][4],minarray[4][4];
8       for(i=0;i<=3;i++)
9       {for(j=0;j<=3;j++) cout<<setw(10)<<a[i][j];
10        cout<<endl;
11      }
12      for(i=0;i<=3;i++)
13      {max=a[i][0];
```

```
14      for(j = 0;j <= 3;j++) if (a[i][j] > max) max = a[i][j];
15      for(j = 0;j <= 3;j++) if(max == a[i][j]) maxarray[i][j] = max;
16    }
17    for(j = 0;j <= 3;j++)
18    {min = a[0][j];
19      for(i = 0;i <= 3;i++) if (a[i][j] < min) min = a[i][j];
20      for(i = 0;i <= 3;i++) if(min == a[i][j]) minarray[i][j] = min;
21    }
22    flag = 1;
23    for(i = 0;i <= 3;i++)
24    {
25        for(j = 0;j <= 3;j++) if (a[i][j] == maxarray[i][j] &&
26  a[i][j] == minarray[i][j] )
27    {flag = 0;cout <<"鞍点(行中最大值且列中最小值):"<< a[i][j]<< endl;cout <<"
28  位置:行号 = "<< i <<",列号 = "<< j <<"(即 a["<< i <<"]["<< j <<"])"<< endl;}
29    }
30        if (flag) cout <<"不存在鞍点!"<< endl;
31 return 0;
32 }
```

运行结果

```
3        4        2        4
1        4        3        4
4        5        3        4
4        4        6        4
鞍点(行中最大值且列中最小值): 4
位置: 行号 = 0,列号 = 1(即 a[0][1])
鞍点(行中最大值且列中最小值): 4
位置: 行号 = 0,列号 = 3(即 a[0][3])
鞍点(行中最大值且列中最小值): 4
位置: 行号 = 1,列号 = 1(即 a[1][1])
鞍点(行中最大值且列中最小值): 4
位置: 行号 = 1,列号 = 3(即 a[1][3])
```

【例 4-18】 1978 年全国电话普及率为 0.38(部/百人),2018 年全国电话普及率(包括移动电话)为 125.29(部/百人)。2017 年 12 月 21 日,中国电信最后一个 TDM 程控交换端局在上海退网,标志着中国电信告别程控交换,成为全球最大的全光网络、全 IP 组网的运营商。2020 年 2 月华为公司发布新产品和解决方案,启动"5G 合作伙伴创新计划"。在新冠肺炎疫情防控中,中国电信积极贯彻落实党中央、国务院决策部署,落实疫情防控工作的安排,加快工作模式转型,创新实施战"疫"工作法,统筹做好疫情防控和生产经营,加快推进企业中心工作和重点任务,做到工作不断、秩序不乱,进行 5G 信号通信基站的建设。

问题描述:某电信公司准备在四个候选位置中挑选几个来建造 5G 信号通信基站以便覆盖一个城市中的四个地区。这四个位置对于四个地区的覆盖与建设费用如表 4.5

所示。

表 4.5　地区的覆盖与建设费用

	位置 1	位置 2	位置 3	位置 4
地区 A	1	0	1	1
地区 B	0	1	0	0
地区 C	0	0	0	1
地区 D	1	1	0	0
费用(万元)	200	150	190	250
选择	1 或 0	1 或 0	1 或 0	1 或 0

说明：位置所在列与地区所在行的交叉点处数字，"1"表示在该位置建造 5G 信号通信基站时信号可以覆盖对应的地区，"0"表示不覆盖对应的地区。表格最后一行的"选择"只能取"1"或"0"，表示该位置是否被选中建设 5G 信号通信基站，"1"表示在该位置建立5G 信号通信基站，"0"表示在该位置不建立 5G 信号通信基站。

要求：编写程序，对四个位置如何选择建设 5G 信号通信基站可使每个地区都能收到信号。输出所有可选方案，并且在给定每个位置建设基站费用(万元)的基础上，从可选方案中选出建设费用最少的 5G 信号通信基站最优选址方案。

编写程序

```
1   #include <iostream>
2   using namespace std;
3   int main()
4   {int a[4][4] = {{1,0,1,1},{0,1,0,0},{0,0,0,1},{1,1,0,0,}};
5    int b[4] = {200,150,190,250};
6    int
7    c[16][6] = {{0,0,0,0},{0,0,0,1},{0,0,1,0},{0,0,1,1},{0,1,0,0},{0,1,0,1},
8    {0,1,1,0},{0,1,1,1},{1,0,0,0},{1,0,0,1},{1,0,1,0},{1,0,1,1},{1,1,0,0},
9    {1,1,0,1},{1,1,1,0},{1,1,1,1}};
10   int d[4] = {0};
11   int i,j,p,k,min;
12
13   for(p = 0;p <= 15;p++)
14   { for(j = 0;j <= 3;j++) d[j] = 0;
15        for (j = 0;j <= 3;j++)
16            for(k = 0;k <= 3;k++) d[j] = d[j] + a[j][k] * c[p][k];
17       if (d[0]>= 1 && d[1]>= 1 && d[2]>= 1 && d[3]>= 1) c[p][4] = 1;
18       else   c[p][4] = 0;
19   }
20
21   for(i = 0;i <= 15;i++)
22     for(j = 0;j <= 3;j++)
23       c[i][5] = c[i][5] + b[j] * c[i][j];
24
25   cout <<"下列是可选的建设方案:"<< endl;
```

```
26 for(i = 0;i < = 15;i++)
27 if (c[i][4] == 1) cout << c[i][0]<<" "<< c[i][1]<<" "<< c[i][2]<<"
28     "<< c[i][3]<<"
29     "<< c[i][5]<< endl;
30
31 for (i = 0;i < = 15;i++)
32 if (c[i][4] == 1) {p = i;break;}
33 min = c[p][5];
34 for(i = 0;i < = 15;i++)
35 if (c[i][4] == 1) if (c[i][5]< min) {min = c[i][5];p = i;}
36 cout <<"最优建设方案:"<< endl;
37 cout << c[p][0]<<" "<< c[p][1]<<" "<< c[p][2]<<"
38     "<< c[p][3]<< endl;
39 cout <<"最少费用:"<< c[p][5]<< endl;
40 return 0;
41 }
```

运行结果

下列是可选的建设方案:

```
0   1   0   1   400
0   1   1   1   590
1   1   0   1   600
1   1   1   1   790
```

最优建设方案:

```
0   1   0   1
```

最少费用: 400

【例 4-19】 2020 年初,新型冠状病毒(COVID-19)悄无声息地打破了中国人春节的祥和。新冠肺炎疫情发生后,党中央高度重视,迅速决定将疫情防控作为最重要的工作,要求各级党委和政府及有关部门把人民群众生命安全和身体健康放在第一位。各地紧急行动,纷纷启动重大突发公共卫生事件一级响应机制。"疫情就是命令,防控就是责任",全国一盘棋,万众一心投入疫情防控的战役中。

问题描述:有一批易感人群住在网格状的宿舍区内,宿舍区为 $n \times n$ 的矩阵,每个格点为一个房间,房间里可能住人也可能空闲。第一天,有些房间里的人确诊新冠肺炎,以后每天确诊新冠肺炎的人会使其邻居感染新冠肺炎(已经得病的人不变),空房间不会传染。

现有 5 行 5 列的矩阵,5 行 5 列的单元格表示 25 个房间,每个房间的情况使用字符来表达,共 25 个字符,'.'字符表示该房间住着健康的人,'♯'字符表示该房间空闲,'@'字符表示该房间住着确诊的人。

假定,第 1 天发现有 2 人确诊,到第 4 天有多少人确诊? 现通过图 4.4 来演示从第 1 天到第 4 天确诊肺炎人数的变化过程。

要求:编写程序,输出第 m 天确诊的人数。

- 输入一个整数 n,n 不超过 100,表示有 $n \times n$ 的宿舍房间。
- 输入 n 行 n 列个字符来表示第 1 天的情况。其中的'.'字符表示第一天该房间住着健康的人；'♯'字符表示第一天该房间空闲；'@'字符表示第一天该房间住着确诊肺炎的人。

- 输入一个整数 m（天数），m 不超过 100。
- 输出第 m 天，统计宿舍区确诊肺炎的人数。

第1天 2 人感染	.	.	.	.	#
	.	#	.	@	.
	.	#	@	.	.
	#	.	.	.	.

第2天 7 人感染	.	.	.	@	#
	.	#	@	@	@
	.	#	@	@	.
	#	.	@	.	.
	.	.	.	.	.

第3天 12 人感染	.	.	@	@	#
	.	#	@	@	@
	.	#	@	@	@
	#	@	@	@	.
	.	.	@	.	.

第4天 16 人感染	.	@	@	@	#
	.	#	@	@	@
	.	#	@	@	@
	#	@	@	@	@
	.	@	@	@	.

图 4.4　确诊人数变化过程

编写程序

```
1   # include < iostream >
2   using namespace std;
3   int main()
4   {    //输入 n 和相应的房间状态
5       int n = 0;
6       cout <<"请输入 n (n不超过 100,表示有 n * n 的宿舍房间): ";
7       cin >> n;
8       cout <<"请输入相应的房间状态(每行 n 个字符, '. '表示第一天该房间住
9   着健康的人, '♯ '表示该房间空闲, '@ '表示第一天该房间住着确诊肺炎的人):\n";
10      char a[50][50];
11      for (int i = 0; i < n; i++)
12       for (int j = 0; j < n; j++)     cin >> a[i][j];
13
14       //输入天数
```

```
15      int day = 0;
16      cout <<"请输入天数(不超过100):";
17      cin >> day;
18      while (day)                          //前四个for循环处理四周的边界的传染状态更新
19      {
20      for (int i = 0; i < n; i++)
21              if (a[1][i] == '@')
22                  if (a[0][i] != '#')    a[0][i] = '@';
23
24      for (i = 0; i < n; i++)
25          if (a[n][i] == '@')
26                  if (a[n-1][i] != '#') a[n-1][i] = '@';
27
28      for (i = 0; i < n; i++)
29          if (a[i][1] == '@')
30                  if (a[i][0] != '#') a[i][0] = '@';
31
32      for (i = 0; i < n; i++)
33              if (a[i][n] == '@')
34                  if (a[i][n-1] != '#') a[i][n-1] = '@';
35
36      //摒弃四周边界的房间后,所有房间的传染更新状态
37          for (i = 1; i < n-1; i++)
38              for (int j = 1; j < n-1; j++)
39                  if (a[i][j] == '@')
40                  {   if (a[i - 1][j]!='#') a[i - 1][j] = '@';
41                      if (a[i][j - 1] != '#') a[i][j - 1] = '@';
42                      if (a[i][j + 1] != '#') a[i][j + 1] = '@';
43                      if (a[i + 1][j] != '#') a[i + 1][j] = '@';
44                  }
45          day = day - 1;
46      }
47
48      //统计房间内被感染的数量
49      int num = 0;
50      for (i = 0; i < n; i++)
51          for (int j = 0; j < n; j++)
52              if (a[i][j] == '@')    num++;
53      cout <<"统计房间内被感染的数量:"<< num << endl;
54      return 0;
55  }
```

运行结果

请输入n(n不超过100,表示有n * n的宿舍房间):5
请输入相应的房间状态(每行n个字符,'.'表示第一天该房间住着健康的人,'#'表示该房间空闲,
'@'表示第一天该房间住着确诊肺炎的人):
....#
.#.@.

```
.#@..
#....
.....
```
请输入天数(不超过100):4
统计房间内被感染的数量:16

本章小结

数组是相同数据类型数据的集合。数组指内存中连续存放的一批数据,用一个统一名字代表这批数据,数组中用下标来区分各个数组元素,数组中的各个分量称为数组元素。

数组是构造类型,对于批量数据的处理有很大的作用,排序是它应用的一个重要方面。

字符数组不一定是字符串,具有'\0'结束的字符数组才能作为字符串使用。对于字符数组而言,只能对字符数组的元素赋值,而不能用赋值语句对整个数组赋值,但字符串可以整体输入与输出。

执行cin语句时,遇到空格表示从输入缓冲区中接收一个字符串结束,所以在C++语言中使用cin语句不能正确读取由键盘输入的含有空格的字符串字符。

执行cout语句时,C++从指定的地址所指向的字符开始直到遇到'\0'结束。如果一个字符数组中含有一个以上的'\0'时,则遇到第一个'\0'时输出结束。

C++提供了一种新的数据类型,string字符串类型,使用方法和其他基本数据类型int、double、char一样。定义string型变量表示变量值是一串字符,但是string类型是C++标准库中的一个类,定义string类型变量,它虽然不是一个数组,但是在使用中可以通过下标来操作string字符串中的某个字符。

具有一个下标的数组是一维数组,具有两个下标的数组是二维数组,二维数组可以看作一种特殊的一维数组,它的元素又是一个一维数组。

数组名在函数中可以作为实参和形参使用,传递的是数组起始地址,称为址传递。数组元素也可以作为函数的实参使用,与使用一般变量一样作为实参传递给形参,传递的是数组元素值,称为值传递。

思考题

1. 执行下列语句,并回答问题。

```
string a = "abcd";
char b[3] = { 'e', 'f', 'g'};
```

(1) a是不是数组?

(2) 执行a[0]−=32;语句的结果是什么?

(3) 执行a[1]=66;a[2]=0;cout << a << endl;后输出结果是什么?

（4）运行 cout << b << endl;语句后屏幕显示的结果是否为 efg？

（5）若输出数组 b 中全部字符 efg，写出相应的执行语句。

2. 执行程序并写出运行结果。

```cpp
#include <iostream>
using namespace std;
int main()
{char s1[] = {'a','b','c','\0'};
 double s2[5] = {1,2,3};
 double sum = 0;
 cout << &s1[1] << endl;
 cout << s1[1] << endl;
 cout << &s2[1] << endl;
 cout << s2[1] << endl;
 for(int i = 0;i <= 2 ;i++)   sum = sum + s1[i] + s2[i];
 cout <<"sum = "<< sum << endl;
 return 0;
}
```

练习题

1. 用数组处理求 Fibonacci 数列问题，输出斐波那契数列前 40 个数据，每行输出 5 个数据。

1	1	2	3	5
8	13	21	34	55
89	144	233	377	610
987	1597	2584	4181	6765
10946	17711	28657	46368	75025
121393	196418	317811	514229	832040
1346269	2178309	3524578	5702887	9227465
14930352	24157817	39088169	63245986	102334155

2. 从键盘输入 10 个不相等的整数，若输入有重复时则程序提示信息"重复，请重新输入!"直至输入的整数不重复，输出这 10 个不重复的整数。

3. 有两个一维数组，一个存放职工姓名，一个存放职工薪金，对职工薪金从小到大排列，职工姓名随之调整次序。要求：（1）从键盘输入某个职工的姓名和薪金，按原来的排序规律加入到数组中。（2）从键盘输入某个职工的姓名，将数组中所有同名的职工姓名和薪金数值删除。

4. 有 15 个整数按从大到小的顺序存放在一个数组中，输入一个整数，要求用二分法查找并输出该数是数组中的第几个元素。如果没有找到该数，则输出"无此数"。

5. 定义计算一组数平均值的函数。在主函数中输入一组数，调用该函数并输出数组的平均值。

6. 在主函数中初始化一个二维数组，并输出每个数组元素。调用子函数，统计每一行元素之和,将求和结果存放在每行的第一个元素中。返回主函数后,再次输出数组元素的值。比较两次的输出结果。

7. 有一个字符串,共 20 个字符,要求统计出其中英文大写字母、小写字母、数字、空格和其他字符的个数。

8. 输出以下的杨辉三角(要求输出 10 行)。

```
输入行数: 10
    1
    1  1
    1  2   1
    1  3   3    1
    1  4   6    4     1
    1  5   10   10    5     1
    1  6   15   20    15    6    1
    1  7   21   35    35    21   7    1
    1  8   28   56    70    56   28   8   1
    1  9   36   84    126   126  84   36  9  1
```

第 5 章

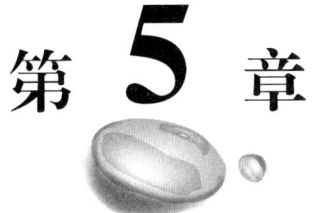

构造数据类型

C++程序中除基本数据类型 int，float，long，double，char，bool，string 等外，还允许自己声明数据类型。用户声明的数据类型中最为常用的数据类型是"数组"。除数组外，还有结构体类型（structure）、共用体类型（union）、枚举类型（enumeration）、类类型（class）等。这些统称为用户自定义数据类型。

5.1 结构体数据类型

5.1.1 结构体概念

数组是单一数据类型的数据集合。结构体是一个可以包含不同数据类型的一个数据结构，它是一种可以自己定义的数据类型，它和数组主要不同点在于结构体可以在一个结构中声明不同的数据类型，相同结构的结构体变量是可以相互赋值的，而一个数组中的所有数组元素则是相同的数据类型，而且数组名是常量，不能用于整体赋值。结构体相当于其他高级语言或数据库中的记录（record）。

例如，银行储户的基本信息涉及储户账号、姓名、性别、地址、存款日期、存款金额等诸多信息。储户账号、地址是字符串型（string），存款金额是双精度型（double），性别是布尔型（bool），存款日期是日期型（date）。但是，在 C++ 程序中没有日期型这个基本数据类型，一般通过年、月、日三个整型（int）来替代日期型，通过声明一个名为 date 日期型的结构体数据类型就可以解决这个问题。储户记录由若干不同的数据类型的数据组成，使用数组来处理储户记录需要多个不同的数组，操作过于烦琐，使用结构体数据类型能够方便地处理储户信息的记录数据。

5.1.2 结构体声明

在 C++程序中设计一个计算储户定期存款程序需要涉及储户的存款日期、取款日期等有关日期型数据的处理,我们已经知道 C++程序中没有像其他语言一样提供"日期/时间"这个基本数据类型,要处理完整的日期型数据,则要声明一个日期型的结构体数据类型。

例如,结构体数据类型日期(date)由年(year)、月(month)、日(day)组成,C++语言允许用户将三个整型组合成一个日期型类型构成结构体,如表 5.1 所示。

表 5.1　结构体 date

date		
month	day	year

声明一个名为 date 的结构体类型。

```
struct date
{int month;
 int day;
 int year;
};
```

声明一个结构体类型 date,struct 是声明结构体类型的关键字,经过声明后,date 就成为一个在本程序中合法使用的数据类型的名称,date 结构体类型声明后它和系统提供的 int,char,float,double,bool,string 等基本数据类型一样可以用来定义变量类型。

声明一个结构体类型的一般形式如下。

struct　结构体类型名
{成员表};

结构体类型名用来作为结构体类型的标志。上面例子的声明中 date 是结构体类型名。花括号内是该结构体中的全部成员(member),由它们组成一个特定的结构体。上例中的 month,day,year 等都是结构体中的成员。在声明一个结构体类型时必须对其成员都进行相应类型声明,结构体成员的数据类型声明格式为"类型名　成员名;",每一个结构体成员定名规则与变量定名相同。结构体成员可以是常用的数据类型,也可以是已经声明过的结构体类型。它的成员不仅是数据变量(称为数据成员),而且还可以是一个函数(称为成员函数)。C++语言中提供了类(class)类型,一般而言,结构体中不必带有函数成员。

例如,声明两个结构体类型 date 和 depositors。结构体类型 date 和 depositors 成员名数据类型如表 5.2 和表 5.3 所示。

表 5.2　结构体类型 date 成员名数据类型

成员名说明	成　员　名	数　据　类　型	数据类型说明
月	month	int	整型
日	day	int	整型
年	year	int	整型

表 5.3 结构体类型 depositors 成员名数据类型

成员名说明	成 员 名	数 据 类 型	数据类型说明
储户账号	depositorsid	long	长整型
储户姓名	depositorsname	char [ ]或 string	字符数组型或者字符串型
存款日期	depositdate	date	结构体类型
定期存款额	fixeddeposit	double	双精度型
存款年数	deposityear	int	整型
存款利率	depositrate	double	双精度型
存款利息	depositinterest	double	双精度型

结构体类型 date 及 depositors 声明语句如下。

```
struct date
{int month;
 int day;
 int year;
};

struct depositors
{long depositorsid;
 char depositorsname[40];
 date depositdate;
 double fixeddeposit;
 int deposityear;
 double depositrate;
 double depositinterest;
};
```

在声明 depositors 结构体类型时,其中一个成员 depositdate 是 date 结构体类型,date 类型必须在 depositors 结构体声明前先进行声明。

声明结构体类型的位置一般在文件的开头,在所有函数(包括 main 函数)之前,便于本文件中所有的函数都能利用它来定义变量。当然,也可以在函数中声明结构体类型。

5.1.3 结构体类型变量的定义方法

可以采用下列三种方法定义结构体类型的变量。

1. 方法一

先声明结构体类型,再定义变量的一般形式如下。

```
struct   结构体名
{成员表};
结构体类型名   变量名;
```

例如:

```
date   date1,date2;
```

```
depositors  d1[10];
```

说明：date 和 depositors 是一个结构体类型名，在用结构体类型名定义变量时，date1,date2 是 date 结构体类型的变量，d1[10]是 depositors 结构体类型数组变量。

2. 方法二

在声明类型的同时定义变量的一般形式如下。

struct 结构体名
{成员表} 变量名；

例如：

```
struct date
{int month;
 int day;
 int year;
}date1,date2;
```

3. 方法三

直接定义结构体类型及变量的一般形式如下。

struct
{成员表}变量名；

例如：

```
struct
{int month;
 int day;
 int year;
}date1,date2;
```

说明：

方法三虽然合法，但是很少使用。一般提倡使用方法一"先声明结构体类型，再定义变量"，因为将声明结构体类型和定义结构体变量分开，有利于不同的函数甚至不同的文件能够使用所声明的结构体类型。若程序较长，在 C++中允许将若干个结构体类型的声明集中放在一个头文件中，可以使用♯include 指令将头文件包含到本文件中，这个文件就能使用这个结构体类型。

关于结构体类型的几点说明。

（1）结构体类型的结构根据需要进行设计，可以设计出多种不同的结构体类型。

（2）类型与变量是两个不同的概念。只能对结构体变量中的成员赋值，而不能对结构体类型赋值。C++在编译时对类型是不分配空间的，只对变量分配空间。

（3）结构体中的成员可以单独使用，它的作用与地位和普通变量相同。

（4）结构体成员可以是一个结构体变量。

（5）结构体中的成员名可以与程序中的变量名相同,二者之间没有关系。

5.1.4　结构体变量的初始化

与其他类型的变量一样,结构体变量可以在定义时进行初始化来指定初值。
例如:

```
struct date
{int month;
 int day;
 int year;
};

struct depositors
{long depositorsid;
 char depositorsname[40];
 date depositdate;
 double fixeddeposit;
 int deposityear;
 double depositrate;
 double depositinterest;
};
depositors e1 = {932111222,"李强",11,30,2013,20000,1,0.0325,650};
```

说明:在 Visual C++ 6.0 中不支持对数据类型为 string 字符串型的结构体成员初始化,所以本例中 depositorsname 采用了字符数组型来实现结构体变量成员 depositorsname 的初始化。

5.1.5　结构体变量的使用

定义了结构体变量就可以使用这个变量及成员,使用结构体变量中成员的一般形式如下。

结构体变量名.成员名

例如:

```
e1.depositorsid        //使用结构体变量 e1 的成员 depositorsid
```

“.”是成员运算符,它在所有运算符中优先级最高,把 e1.depositorsid 作为一个整体来处理。

【例 5-1】　声明两个结构体类型 date 和 depositors,定义一个名为 e1 的结构体变量且数据初始化,输出 e1 变量的各成员数据。

编写程序

```
1   # include < iostream >
2   using namespace std;
3   # include < string >
```

```
4   struct date
5   {int month;
6     int day;
7     int year;
8   };
9   struct depositors
10  {long depositorsid;
11    char depositorsname[40];
12    date depositdate;
13    double fixeddeposit;
14    int deposityear;
15    double depositrate;
16    double depositinterest;
17  };
18  int main()
19  {depositors e1 = {932111222,"李强",11,30,2013,20000,1,0.0325,650};
20    cout <<"depositorsid:"<< e1.depositorsid << endl;
21    cout <<"depositorsname:"<< e1.depositorsname << endl;
22    cout <<"depositdate(month/day/year):"<< e1.depositdate.month <<"/"
23    << e1.depositdate.day <<"/"<< e1.depositdate.year << endl;
24    cout <<"fixeddeposit:"<< e1.fixeddeposit << endl;
25    cout <<"deposityear:"<< e1.deposityear << endl;
26    cout <<"depositrate:"<< e1.depositrate << endl;
27    cout <<"depositinterest:"<< e1.depositinterest << endl;
28    return 0;
29  }
```

运行结果

```
depositorsid:932111222
depositorsname:李强
depositdate(month/day/year):11/30/2013
fixeddeposit:20000
deposityear:1
depositrate:0.0325
depositinterest:650
```

程序分析

（1）可以将一个结构体变量的值赋给另一个具有相同结构的结构体变量。
例如：

```
depositors   e1 = {932111222,"李强",11,30,2013,20000,1,0.0325,650},e2;
e2 = e1;
```

e1 和 e2 都是 depositors 类型的变量，可以互相整体赋值，赋值时结构体变量 e1 中的各成员的数值分别赋值给结构体变量 e2 中相应的成员。
（2）可以使用一个结构体变量中的一个成员的值。
例如：

```
e1.depositorsname = "李强";
```

表示结构体变量 e1 中的成员 depositorsname 的值。

（3）如果成员本身也是一个结构体变量，则必须写到最底一级的成员。

例如：

```
e1.depositdate.month = 11;
```

已定义结构体变量 e1，引用 e1 变量中的 depositdate 成员中的 month 成员，必须逐级引用。e1.depositdate.month，引用结构体变量 e1 中的 depositdate 成员中的 month 成员。

（4）不能将一个结构体变量作为一个整体进行输入和输出。

例如：

```
depositors   e1 = {932111222,"李强",11,30,2013,20000,1,0.0325,650};
depositors e2;
```

不能写成：cin >> e2;，也不能写成：cout << e1;。只能对结构体变量中的各成员分别进行输入和输出。

（5）对结构体变量的成员可以像普通变量一样进行运算。

例如：

```
e1.depositRate += 0.01;
```

（6）可以引用结构体变量成员的地址，也可以引用结构体变量的地址。

例如：&e1 取 e1 的地址。&e1.depositorsid 取 e1 成员 depositorsid 的地址。

结构体变量的地址主要用作函数参数，将结构体变量的地址作为实参传递给形参。

5.1.6　结构体数组

定义一个结构体数组可以存放一组结构体变量数据。结构体数组与数值型数组不同之处在于每个数组元素都是一个结构体类型的数据，它们又都分别包括各个成员项。

定义结构体数组一般形式如下。

结构体类型 数组名[ ] = {初值表};

【例 5-2】　定义一个 depositors 结构体类型的变量名为 e 的数组（最多 5 个元素），在定义结构体数组时进行数组元素初始化。执行 print 函数输出数组中 5 个元素的数据。执行 search 函数，通过键盘输入储户账号进行查找，若此账号存在，则将此账号所有存款记录输出；若此账号不存在，则输出"此账号不存在！"。

编写程序

```
1   # include < iostream >
2   using namespace std;
3   # include < string >
4   struct date
```

```
 5  {int month;
 6    int day;
 7    int year;
 8  };
 9  struct depositors
10  {long depositorsid;
11    char depositorsname[40];
12    date depositdate;
13    double fixeddeposit;
14    int deposityear;
15    double depositrate;
16    double depositinterest;
17  };
18  int main()
19  {depositors e[5] = {
20  {932111222,"李强",11,30,2013,20000,1,0.0325,650},
21  {932111223,"张丽丽",12,21,2013,35000,2,0.0375,2625},
22  {932111654,"伍刚",12,12,2013,17000,5,0.0475,4037.5},
23  {932111987,"徐丽霞",10,4,2013,18500,3,0.0425,2358.75},
24  {932111223,"张丽丽",10,11,2013,9000,2,0.0375,675}};
25    void print(depositors array[]);
26    void search(depositors array[]);
27    print(e);
28    search(e);
29    return 0;
30  }
31  void print(depositors array[])
32  {int i;
33  cout <<"id,name,date(month/day/year),deposit,year,rate,interest"
34  << endl;
35    for(i = 0;i <= 4;i++)
36    { cout << array[i].depositorsid <<","<< array[i].depositorsname <<","
37  << array[i].depositdate.month <<"/"<< array[i].depositdate.day <<"/"
38  << array[i].depositdate.year <<","<< array[i].fixeddeposit <<","<<
39  array[i].deposityear <<","<< array[i].depositrate <<","<<
40  array[i].depositinterest << endl;
41    }
42  }
43  void search(depositors array[])
44  {int i;
45    bool flag = false;
46    long search_id;
47    cout <<"输入储户账号(depositorsid):";
48    cin >> search_id;
49    for(i = 0;i <= 4;i++)
50    {if (array[i].depositorsid == search_id)
51      { cout << array[i].depositorsid <<","<< array[i].depositorsname <<","
52      << array[i].depositdate.month <<"/"<< array[i].depositdate.day
53  <<"/"<< array[i].depositdate.year <<","
```

```
54        << array[i].fixeddeposit <<","<< array[i].deposityear <<","
55  << array[i].depositrate <<","<< array[i].depositinterest << endl;
56        flag = true;
57      }
58  }
59  if (!flag) cout <<"此账号不存在!"<< endl;
60  }
```

运行结果

```
id,name,date(month/day/year),deposit,year,rate,interest
932111222,李强,11/30/2013,20000,1,0.0325,650
932111223,张丽丽,12/21/2013,35000,2,0.0375,2625
932111654,伍刚,12/12/2013,17000,5,0.0475,4037.5
932111987,徐丽霞,10/4/2013,18500,3,0.0425,2358.75
932111223,张丽丽,10/11/2013,9000,2,0.0375,675
输入储户账号(depositorsid):932111223 ↙
932111223,张丽丽,12/21/2013,35000,2,0.0375,2625
932111223,张丽丽,10/11/2013,9000,2,0.0375,675

输入储户账号(depositorsid):93211987 ↙
此账号不存在!
```

程序分析

程序声明了一个全局的结构体类型,在 main 函数中定义了一个局部的结构体数组 e,它有 5 个元素并且进行了数据初始化。通过结构体数组的参数传递,执行 print 函数来输出数组 e 的全部记录。执行 search 函数来实现储户账号的查找和输出。注意: 此程序允许一个储户有多笔存款。

5.2 共用体数据类型

5.2.1 共用体类型的声明

共用体类型用来描述类型不相同的数据,与结构体类型不同的是,共用体数据成员存储时采用覆盖技术,共享(部分)存储空间。共用体类型在有的书中亦译为联合体类型。

共用体类型定义用关键字 union 标识,一般形式如下。

union 标识符   {成员表};

例如:声明一个共用体类型,要求包含一个整型成员、一个字符型成员和一个单精度型成员。

```
union  uniondata
    {int     i;
     char    c;
     float   f;
  };
```

共用体变量的定义和结构体变量的定义相类似。定义共用体变量共有三种方法,提倡使用方法一的方式来定义共用体变量。

1. 方法一

先定义共用体类型,再定义共用体变量,一般形式如下。

```
union  共用体名    {成员表};
共用体名 变量表;
```

2. 方法二

定义共用体类型同时定义共用体变量,一般形式如下。

```
union  共用体名    {成员表} 变量表;
```

3. 方法三

直接定义共用体变量,一般形式如下。

```
union   {成员表}    变量表;
```

共用体类型数据占有的存储空间等于占有存储空间最大的共用体成员所占的空间。

5.2.2 共用体类型的举例

【例5-3】 声明一个结构体来存放学生和教师的数据,含有 id(代码),name(姓名),job(职业)数据,score(成绩)与 jobtitle(职称)共用一段存储空间。使用共用体类型来进行结构的设计,'s'表示学生,'t'表示教师。

编写程序

```
1   # include < iostream >
2   # include < string >
3   using namespace std;
4   struct person
5   {int id;
6       char name[30];
7       char job;
8       union c
9           { int score;
10           char jobtitle[10];
11         }category;
12  };
13  person p[2];
14  int main()
15  {int i;
16       p[0]. id = 1;
17       strcpy(p[0].name,"王刚");
```

```
18        p[0].job = 's';
19        p[0].category.score = 75;
20        p[1].id = 2;
21        strcpy(p[1].name,"张小强");
22        p[1].job = 't';
23        strcpy(p[1].category.jobtitle,"副教授");
24    for(i = 0;i <= 1;i++)
25    { cout << p[i].id << endl;
26      cout << p[i].name << endl;
27      cout << p[i].job << endl;
28      if (p[i].job == 's') cout << p[i].category.score;
29      else cout << p[i].category.jobtitle;
30      cout << endl;
31    }
32    return 0;
33 }
```

运行结果

```
1
王刚
s
75
2
张小强
t
副教授
```

5.3 枚举数据类型

5.3.1 枚举类型的概念

如果一个变量只有几种可能的值,可以定义为枚举(enumeration)类型。所谓"枚举"是指将变量的值一一列举,变量的值在列举值的范围内。声明枚举类型用 enum 开头。

例如: enum color{blue,yellow,red,black,green};

声明了一个枚举类型 color,大括号中 blue,yellow,red,black,green 等称为枚举元素或枚举常量,表示这个类型的变量的值只能是枚举元素之一,它们是用户自己定义的标识符。

5.3.2 枚举类型的声明

声明枚举类型的一般形式如下。

enum   枚举类型名   {枚举常量表列};

在声明枚举类型之后,可以用它来定义变量。

例如：color color1,color2;

说明：color1,color2 被定义为枚举类型 color 的变量。根据以上对枚举类型 color 的声明，枚举变量的值只能是 blue,yellow,red,black,green 之一。例如,color1＝blue 是正确的。或直接定义枚举变量：enum{blue,yellow,red,block,green} color1,color2;。

5.3.3 枚举类型的举例

【例 5-4】 从键盘输入 10 个成绩,使用枚举类型来输出对应的等级。成绩与等级对照如下所示。

A_level   85～100

B_level   75～84

C_level   60～74

D_level   0～59

编写程序

```
1   # include < iostream >
2   # include < string >
3   using namespace std;
4   int main()
5   {enum grade {A_level,B_level,C_level,D_level};
6    grade g1[10];
7    int i;float score;
8    for (i = 1;i < = 10;i++)
9    {cin >> score;
10    switch (int(score/5))
11    {case 20:
12      case 19:
13      case 18:
14      case 17:g1[i] = grade(0);break;
15      case 16:
16      case 15:g1[i] = grade(1);break;
17      case 14:
18      case 13:
19      case 12:g1[i] = grade(2);break;
20      default:g1[i] = grade(3);break;
21    }
22  }
23   for(i = 1;i < = 10;i++)
24     switch (g1[i])
25    {case A_level:cout <<"A_level"<< endl;break;
26      case B_level:cout <<"B_level"<< endl;break;
27      case C_level:cout <<"C_level"<< endl;break;
28      case D_level:cout <<"D_level"<< endl;break;
29      default:break;
30    }
31 return 0;
```

```
32    }
```

运行结果

```
输入数据
100 ↙
85 ↙
98 ↙
25 ↙
74 ↙
75 ↙
52 ↙
65 ↙
23 ↙
60 ↙
输出结果
A_level
A_level
A_level
D_level
C_level
B_level
D_level
C_level
D_level
C_level
```

程序分析

(1) 枚举元素按常量处理,故称枚举常量。枚举元素不是变量,不能对它们赋值,枚举元素的值是固定的。

例如:

```
A_level = 0;          //错误,不能用赋值语句对枚举常量赋值
```

(2) 枚举元素作为常量是有值的,其值是一个整数。编译系统按定义时的顺序对枚举元素赋值为 0,1,2,3,…。在例 5-4 的声明中,A_level 的值为 0,B_level 的值为 1,C_level 的值为 2,D_level 的值为 3。

(3) 枚举值可以用来作判断比较,比较规则按整数进行比较。

例如:

```
if (g1[[0] == A_level])  …
```

(4) 不能把一个整数直接赋给一个枚举变量,枚举变量只能接收枚举类型数据。

例如:

```
g1[0] = (grade)2;
```

或

```
g1[0] = grade(2);
```

不用枚举常量而用常数 0 代表"A_level",1 代表"B_level"……可以吗？可以。但显然用枚举变量更为直观,枚举元素选用了令人"见名知意"的标识符,而且枚举变量的值限制在定义时规定的几个枚举元素范围内,如果赋予它一个其他的值则会提示出错信息,便于检查。

5.4　typedef 声明新的类型名

typedef 声明为现有类型创建一个新的名字,或称为类型别名,除了可以用以上方法声明结构体、共用体、枚举类型等外,还可以用 typedef 声明一个新的类型名来代替已有的类型名。

例如:

typedef float REAL; //指定用标识符 REAL 代表 float 类型,这样,float i, j;等价于: REAL i,j;

也可以对一个结构体类型声明一个新的名字。

例如:

```
typedef struct            //注意在 struct 之前用了关键字 typedef,表示是声明新类型名
{   int num;
    char name[30];
    char sex;
}STUDENT;                 //注意 STUDENT 是新类型名而不是结构体变量名
```

上例声明的新类型 STUDENT 代表指定的一个结构体类型。习惯上常把用 typedef 声明的类型名用大写字母表示,以便与系统提供的标准类型标识符相区别。

说明:

(1) 用 typedef 声明的新类型名称为 typedef 类型名或 typedef 名字。用 typedef 只是对已经存在的类型增加一个类型名而没有创建新的类型。

(2) 用 typedef 声明新类型名,但不能用来定义变量。例如: typedef int a;是错误的。

(3) 往往会在不同源文件中用到一些类型(尤其是数组、指针、结构体、共用体等类型)时,常用 typedef 声明这些数据类型,把它们单独放在一个头文件中,只需用♯include 指令把该头文件包括到本文件中,就可以使用这些 typedef 类型名,以方便编程,提高编程效率。

(4) 使用 typedef 类型名,有利于程序的通用与移植。

5.5　综合实例

【例 5-5】《选举法》是我国颁布的由广大人民群众选举代表参政议政的法律。选举权和被选举权是公民的基本政治权利之一。选举权是公民选举国家代表机关公职人员的权利。被选举权是公民被选任为国家代表机关公职人员的权利。选举权和被选举权通常

由一国宪法、法律规定并受到保护。我国是一个人民民主专政的社会主义国家,人民当家做主,国家的一切权力属于人民,而保障人民当家做主的方式就是人民代表大会制度,选民在民主选举的基础上产生各级人民代表大会代表,组成地方各级和全国人民代表大会,由他们来代替选民行使职能。

  问题描述:现有一个选区,选民采用无记名投票方式选举出席市人民代表大会的人民代表一名。每个选民一人一票,现有四名候选人,候选人姓名分别为"DAI""LI""WANG""ZHAO",该选区有 n 个选民具有选民资格进行投票,选举规则允许每个选民在四名候选人之外推选出新候选人。投票结束后,按得票数从高到低(降序)输出每个候选人的姓名和得票数,最高得票数者当选为市人民代表。

编程提示

声明一个名为 person 的结构体类型,成员数据类型如下所示。

```
struct person
{    string name;
     int count;
};
```

结构体成员 name 是 string 类型存放候选人姓名,结构体成员 count 是 int 类型存放得票数。

  要求:编写程序,在主函数中声明和调用 sort() 函数。main() 主函数从键盘输入选民数 n,输出且记录 n 个选民所投的候选人姓名,投票结束后按姓名进行计票。调用 sort() 函数按得票数进行降序排列,输出每个候选人姓名和得票数,输出最高得票数者当选为该选区的市人民代表。

编写程序

```
1    # include < iostream >
2    # include < string >
3    using namespace std;
4    struct person
5    {    string name;
6         int count;
7    };
8    person leader[100];
9    int num = 4;
10   int main()
11   {    void sort(person x[]);
12        int i,j,n;
13        bool flag = true;
14        leader[0].name = "DAI"; leader[0].count = 0;
15        leader[1].name = "LI"; leader[1].count = 0;
16        leader[2].name = "WANG"; leader[2].count = 0;
17        leader[3].name = "ZHAO"; leader[3].count = 0;
18        string leadername[100];
19        cout <<"请输入选民人数:";
```

```
20    cin >> n;
21
22    for(i = 0;i < n;i++)              // 选民投票
23    {cout <<"第"<< i + 1 <<"个选民投票:";
24     cin >> leadername[i];
25    }
26
27    for(i = 0;i < n;i++)              // 计票
28    {flag = true;
29        for (j = 0;j < num;j++)
30            if (leadername[i] == leader[j].name)
31 {leader[j].count++;flag = false;}
32        if (flag) {leader[num].name = leadername[i];leader[num].count = 1;
33  num++;}
34    }
35    cout <<"按得票数从高到低(降序)输出姓名和得票数:"<< endl;
36    sort(leader);                //排序且输出
37    return 0;
38 }
39 void sort(person x[])
40 {int i,j;
41  person t;
42  for(i = 0;i <= num - 2;i++)
43      for(j = 0;j <= num - 2;j++)
44          if(x[j].count < x[j + 1].count) {t = x[j];x[j] = x[j + 1];x[j + 1] = t;}
45  for(i = 0;i <= num - 1;i++)
46      cout <<"姓名"<< x[i].name <<",票数"<< x[i].count << endl;
47    cout <<"最高票当选者的是:"<< x[0].name << endl;
48 }
```

运行结果

(数据仅供参考):
请输入选民人数: 10
第 1 个选民投票: LI
第 2 个选民投票: LI
第 3 个选民投票: DAI
第 4 个选民投票: DAI
第 5 个选民投票: LI
第 6 个选民投票: WANG
第 7 个选民投票: LI
第 8 个选民投票: CHENG
第 9 个选民投票: DAI
第 10 个选民投票: LI
按得票数从高到低(降序)输出姓名和得票数:
姓名 LI,票数 5
姓名 DAI,票数 3
姓名 WANG,票数 1
姓名 CHENG,票数 1

姓名 ZHAO,票数 0

最高票当选者的是：LI

【例 5-6】 程序功能,从键盘输入 n 个英文句子(含有空格的字符串),逐行输出英文句子、英文句子中的单词数目及英文句子中所有的单词。说明：单词之间用空格分隔,英文句子不能用空格结束。

编程提示

声明一个名为 line 的结构体类型,成员数据类型如下所示。

```
struct line
{string    sentence;
 int count;
 stringword[100];
};
```

结构体成员 sentence 是 string 类型用于存放英文句子(即含有空格的整个字符串)中所有字符,结构体成员 count 是 int 类型存放一个英文句子中单词的数目,结构体成员 word 数组是 string 类型用于存放英文句子中所有的单词。在主函数中声明和调用函数 input()、filterword()、print()。input() 函数从键盘输入 n 个英文句子(含有空格和英文单词)的字符串字符分别放置到 string 数据类型的名为 sentence 成员中;声明和调用 filterword()函数,从每个英文句子字符串中取出所有单词分别放置到 string 数据类型的 word 数组中;声明和调用 print 函数逐行输出每个英文句子、英文句子中的单词数目以及英文句子中所有的单词。

要求：编写程序实现上述功能。

编写程序

```
1   # include < iostream >
2   # include < string >
3   using namespace std;
4   struct line
5   {string sentence;
6    int count;
7    string word[100];
8   };
9
10  line str[100];
11  int n;
12
13  int main()
14  {void input();
15   void print();
16   void filterword();
17   input();
18   filterword();
19   print();
20   return 0;
```

```
21 }
22
23 void input()
24 {cout <<"输入 n:";
25   cin >> n;
26   char x;
27   getchar();
28   int i;
29   for(i = 0;i <= n - 1;i++)
30   {cout <<"输入第"<< i + 1 <<"个英文句子(允许空格的字符串):";
31     while((x = getchar()) != '\n') str[i].sentence = str[i].sentence + x;
32   }
33 }
34
35 void filterword()
36 {int i,j;
37   for(i = 0;i <= n - 1;i++)
38   {bool flag = false;
39   for(j = 0;str[i].sentence[j] != '\0';j++)
40     if (str[i].sentence[j] == ' ') {if (flag) {str[i].count++;flag = false;}
41                                     else continue;}
42     else
43 {str[i].word[str[i].count] = str[i].word[str[i].count] + str[i].sentence[j];
44 flag = true;}
45   }
46 }
47
48 void print()
49 {int i,j;
50   for(i = 0;i <= n - 1;i++)
51   {cout << str[i].sentence <<"句子中的单词个数是:";
52     cout <<(str[i].count + 1)<<"个,其中的单词是:";
53     for(j = 0;j <= str[i].count;j++) cout << str[i].word[j]<<" ";
54     cout << endl;
55   }
56 }
```

运行结果

(数据仅供参考):
输入 n:4
输入第 1 个英文句子(允许空格的字符串):How are you
输入第 2 个英文句子(允许空格的字符串):I am sick
输入第 3 个英文句子(允许空格的字符串):Feel better soon
输入第 4 个英文句子(允许空格的字符串):Thank you
How are you 句子中的单词个数是:3 个,其中的单词是:How/are/you/
I am sick 句子中的单词个数是:3 个,其中的单词是:I/am/sick/
Feel better soon 句子中的单词个数是:3 个,其中的单词是:Feel/better/soon/
Thank you 句子中的单词个数是:2 个,其中的单词是:Thank/you/

本章小结

结构体数据类型是一个可以包含不同数据类型的数据结构,它是一种自己定义的数据类型,它和数组主要不同点在于结构体可以在一个结构中声明不同的数据类型,相同结构体类型的结构体变量是可以相互赋值的;而数组是做不到的。结构体相当于其他高级语言或数据库中的记录(record)。

结构体类型变量的定义方法及初始化。允许使用字符数组型来实现结构体变量成员的初始化,但是,在 Visual C++ 6.0 中不支持对结构体成员数据类型为 string 字符串型的进行初始化。

构造数据类型常用的除数组外,还有结构体类型(structure)、共用体类型(union)、枚举类型(enumeration)、类类型(class)等,这些统称为用户自定义数据类型。

思考题

1. 为什么需要使用结构体类型?
2. 结构体变量的初始化对 string 用 char 数组有什么不同?
3. 能否对结构体类型赋值?
4. 能否对一个结构体变量作为一个整体进行赋值、输入且输出?
5. 结构体变量的赋值与初始化有什么不同?
6. 共用体与结构体有什么区别?

练习题

1. 编写程序,创建一个结构体 ST,其成员有 num(学号),name(姓名),score(成绩),birthday(出生日期),出生日期是一个名为 date 的结构体类型,初始化第 1 个人员的数据信息并赋予变量 st1,再把此人信息赋给另一个变量 st2,输出变量 st1 及 st2 的值。

2. 编写程序,定义一个结构体 date(包括 year 年、month 月、day 日),定义变量分别存放出生日期和当日日期。要求输入年、月、日的生日日期和当日日期,并计算出他(她)的实际年龄。

3. 编写程序,有若干学生,每个学生有学号、姓名和成绩等数据。要求:编写一个 inputdata 函数,用于输入 N 个学生的数据。编写一个 outputdata 函数用于输出 N 个学生的数据。编写一个 avgdata 函数用于计算并输出 N 个学生的平均成绩。

4. 编写程序,创建一个结构体 ST,成员有 num(学号),name(姓名),score(成绩),从键盘输入 N 个人员信息,按 score(成绩)降序输出每个学生的记录。在 main 函数中输入数据,在另一个函数中排序并输出。

5. 编写程序,创建一个结构体 PERSON,含有两个成员:id(人员代码)及 name(姓名)。在 main 函数中输入 N 个人员记录数据,编写另一个函数用于从键盘输入人员代码,到 N 个人员中按 id(人员代码)进行查找,若找到,则显示此人的记录;若找不到,则显示"查无此人!"。

6. 编写程序,创建一个结构体 PERSON,含有两个成员:id(人员代码)及 name(姓名)。在 main 函数中输入 N 个人员记录数据,编写另一个函数用于从键盘输入姓名,到 N 个人员中按 name(姓名)进行查找,若找到,则显示全部同名人员的记录;若找不到,则显示"查无此人!"。

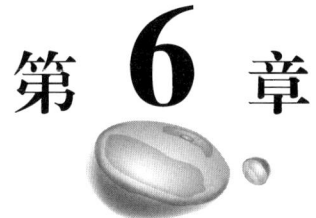

第 **6** 章

指针和引用

6.1 指针和指针变量

6.1.1 指针

在计算机中所有的数据都存放在存储器中。一个内存单元的大小是 1 字节(Byte)，也就是 8 位(bit)二进制数。内存中每一字节都有一个编号，这个编号称为地址，对应于一个内存单元，系统根据一个内存地址可以准确地找到该内存单元并且对此地址的内存单元中的数据进行读写操作。通常把这个地址称为指针。

在 C++ 程序中定义一个变量，系统在编译时给这个变量分配内存单元，系统根据变量的数据类型来分配若干字节，即分配一定长度的存储空间。例如，整型 int 分配 4 字节的内存空间，双精度型 double 则分配 8 字节的内存空间。

通过下面的程序来解释变量名、地址、存储数据之间的关系。

【例 6-1】 定义变量且初始化，整型变量 a 数值 10，双精度变量 b 数值 20.5。输出整型变量 a 和双精度型变量 b 的数值和地址。

编写程序

```
1   # include < iostream >
2   using namespace std;
3   int main()
4   { int a = 10;
5     double b = 20.5;
6     cout <<"变量 a 的数值: "<< a << endl;        //输出变量 a 的值
7     cout <<"变量 b 的数值: "<< b << endl;        //输出变量 b 的值
```

```
8    cout <<"变量 a 的地址: "<< &a << endl;        //& 是取址运算,输出变量 a 的地址
9    cout <<"变量 b 的地址: "<< &b << endl;        //& 是取址运算,输出变量 b 的地址
10   return 0;
11   }
```

运行结果

```
变量 a 的数值: 10
变量 b 的数值: 20.5
变量 a 的地址: 0012FF7C
变量 b 的地址: 0012FF74
```

程序分析

程序执行如图 6.1 所示,第 4 行语句 int a=10;表示计算机在编译时因整型占 4 字节,在内存中从 0012FF7C 至 0012FF7F 用于存放变量 a 的数值 10,实际在编译时系统通过一个对照表记住变量 a 开始的首地址是 0012FF7C,这个地址称为变量 a 的地址。系统同时记住了变量 a 的数据类型是整型,表示从 0012FF7C 开始的 4 字节属于整型变量 a,用于存放数值 10。同理,第 5 行语句 double b=20.5;表示计算机在编译时双精度型占 8 字节,在内存中从 0012FF74 至 0012FF7B 用于存放变量 b 的数值 20.5,实际在编译时系统通过一个对照表记住了变量 b 开始的首地址是 0012FF74,这个地址称为变量 b 的地址,系统同时记住了变量 b 的数据类型是双精度型,表示从 0012FF74 开始的 8 字节属于双精度型变量 b,用于存放数值 20.5。我们发现程序中虽然通过变量名来对内存单元进行读

图 6.1　内存用户数据区

写存取操作,其实程序经过编译将变量名转换为变量对应的内存地址来进行读写操作,即对变量的存取都是通过内存地址进行的。而内存单元与变量名的对应关系都是系统编译时完成的。通过示例发现变量 a 先定义,变量 b 后定义,但是变量 b 的地址却在变量 a 之前,都是由编译系统自动完成的。

简化图 6.1 的画法,使用图 6.2 和图 6.3 来表示变量名、变量值、变量地址。变量的地址是此变量存储空间的首地址,必须与变量数据类型配合才能决定内存的空间长度。因此,指针变量在定义时一定要指定数据类型,只有规定了数据类型,系统才能按照变量的存储单元的首地址和字节长度正确地读写内存中的数据。在数组中指针变量加 1 或减 1 运算不是向前或向后移动 1 字节,而是按所对应的数据类型移动若干字节。

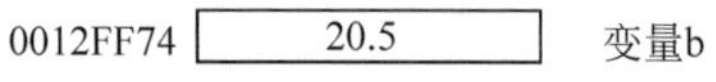

0012FF74 [20.5   ]   变量b   0012FF7C [10   ]   变量a

图 6.2　变量 b 内存区与存储数据 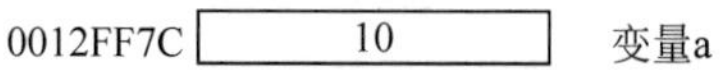　　　　　　图 6.3　变量 a 内存区与存储数据

说明：

内存地址取决于运行 C++ 程序的计算机内存配置,若换一台计算机来执行此程序,系统分配的地址是不一样的。

程序运行结果如下。

```
变量 a 的数值：10
变量 b 的数值：20.5
变量 a 的地址：0019FF3C
变量 b 的地址：0019FF34
```

6.1.2 指针变量

用来专门存放变量地址的变量称为指针变量。指针变量存放的不是具体的数值,而是变量的地址,为了对某地址开始的若干字节中的数据进行读写操作,还必须给指针变量指定数据类型。C++ 语言规定所有变量在使用前必须先定义,即指定数据类型,在编译时系统按变量类型分配存储空间,指针变量与其他变量一样,必须先定义后使用。

1. 定义指针变量

定义指针变量的一般形式如下。

基本类型 ＊指针变量名；

例如：定义整型变量 a,定义整型指针变量 p。

```
int a = 10;                          //定义整型变量 a,同时初始化数值 10
int ＊ p;                            //定义整型指针变量 p
```

2. 指针的运算符

& 取址运算符。

＊ 指针运算符。

```
p = &a;         //取整型变量 a 的地址赋予指针变量 p
＊ p = ＊ p + 1    //根据指针变量 p 的内容作为地址去读取数值并加 1,将结果重新写入原地址
```

3. 变量的直接访问和指针变量的间接访问

【例 6-2】 将整型变量 a 的地址存放到整型指针变量 p 中,通过直接访问变量 a 和通过指针变量 p 间接访问的两种方式来实现变量 a 数值加 1 后重新写入,输出变量 a 中新的值。

编写程序

```
1   # include < iostream >
2   using namespace std;
```

```
3   int main()
4   {int a = 10, * p = &a;
5   //定义整型变量 a 初始化值为 10; 定义整型指针变量 p 初始化为变量 a 的地址
6     a = a + 1;                     //采用直接访问方法,将整型变量 a 的值读出并加 1 后重新写入
7     cout <<"a = "<< a <<","<<" * p = "<< * p << endl;   //采用直接访问方法和间接访问方法输出
8                                    //变量 a 的数值
9     * p = * p + 1;                 //采用间接访问方法将变量 a 的值读出并加 1 后重新写入
10    cout <<"a = "<< a <<","<<" * p = "<< * p << endl;   //输出变量 a 的值
11    cout <<"&a: "<< &a << endl;    //& 是取址运算,输出变量 a 的地址
12    cout <<"&p: "<< &p << endl;    //& 是取址运算,输出指针变量 p 的地址
13    cout <<"p = "<< p <<","<<" * p = "<< * p << endl;
14  //输出指针变量 p 的内容,输出变量 a 的内容
15    return 0;
16  }
```

运行结果

```
a = 11, * p = 11
a = 12, * p = 12
&a: 0012FF44
&p: 0012FF40
p = 0012FF44, * p = 12
```

程序分析

第 4 行定义整型变量 a,初始化值为 10,系统在内存 0012FF44 开始的 4 字节空间中存放了数据 10,定义整型指针变量 p,将整型变量 a 的地址赋给指针变量 p,在 0012FF40 开始的 4 字节内存空间存放了变量 a 的地址 0012FF44,如图 6.4 所示。为了便于理解,我们假设系统在编译时建立了对照表来管理变量名、数据类型、内存地址,来管理变量 a 和指针变量 p 的变量相关信息,如图 6.5 所示。

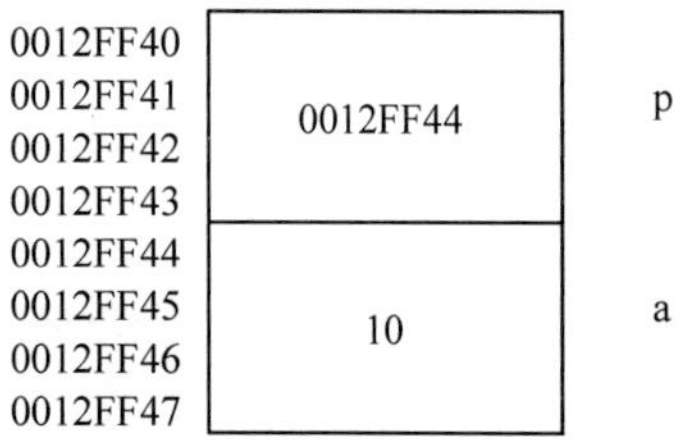

图 6.4 变量 a 及指针变量 p 内存
        存储示意图

类型	字节数	变量名	地址
int	4	a	0012FF44
int *	4	p	0012FF40

图 6.5 变量名、数据类型及
        内存地址对照表

第 6 行执行 a=a+1;,计算机通过图 6.5 所示对照表找到变量 a 的地址 0012FF44,根据变量 a 的类型是整型 int,占 4 字节,从内存地址 0012FF44 开始取出 4 字节中的数据,即数据 10,进行加 1 运算得到结果 11,重新写入从 0012FF44 开始的 4 字节中,变量 a 的数值变成 11,这种直接通过变量名 a 进行运算的方法称为直接访问存取。

第 9 行执行 $*p=*p+1$;,计算机通过图 6.5 所示对照表找到变量 p 的地址 0012FF40,根据变量类型为 int *,表示 p 是一个整型指针变量,$*p$ 表示从地址 0012FF40 开始取出 4 字节中的数据 0012FF44,再作为地址从 0012FF44 为内存地址开始的 4 字节中取出数据 11,进行加 1 得到结果 12,重新写入从 0012FF44 开始的 4 字节中。这种通过指针变量来实现对变量 a 进行运算的方法称为间接访问存取。两种操作的结果是一致的,因为指针变量 p 中存放的是整型变量 a 的地址,采用 a 或 $*p$ 都是对相同地址内存存储空间中的数值进行读写操作。

注意:int a=10,$*p=\&a$;与下列语句等价。

```
int a = 10;
int * p;
p = &a;                        //p是指针变量存放变量a的地址,也称为指针变量p指向变量a
```

不能写成:

```
int a = 10;
int * p;
* p = &a;                      //这是错误的
```

变量 p 存放的是变量 a 的地址,$*p=*(\&a)=*\&a=a$,$*p$ 表示变量 a。$*$ 在指针运算时有时也被习惯称为取消取址运算,在此程序中进行算术运算时使用变量名 a 或使用 $*p$ 是等价的,变量 a 中只能存放数值不能存放内存地址,所以 $*p=\&a$;是错误的。而指针变量 p 中只能存放内存地址不能存放数值,所以 p=10;也是错误的。

思考拓展

在例 6-2 中,整型指针变量 p 中存放整型变量 a 的地址,整型指针变量的内容 p 加 1 结果是什么?在第 12 行前若执行如下语句:

```
p = p + 1;
cout <<"p: "<< p << endl;      //输出指针变量p的内容
```

程序运行结果:

```
p: 0012FF48
```

说明:

因为 p 是整型指针变量,其内容是 0012FF44,执行 p=p+1 后指针变量 p 的内容不是加上 1 字节变为 0012FF45,而是从 0012FF44 开始向后移动 4 字节,结果为 0012FF48。

执行语句 double b=20,$*p1=\&b$;定义变量 b 且初始化,同时定义指针变量 p1 且初始化。

现假设图 6.6 示意了系统执行定义变量 a、变量 b、变量 c、指针变量 p 及指针变量 p1,并且进行了初始化后的内存分配情况。请根据图 6.6 所示,叙述 C++语言执行 cout << b;和 cout << *p1;两个语句的过程。

变量名与地址对照表		
int	a	0012FF00
double	b	0012FF04
char	c	0012FF0C
int *	p	0012FF0D
double *	p1	0012FF11

内存地址	数据
0012FF00	
0012FF01	
0012FF02	10
0012FF03	
0012FF04	
0012FF05	
0012FF06	
0012FF07	
0012FF08	20
0012FF09	
0012FF0A	
0012FF0B	
0012FF0C	A
0012FF0D	
0012FF0E	
0012FF0F	0012FF00
0012FF10	
0012FF11	
0012FF12	
0012FF13	0012FF04
0012FF14	

图 6.6　变量名、数据类型及内存地址对照表

6.2　使用指针变量作为函数参数

函数的参数不仅可以是整型、单精度型、双精度型、字符型、字符串型、数组及结构体类型,还可以是指针,它的作用是将一个变量的地址传送到被调用函数的形参。

【例 6-3】　有一个储户准备将一笔钱存入银行,他准备按一年期、二年期、三年期和五年期计算本息和,问不同存期到期后本息和分别是多少元? 程序功能要求必须采用函数调用来实现本息和的计算,而主调函数不负责计算本息和,只负责数据的输入与输出。

问题描述

main 函数负责本金数据的输入,定义多个变量存放一年期、二年期、三年期及五年期的本息和。通过在 main 函数调用 fun 函数来计算得到各个存期存款到期后的本息和。在 main 函数中输出各种存款到期后本息和的计算结果。fun 函数中的形参采用双精度型变量。

编写程序

```
1   # include < iostream >
2   using namespace std;
3   int main()
4   {double je,je1 = 0,je2 = 0,je3 = 0,je5 = 0;
5     cout <<"输入存款本金:";
6     cin >> je;                    //输入存款本金
7     void fun(double je,double je1,double je2,double je3,double je5);
8     fun(je,je1,je2,je3,je5);
9     cout <<"一年期到期本金利息和:"<< je1 << endl;
10    cout <<"二年期到期本金利息和:"<< je2 << endl;
11    cout <<"三年期到期本金利息和:"<< je3 << endl;
12    cout <<"五年期到期本金利息和:"<< je5 << endl;
13    return 0;
14  }
15  void fun(double je,double je1,double je2,double je3,double je5)
16  {double r1 = 0.0325,r2 = 0.0375,r3 = 0.0425,r5 = 0.0475;      //银行存款年利率
17    je1 = je * (1 + r1 * 1);        //到期本金利息和 = 本金 * (1 + 存款年利率 * 存款年数)
18    je2 = je * (1 + r2 * 2);
19    je3 = je * (1 + r3 * 3);
20    je5 = je * (1 + r5 * 5);
21  }
```

运行结果

输入存款本金:10000
一年期到期本金利息和:0
二年期到期本金利息和:0
三年期到期本金利息和:0
五年期到期本金利息和:0

程序分析

程序运行结果显示所有存款到期后的本息和都为 0,为什么? 因为,在 main 函数与 fun 函数中虽然使用相同的变量名 je1,je2,je3,je5,但是它们不是同一个变量,分别有自己的存储空间,C++中调用函数时变量值从实参传递给形参,在 fun 函数中通过形参接收后运算,但是形参的值不能自动回传给实参,这种方式就是函数参数的单向传递,也称为"值传递",所以 main 函数中的 je1 等变量的值不能接收 fun 函数中的 je1 等变量的值,它们的值没有被改变,仍为 0。

C++程序中实虚结合采用单向的传递方式,只能从实参向形参传递数据,形参值的改变无法回传给实参。而 fun 函数中写入 return 语句时也只能返回 1 个数据作为整个函数的返回值。此例中 main 函数需要得到 4 个本息和的值,return 无法实现。如何在 fun 函数中改变 main 函数中的实参的值呢? 通过地址或指针变量作为形参,在 fun 函数中使用指针运算符(*)来实现改变 main 函数中的实参变量值是一个常用的方法。

【例 6-4】 同例 6-3,采用 fun 函数来实现有关本息和的计算且修改 main 函数中的本

息和的值,fun 函数中的形参使用双精度型指针变量。

编写程序

```
1   # include < iostream >
2   using namespace std;
3   int main()
4   {double je,je1 = 0,je2 = 0,je3 = 0,je5 = 0;
5    cout <<"输入存款本金:";
6    cin >> je;                                      //输入存款本金
7    void fun(double je,double * ,double * ,double * ,double * );   //函数形参声明时可使用原型
8    fun(je,&je1,&je2,&je3,&je5);
9    cout <<"一年期到期本金利息和:"<< je1 << endl;
10   cout <<"二年期到期本金利息和:"<< je2 << endl;
11   cout <<"三年期到期本金利息和:"<< je3 << endl;
12   cout <<"五年期到期本金利息和:"<< je5 << endl;
13   return 0;
14  }
15   void fun(double je,double * je1,double * je2,double * je3,double * je5)
16   {double r1 = 0.0325,r2 = 0.0375,r3 = 0.0425,r5 = 0.0475;    //银行存款年利率
17     * je1 = je * (1 + r1 * 1);             //到期本金利息和 = 本金 * (1 + 存款年利率 * 存款年数)
18     * je2 = je * (1 + r2 * 2);
19     * je3 = je * (1 + r3 * 3);
20     * je5 = je * (1 + r5 * 5);
21   }
```

运行结果

输入存款本金:10000
一年期到期本金利息和:10325
二年期到期本金利息和:10750
三年期到期本金利息和:11275
五年期到期本金利息和:12375

程序分析

第 15 行语句表示函数的调用可以没有返回值(void),使用指针变量作为函数参数,可以在 fun 函数中通过指针运算符操作来改变 main 函数中多个实参变量的值。

指针变量作为函数参数在形参和实参之间传递,依然要执行"实参变量和形参变量之间传递是单向的方式"规定。即使传递实参的地址但没有在被调用函数中使用指针运算符(*)运算,实参中的变量值仍不能被改变。

【例 6-5】 以指针变量作为实参和形参,通过 fun 函数实现 main 函数中两个整数变量 a 与变量 b 的数据互换。

编写程序

```
1   # include < iostream >
2   using namespace std;
```

```
3   int main()
4   {   void fun(int *, int *);
5       int a = 10,b = 5, * pa = &a, * pb = &b;
6       cout <<"交换前: a = "<< a <<",b = "<< b << endl;
7       fun(pa,pb);
8       cout <<"交换后: a = "<< a <<",b = "<< b << endl;
9       return 0;
10  }
11  void fun(int * a,int * b)
12  { int * t;
13  t = a;a = b;b = t;
14  }
```

运行结果

交换前: a = 10,b = 5
交换后: a = 10,b = 5

程序分析

程序运行结果表明变量 a 和变量 b 数据没有被交换,虽然是指针传递,但是第 13 行表示 fun 函数中没有采用指针的间接访问存取方式即在运算表达式中写成 * a 和 * b,不能实现对 main 函数中的变量 a 和变量 b 数据的按址读写操作。我们发现 fun 中形参变量 a 与变量 b 中内容实现了数据交换,但是,main 函数中的变量 a 不是 fun 函数中的变量 a,main 函数中的变量 b 也不是 fun 函数中的变量 b。根据函数单向传递原则,只能由实参传向形参,不能自动从形参回传实参,所以 main 函数中的变量 a 和变量 b 的数据没有改变。将程序第 11～14 行修改成如下语句,再次运行程序后发现变量 a 和变量 b 实现了数据交换。

```
void fun(int * a,int * b)
{ int t;
t = * a; * a = * b; * b = t;
}
```

程序运行结果:

交换前: a = 10,b = 5
交换后: a = 5,b = 10

思考拓展

下列程序功能是输出变量 a 加变量 b 之和。运行下列程序后程序为什么会出现异常,分析其原因。

```
# include < iostream >
using namespace std;
int main()
{   int a = 10,b = 5, * c;
    * c = a + b;
```

```
        cout <<"c = "<< * c << endl;
        return 0;
    }
```

6.3 引用

6.3.1 变量的"引用"

引用是指某个变量的"别名",对引用的操作与对变量直接操作效果完全相同。
例如:

```
int    a = 10,&b = a;
a = a + 10;
b = b/5;
```

执行上述语句后变量 a 的值为 4。int a=10,&b=a;语句的含义是定义了一个整型变量 a 初始值为 10,声明变量 a 的引用为 b。& 放在赋值号的左边变量名的前面表示声明一个引用,是引用声明符,表示 b 是变量 a 的引用即别名。不要与 b=&a;混淆。& 放在赋值号的右边变量名的前面表示取址运算。一旦 b 是变量 a 的引用,使得 b 与变量 a 具有相同的内存地址,即它们占有内存中相同存储单元。a=a+10;执行后变量 a 的值为 20;执行 b=b/5;后,因为 b 是变量 a 的别名,取变量 a 的值 20,计算 20/5=4 后,变量 a 的值为 4。

说明:

(1)声明一个引用时对其进行初始化,即声明它代表哪个变量。引用声明完毕后,相当于目标变量有两个名字,即该变量名和引用名(别名),使用时两者等价。

(2)不能再把该引用名作为另一个变量名的别名。引用不是新定义一个变量,它表示该引用名是某个变量名的一个别名,引用名不是一种数据类型,因此引用本身不占存储单元,系统也不给引用分配存储单元。

(3)不能建立数组的引用。

(4)不能建立引用的引用。

(5)可以取引用的地址。

6.3.2 "引用"作为函数参数

引用作为函数形参是地址传递方式,在被调用函数中使用引用作参数,在调用此函数时,将实参变量地址传递给形参作为别名使用,实现在被调函数中对形参变量的操作就是对其传递的主调函数中实参变量的操作。

【例 6-6】 同例 6-3,main 函数只负责数据的输入与输出。调用 fun 函数实现本息和的计算,fun 函数中的形参采用双精度型变量的引用。

编写程序

```
1    # include < iostream >
```

```
2   using namespace std;
3   int main()
4   {double je,je1 = 0,je2 = 0,je3 = 0,je5 = 0;
5     cout <<"输入存款本金:";
6     cin >> je;                                    //输入存款本金
7     void fun(double,double &,double &,double &,double &);
8     fun(je,je1,je2,je3,je5);
9     cout <<"一年期到期本金利息和:"<< je1 << endl;
10    cout <<"二年期到期本金利息和:"<< je2 << endl;
11    cout <<"三年期到期本金利息和:"<< je3 << endl;
12    cout <<"五年期到期本金利息和:"<< je5 << endl;
13    return 0;
14  }
15  void fun(double je,double &je1,double &je2,double &je3,double &je5)
16  {double r1 = 0.0325,r2 = 0.0375,r3 = 0.0425,r5 = 0.0475;    //银行存款年利率
17    je1 = je * (1 + r1 * 1);              //到期本金利息和 = 本金 * (1 + 存款年利率 * 存款年数)
18    je2 = je * (1 + r2 * 2);
19    je3 = je * (1 + r3 * 3);
20    je5 = je * (1 + r5 * 5);
21  }
```

运行结果

```
输入存款本金:10000
一年期到期本金利息和:10325
二年期到期本金利息和:10750
三年期到期本金利息和:11275
五年期到期本金利息和:12375
```

程序分析

例 6-3 中,没有采用指针变量和引用作为函数形参,main 函数中的变量值没有被改变。

例 6-4 中,使用指针作为函数形参且使用指针运算符改变调用函数中实参变量值,但是,必须注意两点:①在主函数中调用 fun 函数时必须使用变量的地址作为实参来传递给形参;②fun 函数对形参操作时必须使用"* 指针变量名"间接访问存取方式进行运算。在这两点同时满足的情况下,程序实现在 fun 函数中修改 main 函数实参变量中的内容。若只满足其中一点都不能在 fun 函数中修改 main 函数实参变量中的内容,即 main 函数中实参变量的内容保持不变。

例 6-6 中,使用"引用"作为函数形数,实际上是按址传递,操作更为简便、清晰。在 fun 函数中对形参变量的操作就是对 main 函数中实参变量的操作。

6.4 数组与指针

6.4.1 指向数组元素的指针

指针实际上就是地址,在 C++语言中定义一个数组后,系统按定义数组元素的个数和

数据类型在内存中分配连续的内存空间。数组名实际上就是此数组的第 1 个数组元素的地址。但是,数组名是常变量,不能作为变量使用,a++(即 a＝a+1)不能成立。可以通过命名一个指针变量来实现数组元素指针的加或减运算 p++(即 p＝p+1)。

例如:

```
int array[10], * pointer = array;          //实际上等价于 int array[10], * pointer = &array[0];
pointer++;                    //表示指针向下移动一个数组元素,实际上指向 array[1]数组元素的地址
```

引用数组元素可以采用两种方法:下标法和指针法。下标法虽然采用数组名后面带方括号[ ]的形式,实际上是变址运算符,对 array[i]的求解过程是先按 array+i * d 计算数组元素的地址,d 是数组数据类型的字节数(整型为 4),再找出地址所指向的数组元素的值。

语句 int array[10], * pointer＝array;等价于:

```
int array[10];
int * pointer;
pointer = &array[0];                        //对于一维数组,可简写成 pointer = array;
```

执行了上述语句后,如图 6.7 所示,array 数组第 1 个元素的地址在使用时可写成数组元素地址 &array[0],或指针变量 pointer,或数组名 array。注意,pointer 是变量,可进行 pointer++运算,是合法的表达式;array 是数组名,是常量,根据赋值运算“＝”的左边必须是变量名的规定,所以不能写成 array++,这是不合法的表达式。

array 数组第 1 个数组元素的值在使用时可以写成指针法 * pointer 来表示,或写成下标法 array[0]。

整型数组array[]	下标法	指针法	指针法
10	array[0]	*pointer	*array
5	array[1]	* (pointer+1)	* (array+1)
9	array[2]	* (pointer+2)	* (array+2)
4	array[3]	* (pointer+3)	* (array+3)
3	array[4]	* (pointer+4)	* (array+4)
2	array[5]	* (pointer+5)	* (array+5)
⋮	⋮	⋮	⋮
7	array[i]	* (pointer+i)	* (array+i)
⋮	⋮	⋮	⋮
99	array[n−1]	* (pointer+n−1)	* (array+n−1)

图 6.7 引用数组元素的下标法与指针法

6.4.2 用指针变量作为函数参数

数组名代表数组第 1 个元素的地址,用数组名作为函数参数,传递的是数组首元素的地址。指针变量是存放地址的,可用指针法,即通过指针运算符来存取数组元素的数据,实际上在被调函数中对数组元素进行操作,对应的主调函数数组元素的值被修改,如图 6.8 所示。因为实参数组与形参数组共用相同地址的内存空间,形参数组中各元素的值发生变化就意味着实参数组元素的值也发生变化。在 C++程序设计中利用这一特点来

批量改变实参数组元素的值。

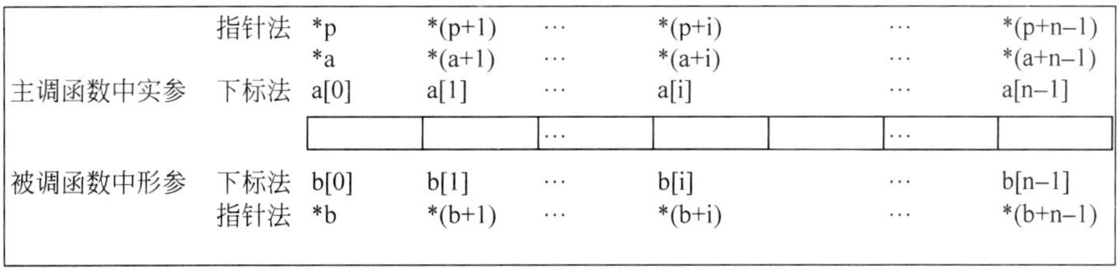

		指针法	*p	*(p+1)	⋯	*(p+i)	⋯	*(p+n−1)
主调函数中实参			*a	*(a+1)	⋯	*(a+i)	⋯	*(a+n−1)
	下标法	a[0]	a[1]	⋯	a[i]	⋯	a[n−1]
					⋯		⋯	
被调函数中形参	下标法	b[0]	b[1]	⋯	b[i]	⋯	b[n−1]
	指针法	*b	*(b+1)	⋯	*(b+i)	⋯	*(b+n−1)

图 6.8 主调函数与被调函数中数组作为实参和形参

【例 6-7】 在 main 函数中调用 inputfun 函数来输入 n 个整数的薪金值存放到 salary 数组；调用 avgfun 函数计算出 n 个薪金值的平均值并输出，且找出 n 个薪金值中最接近于平均值的数组元素的值及位置；调用 sortfun 函数按升序方式从小到大排序 salary 数组中薪金值；调用 printfun 函数输出数组中 n 个薪金值，输出排序后的薪金值，输出格式要求一行只能输出 5 个数据。

编写程序

```
1   # include < iostream >
2   # include < cmath >
3   using namespace std;
4   int main()
5   {int salary[100], * p = salary,n;
6    cout <<"输入一个整数(小于或等于 100):";
7    cin >> n;
8    void inputfun(int * ,int);
9    void avgfun(int * ,int);
10   void sortfun(int * ,int);
11   void printfun(int s[],int);
12   inputfun(p,n);
13   avgfun(salary,n);
14   sortfun(salary,n);
15   printfun(salary,n);
16   return 0;
17  }
18  void inputfun(int * p,int n)
19  {int i;
20   for(i = 0;i <= n − 1;p++,i++)
21   {cout <<"输入第"<< i + 1 <<"个数:";
22    cin >> * p;}
23  }
24  void avgfun(int * s,int n)         //可以写成 void avgfun(int s[],int n)来定义和声明函数
25  {double avg = 0;
26    int i;
27    for(i = 0;i <= n − 1;i++) avg += s[i];
28    avg = avg/n;
29  double min;
```

```
30 int y;
31 min = abs(s[0] - avg);y = 0;
32 for(i = 1;i <= n - 1;i++)
33 if (abs(s[i] - avg)< min) {min = abs(s[i] - avg);y = i;}
34 cout <<"平均值: "<< avg << endl;
35 cout <<"最接近平均值的数组元素的值是: "<< s[y]<<"第"<< y + 1 <<"个数据"<< endl;
36 }
37 void sortfun(int  * s, int n)
38 { int t, i, j;
39  for(i = 0;i <= n - 2;i++)
40     for(j = 0;j <= n - 2;j++)
41        if (s[j]> s[j + 1]) {t = s[j];s[j] = s[j + 1];s[j + 1] = t;}
42 }
43 void printfun( int s[ ], int n)
44 { int i;
45  cout <<"排序后的数据:"<< endl;
46  for(i = 0;i <= n - 1;i++)
47  {cout << * (s + i)<<" ";                    //虽然形参是数组,但仍可使用指针法
48  if ((i + 1) % 5 == 0) cout << endl;}
49  cout << endl;
50 }
```

运行结果

```
输入一个整数(小于或等于 100):7
输入第 1 个数:3500
输入第 2 个数:3600
输入第 3 个数:8721
输入第 4 个数:9600
输入第 5 个数:2500
输入第 6 个数:3600
输入第 7 个数:5400
平均值: 5274.43
最接近平均值的数组元素的值是: 5400 第 7 个数据
排序后的数据:
2500   3500   3600   3600   5400
8721   9600
```

程序分析

程序第 24 行和第 27 行对数组元素采用了指针法和下标法的混合写法,其实对于形参是一维数组,无论形参是数组名或指针变量,都可以使用下标法来表示数组元素。同理,观察第 37 行与第 41 行、第 43 行与第 47 行语句,下标法与指针法在表达数组元素时是等效的。

6.4.3 字符串与指针

在 C++语言中有许多方法访问字符串,指针也是其中一种较为常用的方法。

例如：

char str1[ ] = "This is string", * p = str1;

或者

char * p = "This is string"

思考拓展

char str1[ ]= "This is string"，* p＝str1；与语句 char * p＝ "This is string"；，程序读写字符串字符时完全等效吗？

【例 6-8】 查找子串。输入第 1 个字符串，再输入第 2 个字符串(子串)，将第 2 个字符串(子串)在第 1 个字符串中进行查找。若找到，则显示开始找到的字符位置；若找不到，则显示"找不到!"。

编写程序

```
1   ♯ include < iostream >
2   ♯ include < string >
3   using namespace std;
4   int main()
5   {   char str[100], * pi = str;
6       char substr[ ] = "", * pj = substr;
7       int flag;
8       int i,j;
9       cout <<"输入一个字符串(小于 100 个字符)";
10      cin >> str;
11      cout <<"输入子串(小于 100 个字符)";
12      cin >> substr;
13      for(i = 0; * pi!= '\0';pi++,i++)
14      {flag = 1;
15        for(j = 0,pj = substr; * pj!= '\0';pj++,j++) {if ( * (pi + j)!= * pj) {flag = 0;
16 break;}}
17        if (flag == 1) {cout <<"找到子串,从第"<< i + 1 <<"个字符开始"<< endl;break;}
18      }
19      if ( * pi == '\0') cout <<"找不到!"<< endl;
20      return 0;
21  }
```

运行结果

输入一个字符串(小于 100 个字符)findsubstring
输入子串(小于 100 个字符)sub
找到子串,从第 5 个字符开始

输入一个字符串(小于 100 个字符)findsubstring
输入子串(小于 100 个字符)str
找到子串,从第 8 个字符开始

输入一个字符串(小于 100 个字符)findsubstring
输入子串(小于 100 个字符)ts
找不到!

6.5　指针函数

指针函数指返回值为指针的函数。相关操作和概念与其他函数的定义、声明、返回等类似,只是返回的值是指针(即地址)。

定义指针函数的一般格式如下。

类型名　* 函数名(参数表列);

【例 6-9】　main 函数中输入存款本金、年数、存款年利率,传递给被调函数的形参,在被调函数 fun 中计算到期本息和,将计算结果变量的存储单元的地址返回主调函数。在主函数中通过指针运算符来输出返回地址中存储的数据值。

编写程序

```
1    # include < iostream >
2    using namespace std;
3    int main()
4    {double je, year, rate;
5      cout <<"输入存款本金,年数,存款年利率: ";
6      cin >> je >> year >> rate;
7      double * fun(double, double, double);
8      cout <<"到期本金利息和:"<< * fun(je, year, rate)<< endl;
9      return 0;
10   }
11   double * fun(double je, double year, double rate)
12   {double * x;
13     x = new double;            //使用"NEW 类型"运算符开辟一个存放 double 型数据的空间
14     * x = je * (1 + year * rate);
15     return x;
16   }
```

运行结果

输入存款本金,年数,存款年利率: 10000　5　0.0475
到期本金利息和:12375

程序分析

第 12 行语句 double * x;表示变量 x 是一个双精度类型的指针变量,第 15 行语句 return x;表示返回值是地址。第 8 行中 * fun(je, year, rate)表示采用指针运算符间接访问存取方式来输出返回的地址中存储的数据值。

6.6 指针数组及指向指针的指针

6.6.1 指针数组

一个数组中其数组元素均为指针类型数据,该数组称为指针数组。也就是说,指针数组中的每一个数组元素相当于一个指针变量,它的数据都是地址。

定义一维指针数组的一般形式如下。

类型名 * 数组名[数组长度];

例如:

```
int  * a[10];
```

由于[ ]比 * 优先级高,a 先与[10]结合形成 a[10]形式,即数组形式,数组 a 有 10 个元素,然后再与 a 前面的"*"结合,表示此数组是指针,每个数组元素都指向整型变量,存放的是整型变量的地址。

不要写成 int（* a)[10],这表示指向一维数组的指针变量。

6.6.2 指向指针的指针

语句 int * a[10];中 a 是一个指针数组,它的每一个元素是一个指针,即每个数组元素值是地址,因此 a+i 是指向指针数组元素的指针。可以设置一个指针变量 p,指向指针数组元素的地址,这个 p 就是指向指针的指针变量。

定义一个指向指针的指针变量的一般形式如下。

类型名 *（* 变量名);

例如:

```
int * ( * p);
```

或者

```
int ** p;                        //括号可以省略
```

C++语言中 * 运算符的结合性是从右到左,因此 int *（* p)可写成 int ** p。

【例 6-10】 采用指针数组和指向指针的指针变量对 5 个字符串进行排序和输出。

编写程序

```
1   # include < iostream >
2   using namespace std;
3   const int MAXSIZE = 100;
4   int main()
5   {void sort(char * name[ ],int n);
6    void print(char * name[ ],int n);
7    int i,n = 5;
```

```
8    char * name[5];
9    char str[5][MAXSIZE];
10   cout <<"输入"<< n <<"行字符串: "<< endl;
11   for(i = 0;i <= n - 1;i++) {cin >> str[i];name[i] = str[i];}
12   sort(name,n);
13   print(name,n);
14   return 0;
15  }
16  void sort(char * name[ ],int n)
17  {char * temp, ** k;
18   int i,j;
19   for(i = 0;i <= n - 2;i++)
20   {    k = name;
21        for(j = i + 1;j <= n - 1;j++,k++)
22            if (strcmp( * k, * (k + 1))> 0 ) {temp = * k; * k = * (k + 1); * (k + 1) = temp;}}
23  }
24  void print(char * name[ ],int n)
25  {char ** k = name;
26      int i;
27  for(i = 0;i <= n - 1;i++,k++) cout << * k << endl;
28  }
```

运行结果

输入 5 行字符串:
shanghai
beijing
chengdu
chongqing
guangzhou
排序结果:
beijing
chengdu
chongqing
guangzhou
shanghai

思考拓展

执行下列程序,并写出程序运行结果。

```
# include < iostream >
using namespace std;
int main( )
{char ** p;
 char * name[] = {"shanghai","beijing","chengdu","chongqing"," guangzhou"};
 p = name + 4;
 cout <<( * p + 1)<< endl;
 cout << * ( * p + 2)<< endl;
 cout << name[1]<< endl;
```

```
cout << * name[1]<< endl;
cout << &name[1]<< endl;
  return 0;
}
```

6.7 指向函数的指针

指针变量不仅可以指向某个数据类型、数组,还可以指向一个函数。因为一个函数在编译时被分配一个入口地址,这个函数的入口地址称为函数的指针。

定义指向函数的指针变量的一般形式如下。

函数类型 (* 变量名)(函数形参表);

【例6-11】 定义指向 fun 函数的指针变量 p,通过指针变量 p 调用 fun 函数。程序功能是计算到期的本息和。

编写程序

```
1   # include < iostream >
2   using namespace std;
3   int main()
4   {double je, year, rate;
5     cout <<"输入存款本金,年数,存款年利率: ";
6     cin >> je >> year >> rate;
7     double fun(double, double, double);
8     double ( * p)(double, double, double);        //定义一个双精度的指向函数的指针变量
9     p = fun;                                      //将 fun 函数的入口地址赋予指针变量 p
10    cout <<"到期本金利息和:"<< p(je, year, rate)<< endl;   //通过指针变量 p 调用 fun 函数
11    return 0;
12  }
13    double fun(double je, double year, double rate)
14    {return je * (1 + year * rate);}
15  }
```

运行结果

输入存款本金,年数,存款年利率: 10000　3　0.0425↙
到期本金利息和:11275

6.8 用结构体类型的指针变量和引用作为函数参数

6.8.1 指向结构体变量的指针

一个结构体变量的指针是该变量所占据的内存段的起始地址。可以设定一个指针变量用来指向一个结构体变量,该指针变量的值是结构体变量的起始地址。指针变量也可

以用来指向结构体数组中的元素。

例如：

```
struct employee
{int eid;
  int salary;};
employee e1, * p = &e1;
```

表示结构体变量成员的三种方式如下。

(1) 结构体变量. 成员名。例如：e1. eid 或 e1. salary。

(2) (* p). 成员名。例如：(* p). eid 或(* p). salary。

(3) p—>成员名。例如：p—> eid 或 p—> salary。

6.8.2 应用示例

【例 6-12】 结构体类型的指针变量或引用作为函数参数进行传递，调用函数计算数据且输出。

编写程序

```
1   # include < iostream >
2   using namespace std;
3   struct employee
4   {int eid;
5     int salary;};
6   void fun(employee &e1,employee * e2)
7   {e1. salary = e1. salary + 500;
8     e2 - > salary = e2 - > salary + 900;}
9   int main()
10  {employee e1 = {1001,6500}, * e = &e1;
11   employee e2 = {1002,7800};
12   fun(e1,&e2);
13   cout <<"employee1 salary:"<<( * e). salary << endl;
14   cout <<"employee1 salary:"<< e - > salary << endl;
15   cout <<"employee1 salary:"<< e1. salary << endl;
16   cout << endl;
17   cout <<"employee2. salary:"<< e2. salary << endl;
18   return 0;
19  }
```

运行结果

```
employee1 salary:7000
employee1 salary:7000
employee1 salary:7000

employee2. salary:8700
```

6.9 链表结构

6.9.1 链表的概念

链表是一种常见的重要数据结构,本节讨论的是单向链表。链表有一个"头指针"变量,一般以 head 表示,它存放一个地址,该地址指向一个结构体元素,链表中的每一个元素称为"结点",每个结点一般包括两部分:第一部分为用户需要用的实际数据;第二部分为下一个结点的地址。head 指向第 1 个元素,在第 1 个元素中存放了第 2 个元素的地址,第 1 个元素指向第 2 个元素。同理,第 2 个元素指向第 3 个元素……直到最后一个元素。最后一个元素不再指向其他元素,称为"表尾",它的地址部分放一个"NULL"("空地址")表示链表到此结束。链表中各元素在内存中的存储单元可以是不连续的,要找到某一元素,从头元素开始,先找到头元素,根据它提供的下一元素地址找到下一个元素,这就构成了一个"链"。单向链表表示从链表头元素按顺序找到末元素。这种链表的数据结构必须利用结构体变量和指针才能实现。在结构体声明中可以声明一个结构体类型,包含两种成员,一个是用户需要用的实际数据,另一个是用来存放下一结点地址的指针变量。本节示例中使用"结点"这个习惯称谓来表示链表中的链表"元素"。

例如,设计一个结构体类型,如图 6.9 所示。

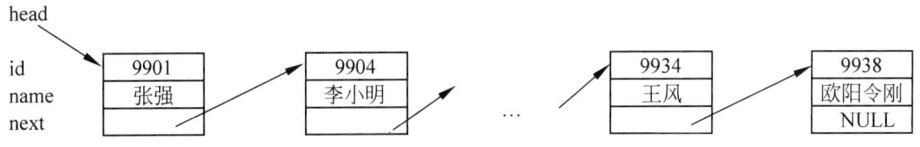

图 6.9 employee 结构体数据类型的链表示意图

```
struct employee
{int id;
 string name;
 employee * next;
};
```

其中成员 id 和 name 是用户使用的数据,next 是指向下一个 employee 结构体类型结点的指针变量,存放的是下一个结点的地址。

6.9.2 使用 new 和 delete 运算符进行动态分配和撤销存储空间

C++语言提供了运算符 new 和 delete 来进行动态分配存储空间和撤销存储空间,new 和 delete 是运算符而不是函数,因此执行效率高。为了与 C 语言兼容,C++仍然保留 malloc 和 free 函数,但在 C++语言中更多地使用 new 和 delete 运算符。

new 运算符使用的一般形式如下。

new **类型** [初值];

说明:用 new 分配数组空间时不能指定初值。如果由于内存不足等原因而无法正常分配空间,则 new 会返回一个空指针 NULL,用户可以根据该指针的值判断分配空间是否成功。

delete 运算符使用的一般形式如下。

delete　　指针变量;

或

delete　[ ]　指针变量;

例如:

```
struct employee
{int id;
  string name;
employee * next;
};
employee * p;
p = new employee;              //用 new 运算符开辟一个存放 employee 型数据的空间,把地址赋给 p
p -> id = 9901;                //向结构体变量的成员赋值
p -> name = "Li qiang";
delete p;                      //撤销该空间
```

程序声明一个结构体类型 employee,并没有定义结构体变量,而是定义了一个基类型为 employee 的指针变量 p。用 new 开辟一段内存空间以存放一个 employee 类型的数据。空间的大小由系统根据 employee 自动算出,不必用户指定。执行 new 得到一个指向 employee 类型的指针,即所开辟空间的起始地址,把它赋给指针变量 p。虽然没有定义结构体变量,没有变量名,但是可以通过指针变量 p 来访问该空间。也可以对该空间中各成员赋值和输出各成员的值。最后用 delete 撤销该空间。

使用 new 可以认为是对一个无名字的结构体变量进行操作。

6.9.3　链表示例

【例 6-13】　链表动态生成,并且输出链表中的结点,如图 6.10 所示。

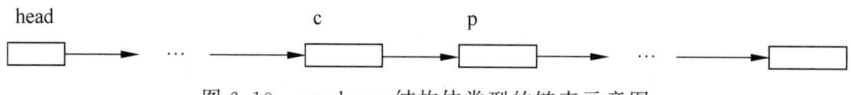

employee		
eid	name	salary
int	string	float
工号	姓名	薪金

图 6.10　employee 结构体类型的链表示意图

程序功能要求如下。

(1) 在函数外声明结构体类型 employee。

(2) 在 main 函数中调用相应的函数完成下列四个功能的操作。

① input 函数功能,用于输入 n 个雇员信息(结点)的动态链表。在 main 函数中通过调用 print 函数输出整个新链表。

② print 函数功能,根据头指针,用于输出从头指针开始的整个链表。在 main 函数中通过调用 print 函数输出整个链表的值。

③ insert 函数功能:从键盘输入一个动态新结点,必须插入在倒数第 1 个结点之前,作为倒数第 2 个结点。在 main 函数中通过调用 print 函数输出整个新链表。

④ swaphead 函数功能:将原链表的第 1 个结点与第 2 个结点互换形成新链表。在 main 函数中通过调用 print 函数输出整个新链表。

编写程序

```
1   # include < iostream >
2   # include < string >
3   using namespace std;
4   struct employee
5   { int eid;
6     string name;
7     float salary;
8     struct employee * next;
9   };
10  int main()
11  {   employee * head;
12      employee * input(void);
13      void print(employee * );
14      void insert(employee * );
15      employee * swaphead(employee * );
16      head = input();
17      cout <<"输出: n 个结点的链表"<< endl;
18      print(head);
19      insert(head);
20      cout <<"输出: 插入在倒数第 1 个之前位置新结点的链表"<< endl;
21      print(head);
22      head = swaphead(head);
23      cout <<"输出: 第 1 个结点与第 2 个结点互换后的链表"<< endl;
24      print(head);
25      return 0;
26  }
27  employee * input(void)
28  { int i,n;
29   employee * head, * p, * x;
30   cout <<"输入一个正整数 n: ";
31   cin >> n;
32   for( i = 0; i <= n - 1; i++)
33   { cout <<"输入第"<< i + 1 <<"个雇员(结点):";
34     x = new employee;
35     cin >> x - > eid >> x - > name >> x - > salary;
36     x - > next = NULL;
```

```
37    if (i == 0) {head = x; p = head;}
38    else {p -> next = x; p = p -> next;}
39    }
40    return head;
41    }
42    void print(employee * p)
43    {employee * head;
44    head = p;
45    while(p!= NULL)
46    {   cout << p -> eid <<","<< p -> name <<","<< p -> salary << endl;
47        p = p -> next;}
48    }
49    void insert(employee * p)
50    {employee * head, * x, * c;
51    head = p;
52    while (p -> next!= NULL) {c = p; p = p -> next;}
53    cout <<"输入一个新结点数据:";
54    x = new employee;
55    cin >> x -> eid >> x -> name >> x -> salary;
56    x -> next = NULL;
57    c -> next = x; x -> next = p;
58    }
59    employee * swaphead(employee * p)
60    {employee * head, * c;
61    head = p -> next;
62    c = head -> next;
63    head -> next = p;
64    p -> next = c;
65    return head;
66    }
```

运行结果

```
输入一个正整数 n: 5
输入第 1 个雇员(结点):101 李华 12500
输入第 2 个雇员(结点):103 张小丽 9800
输入第 3 个雇员(结点):104 李强 11200
输入第 4 个雇员(结点):105 顾杭 14560
输入第 5 个雇员(结点):108 崔华 7500
输出：n 个结点的链表
101,李华,12500
103,张小丽,9800
104,李强,11200
105,顾杭,14560
108,崔华,7500
输入一个新结点数据:107 王刚 8900
输出：插入在倒数第 1 个之前位置新结点的链表
101,李华,12500
103,张小丽,9800
```

104,李强,11200

105,顾杭,14560

107,王刚,8900

108,崔华,7500

输出：第 1 个结点与第 2 个结点互换后的链表

103,张小丽,9800

101,李华,12500

104,李强,11200

105,顾杭,14560

107,王刚,8900

108,崔华,7500

程序分析

程序第 34 行 x＝new employee；表示变量没有用标识符命名也可以在程序中被操作，使用 new 命令按照结构体 employee 所需字节在内存中获取一个内存空间来创建无标识符的变量。但在程序中使用这个无变量名的空间中相应数据时，通过指针变量的间接访问来实现。通过结构体指针变量 x—＞eid、x—＞name、x—＞salary 或（＊x).eid、（＊x).name、（＊x).salary 来表示获取这个无变量名的工号、姓名、薪金等数据。

对于整型等无标识变量，使用指针变量并且 new 命令进行操作。

例如：定义整型指针变量 p，但没有定义整型变量名来标识，通过操作符 new 获得内存地址，使用指针的间接访问来修改数据。

```
# include < iostream >
using namespace  std;
int main()
{
int * p;
p = new int;
cout <<"请输入 :";
cin >> * p;
 * p = * p + 1;
cout << * p << endl;
return 0;
}
```

运行结果

请输入:5

6

此例中操作符 new 生成一个整型的无名变量，返回指向无名变量的指针存放在变量名为 p 的整型指针变量中。

【例 6-14】 编写程序，实现程序编写 5 个函数，分别用于：

（1）创建动态链表；

（2）统计薪金超过 10 000 雇员的人数；

（3）计算雇员平均薪金；

（4）将第 1 个雇员结点与最后一个雇员结点互换；

（5）输出链表。

在主函数中调用以上 5 个函数，并且输出薪金超过 10 000 雇员的人数和雇员平均薪金。

编写程序

```
1   # include < iostream >
2   # include < string >
3   using namespace std;
4   struct employee
5   {int   eid;
6    string name;
7    float salary;
8    employee * next;
9   };
10  int main()
11  {employee * input();
12   void print(employee * );
13   employee * head;
14   head = input();
15   print (head);
16   int countfun(employee * );
17   float avgfun(employee * );
18   employee * swapfun(employee * );
19   cout <<"薪金超过 10000 的雇员人数：= "<< countfun(head)<< endl;
20   cout <<"雇员平均薪金：= "<< avgfun(head)<< endl;
21   print(swapfun(head));
22  return 0;
23  }
24  employee * input()
25  {employee * h, * p, * c;
26   int n;
27   cout <<"输入 n:";
28   cin >> n;
29   int i;
30   for(i = 1;i < = n;i++)
31   {cout <<"输入第"<< i <<"个(结点)雇员的数据:";
32    p = new employee;
33    cin >> p -> eid >> p -> name >> p -> salary;
34    p -> next = NULL;
35    if (i == 1) {h = p;c = p;}
36    else {c -> next = p;c = p;}
37   }
38   return h;
39  }
40  void print(employee * p)
41  {employee * h;
```

```
42   h = p;
43   while (p!= NULL)
44   {cout << p -> eid <<","<< p -> name <<","<< p -> salary << endl;
45   p = p -> next;}
46  }
47   int countfun(employee * p)
48   {int count = 0;
49     while (p!= NULL)
50     {if (p -> salary > 10000) count++;
51      p = p -> next;
52     }
53     return count;
54    }
55  float avgfun(employee * p)
56  {int sum = 0, count = 0;
57    while (p!= NULL)
58    {sum += p -> salary;count++;p = p -> next;}
59    return float(sum)/float(count);
60  }
61  employee * swapfun(employee * p)
62  {employee * h, * c;
63    h = c = p;
64    while (p -> next!= NULL) {c = p;p = p -> next;}
65    p -> next = h -> next;
66    h -> next = NULL;
67    c -> next = h;
68    h = p;
69    return h;
70  }
```

运行结果

输入 n:5
输入第 1 个(结点)雇员的数据:101 李华 12500
输入第 2 个(结点)雇员的数据:103 张小丽 9800
输入第 3 个(结点)雇员的数据:104 李强 11200
输入第 4 个(结点)雇员的数据:105 顾杭 14560
输入第 5 个(结点)雇员的数据:108 崔华 7500
101,李华,12500
103,张小丽,9800
104,李强,11200
105,顾杭,14560
108,崔华,7500
薪金超过 10000 的雇员人数：= 3
雇员平均薪金：= 11112
108,崔华,7500
103,张小丽,9800
104,李强,11200
105,顾杭,14560

101,李华,12500

【例 6-15】 编写程序,实现下列函数:

(1) 生成 n 个结点的动态链表的函数;

(2) 插入链表结点的函数;

(3) 删除链表结点的函数;

(4) 更新链表结点数据的函数;

(5) 输出链表结点的函数。

在主函数中调用以上 5 个函数实现上述程序功能。

编写程序

```
1   # include < iostream >
2   # include < string >
3   using namespace std;
4   struct employee
5   {int   eid;
6    string   name;
7    float   salary;
8    employee * next;
9   };
10  int main()
11  {employee * input();
12   void print(employee * );
13   employee * head;
14   head = input();
15   print(head);
16  employee * insertfun(employee * );
17   employee * deletefun(employee * );
18   void updatefun(employee * );
19   head = insertfun(head);
20   print(head);
21  head = deletefun(head);
22   print(head);
23  updatefun(head);
24   print(head);
25  return 0;
26  }
27  employee * input()
28  {employee * h, * p, * c;
29   int n;
30   cout <<"输入 n:";
31   cin >> n;
32   int i;
33   for(i = 1;i < = n;i++)
34   {cout <<"输入第"<< i <<"个(结点)雇员的数据:";
35    p = new employee;
36    cin >> p - > eid >> p - > name >> p - > salary;
```

```
37    p -> next = NULL;
38    if (i == 1) {h = p; c = p;}
39    else {c -> next = p; c = p;}
40    }
41    return h;
42  }
43  void print(employee * p)
44  {employee * h;
45    h = p;
46    while (p != NULL)
47    {cout << p -> eid << ","<< p -> name << ","<< p -> salary << endl;
48    p = p -> next;}
49  }
50  employee * insertfun(employee * p)
51    {employee * c, * x, * h = p;
52    x = new employee;
53    cout <<"输入插入雇员的工号、姓名、薪金: ";
54    cin >> x -> eid >> x -> name >> x -> salary;
55    while (x -> eid >= p -> eid && p -> next != NULL) {c = p; p = p -> next;}
56    if (x -> eid < p -> eid)
57      if (h == p) {x -> next = h; h = x;}
58      else {c -> next = x; x -> next = p;}
59    else {p -> next = x; x -> next = NULL;}
60    return h;
61    }
62    employee * deletefun(employee * p)
63    {employee * c, * h = p;
64      int num;
65      cout <<"输入要删除的雇员工号:";
66      cin >> num;
67      while (num != p -> eid && p -> next != NULL) {c = p; p = p -> next;}
68      if (num == p -> eid)
69        if (h == p) {h = h -> next;}
70        else {c -> next = p -> next;}
71      else {cout <<"找不到!"<< endl;}
72    return h;
73    }
74  void updatefun(employee * p)
75    {employee * c, * h = p;
76      int num;
77      cout <<"输入要更新数据的雇员工号:";
78      cin >> num;
79      while (num != p -> eid && p -> next != NULL) {c = p; p = p -> next;}
80      if (num == p -> eid) {cout <<"输入姓名和薪金";cin >> p -> name >> p -> salary;}
81      else {cout <<"找不到!"<< endl;}
82  }
```

运行结果

```
输入 n:5
输入第1个(结点)雇员的数据:101 李华 12500
输入第2个(结点)雇员的数据:103 张小丽 9800
输入第3个(结点)雇员的数据:104 李强 11200
输入第4个(结点)雇员的数据:105 顾杭 14560
输入第5个(结点)雇员的数据:108 崔华 7500
101,李华,12500
103,张小丽,9800
104,李强,11200
105,顾杭,14560
108,崔华,7500
输入插入雇员的工号、姓名、薪金: 107 王刚 8900
101,李华,12500
103,张小丽,9800
104,李强,11200
105,顾杭,14560
107,王刚,8900
108,崔华,7500
输入要删除的雇员工号:104
101,李华,12500
103,张小丽,9800
105,顾杭,14560
107,王刚,8900
108,崔华,7500
输入要更新数据的雇员工号:105
输入姓名和薪金顾杭国 15559
101,李华,12500
103,张小丽,9800
105,顾杭国,15559
107,王刚,8900
108,崔华,7500
```

6.10　综合实例

【例6-16】　编写程序,从键盘输入 n 个英文句子(含有空格的字符串),逐行输出每个英文句子、此英文句子中的单词数目以及此英文句子中所有的单词。说明:单词之间用空格分隔,英文句子不能用空格结束。

编程提示

声明一个名为 line 的结构体类型,成员数据类型如下所示。

```
struct line
{string    sentence;
 line * next;
};
```

　　结构体成员 sentence 是 string 类型,用于存放英文句子(可含有空格的整个字符串)中所有字符,结构体成员 next 是 line 类型,存放指向单词的指针。定义：全局变量 line str[100];str 数组存放英文句子和指针,int 整型变量 n 存放英文句子总数目。string word[100];word 数组存放一个英文句子中的所有单词,int 整型变量 count 存放一个英文句子中单词的数目。在主函数中声明和调用函数 input(),createlink(),filterword(),print()。input 函数从键盘输入 n 个英文句子(含有空格和英文单词)的字符串字符分别放置到 string 类型的名为 sentence 的成员中；声明和调用函数 filterword() 从每个英文句子字符串中取出单词放置到 string 类型的 word 数组中；在函数 filterword() 中调用函数 createlink(),根据一个英文句子的单词数目以及 word 数组中的此句子的所有单词创建此英文句子所属单词的动态链表,并且将该链表的首地址写入 str 数组中。声明和调用 print 函数逐行输出每个英文句子、此英文句子中单词数目以及此英文句子中所有的单词。

编写程序

```
1   # include < iostream >
2   # include < string >
3   using namespace std;
4
5   struct line
6   {string sentence;
7     line * next;
8   };
9
10  line str[100];
11  int n;
12  string word[100];
13  int count = 0;
14
15  int main()
16  {void input();
17   void print();
18   line * createlink(int count);
19   void filterword();
20   input();
21   filterword();
22   print();
23   return 0;
24  }
25
26  void input()
27  {cout <<"输入 n:";
28   cin >> n;
29   char x;
30   getchar();
31   int i;
```

```
32  for(i = 0;i <= n − 1;i++)
33  {cout <<"输入第"<< i + 1 <<"个英文句子(允许空格的字符串):";
34    while((x = getchar())!= '\n') str[i].sentence = str[i].sentence + x;
35  }
36  }
37
38  line * createlink(int count)
39  {line * h, * p, * c;
40    int k;
41    for(k = 0;k <= count;k++)
42      {p = new line;
43      p −> sentence = word[k];
44      p −> next = NULL;
45      if (k == 0) {h = p;c = p;}
46      else {c −> next = p;c = p;}
47    }
48    return h;
49  }
50
51  void filterword()
52  {int i, j, count = 0;
53    for(i = 0;i <= n − 1;i++)
54    {//filter word
55        bool flag = false;
56        count = 0;
57    for(j = 0;j <= 99;j++) word[j] = "";
58    for(j = 0;str[i].sentence[j]!= '\0';j++)
59      if (str[i].sentence[j] == ' ') {if (flag) {count++;flag = false;}
60                                       else continue;}
61      else {word[count] = word[count] + str[i].sentence[j];flag = true;}
62      //create link
63      str[i].next = createlink(count);
64    }
65  }
66
67  void print()
68  {int i, j, num;
69    line * p;
70    for(i = 0;i <= n − 1;i++)
71    {cout << str[i].sentence <<"句子中的单词是:";
72      p = str[i].next;
73      num = 0;
74      while (p!= NULL)
75      {cout << p −> sentence <<"/";
76        num++;
77        p = p −> next;}
78      cout <<"单词个数是:"<< num << endl;
79    }
80  }
```

运行结果

(数据仅供参考)：

运行程序结果如下(数据仅供参考)：

输入 n:4

输入第 1 个英文句子(允许空格的字符串):How are you

输入第 2 个英文句子(允许空格的字符串):I am sick

输入第 3 个英文句子(允许空格的字符串):Feel better soon

输入第 4 个英文句子(允许空格的字符串):Thank you

How are you 句子中的单词个数是：3 个,其中的单词是：How/are/you/

I am sick 句子中的单词个数是：3 个,其中的单词是：I/am/sick/

Feel better soon 句子中的单词个数是：3 个,其中的单词是：Feel/better/soon/

Thank you 句子中的单词个数是：2 个,其中的单词是：Thank/you/

【例 6-17】 改革开放以来,中国高速铁路(China Railway High-speed)简称中国高铁,指中国境内建成使用的高速铁路是当代中国重要的一类交通基础设施。中国高铁经历了从少到多、从追赶到领跑的发展过程。至 2019 年年底,中国高速铁路营业总里程达到 3.5 万千米,居世界第一。目前,中国高铁正进入广泛应用云计算、大数据、互联网、移动互联、人工智能、北斗导航等新技术,实现高铁移动设备、基础设施以及内外部环境之间信息全面感知、广泛互联、融合处理、主动学习和科学决策的智能高铁发展新阶段。

问题描述

为春节旅客出行增加运输能力,铁路局决定在京沪线增加一列从上海至北京的高铁列车,调度员需调度多个高铁车厢连接成一列高铁列车,对每个高铁列车所属车厢进行管理。

要求：编写程序,创建一个具有车厢出厂编号(crid 字符串型)为结点数据的单向链表,按从头到尾次序输出这列高铁列车的车厢出厂编号。

编写程序

```
1   # include < iostream >
2   # include < string >
3   using namespace std;
4   struct CRH
5   {string crid;
6     CRH * next;
7   };
8
9   int main()
10  {CRH * input();
11   void print(CRH * );
12   CRH * head;
13   head = input();
14   print (head);
15   return 0;
16  }
17
```

```
18 CRH * input()
19 {CRH * h, * p, * c;
20   int n;
21   cout <<"输出 G02 高铁列车所需的车厢数:";
22   cin >> n;
23   int i;
24   for(i = 1;i <= n;i++)
25   {cout <<"输入第"<< i <<"个车厢出厂编号:(crid):";
26    p = new CRH;
27    cin >> p -> crid;
28    p -> next = NULL;
29    if (i == 1) {h = p;c = p;}
30    else {c -> next = p;c = p;}
31   }
32   return h;
33 }
34
35 void print(CRH * p)
36 {cout <<"按从头到尾次序输出 G02 次高铁列车的车厢出厂编号:"<< endl;
37 while (p!= NULL)
38  {cout << p -> crid << endl;
39  p = p -> next;}
40 }
```

运行结果

(数据仅供参考):
输出 G02 高铁列车所需的车厢数:5
输入第 1 个车厢出厂编号:(crid):cr101
输入第 2 个车厢出厂编号:(crid):cr999
输入第 3 个车厢出厂编号:(crid):cr333
输入第 4 个车厢出厂编号:(crid):cr405
输入第 5 个车厢出厂编号:(crid):cr778
按从头到尾次序输出 G02 次高铁列车的车厢出厂编号:
cr101
cr999
cr333
cr405
cr778

【例 6-18】 为春节旅客出行增加运输能力,铁路局决定在京沪线增加一列从上海至北京的高铁列车,调度员需调度多个高铁车厢连接成一列高铁列车,对每个高铁列车所属车厢进行管理。

要求:编写程序,创建一个具有车厢出厂编号(crid 字符串型)为结点数据的双向链表,按从头到尾次序输出这列高铁列车的车厢出厂编号,并且按照从尾到头次序输出这列高铁列车的车厢出厂编号。

编写程序

```
1   # include < iostream >
2   # include < string >
3   using namespace std;
4
5   struct CRH
6   { CRH * previous;
7     string crid;
8    CRH * next;
9   };
10  CRH * head, * end;
11
12  int main()
13  {void input();
14   void print1(CRH * );
15   void print2(CRH * );
16   head = new CRH;
17   end = new CRH;
18   input();
19   print1(head);
20   print2(end);
21   return 0;
22  }
23
24  void input()
25  {CRH * p, * c;
26   int n;
27   cout <<"输出 G02 高铁列车所需的车厢数:";
28   cin >> n;
29   int i;
30   for(i = 1;i < = n;i++)
31   {cout <<"输入第"<< i <<"个车厢出厂编号:(crid):";
32    p = new CRH;
33    cin >> p - > crid;
34    p - > previous = NULL;
35    p - > next = NULL;
36    if (i == 1) {head = p;c = p;end = p;}
37    else {c - > next = p;p - > previous = c;c = p;end = p;}
38   }
39  }
40
41  void print1(CRH * p)
42  {cout <<"按从头到尾次序输出 G02 次高铁列车的车厢出厂编号:"<< endl;
43  while (p!= NULL)
44   {cout << p - > crid << endl; p = p - > next;}
45  }
46
47  void print2(CRH * p)
```

```
48 {cout <<"按从尾到头次序输出 G02 次高铁列车的车厢出厂编号:"<< endl;
49 while (p!= NULL)
50  {cout << p - > crid << endl;p = p - > previous;}
51 }
```

运行结果

(数据仅供参考) :
输出 G02 高铁列车所需的车厢数:5
输入第 1 个车厢出厂编号:(crid):cr101
输入第 2 个车厢出厂编号:(crid):cr999
输入第 3 个车厢出厂编号:(crid):cr333
输入第 4 个车厢出厂编号:(crid):cr405
输入第 5 个车厢出厂编号:(crid):cr778
按从头到尾次序输出 G02 次高铁列车的车厢出厂编号:
cr101
cr999
cr333
cr405
cr778
按从尾到头次序输出 G02 次高铁列车的车厢出厂编号:
cr778
cr405
cr333
cr999
cr101

本章小结

　　根据内存单元的地址可以找到所需要的内存单元来对内存单元的内容进行操作,通常把这个地址称为指针。在程序中定义了一个变量,在编译时系统根据变量的数据类型给变量分配若干字节,分配一定长度的存储空间。编译系统则通过记住地址来对内存空间中的内容进行读写存取操作。

　　使用指针作为函数参数传递的是地址。指针变量作为函数参数在形参和实参之间传递,依然要执行"实参变量和形参变量之间传递是单向的方式"规定。即使传递了实参的地址,但没有在被调用函数中使用指针运算符(＊)运算,实参中的变量值仍不能被改变。

　　引用是某个变量的"别名",对引用的操作与对变量直接操作效果完全相同。引用作为函数形参是地址传递方式,在被调用函数中使用引用作参数,在调用此函数时,将实参变量地址传递给形参作为别名使用,实现了在被调函数中对形参变量的操作,是对其传递的主调函数中实参变量的操作。

　　本章介绍了指针、指针函数、指针数组及指向指针的指针,还介绍了指向函数的指针、结构体类型指针变量的概念和操作。

　　链表是一种常见的重要数据结构,链表结构是结构体类型的一种常用的数据结构表现形式。

思考题

1. 什么是指针？什么是引用？
2. 函数间的值传递与址传递有什么区别？
3. 函数指针与返回指针值的函数有什么区别？
4. 指针数组与数值数组有什么区别？
5. $*p++$ 与 $(*p)++$ 有什么不同？
6. char a, $*p=\&a$;语句中变量 a 和指针变量 p 各占几字节？
7. 使用 4 字节来表示内存地址，例如，写成 0012FF00 等。下列定义变量且初始化语句执行后 p1,p2,p3 三个指针变量在内存中各占几字节？

```
char a[20] = "C++Program.", * p1 = a;
int   b = 1, * p2 = &b;
double c = 12.45, * p3 = &c;
```

练习题

1. 在 main 函数中输入两个数值并赋予变量 a 与变量 b。编写一个函数，要求变量 a 和变量 b 进行自加，将自加后的结果返回到 main 函数并输出，这个函数的形参为指针变量。

2. 在 main 函数中输入两个数值并赋予变量 a 与变量 b。编写一个函数，要求变量 a 和变量 b 进行自加，将自加后的结果返回到 main 函数并输出，这个函数的形参为变量的引用。

3. 在 main 函数中建立一个数组存放若干学生的成绩，并设置变量 avgscore（平均分）、maxscore（最高分）、minscore（最低分）分别用于存放相应的统计数据，将此数组按址传递给 sortscore 函数，sortscore 函数对成绩进行降序排列，并计算出平均分、最高分、最低分，直接修改 main 函数中统计成绩的变量的值，但不能直接输出数据，在 main 函数中输入数据且输出数据。

4. 使用 string 数据类型的指针数组的方法完成 N 个字符串（注意：字符串中含有空格）的排序与输出。

5. 使用指向指针的指针的方法完成 N 个字符串（注意：字符串中含有空格）的排序与输出。

6. 从键盘输入一个字符串（注意：字符串中含有空格），使用字符型数组和字符型指针来实现程序的功能，统计且输出字符串中字母的数量。

7. 编写 createlink 的函数，要求函数功能是创建一个动态链表，各结点用于存放学生的学号、姓名、成绩等数据。整个动态链表具有 N 个结点，各结点的数据从键盘输入。编写 printlink 的函数，要求函数功能是从头结点开始到末结点输出整个链表中及格（成绩大于或等于 60）的学生结点数据。在 main 函数中完成结构体类型的定义及函数的调用。

8. 编写 createlink 的函数,要求函数功能是创建一个动态链表,各结点用于存放学生的学号、姓名、性别等数据。编写 print 函数,输出整个链表;编写 deletenote 函数,从链表中删除倒数第 2 个链表结点。

9. 编写 createlink 的函数,要求函数功能是创建一个动态链表,各结点用于存放学生的学号、姓名、性别等数据。编写 print 函数输出整个链表;编写 malelink 函数,从原链表中整理出性别(sex)为男(M)的链表。说明:sex 值为 M 表示男生,sex 值为 F 表示女生。

第2部分　面向对象程序设计

第 **7** 章

类 和 对 象

前面几章介绍的程序设计方法属于面向过程(Procedure Oriented)的程序设计方法,之后几章内容我们将描述面向对象的程序设计方法。在面向对象程序设计中,对象是程序设计的核心,所有操作都是以对象为基础。创建对象,首先需要创建类,而创建类的工作又是面向对象程序设计最主要的工作。

7.1 从面向过程到面向对象

面向过程的程序设计方法的显著特点是首先构思出程序的任务,再按自顶向下的方法分解出一组子任务,从而完成程序的设计。为了完成一个个子任务,通常是设计一个个函数来完成任务,所有函数是公用的,每个任务(函数)都可以调用其他函数,程序任务所需要的主要数据往往也定义为公用的,数据能被多个函数调用。程序设计者必须考虑每个细节,当程序规模膨胀,操作量增多时,程序设计者往往感到难以应付。

传统的编程方式不利于程序的扩展,非常不灵活。例如,采用传统的编程方式来描述一个农民张三。张三是 A 村的农民,他早上 7 点出门务农,下午 6 点回家,一天吃三顿饭⋯⋯实现这样一种描述并不困难,但如果要在程序中描述另外一个人李四,他是 B 村的农民,早上 9 点出门务农,下午 5 点回家⋯⋯对于这种差别的处理需要大量的重复代码。另外,如果张三原来是手工的方式务农,现在改成机械化方式务农,那么代码中的部分单元将会大面积地改动。

为了解决这些问题,便提出了面向对象的设计方法。"对象(Object)"的概念是面向对象技术的核心所在,客观世界中任何一个事物都可以看成一个对象。对象是任何我们可以想象出来的具体的物体。单词 Object 更为直观的翻译应该是物体。世界就是由各种物体组成的,如一辆汽车、一个人、一个杯子等,这些都可以看作对象。

任何一个对象应当具有这两类要素,即属性(attribute)和行为(behavior)。属性可以理解为对象的尺寸大小等特征值,行为可以理解为其根据外界给的信息进行相应的操作。一般来说,凡是具备属性和行为这两类要素的事物,都可以作为对象。

在一个系统中的多个对象之间通过一定的渠道相互联系。要使某一个对象实现某一种行为(即操作),应当向它传送相应的消息。对象之间通过发送和接收消息相互联系。

面向对象的程序设计的思路和人们日常生活中处理问题的思路相似。例如,你所拥有的一部移动电话,它是现实世界中的一个实体,它由天线、发射部件、接收部件、显示屏、专用集成电路芯片及外壳组成;它有着其实在的功能,可以打电话、发短消息、存储、输入和编辑各种信息,还可以上网。这样一个实体可以在计算机世界中映射为一个对象(电话对象)。

在设计汽车的过程中,分别设计和制造发动机、底盘、车身和车轮,最后把它们组装在一起。用户使用时,只需触发某个元件,带动其他部分元件工作,使各部分之间协调工作,完成用户要求的动作。这样一个个部件实体可以在计算机世界中映射为一个个对象(发动机对象、底盘对象等),对象之间协调工作映射为对象之间的发送和接收消息。

面向对象的程序设计方法采用由用户或系统触发来驱动程序的机制,设计人员不必考虑程序执行的精确顺序,只需构造一个个的对象,赋予每个对象特定属性特征和行为能力。因为对象是一个有行动能力的物体,为了完成某项任务,只要向对象发出命令(或称发送消息),告诉对象做什么,对象就能够自己去完成既定的任务。对象之间通过发送和接收消息相互联系,构筑成一个整体。

7.2 对象和类之间的关系

"对象"的概念是面向对象技术的核心。对象相当于一个结构体变量。结构体变量只关联数据,如某结构体变量(学生)的学号是 2016114225,姓名是唐玄奘,综合成绩 98 分等。对象除了关联相应的数据(俗称对象的属性)之外,还可以关联函数(俗称对象的行为或方法)。

【例 7-1】 文件写入和读取程序。

问题描述

为了实现文件写入和读取,创建一个对象,让该对象打开文件,并且向文件写入数据(或文字)然后关闭该文件;可以再创建一个对象,让该对象打开文件,并且读取数据(或文字)然后关闭该文件。

编写程序

```
1   # include < iostream >
2   # include < fstream >
3   using namespace std;
4   # include < string >
5   int main()
6   {
```

```
7      string s1,s2;
8      ifstream finObj;
9      ofstream foutObj;
10     foutObj.open("file1.txt");
11     foutObj <<"Hello world!";
12     foutObj.close();
13     finObj.open("file1.txt");
14     finObj >> s1 >> s2;
15     finObj.close();
16     cout << s1 << s2 << endl;
17     return 0;
18 }
```

运行结果

Helloworld!

该程序运行后的结果是在当前目录创建一个 file1.txt 文件并写入"Hello world!"字符串;打开该文件读取字符串"Hello"并赋值于变量 s1,读取字符串"world!"并赋值于变量 s2;最后显示器显示"Helloworld!"。

该程序中 foutObj 和 finObj 是两个对象,都关联了名为 open 的函数,之所以采用这种表示方法,因为 foutObj 对象关联的 open 函数有别于 finObj 对象关联的 open 函数。前者是打开文件以便输出,后者打开文件以便输入。之所以为两个函数取同一个名字,正是因为它们在直觉上有一些共同之处,它们都"打开文件",然而是不同的函数。编译器遇到名为 open 的函数的调用时,编译器通过查看圆点之前的对象名称(foutObj 或 finObj)来判断所指的函数是哪一个。

与对象关联的函数称为成员函数(member function),例如,一个 open 是 foutObj 对象的成员函数,另一个 open 是 finObj 对象的成员函数。

对象的类型决定了对象有哪些成员函数,如果两个对象属于同一类型,则它们可能有不同的值,但是肯定有相同的成员函数。例如,假设声明以下对象,

```
ifstream finObj, finObj2;
ofstream foutObj, foutObj2;
```

finObj2 也有 open 成员函数,并且 finObj2 的 open 成员函数和 finObj 的 open 成员函数相同;foutObj2 也有 open 成员函数,并且 foutObj2 的 open 成员函数和 foutObj 的 open 成员函数相同。

如果一个类型的变量是对象(如 finObj 和 foutObj),这个类型就称为"类(class)"。由于对象的成员函数完全由它的类(也就是类型)决定,所以这个成员函数往往称为类的成员函数,对于对象来说,这个成员函数往往被称为行为或方法。例如 ifstream 类有一个名为 open 的成员函数,ofstream 类也有一个名为 open 的成员函数。ofstream 类还有一个名为 precision 的成员函数,但 ifstream 类没有名为 precision 的成员函数。

如前文所述,"对象"的概念是面向对象技术的核心,在软件开发的系统分析阶段,需

要从客观存在的事物之间的关系,归纳出有关的对象(包括对象的属性和方法)以及对象之间的联系,然后把具有相同属性(相同属性但属性的值可能不同)和行为的对象归纳在一个类中。也就是把具有相同属性和方法的对象抽象出一个类。在设计阶段,我们可以创建某个类,并且规定该类有哪些属性(一般称为成员数据)和行为(一般称为成员函数),然后再定义(创建)对象。这样做显然比分别给每个对象单独设计属性和行为的代码量要少许多,并且概念清晰。

例如,现在要设计一个 classroom 软件系统。该软件系统中需要 30 个高度为 80cm、长度为 100cm、厚度为 50cm 的 object。首先抽象出一个叫作 desk 的类,先设计这个 desk 类,并且规定 deck 分别有 height、length 和 width 属性,然后再生成 desk1,desk2,…,desck30;需要 60 个位于 desk 后面的有行动能力的 object。首先抽象出一个叫作 student 的类,先设计这个 student 类,并且规定 student 类分别有 no、name 和 score 等属性,有 listen 和 display 等行为,然后定义 stud1,stud2,…,stud60 共 60 个对象,并且给每个对象的属性赋具体的值,这时这 60 个 student 类定义出的对象均有 listen 和 display 等行为。

总之,在现实世界中,经常有属于同一类的对象。例如,你的自行车只是世界上众多自行车中的一辆,或是很多自行车中的一个实例,或是一个自行车对象。在面向对象软件中,也有很多共享相同特征的不同的对象,例如矩形、雇用记录、视频剪辑等。可以利用这些对象的相同特征为它们建立一个集合,这个集合就称为类。类是定义同一类所有对象的属性(变量)和方法的蓝图或原型。例如,建立一个自行车类,并且在类中规定每辆自行车应该具有的属性(在类中只规定有哪些属性,至于属性值,如车轮直径是 24 英寸、26 英寸还是 28 英寸,在实例阶段给定,也就是实例变量的值由类的每个实例提供)和方法(如变档、刹车是每个自行车实例都要有的行为或方法,在类的建立阶段定义并提供代码实现,这样每个实例均能执行这些行为或方法)。因此,当创建自行车类以后,必须在使用之前对它进行实例化。当创建类的一个实例时,就建立了这个类的一个对象。在建立对象的同时,系统为其分配内存,创建出具有具体数值特征和行为能力的物体(对象)(如例 7-1 中的"ofstream foutObj;"创建出 foutObj 对象)。然后调用对象的实例方法或者说向对象发送一个执行某一行为的消息(如例 7-1 中的"foutObj.open("file1.txt");"是主函数向 foutObj 发送一个执行 open("file1.txt")行为的消息,或者说调用 foutObj 对象的 open 方法),实现一些功能。相同类的实例(对象)共享相同的实例方法,或者说相同类实例出的对象具有相同的方法。

那么"对象"与"类"有什么样的关系呢? 类与对象的关系,就像模板与成品之间的关系,类就像是一个模板,用来制作该模板相似的产品,这个由类制作出的成品,就是对象。

C++语言中包含了许多常用、好用的类,无论是自用或开发项目,都非常方便,可以很好地提高工作效率。但是,项目设计人员还需要根据项目的需求自行设计类。只有自行设计类,才能真正地与他人分享自己的创意,彼此交流,满足项目的特殊需求。

第 1 章,我们已经学会了使用数据类型声明变量,但是仅依靠这些数据类型,并无法描述复杂的客观需要。有时需要获得由不同数据类型的值组成一个集合,并将其视为整体进行处理。

【例 7-2】 用结构体变量处理银行账户。

问题描述

以银行储蓄为例,用 id_no 表示账号(字符串类型描述),balance 表示账户余额(双精度类型描述),rate 表示利率(双精度类型描述),将这些变量组成一个 Savings_Account 的结构体类型。

```
struct Savings_Account
{
    string id_no;
    double balance;
    double rate;
};
```

在 Savings_Account 的结构体类型的基础上,像普通数据类型一样定义结构体变量,并进行相应的账户处理。

编写程序

```
1   # include < iostream >
2   using namespace std;
3   # include < iomanip >
4   # include < string >
5   struct Savings_Account
6   {
7       string id_no;
8       double balance;
9       double rate;
10  };
11  void get_Data(Savings_Account& data)
12  {
13      cout << "\nEnter Account ID: ";
14      cin >> data. id_no;
15      cout << "\nEnter Balance: ";
16      cin >> data. balance;
17      cout << "\nEnter Interest Rate: ";
18      cin >> data. rate;
19  }
20  double the_Interest(Savings_Account& data)
21  {
22      return data. balance * data. rate;
23  }
24  int main()
25  {
26      cout << setprecision(2)
27          << setiosflags( ios::fixed)
28          << setiosflags( ios::showpoint);
29      Savings_Account data;
30      get_Data(data);
```

```
31      cout << "\nThe interest on the account is " << the_Interest(data) << endl;
32      return 0;
33  }
```

运行结果

```
Enter Account ID:2017001
Enter Balance:11000
Enter Interest Rate:0.37
The interest on the account is 4070.00
```

该程序使用第 5 章的结构体类型,将 id_no、balance、rate 三个不同数据类型的值组成一个集合 Savings_Account 来处理银行账户数据。用户输入账号、本金金额和利率三个值,屏幕显示出相应的利息金额。

C++语言的类可以看成是以上结构体类型的扩展和改进,在将不同数据类型的值组成一个集合,并将其视为整体进行处理的同时,将一些函数添加到该集合(称为成员函数),以此定义的变量变成一个具有行为能力的个体,称为对象。为此我们首先研究这样的类是如何声明的。

什么是类呢? 可以理解为一种用户自定义的数据类型,类似第 5 章中的结构体(struct)类型。

7.3　类的声明和对象的创建

首先了解一下类的声明,先来看一个例子。

一个最简单的类声明如下。

```
class Savings_Account
{
    //可以在此处声明类成员变量和成员函数
};
```

该例中创建了一个 Savings_Account 类,可以在该类中声明 Savings_Account 类的成员变量和成员函数,用于描述 Savings_Account 的各方面特性,如账号、账户余额、利率等信息。

类定义可以理解为我们定义了一种新的数据类型,该数据类型的标识符为 Savings_Account(类似 int 是 C++语言中整型的标识符)。

class 是 C++关键字,也是用于类声明的关键字。紧接 class 关键字之后的是自定义的类名 Savings_Account。

特别要注意的是,在类声明结束处右括号"}"后面有一个分号";",这个分号一定不能忘记,它是类声明的一部分。如果遗漏则会在程序编译时不通过。

声明了 Savings_Account 数据类型之后,就可以用其定义变量了,例如:

```
Savings_Account acc1, acc2;
```

语句中就利用 Savings_Account 数据类型声明了 acc1 和 acc2 两个变量,这和 int a,
b;语句定义一个整型变量表达的意思类似。而 acc1 和 acc2 这两个变量称为 Savings_
Account 类的两个对象。

在用类定义对象时,一定要先给出类声明,这就像用某种自定义数据类型来定义变量
时,必须要先给出该数据类型的声明一样。由于 C++语言本身集成一些常用数据类型,如
int,bool,double 等,所以在用这些数据类型声明变量时不需要再给出类型声明了。

在定义类的对象时,class 关键字可以省略,如下所示。但出于习惯通常都会省略
class 关键字。

例如:

```
class Savings_Account acc1, acc2;        //正确
Savings_Account acc1, acc2;              //同样正确
```

定义类对象时,除了能定义单个变量以外,还可以用类定义一个数组或指针。例如:

```
Savings_Account all_acc[1000];
Savings_Account  * pointer;
```

在上例中,定义了一个 all_acc 数组,该数据拥有 1000 个元素,每一个元素都是
Savings_Account 类型。此外,还定义了一个 Savings_Account 类的指针 pointer,该指针
可以指向 Savings_Account 类的变量,其用法与普通指针相同。

7.4　类的成员变量和成员函数

类是一种数据类型,该类型类似于普通的数据类型,但是又有别于普通的数据类型。
类这种数据类型是包含成员变量和成员函数的一个集合。下面是 Savings_Account 类的
定义。

【例 7-3】　类可以包含成员变量和成员函数。

问题描述

声明类 Savings_Account,并且在 Savings_Account 类中声明三个成员变量:id_no、
balance、rate。这三个成员变量用于描述 Savings_Account 特性。除此之外还在类中声
明两个函数:get_data 函数和 calc_Interest 函数,这两个函数是 Savings_Account 类的成
员函数。

编写程序

```
1  class Savings_Account
2  {
3  private:
4    string id_no;                          //账号
5    double balance;                        //账户余额
6    double rate;                           //利率
7  public:
```

```
8        void get_data (string id, double bal, double rt)        //在类内 get_data 函数定义声明
9        {
10         id_no = id;
11         balance = bal;
12         rate = rt;
13       }
14       double calc_Interest()                                  //在类内 calc_Interest 函数定义声明
15       {
16         return balance * rate;
17       }
18 };
```

示例中的两个成员函数均是在类声明内部进行声明和定义的,因此这两个函数是内联(inline)类型。内联函数可以通知编译器在编译阶段用成员函数 get_data 和 calc_Interest 的函数体替换所有调用该函数的代码,替换后的代码将不会再出现对这个函数调用的代码。通过直接的替换可以在一定程度上提高程序运行效率,通常用于一些简短函数。

示例中 Savings_Account 类的声明也可以在类内部声明函数,在类外部定义成员函数。

【例 7-4】 类外部定义成员函数。

问题描述

将例 7-3 中 Savings_Account 类中的成员函数在类内声明,在类外部定义成员函数。其中":"称为域运算符,表明其后面的成员函数是哪个类的成员函数。

编写程序

```
1  class Savings_Account
2  {
3    private:
4      string id_no;                              //账号
5      double balance;                            //账户余额
6      double rate;                               //利率
7    public:
8      void put_data(string, double, double);     //类内声明 put_data 函数
9      double calc_Interest();                    //类内声明 calc_Interest 函数
10 };
11 //在类外部定义 put_data 函数
12 void Savings_Account::put_data (string id, double bal, double rt)
13 {
14   id_no = id;
15   balance = bal;
16   rate = rt;
17 }
18 //在类外部定义 calc_Interest 函数
19 double Savings_Account::calc_Interest()
```

```
20 {
21   return balance * rate;
22 }
```

定义成员函数不管是采用类内直接定义还是采用在类内声明类外定义的方式,没有本质的不同,可根据需要而选定。一般成员函数代码量较多,或具有多个成员函数,采用类内声明类外定义的方式比较合适。

类的成员变量和普通变量一样,也有数据类型、名称和占用固定大小的内存空间。但是,在定义类时不能对成员变量赋值,因为类只是一种数据类型,不占用内存空间,而变量的值则需要内存来存储。

类的成员函数和普通函数一样,都有返回值和参数列表,它与一般函数的区别在于成员函数是一个类的成员,出现在类体中,它的作用范围由类来决定;普通函数是独立的,作用范围是全局或位于某个命名空间内。

7.5 类的信息隐藏机制

类中可以声明变量和函数,为了将类对象的内部实现与外部行为分离开来,C++语言为类提供了封装机制,与之相关的三个关键字分别是 private、protected 和 public,这三个关键字所代表的含义分别为私有、受保护和公用。三个关键字的作用是限制类中声明的变量和函数在外部的访问权限。

C++语言的这一机制可以使得类对象的使用者只需要关心类是如何使用,而不需要去关心类内部的实现问题。

访问权限需要分两部分说明:类内和类外。

在类内,无论成员变量或成员函数被声明为 private、public 或 protected 属性,均可以互相访问,无访问权限限制。

在类外(成员选择符“.”或指针操作符“->”的访问方式,详见 7.6 节),通过对象无法访问 private 和 protected 属性的成员变量和成员函数,仅可以访问 public 属性的成员变量和成员函数。

【例 7-5】 定义一个 stock 类并声明其各个成员的访问权限。

问题描述

声明一个 stock 类,该类中有一个成员变量 price,表示股票的价格,另外有两个成员函数,分别是用于设置价格的 setprice 函数和获取股票价格的 getprice 函数。类中成员变量 price 被设置成 private 属性,而两个成员函数则设置成 public 属性。声明为 private 属性的成员变量或函数,在类外是不可访问的,而声明为 public 属性的成员变量或函数,在类外可以访问。

在主函数中,声明 stock 的对象 IBM,调用 stock 类中的函数 setprice 为 IBM 设置价格,其价格被设置为 29.9 元。之后再调用 stock 类中的 getprice 函数,将其价格输出显示。

编写程序

```
1   # include < iostream >
2   using namespace std;
3   class stock
4   {
5   public:
6       void setprice(double a);
7       double getprice();
8   private:
9       double price;
10  };
11  void stock::setprice(double a)
12  {
13      price = a;
14  }
15  double stock::getprice()
16  {
17      return price;
18  }
19  int main()
20  {
21      stock IBM;
22      //IBM.price = 29.9;        //compile error
23      IBM.setprice(29.9);
24      cout << IBM.getprice()<< endl;
25      return 0;
26  }
```

运行结果

```
29.9
```

程序中的 IBM.price=29.9; 语句是试图在类外访问, 但 price 的声明是 private 的, 所以会发生编译错误。不能直接访问 price 成员变量, 在程序中如下语句将是错误的。

```
IBM.price = 29.9;        //错误,price 是 private 的,不能在类外进行访问
```

因为其属性被设置为 private, 但是类中提供了两个 public 属性的成员函数可以供用户操作 price 这个变量。

另外还有一个关键字 protected, 声明为 protected 属性的成员变量或成员函数, 在类外不可以访问, 但是其派生类内部却是可以访问的, 在后面章节将会重新介绍。

类内部成员变量和成员函数的声明顺序可以是任意的。除了例 7-5 的 stock 类声明方式外, 也可以按照下面两种方式声明成员变量和成员函数来声明 stock 类。

成员变量和成员函数无声明顺序要求:

```
class stock
```

```
{
private:
    double price;
public:
    void setprice(double a);
    double getprice();
};
```

访问权限相同的成员可以分开声明：

```
class stock
{
public:
    double getprice();
private:
    double price;
public:
    void setprice(double a);
};
```

7.6 成员选择符和对象的动态创建

通过对象可以访问 public 属性的成员变量或成员函数。访问可以通过成员选择符（成员运算符）"."或指针操作符（指向运算符）"—>"来完成。请看以下示例。

【例 7-6】 访问类的成员变量和成员函数。

问题描述

沿用 7.5 节中的 stock 类的定义，在主函数中定义该类的一个对象 IBM，该对象通过成员选择符"."调用类中的 setprice 函数和 getprice 函数。又定义一个对象指针 p，并让其指向 IBM 对象。采用指针操作符"—>"调用 setprice 函数并给 IBM 对象重新赋值，并用指针变量和指针操作符"—>"访问 getprice 函数。

编写程序

```
1  # include < iostream >
2  using namespace std;
3  class stock
4  {
5  public:
6      void setprice(double a);
7      double getprice();
8  private:
9      double price;
10 };
11 void stock::setprice(double a)
12 {
13     price = a;
```

```
14  }
15  double stock::getprice()
16  {
17      return price;
18  }
19  int main()
20  {
21      stock IBM;
22      IBM.setprice(29.9);
23      cout <<"The price of IBM is $ "<< IBM.getprice()<< endl;
24      stock * p;                          //定义一个基类是 stock 的指针变量
25      p = &IBM;                           //将指针变量 p 指向 IBM 对象
26      p-> setprice(49.9);
27      cout <<"The price of IBM is $ "<< p-> getprice()<< endl;
28      return 0;
29  }
```

运行结果

```
The price of IBM is $ 29.9
The price of IBM is $ 49.9
```

可以看出指向对象的指针变量的定义和使用与指向变量的指针变量的定义和使用完全相同。

需要注意,无论是成员选择符".还是指针操作符"->",在类外都只能访问类中定义的 public 属性的成员变量或成员函数。例如,在本例中 IBM.price = 29.9 或 p -> price = 49.9 这样的语句,编译都是无法通过的,其原因是类的信息隐藏机制。

例 7-6 中 IBM 对象的创建语句 stock IBM;是常规的对象创建方法,在对象创建的同时,为该对象规定一个标识符 IBM。IBM 对象创建后,直到 main() 函数运行结束,IBM 对象会一直存在。如果想让某个对象随时创建,随时使用,随时释放,可以采用对象的动态创建方式[①]:

```
new stock;
```

如果程序中添加以上语句,则表示又创建了一个对象。尽管该对象确实已经存在了,那么该对象名(对象标识符)是什么呢? 答案是并没有给该对象一个名称。

一般用对象名称来引用对象,该对象没有名称则不能用名称来引用,为此一般采用以下方式动态创建对象:

```
stock * p = new stock;
```

表示定义一个基类是 stock 的指针变量 p,并且初始化指向动态创建的对象。这样就可以用指针变量来引用该动态创建对象的公共成员函数和公共成员数据。

---

① new 申请的内存就在堆上,程序运行时动态申请,动态释放,先进先出,调用完毕立即释放。

```
p->setprice(69.8);
p->getprice();
```

语句:

```
stock *p = new stock;
```

也可以写作:

```
stock *p;
p = new stock;
```

该对象是动态创建且使用指针 p 指向该对象,其中 new 关键字申请的内存在堆上,程序运行时动态申请,动态释放,先进先出,使用方便,调用完毕立即释放。完成相应的操作后,随时可以用以下语句将该对象删除:

```
delete p;
```

需要注意,以上语句是删除指针变量 p 指向的对象,并不是删除指针变量 p。

7.7 类 class 和结构体 struct 的区别

C++语言继承了 C 语言的 struct,并且加以扩充。在 C 语言中 struct 只能定义数据成员,而不能定义成员函数。而在 C++语言中,struct 类似于 class,在其中既可以定义数据成员又可以定义成员函数。

在 C++语言中,struct 与 class 基本是通用的,唯一不同的是如果使用 class 关键字,类中定义的成员变量或成员函数默认都是 private 属性;而使用 struct 关键字,结构体中定义的成员变量或成员函数默认都是 public 属性。

在 C++语言中,没有抛弃 C 语言中的 struct 关键字,其意义就在于给 C 语言程序开发人员归属感,并且能让 C++编译器兼容 C 语言开发的项目。

【例 7-7】　C++语言 struct 示例。

问题描述

定义一个名为 stock 的 struct,在其中定义成员变量 name 和 price,此外还声明一个函数,该函数在 struct 内部声明,在结构体外部定义。

编写程序

```
1   # include < iostream >
2   using namespace std;
3   struct stock
4   {
5       double price;
6       char *name;
7       void display();
8   };
9   void stock::display()
```

```
10 {
11      cout << name <<", price: "<< price << endl;
12 }
13 int main()
14 {
15      stock IBM;
16      IBM.price = 29.9;                               //It's OK
17      IBM.name = "International Business Machines Corp";  //It's OK
18      IBM.display();                                  //It's OK
19      return 0;
20 }
```

运行结果

```
International Business Machines Corp, price:29.9
```

struct 和 class 关键字在 C++中的基本语法完全相同。首先通过 stock 结构体定义了一个对象 IBM。通过成员选择符,IBM 对象在第 16～18 行代码中分别调用了 stock 结构体中定义的变量及函数。

由此可见 struct 声明中,默认的属性为 public 属性,在 struct 外部可以随意访问。

【例 7-8】 C++语言 class 示例。

问题描述

将例 7-7 的 struct 关键字替换为 class 关键字。另外,将成员函数和成员数据声明为 public,否则,在主函数中定义 IBM 对象之后,如果通过 IBM 对象访问其内部的 price、name 变量及 display 函数,此时编译器则会提示编译错误,错误提示为这三者是不可访问的,因为 class 中定义的成员变量或成员函数,默认的属性是 private 属性。

编写程序

```
1  # include < iostream >
2  using namespace std;
3  class stock
4  {
5  public:
6      double price;
7      char * name;
8      void display();
9  };
10 void stock::display()
11 {
12      cout << name <<", price: "<< price << endl;
13 }
14 int main()
15 {
16      stock IBM;
17      IBM.price = 29.9;
```

```
18      IBM.name = "International Business Machines Corp ";
19      IBM.display();
20      return 0;
21  }
```

运行结果

```
International Business Machines Corp, price:29.9
```

为了让程序是 C++ 语言程序而不是 C 语言程序,通常的做法是,如果既包含成员数据又包含有成员函数,建议用 class 关键字;如果只包含成员数据,建议用 struct 关键字。

以下介绍面向对象程序设计中的几个名词。

类的成员函数在面向对象程序理论中被称为"方法"(method),"方法"是指对数据的操作。一个"方法"对应一种操作。只有被声明为公用的方法(成员函数)才能被对象外界所激活。外界是通过发"消息"激活有关的方法。"消息"其实是一个命令,由程序语句来实现。例 7-6 的 main() 函数中"IBM.setprice(29.9);"语句就是 main() 函数向对象 IBM 发出的一个"消息",通知它执行其中的 setprice 方法(即 setprice 函数)。上面这个语句涉及三个术语:对象、方法和消息。IBM 是对象,setprice(29.9)是方法,语句"IBM.setprice(29.9);"是消息。

7.8 通过引用的方式来传递和返回类对象

类是 C++ 语言面向对象编程的载体,也可以将类视为一种特殊的数据类型。在 C++ 语言中,由类声明的对象,和其他类型声明的变量一样,同样可以通过传值、引用和指针的方式作为函数的参数或函数返回值。

通常来讲,除非迫不得已,不要采用传值的方式传递和返回对象,因为采用传值的方式传递和返回对象的过程中需要经历对象间的复制操作,这样会在一定程度上降低程序运行的效率,从而使得待处理数据量增大,增加内存的使用。而采用引用或指针的方式则不会出现这样的问题,下面的两个实例分别采用引用和指针来传递对象或作为函数返回值。

【例 7-9】 通过引用的方式来传递和返回对象。

问题描述

对象的引用和普通变量的引用基本语法相同。首先定义 stock 类,再定义 stock 类对象 IBM,最后一句定义了 IBM_reference 是 IBM 对象的引用。

```
class stock
{
    …
};
stock IBM;
stock &IBM_reference = IBM;
```

通过引用的方式来传递和返回对象,继续沿用之前定义的 stock 类,只不过类中新增添 name 成员变量,为了能够操控 name 变量,与之相对应地新增两个 public 属性的成员函数 setname 和 getname,这两个函数都是在类内部声明,类外部定义。

编写程序

```
1    # include < iostream >
2    using namespace std;
3    class stock
4    {
5    public:
6         void setprice(double a);
7         double getprice();
8         void setname(char * a);
9         char * getname();
10   private:
11        double price;
12        char * name;
13   };
14   void stock::setprice(double a)
15   {
16       price = a;
17   }
18   double stock::getprice()
19   {
20       return price;
21   }
22   void stock::setname(char * a)
23   {
24       name = a;
25   }
26   char * stock::getname()
27   {
28       return name;
29   }
30   void display(stock & b)
31   {
32       cout <<"The price of "<< b.getname()<<" is $ "<< b.getprice()<< endl;
33   }
34   stock & init(char * t, double p)
35   {
36       static stock b;
37       b.setname(t);
38       b.setprice(p);
39       return b;
40   }
41   int main()
42   {
43       stock IBM;
```

```
44      IBM.setname("International Business Machines Corp");
45      IBM.setprice(29.9);
46      display(IBM);
47      stock orcl;
48      orcl = init("Oracle Corp", 49.9);
49      display(orcl);
50      return 0;
51  }
```

运行结果

```
The price of International Business Machines Corp is ＄29.9
The price of Oracle Corp is ＄49.9
```

将成员函数放到类外定义主要是为了使得类定义看起来简洁明了,类中定义了哪些成员变量、哪些成员函数,一目了然。

除了定义 stock 类以外,例 7-9 还定义了两个函数:一个是 display 函数,其参数为 stock 类对象的引用;另一个函数是 init 函数,其返回值是 stock 类对象的引用。前者是为了打印股票的名称及价格信息,后者则是为了初始化对象。

我们来看一下主函数,首先用 stock 类定义了一个 IBM 对象,并且调用 setname 和 setprice 函数分别设置 IBM 对象的相关成员变量,之后调用顶层函数(公共函数)display,打印 IBM 对象的相关信息。

在此之后,例 7-9 又定义了一个 orcl 对象,该对象直接调用顶层函数 init 来进行初始化,经过 init 函数内部初始化后,将对象的引用返回给 orcl 对象,最终调用 display 函数打印 orcl 对象的相关信息。

例 7-9 展示了通过引用的方式来传递和返回对象,需要注意函数返回一个对象的引用时,最好该对象不是局部变量或临时变量(如果是局部变量或临时变量,一旦该函数运行结束,该局部变量或临时变量很有可能会被系统销毁),如本例中 init 函数在定义 b 对象时前面加上了一个 static 关键字,将 b 对象声明为一个静态对象。

【例 7-10】 通过指针的方式来传递和返回对象。

问题描述

首先定义 stock 类,再定义 stock 类对象 IBM 和基类是 stock 的指针变量,最后让 IBM_pointer 指向 IBM 对象。

```
class stock
{
    …
};
stock IBM, * IBM_pointer;
IBM_pointer = &IBM;
```

编写程序

```
1   ＃include < iostream >
```

```
 2  using namespace std;
 3  class stock
 4  {
 5  public:
 6       void setprice(double a);
 7       double getprice();
 8       void setname(char * a);
 9       char * getname();
10  private:
11       double price;
12       char * name;
13  };
14  void stock::setprice(double a)
15  {
16     price = a;
17  }
18  double stock::getprice()
19  {
20       return price;
21  }
22  void stock::setname(char * a)
23  {
24       name = a;
25  }
26  char * stock::getname()
27  {
28       return name;
29  }
30  void display(stock * b)
31  {
32       cout <<"The price of "<< b->getname()<<" is $ "<< b->getprice()<< endl;
33  }
34  stock * init(char * t, double p)
35  {
36       stock * b = new stock;
37       b->setname(t);
38       b->setprice(p);
39       return b;
40  }
41  int main()
42  {
43       stock IBM;
44       IBM.setname("International Business Machines Corp");
45       IBM.setprice(29.9);
46       display(&IBM);
47       stock * orcl;
48       orcl = init("Oracle Corp", 49.9);
49       display(orcl);
50       delete orcl;                              //或 delete[] orcl;
```

```
51      return 0;
52 }
```

运行结果

```
The price of International Business Machines Corp is ＄29.9
The price of Oracle Corp is ＄49.9
```

例 7-10 通过指针的方式来传递和返回对象。本例中调用 display 函数是将对象的地址通过参数传递给形参的指针变量,再在 display 函数中用指针变量调用其指向对象的成员函数。init 函数中动态创建一个对象并将其地址传递出函数外,在 display 函数中执行该函数的成员函数。程序处理完毕用 delete 释放 init 函数中动态创建的对象。

7.9　构造函数

构造函数是类中一种特殊的成员函数,其特殊之处有以下三点。

(1) 构造函数的函数名必须与类名相同。

(2) 构造函数无返回值。

(3) 创建类对象时构造函数会被自动调用,而无须主动调用。

一个类中可以有多个构造函数,构造函数之间构成函数重载的关系,也可以为构造函数设置一个默认参数。

【例 7-11】　构造函数举例。

编写程序

```
1   # include < iostream >
2   using namespace std;
3   class stock
4   {
5   public:
6       stock(){}
7       stock(char * a, double p = 5.0);
8       void setprice(double a);
9       double getprice();
10      void setname(char * a);
11      char * getname();
12      void display();
13  private:
14      double price;
15      char * name;
16  };
17  stock::stock(char * a, double p)
18  {
19      name = a;
20      price = p;
```

```
21 }
22 void stock::display()
23 {
24     cout <<"The price of "<< name <<" is $ "<< price << endl;
25 }
26 void stock::setprice(double a)
27 {
28     price = a;
29 }
30 double stock::getprice()
31 {
32     return price;
33 }
34 void stock::setname(char * a)
35 {
36     name = a;
37 }
38 char * stock::getname()
39 {
40     return name;
41 }
42 int main()
43 {
44     stock IBM;
45     IBM.setname("International Business Machines Corp");
46     IBM.setprice(29.9);
47     IBM.display();
48     stock orcl ("Oracle Corp", 49.9);
49     orcl.display();
50     return 0;
51 }
```

运行结果

```
The price of International Business Machines Corp is $ 29.9
The price of Oracle Corp is $ 49.9
```

例 7-11 中声明了一个 stock 类,在该类中定义了两个 private 属性的成员变量 price 和 name;定义的成员函数有 7 个,后面 5 个函数在前文中已经介绍过了,前两个函数 stock()和 stock(char * a, double p)即为构造函数。这两个函数无返回值,函数名与类名相同,这是构造函数最明显的特征。构造函数 stock(char * a, double p = 5.0),将价格设置为 5.0,这样 p 就被设置成为一个默认参数,如果在创建对象时,没有传递实参给该参数 p,则该参数会被默认设置为 5.0。需要说明的是,其默认参数必须置于参数列表的结尾,若被声明成 stock(double p = 5.0, char * a),则无法通过编译,因为默认参数不在参数列表的结尾。

构造函数与普通成员函数类似,可以在类内部定义,也可以在类外部定义。第一个没有参数的构造函数 stock(),其定义就在类内部;第二个构造函数 stock(char * a, double p)在类内部声明,类外部定义。

通常在定义类时,如果程序设计人员没有主动声明任何一个构造函数,系统则会自动生成一个默认构造函数。默认构造函数是不带任何参数的构造函数。其他带参数的构造函数统称为带参构造函数。

如果在类中声明了任何一个构造函数,则系统不会自动生成默认构造函数,一般需要我们书写一个默认构造函数。构造函数同样能够使用类中的成员变量。

构造函数的作用在本例中可以很清楚地看出来。构造函数用于初始化对象,并且负责处理对象创建时需要处理的其他事务,在创建对象时会被自动调用。

本例的主函数中,首先定义了一个 IBM 对象,该对象其实在创建时已经自动调用了默认的构造函数。若我们在类定义时不定义默认构造函数,则 stock IBM;这一句创建对象的语句会出现编译错误,因为我们创建了带参构造函数,故默认构造函数不会被自动创建,因此在用 stock IBM;语句创建对象时无相应的构造函数能够调用,因此会初始化对象出错。

在主函数中,创建 orcl 对象时,其后还跟有一个括号,里面有两个参数,创建对象会自动调用 stock(char * a, double p)构造函数进行对象的初始化,初始化之后,orcl. price = 49.9,而 orcl. name = "Oracle Corp",因此在调用 orcl. display()函数时,能够输出"The price of Oracle Corp is ＄49.9"。

构造函数除了自身独有的三个特性以外,其他与普通成员函数类似,可以完成普通函数能完成的所有功能,如函数调用、条件判断、循环、赋值等。但是一般不让构造函数完成与初始化无关的工作。

虽然带参数的构造函数给初始化带来一定的便利,但它也会给构造函数的调用带来歧义。

【例 7-12】 有三个构造函数,一个是默认构造函数,两个带参数的构造函数,其中一个为带有默认参数的构造函数。

编写程序

```
1   # include < iostream >
2   using namespace std;
3   class stock
4   {
5   public:
6       stock(){}
7       stock(char * a, double p = 5.0);
8       stock(char * a);
9       void setprice(double a);
10      double getprice();
11      void setname(char * a);
12      char * getname();
13      void display();
14 private:
```

```
15      double price;
16      char * name;
17 };
18 stock::stock(char * a, double p)          //在定义函数时可以不指定默认参数
19 {
20      name = a;
21      price = p;
22 }
23 stock::stock(char * a)
24 {
25      name = a;
26 }
27 void stock::display()
28 {
29      cout <<"The price of "<< name <<" is $ "<< price << endl;
30 }
31 int main()
32 {
33      stock orcl("Oracle Corp", 49.9);
34      orcl.display();
35      stock fb("Facebook Inc");             //compile error
36      fb.display();
37      return 0;
38 }
```

在主函数中,通过 stock 类创建 orcl 对象,此时创建对象只能调用 stock(char * a, double p = 5.0);构造函数。创建 fb 对象,此时创建对象有两个与之匹配的构造函数可以调用,分别是 stock(char * a);和 stock(char * a, double p = 5.0);,此时该调用哪一个呢？无法得知,编译器报错。

我们只能极力去避免出现这种情况,通常而言,在设计类的构造函数时最好不要同时使用构造函数的重载和带参数的构造函数,以避免上述问题。

7.10 参数初始化表

通过 7.9 节我们知道构造函数的主要用途是初始化对象,除了采用 7.9 节所讲述的在函数体中一一赋值的方法外,通过参数初始化表同样可以对对象进行初始化,即将例 7-11 中的构造函数定义方式:

```
stock::stock(char * a, double p)
{
    name = a;
    price = p;
}
```

可以改写为:

```
stock::stock(char * a, double p):name(a),price(p){}
```

在定义带参数的构造函数 stock(char * a, double p)时,不再是在函数体中一一赋值进行初始化,其函数体为空。在函数首部与函数体之间增添了一个冒号并加上 name(a),price(p)语句,这个语句的意思相当于函数体内部的 name = a;price = p;语句。这样做对于两个成员变量的类来说看不出什么优势,但是一旦当成员变量非常多时,通过参数初始化列表进行初始化的优势便显现出来,如此写法简洁明了。

7.11　析构函数

在创建对象时系统会自动调用构造函数,在对象需要被销毁时系统同样会自动调用一个函数,这个函数被称为析构函数。析构函数是用于回收创建对象时所消耗的各种资源。与构造函数类似,析构函数也是一个成员函数。析构函数与普通成员函数相比,有以下特征。

- 无返回值。
- 没有参数,不能被重载,因此一个类只能含有一个析构函数。
- 函数名必须为"～类名"的形式,符号"～"与类名之间可以有空格。
- 当对象的生命期结束时,会自动执行析构函数。

具体地说,出现以下情况,程序会执行析构函数。

如果在一个函数中定义了一个对象(它是动态局部对象),当这个函数被调用结束时,对象应该释放,在对象释放前自动执行析构函数。static 局部对象在函数调用结束时并不释放,因此也不调用析构函数,只在 main 函数结束或调用 exit 函数结束程序时(exit(0)或exit(1)用于程序结束,exit(0)表示正常退出,exit(1)表示出错),才调用 static 局部对象的析构函数。如果定义了一个全局对象,则在程序的流程离开其作用域(如 main 函数结束或调用 exit 函数)时,调用该全局对象的析构函数。

一般情况下,类的设计者应当在声明类的同时定义析构函数,设计好析构函数,以完成所需的功能,只要对象的生命期结束,程序就自动执行析构函数。

如果用户没有定义析构函数,C++编译系统会自动生成一个析构函数,但它只是徒有析构函数的名称和形式,实际上什么操作都不进行。想让析构函数完成任何工作,都必须在定义的析构函数中指定。

析构函数只是编译器释放对象时调用的最后一个函数,也就是说,析构函数的函数体为空(不写析构函数编译系统会自动生成一个空函数体的析构函数),不影响编译器释放对象。

【例 7-13】　在例 7-5 的 stock 类的声明中添加析构函数。
编写程序

```
1   # include < iostream >
2   using namespace std;
3   class stock
```

```
 4  {
 5  public:
 6      stock(){}
 7      stock(char * a, double p);
 8      void setprice(double a);
 9      double getprice();
10      void setname(char * a);
11      char * getname();
12      void display();
13      ~stock();
14  private:
15      double price;
16      char * name;
17  };
18  stock::stock(char * a, double p)
19  {
20      name = new char[strlen(a) + 1];     //为 name 创建空间
21      strcpy(name, a);                    //将第一个参数复制到新创建的空间中
22      price = p;
23  }
24  void stock::display()
25  {
26      cout <<"The price of "<< name <<" is $ "<< price << endl;
27  }
28  void stock::setprice(double a)
29  {
30      price = a;
31  }
32  double stock::getprice()
33  {
34      return price;
35  }
36  void stock::setname(char * a)
37  {
38      name = new char[strlen(a) + 1];     //为 name 创建空间
39      strcpy(name, a);                    //将第一个参数复制到新创建的空间中
40  }
41  char * stock::getname()
42  {
43      return name;
44  }
45  stock::~stock()
46  {
47      if(name != NULL)
48          delete[] name;
49      cout <<"destructor"<< endl;
50  }
51  int main()
52  {
```

```
53      stock IBM;
54      IBM.setname("International Business Machines Corp");
55      IBM.setprice(29.9);
56      IBM.display();
57      stock orcl("Oracle Corp", 49.9);
58      orcl.display();
59      return 0;
60  }
```

运行结果

```
The price of International Business Machines Corp is $ 29.9
The price of Oracle Corp is $ 49.9
destructor
destructor
```

为例 7-13 中增添了一个析构函数～ stock,该函数在 main 函数退出前被系统自动调用,用于释放 name 所指向的内存空间。因为有两个对象,因此最终析构函数被调用了两次。

类的构造函数负责完成对象初始化及其他相关操作,而析构函数则用于销毁对象完成相应的资源释放工作。在设计类过程中,建议为每个带有成员变量的类设计一个默认构造函数,其他构造函数及析构函数则可以视情况而定。

7.12　常量指针 this

在讲常量指针 this 之前,不得不讲常量指针的概念,首先观察下面的实例。

【例 7-14】 常变量、常量指针和指针常量。

编写程序

```
1   int a = 3;
2   int b = 1;
3   int c = 2;
4   const int d = 4;            //定义一个常变量 d 并赋值为 4(d 不能再次赋值)
5   int const * p1 = &b;        //const 在前,定义为常量指针
6   int * const p2 = &c;        // * 在前,定义为指针常量
```

常变量 d：赋初值为 4,d 不能再次赋值,即不能重新给 d 赋值,如 d=5 是错误的。

常量指针 p1 指向的地址可以变,但内容不可以重新赋值,内容的改变只能通过修改地址指向后变换,可以不初始化。

p1 = &a 是正确的,但 * p1 = a 是错误的。

指针常量 p2 指向的地址不可以重新赋值,但内容可以改变,必须初始化,地址跟随一生。

p2= &a 是错误的,而 * p2 = a 是正确的。

在每一个成员函数中都包含一个常量指针,称为 this 指针,该指针指向调用本函数的对象(内容不可以重新赋值),其值为该对象的首地址。通过该指针,可以在成员函数的函数体内访问对象。其中 this 是 C++语言的一个关键字。

【例 7-15】 常量指针 this。

编写程序

```
1   #include <iostream>
2   using namespace std;
3   class stock
4   {
5   public:
6       stock(int a, char * b)
7       {
8           this->price = a;
9           this->name = new char[strlen(b) + 1];//为 name 创建空间
10          strcpy(this->name, b);              //将第 2 个参数复制到新创建的空间中
11      }
12      void copy(stock &b);
13  private:
14      double price;
15      char * name;
16  };
17  void stock::copy(stock &b)
18  {
19      if(this == &b)
20      {
21          cout <<"same object!"<< endl;
22          return;
23      }
24      else
25      {
26          cout <<"the data of "<< b.name <<" is coppied into "<< this->name << endl;
27          this->price = b.price;
28          this->name = new char[strlen(b.name) + 1];  //为 name 创建空间
29          strcpy(this->name, b.name);                 //将参数复制到新创建的空间中
30      }
31  }
32  int main()
33  {
34      stock IBM(25.8, "International Business Machines Corp");
35      stock orcl(36.8, "Oracle Corp");
36      orcl.copy(IBM);
37      orcl.copy(orcl);
38      return 0;
39  }
```

运行结果

the data of International Business Machines Corp is coppied into Oracle Corp
same object!

本例展示了 this 指针的使用方法。当然,在实际的程序设计中,并不需要如此严格,这样书写未免太麻烦了,this->都可以省略。本例中为 stock 类新增了一个 copy 函数,即将 stock 类对象复制给调用 copy 函数的对象,在函数体中,用 this 指针先判断被复制的对象的引用是否是调用该函数的对象自身,如果是则退出函数。在主函数中 orcl. copy (orcl);是复制自身,这样的事情当然是我们不希望看到的,因此直接退出函数。这在程序设计过程中也是一种常用的检测手段。

this 指针是常量指针,它的值是不能被修改的,一切企图修改该指针的操作(如赋值、递增、递减等)都是不允许的。

此外 this 指针只在非 static 成员函数中才有效,在介绍 static 成员函数后,读者就会明白为何会如此,在此处暂时只要知道这一点就可以了。

7.13 类与 new 和 delete 操作符

当需要为类对象动态分配存储空间时,应该使用 C++语言提供的 new 与 new[]操作符,而不要使用 C 语言提供的 malloc 函数。

【例 7-16】 new 和 delete 操作符的使用。

问题描述

虽然 malloc 函数具有分配存储空间的功能,但是这些函数除了分配存储空间外,不会调用类的构造函数。而 C++语言提供的 new 和 new[]操作符则不会如此,它们为对象分配存储空间的同时,也会调用相应的构造函数。操作符 delete 和 delete[]在释放对象存储空间的同时也会调用析构函数,而 free 函数则不会调用析构函数。

编写程序

```
1   #include<iostream>
2   using namespace std;
3   class test
4   {
5   public:
6       test(int i = 1)
7       {
8           num = i;
9           cout << num <<" Constructor"<< endl;
10      }
11      ~test()
12      {
13          cout << num <<" Destructor"<< endl;
14      }
15  private:
```

```
16        int num;
17 };
18 int main()
19 {
20    test * t0 = new test(0);
21    test * t1 = new test[5];
22    test * t2 = (test *)malloc(sizeof(test));
23    delete t0;
24    delete[] t1;
25    free(t2);
26    return 0;
27 }
```

运行结果

```
0 Constructor
1 Constructor
1 Constructor
1 Constructor
1 Constructor
1 Constructor
0 Destructor
1 Destructor
1 Destructor
1 Destructor
1 Destructor
1 Destructor
```

从程序运行结果不难看出 malloc 函数确实没有调用构造函数,free 函数也没有调用析构函数。在这里可能有人会觉得这没有遵循析构函数调用顺序,其实不是这样的,因为在 delete t0;语句时就已经要求编译器销毁 t0 对象了,此时其他对象还处于存活期,因此t0 先走一步,调用析构函数。之后再销毁 t1 所指向的对象数组。

7.14 类与static关键字

目前为止,我们设计的类中所有的成员变量和成员函数都是属于对象,如前文定义的stock 类,利用 stock 类声明两个对象 IBM 和 orcl,这两个对象均拥有各自的 price 和name 成员变量,同时还拥有类中所有的成员函数。

也就是说,前文讲到的成员变量和成员函数,尽管是在声明类的时候声明的,但它们都属于对象,每个对象会有不同值,成员函数是由对象来执行的,故也称作实例变量(instance variable)和实例函数(instance function)。

除了这种情况以外,还有另外一种类型的成员,那就是与 static 结合的成员变量和成员函数。类中的成员变量或成员函数一旦与 static 关键字相结合,则该成员变量或成员函数就是属于类,而不再属于任何一个对象,当然任何一个对象都可以共享该成员变量及成员函数。

1. 静态成员变量

静态成员变量声明非常简单,只需要将 static 关键字加在成员变量声明的前面即可。如例 7-17 所示,程序的作用是求指定的 3 名学生的平均成绩。在 Student 类中定义了两个静态数据成员 sum(总分)和 count(累计需要统计的学生人数),由于这两个数据成员的值是需要进行累加的,它们并不只属于某一个对象元素,而是由各对象元素共享的。它们的值是在不断变化的,无论对哪个对象元素而言,都是相同的,而且始终不释放内存空间。静态成员变量不属于任何对象,静态成员变量属于类,因此可以通过类来调用静态成员变量。

仔细观察代码,这段代码有几处需要特别注意,首先静态成员变量的定义必须在任何程序块之外;其次调用该变量的时候可以直接用类名加域解析符":"加变量名的形式,这是静态成员变量特有的引用方式;最后,在类外部进行定义时不需要 static 关键字。

在 C++语法中规定静态成员变量会被默认初始化为 0,类外定义可有可无。而实际上在一些编译器中,如果不加上类外的定义,则会出现一些不可知的情况,所以在实际设计程序时最好加上类外定义。

【例 7-17】 静态成员变量定义实例。

问题描述

在类外定义静态成员变量 count 和 sum,并初始化为 0。在 Student 类的构造函数里加上"sum += score;"和"count++;",在 Student 类的析构函数里加上"sum -= score;"和"count--;",那么每生成一个对象的实例,总分和学生人数就会相应增加,每去掉一个对象的实例,总分和学生人数就会相应减少。在主函数中为 Student 类定义一个三个元素的对象数组,并且定义的同时赋初值,分别为(1001,70)、(1002,78)和(1003,98)。这时会调用三次构造函数,三次累加 count 和 sum 的值,也就是对象数组定义结束后,对象数目 count 和这几个对象的成绩之和 sum 自动计算结果。静态成员变量被设置为 private 属性,则在类外同样无法访问,但定义该变量时却不受此限制,可以用类来赋初值。

编写程序

```
1   # include <iostream>
2   using namespace std;
3   class Student                               //定义 Student 类
4   {
5   public:
6       Student(int n, float s)
7       {
8           num = n;
9           score = s;
10          sum += score;                       //累加总分
```

```
11          count++;                              //累计已统计的人数
12      }
13
14      ~Student()
15      {
16          sum -= score;                         //累加总分
17          count --;                             //累计已统计的人数
18      }
19                                                //定义构造函数
20      static float average( );                  //声明静态成员函数
21 private:
22      int num;
23      float score;
24      static float sum;                         //静态数据成员
25      static int count;                         //静态数据成员
26 };
27 float Student::sum = 0;                        //对静态数据成员初始化
28 int Student::count = 0;                        //对静态数据成员初始化
29 float Student::average()                       //定义静态成员函数
30 {
31      return(sum/count);
32 }
33 int main( )
34 {
35      Student stud[3] = {                       //定义对象数组并赋初值
36          Student(1001,70),
37          Student(1002,78),
38          Student(1005, 98)
39      };
40      float a;
41      a = Student::average();                   //调用静态成员函数
42      cout <<"the average score of 3 students is "<< a << endl;
43      return 0;
44 }
```

运行结果

the average score of 3 students is 82

静态数据成员是在程序编译时被分配空间的,程序结束时才释放空间。静态成员变量不会影响类及其对象的大小,即 sizeof 结果不会受到影响。在本例中,无论是否声明静态成员变量 count 和 sum,sizeof(Student)或者 sizeof(Student 的对象)其结果都是不会变的。

静态成员变量属于类而不属于任何一个对象,这样可以实现数据共享功能。

2. 静态成员函数

在类内除了能用 static 声明静态成员变量外,同样可以使用 static 声明静态成员函数,静态成员函数只能访问 static 成员变量。例 7-17 中的 average 是静态成员函数,它可以直接引用私有的静态数据成员,函数返回成绩的平均值。在 main 函数中,引用静态成员函数 average 要用类名或对象名。

静态成员函数只能访问静态成员变量,而不能访问非静态成员变量。静态成员函数的作用不是为了对象之间的沟通,而是为了处理静态数据成员。静态成员函数不要访问本类中的非静态成员。只用静态成员函数引用静态数据成员,而不引用非静态数据成员。这样思路清晰,逻辑清楚,不易出错。

普通成员函数(包括构造函数和析构函数)既可以访问普通成员变量,又可以访问静态成员变量。

访问静态成员变量和静态成员函数均有两种方式:其一是和普通的成员变量、成员函数相同,通过对象来访问;其二则是通过类名加域解析操作符访问。通过对象访问过程中仍然要遵循 private、protected 和 public 关键字的访问权限限定。访问静态成员变量和静态成员函数首选的方法是通过类来访问,毕竟静态成员变量和静态成员函数都属于类,与类相关联,而不是属于类的对象。普通成员变量或成员函数不可以通过类来访问。由于静态成员变量和静态成员函数都属于类,而不属于对象,因此静态成员函数内部也不存在 this 指针。

在静态成员函数内部可以声明静态变量,注意不是静态成员变量。如果在静态成员函数内部声明一个静态变量,则该类的所有对象将共享这个变量。

7.15 友元函数和友元类

在一个类中可以有公用(public)成员和私有(private)成员。在类外可以访问公用成员,只有本类中的函数可以访问本类的私有成员。现在,我们来补充介绍一个例外——友元(friend)。

【例 7-18】 友元函数实例 1。

问题描述

如果在本类以外的其他地方定义了一个函数(这个函数可以是不属于任何类的非成员函数,也可以是其他类的成员函数),在类体中通过 friend 关键字将不属于当前类的一个函数在当前类中加以声明,此函数就称为本类的友元函数。友元函数可以访问这个类中的私有成员。

编写程序

```
1   # include < iostream >
2   using namespace std;
3   class stock
4   {
5   public:
6       stock(){}
7       stock(char  * a, double p);
```

```
8        friend void display(stock &b);
9   private:
10       double price;
11       char * name;
12 };
13 stock::stock(char * a, double p)
14 {
15       name = a;
16       price = p;
17 }
18 void display(stock &b)
19 {
20       cout <<"The price of "<< b.name <<" is $ "<< b.price << endl;
21 }
22 int main()
23 {
24       stock IBM("International Business Machines Corp",29.9);
25       display(IBM);
26       stock orcl("Oracle Corp", 49.9);
27       display(orcl);
28       return 0;
29 }
```

运行结果

```
The price of International Business Machines Corp is $ 29.9
The price of Oracle Corp is $ 49.9
```

在本例中,display 是一个顶层函数,在 stock 类中,借助 friend 关键字将其声明为友元函数。在 display 函数体内,就能访问 private 属性的 name 和 price 成员变量。这就是友元函数的作用。友元函数可以访问这个类中的私有成员。如果这个 display 函数不是 stock 类的友元函数,则在函数体中只能调用 public 属性的成员函数。在本例中需要注意的是,友元函数的形参是类对象的引用,同时在访问私有成员变量时必须要加对象名。

【例 7-19】 友元函数实例 2。除了顶层函数可以被定义为友元函数之外,其他类的成员函数同样可以声明为本类的友元函数。

编写程序

```
1  # include < iostream >
2  using namespace std;
3  class time;
4  class date
5  {
6  public:
7      date(int y, int m, int d);
8      void display(time &t);
9  private:
```

```
10      int year;
11      int month;
12      int day;
13 };
14 class time
15 {
16 public:
17      time(int s,int m,int h);
18      friend void date::display(time & t);
19 private:
20      int second;
21      int minute;
22      int hour;
23 };
24 time::time(int s,int m,int h)
25 {
26      second = s;
27      minute = m;
28      hour = h;
29 }
30 date::date(int y,int m,int d)
31 {
32      year = y;
33      month = m;
34      day = d;
35 }
36 void date::display(time &t)
37 {
38      cout <<"The time is:"<< endl;
39      cout << year <<"/"<< month <<"/"<< day <<" ";
40      cout << t.hour <<":"<< t.minute <<":"<< t.second << endl;
41 }
42 int main()
43 {
44      date d(2021,5,20);
45      time t(58,30,9);
46      d.display(t);
47      return 0;
48 }
```

运行结果

```
The time is:
2021/5/20 9:30:58
```

在本例中定义了两个类 time 和 date,在 time 类中有 hour、minute 和 second 三个成
员变量,分别代表时、分、秒;在 date 类中有 year、month 和 day 三个成员变量,分别代表
年、月、日信息。为了能够同时显示年、月、日、时、分、秒信息,我们在 date 类中声明了一

个 display 函数,并且将该函数设置为 time 类的友元函数。这样该函数既能访问 date 类中的私有成员变量,同时又能访问 time 类中的私有成员变量。

在本例中需要注意以下几点。第一,date 类的定义必须出现在 time 类之前,这是为了使得 display 函数的函数声明能够在声明其为友元函数之前。第二,display 函数的形参为 time 类对象的引用,而 time 类又必须定义在 date 类之后,这样只能先将 time 类声明在 date 类之前了,如 class time;这一语句即是为了声明 time 类。第三,需要将 display 函数的定义放到 time 类定义的后面,因为 display 函数中必须用到 time 类中的私有成员变量,因此在使用之前,这些成员变量必须先声明。这三个需要注意顺序的地方需要特别关注,顺序一定不能搞错,否则是无法通过编译的。

无论是类的成员函数还是顶层函数,它们都可以被多个类声明为友元函数,这样就可以访问多个类中的私有成员变量,但是为了保证数据的安全,友元函数的使用宁缺毋滥。

除了可以利用 friend 关键字声明友元函数之外,还可以将其他类声明为当前类的友元类。

【例 7-20】 友元函数实例 3。

问题描述

友元类声明的语法非常简单,即"friend 类名;"。

编写程序

```
1   # include < iostream >
2   using namespace std;
3   class time;
4   class date
5   {
6   public:
7       date( int y, int m, int d);
8       void display( time &t);
9   private:
10      int year;
11      int month;
12      int day;
13  };
14  class time
15  {
16  public:
17      friend date;
18      time( int s, int m, int h);
19  private:
20      int second;
21      int minute;
22      int hour;
23  };
24  time::time( int s, int m, int h)
25  {
26      second = s;
27      minute = m;
```

```
28      hour = h;
29 }
30 date::date(int y,int m,int d)
31 {
32      year = y;
33      month = m;
34      day = d;
35 }
36 void date::display(time &t)
37 {
38      cout <<"The time is:"<< endl;
39      cout << year <<"/"<< month <<"/"<< day <<" ";
40      cout << t.hour <<":"<< t.minute <<":"<< t.second << endl;
41 }
42 int main()
43 {
44      date d(2017,5,16);
45      time t(56,34,18);
46      d.display(t);
47      return 0;
48 }
```

运行结果

```
The time is:
2017/5/16  18:34:56
```

在本例中,将 date 类声明为 time 类的友元类,此时 date 类中的所有成员函数都将转化为 time 类的友元函数,可以访问 time 类中的所有成员。毫无疑问,date 类中 display 函数同样会成为 time 类的友元,因此利用 time 类对象 t 的引用便可以访问 time 类的私有成员变量。此函数中类的声明及定义、函数的声明及定义位置同样需要注意。

关于友元类需要注意如下几点。

(1) 在本例中,将 date 类声明为 time 类的友元类,此时 date 类中的所有函数都将成为 time 类的友元函数。

(2) date 类是 time 类的友元类,但是 time 类不是 date 类的友元类。友元关系是单向的,不是双向的。如果需要将 time 类也声明为 date 类的友元类,则需要另外在 date 类中声明。

(3) 友元关系不能传递,假设 A 类是 B 类的友元类,B 类是 C 类的友元类,并不能得出 A 类是 C 类的友元类。

(4) 友元类会破坏数据的安全性,使用时宁缺毋滥。如果不能极大提高程序运行效率,最好不使用友元类。

7.16 综合实例

【例 7-21】 创建一个包括年 year、月 month、日 day 三个成员变量的日期类 Date。创建一个包含姓名 name、身高 Height、体重 Weight、生日 Birthday 四个成员变量的

Person 类。在 Date 类和 Person 类中添加相应的成员函数。创建一个对象将自己的姓名、体重、身高和出生日期添加到该对象中。显示自己的姓名、体重、身高和出生日期。

编程提示

需要创建 Date 和 Person 两个类,其中 Person 类中要用到 Date 类变量表示生日;为提高效率和节省资源,姓名最好用字符型指针变量,并在析构函数中释放 name 所指向的内存空间;需要构造函数来初始化,显示函数相应的内容。

编写程序

```
1   # include "iostream"
2   using namespace std;
3   class Date
4   {
5   public:
6          Date ();
7          Date (int y, int m, int d);
8          void set(int y, int m, int d);
9          void show();
10  private:
11         int year;
12         int month;
13         int day;
14  };
15  class Person
16  {
17  public:
18         Person();                                   //无参构造函数
19         Person(char p[], float H, float W, Date D); //全参构造函数
20         void set(float H);                          //设置身高
21         ~Person();                                  //析构函数
22         void set(char p[], float H, float W, Date D); //设置函数
23         void show();
24  private:
25         char name[20];
26         float Height;
27         float Weight;
28         Date birthday;
29  };
30  Date:: Date ()
31  {
32         //cout << "无参构造函数" << endl;
33         //初始化成员
34         year = 0;
35         month = 0;
36         day = 0;
37  }
38  void Date::set(int y, int m, int d)
39  {
```

```
40          year = y;
41          month = m;
42          day = d;
43 }
44 Date:: Date (int y, int m, int d)
45 {
46          set(y, m, d);
47 }
48 void Date::show()
49 {
50          cout << year << "年" << month <<"月" << day <<"日" << endl;
51 }
52 Person::Person()
53 {
54          strcpy(name, "0");
55          Height = 0;
56          Weight = 0;
57 }
58 void Person::set(float H)
59 {
60          H = 160;
61          Height = H;
62 }
63 void Person::set(char p[], float H, float W, Date D)
64 {
65          strcpy(name, p);
66          Height = H;
67          Weight = W;
68          birthday = D;
69 }
70 Person::Person(char p[], float H, float W, Date D)
71 {
72          set(p, H, W, D);
73 }
74 Person::~Person()
75 {
76          cout << "Person 类析构函数被调用" << endl;
77 }
78 void Person::show()
79 {
80          cout << "姓名:" << name << " 身高:" << Height << " 体重:" << Weight <<" ";
81          birthday.show();
82 }
83 int main()
84 {
85          Date Bir;
86          Bir.set(2000,11,26);                    //根据自己生日设置
87          Bir.show();                             //显示生日
88          Person pe;
```

```
89          pe.set("小白", 175, 120, Bir);        //根据自己信息填写
90          pe.show();                           //成员信息显示
91          return 0;
92      }
```

运行结果

2020 年 11 月 26 日
姓名:小白 身高:175 体重:120 出生日期: 2000 年 11 月 26 日
Person 类析构函数被调用

本章小结

本章着重介绍了从面向过程到面向对象的编程理念和方法的改变,阐述了什么是类,什么是对象,对象和类之间的关系。用实例进一步讲述了类的声明和对象的创建、类的成员变量和成员函数、类的信息隐藏机制、成员选择符和对象的动态创建、类 class 和结构体 struct 的区别、通过引用方式来传递和返回类对象、构造函数、析构函数、常量指针 this、类与 new 和 delete 操作符、类与 static 关键字、友元函数和友元类等。熟练地掌握类这些内容,对后续章节的学习至关重要。

类可以看作结构体类型的拓展,但远远超过了结构体类型的一般概念,彻底改变了传统的面向过程的程序设计理念和方法。因此,本章的内容对初学者可能有一定的难度。但是这同样是最重要的内容之一,希望读者能多下功夫,逐渐体会。

尽管 C++的结构体类型中可以包含成员函数,但我们还是习惯将不同类型的数据合并成一个(复合)数据值时用结构体,而将不同类型的数据和操作这些数据的函数合并在一起时用类。

尽管用结构体类型定义的结构体变量可以包含多个不同类型的数据,但它仍然是变量,可以理解为包含多个类型数据的箱子,箱子自身是没有行为能力的,对箱子里面数据的操作需要从外面进行。

类可以看作结构体的一种扩展,类除了包含描述不同类型数据的成员数据之外,还包含操作这些数据的成员函数(成员函数之间可以互相调用),这样用类定义的变量除了包含多个不同类型的数据之外,还包含操作这些数据的函数,用类定义的变量称为对象。类中声明的成员数据到了对象阶段一般称为对象的属性。类中声明的成员函数到了对象阶段一般称为对象的方法或行为。

结构体变量尽管包含多个不同数据类型的数据,但仍然是没有行动能力的纯数据体,并且这个纯数据体中的内容是可以改变的,所以我们仍然称其为变量;而对象除了包含描述其"高""宽""胖""瘦"等多个不同数据类型的数据(对象属性)外,还包括使其具有行为能力的函数,变成能"跑""跳""劳作"等行为或方法的物体(object),所以称其为对象。

类的成员变量或成员函数既可以是公共的,也可以是私有的。如果是公共的,可以在类的外部使用,即可以用对象名加引用运算符使用成员变量和成员函数;如果是私有的,

只能在类的另一个成员函数的定义中使用。

类的成员函数形参数据类型可以是普通数据类型(如 int、double 等),也可以是类或结构类型;成员函数可返回普通数据类型的数据值,也可以返回类或结构类型的值。

类的成员函数可采取和普通函数一样的方式重载,也可以为其设定一个默认参数。

构造函数是类的成员函数,在声明该类的对象时自动调用。构造函数必须与定义它的类同名。析构函数是类的成员函数,在该类的对象释放时自动调用,析构函数名称为类名前加"~"符号。

思考题

1. 简述什么是支持面向过程的程序设计风格,什么是支持面向对象的程序设计风格,它们的特征分别是什么。

2. 简述什么是类,什么是对象,对象与类有什么样的关系。

3. 简述什么样的函数称为构造函数,构造函数的运行特点是什么。

4. 简述什么样的函数称为析构函数,析构函数的运行特点是什么。

5. 简述什么是静态成员变量,什么是静态成员函数,它们和非静态成员的不同之处是什么。

6. 简述什么是友元函数,友元函数是成员函数吗?

练习题

1. 声明一个商品类(CGoods),商品特征的描述包括商品名称 Name(用字符串描述)、商品数量 Amount(用整型数描述)、商品单价 Price(用浮点数描述)、商品总价 Total_value(用浮点数描述)等,商品数据的操作行为包括新商品登记、读取商品名、读取商品数量、读取商品单价、读取商品总价值等。

2. 编写一个完整可执行的程序,在 main 函数中完成以下工作。

(1) 定义具体汽车对象 car。

(2) 依次输入汽车型号、数量与单价作为该批汽车对象的属性特征。

(3) 输出显示该批汽车数量、单价和总价。

3. 声明一个油罐类(OilTank),该类有以下成员变量(实例变量):油罐编号 tankID(字符串类型);油罐最多存放数 capacity(整型类型);油罐现在存放数 contents(整型类型)。该类还包含一个三个参数的构造函数用于给 ID、capacity 和 contents 赋值。编制一个完整程序,程序的 main()函数实例化一个油罐对象,编译查验该程序的运行情况。

4. 有两个长方柱,其长、宽、高分别为 12,20,25;10,30,20。编写一个基于对象的程序,定义两个构造函数,其中一个有参数,一个无参数,分别求两个长方柱的体积。

5. 声明一个 Array_max 类,该类包括一个整型数组 array[10]和一个整型变量 max 作为其成员变量,其中整型变量 max 存放数组 array[10]的最大值。编写向数组元素输入数值的成员函数 set_value(),找出数组元素中的最大值的成员函数 max_value( ),输出数组元素中的最大值的成员函数 show_value( )。编制一个完整程序,找出一个整型数组的最大值。

6. 声明一个 Stock 类,除具有股票代码 symbol(字符数组)和股票价格 price(double 类型)两个实例成员变量之外,还包含构造函数、析构函数、静态成员变量、静态成员函数等;定义一个三个元素对象数组并初始化该数组,每个数组元素是一只股票的映射。三只股票的代码和价格信息分别是:600688,12.34;600808,5.49;600788,34.58。编制一个完整程序,计算并显示出三只股票的平均价格。

7. 建立一个对象数组,存放5个学生的数据(学号、成绩),设立一个函数 max,用指向对象的指针作函数参数,在 max 函数中找出5个学生中成绩最高者,并输出其学号和成绩。

8. 声明一个日期(Date)类和时间(Time)类。日期类含有三个私有整型成员数据 year、month、day;时间类含有三个私有整型成员数据 hour、minute、second。为日期类和时间类添加各自的构造函数,以便创建各自的对象并指定内容(用现在时间,即做练习题的时间),为日期类和时间类添加 display 函数,并且调用 t1 中的 display 函数,实参是 Date 类对象 d1,显示完整的现在日期和时间。

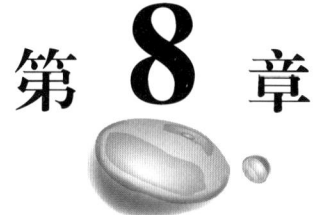

第 **8** 章

继承和组合

面向对象技术强调软件的可重用性(software reusability)。在不同的类中,数据成员和成员函数是不相同的,但有时两个类的内容基本相同或部分相同。由于派生类可以继承基类的代码,无须重新设计,继承解决了代码重用的问题,大大提高了软件的开发效率。如果这些代码在基类中运行无误,则继承到派生类中运行也不会有问题。

8.1 继承的概念及语法

继承是类与类之间的关系,是一个很简单、直观的概念,与现实世界中的继承类似。

继承可以理解为一个类从另一个类获取方法(函数)和属性(成员变量)的过程。如果类 B 继承于类 A,那么类 B 就拥有类 A 的方法和属性。被继承的类称为父类或基类,继承的类称为子类或派生类。在第 7 章中列举了 stock 类相关的示例,现在我们继续用 stock 类研究类的继承和派生。

【例 8-1】 用 stock 类研究类的继承和派生。

问题描述

stock 类中有两个成员变量:name 和 price,表示股票的名称和价格。按照交易所将这些股票进行分类,此时需要第三个成员变量 exchangeSymbol,但没有必要重新设计一个全新的类,只需要在 stock 类的基础上加上 exchangeSymbol 属性及其相关的方法即可。

此时将需要的 shstock 类和 szstock 类继承 stock 类,就可以得到 stock 类的成员变量及成员函数,继承后再添加需要的 exchangeSymbol 属性和相关的方法。新类 shstock 类和 szstock 类称为 stock 类的子类或派生类,而原有的 stock 类则称为基类。派生类 shstock 类和 szstock 类除了能够拥有基类 stock 的所有数据成员和成员函数之外,还可以拥有基类没有的 exchangeSymbol 成员变量及其相关成员函数。

编写程序

```
 1  enum exchangeSymbol{sh, sz,hk, ny};
 2  class stock
 3  {
 4  public:
 5      void setprice(double a);
 6      double getprice()const;    //const 放在函数参数表的后面，表明该函数不会对这个类
                                   //对象的数据成员作任何改变
 7      void setname(char * a);
 8      char * getname()const;
 9      void display();
10  private:
11      double price;
12      char * name;
13  };
14  class shstock: public stock
15  {
16  public :
17      void setexchangeid(exchangeSymbol exchangeid)
18      {
19          exchangeid = exchangeid;
20      }
21      exchangeSymbol getexchangeid(){return exchangeid;}
22  private:
23      exchangeSymbol exchangeid;
24  };
```

编写程序时,为了方便起见,先在类定义前声明一个全局的枚举类型 exchangeSymbol,用于表示证券交易所[①]。stock 类我们已经很熟悉了,关键是 shstock 类的定义。在定义 shstock 类时多出了":public stock",除此之外 shstock 类的定义和第 7 章介绍的类定义方法没有差别。其中关键字 public 指明继承方式属于公有继承,stock 为被继承的类名。采用公有继承方式,则基类的公有成员变量和成员函数的属性继承到派生类后不发生变化。例如,stock 类的公有的 setprice 和 setname 成员函数继承到 shstock 类后,这两个成员变量的属性仍将是 public 属性。如果在继承过程中不指名继承方式,则编译器系统会默认继承方式为 private 继承方式(关于 private 继承方式详见 8.2 节)。

因为已经定义过一个 stock 类,具有 stock 类的基本属性:股票名称和价格。现在需要一个新的类 shstock 来描述上海证券交易所股票,为此我们继承 stock 类中的所有成员变量及成员函数,并新增 exchangeSymbol 属性及相应的操作函数。虽然可以继承 stock

---

① 暂列出四个交易所:sh——上海证券交易所;sz——深圳证券交易所;hk——香港证券交易所;ny——纽约证券交易所。

类的私有成员,但是 stock 类的私有成员变量在派生类中是无法直接访问的(不能被派生类新添加的成员函数访问),但可以通过继承自基类的 setprice、getname、setprice 和 setname 函数来实现,因为这些函数在派生类中是 public 属性的,在派生类中新增的成员函数不能访问继承 stock 类的私有成员变量。如果希望在派生类 shstock 中直接访问 price 和 name,必须将基类 stock 的 private 属性改为 protected 属性,这样一来,通过 public 继承后,price 和 name 两个成员变量可以被派生类的新增成员函数访问,而且在派生类中,price 和 name 这两个成员变量的属性仍然是 protected(可以继续被派生到新的派生类中,并可被新派生类新添加的成员函数访问),并且保留原有的私有特征,不能在类外访问(不能用对象直接引用)。表 8.1 为 shstock 类中的所有成员的一览。

表 8.1 public 继承方式的 shstock 类中的所有成员

shstock 类成员	成员属性	来 源	shstock 类成员	成员属性	来 源
price	不可访问	继承自 stock 类	getprice	public	继承自 stock 类
name	不可访问	继承自 stock 类	getname	public	继承自 stock 类
exchangeid	private	shstock 新增	display	public	继承自 stock 类
setprice	public	继承自 stock 类	setexchangeid	public	shstock 新增
setname	public	继承自 stock 类	getexchangeid	public	shstock 新增

继承并非只能进行一层,可以是任意层次的。例如,shstock 继承自 stock 类,如果需要对 shstock 类继续添加新属性时,同样可以设计一个类继承自 shstock 类。

8.2 继承方式

从基类派生出派生类,派生类继承基类的继承方式有三种:public、protected 和 private。在未指定的情况下编译器会默认继承方式为 protected 方式。

(1) public 继承方式。
- 基类中所有 public 成员在派生类中为 public 属性(可以被派生类新增成员函数引用,也可以在类外引用)。
- 基类中所有 protected 成员在派生类中为 protected 属性(可以被新增加的成员函数引用,但不能在类外引用)。
- 基类中所有 private 成员在派生类中不可访问(不可以被派生类新增的成员函数引用)。

public 继承方式的具体示例参见例 8-1。表 8.1 列出 public 继承方式下的 shstock 类中的所有成员的成员属性。

(2) protected 继承方式。
- 基类中的所有 public 成员在派生类中为 protected 属性。
- 基类中的所有 protected 成员在派生类中为 protected 属性。
- 基类中的所有 private 成员在派生类中不可访问。

protected 继承方式的具体示例如下。

【例 8-2】　protected 继承方式的示例，该例的程序的第 14 行"class shstock：protected stock"表示是 protected 继承方式。

编写程序

```
 1  enum exchangeSymbol{sh, sz,hk, ny};
 2  class stock
 3  {
 4  public:
 5      void setprice(double a);
 6      double getprice()const;
 7      void setname(char * a);
 8      char * getname()const;
 9      void display();
10  private:
11      double price;
12      char * name;
13  };
14  class shstock: protected stock
15  {
16  public :
17      void setexchangeid(exchangeSymbol a);
18      exchangeSymbol getexchangeid(){return exchangeid;}
19  private:
20      exchangeSymbol exchangeid;
21  };
```

本例的 protected 继承方式的 shstock 类中所有成员的属性如表 8.2 所示。

表 8.2　protected 继承方式的 shstock 类中的所有成员

shstock 类成员	成 员 属 性	来　　　源	shstock 类成员	成 员 属 性	来　　　源
price	不可访问	继承自 stock 类	getprice	protected	继承自 stock 类
name	不可访问	继承自 stock 类	getname	protected	继承自 stock 类
exchangeid	private	shstock 新增	display	protected	继承自 stock 类
setprice	protected	继承自 stock 类	setexchangeid	public	shstock 新增
setname	protected	继承自 stock 类	getexchangeid	public	shstock 新增

（3）private 继承方式。

- 基类中所有 public 成员在派生类中为 private 属性。
- 基类中所有 protected 成员在派生类中为 private 属性。
- 基类中所有 private 成员在派生类中不可访问。

private 继承方式的具体示例如下。

【例 8-3】　private 继承方式的示例，该例程序的第 14 行"class shstock：private stock"表示是 private 继承方式。

编写程序

```
1  enum exchangeSymbol{sh, sz,hk, ny};
2  class stock
3  {
4  public:
5      void setprice(double a);
6      double getprice()const;
7      void setname(char * a);
8      char * getname()const;
9      void display();
10 private:
11     double price;
12     char * name;
13 };
14 class shstock: private stock
15 {
16 public :
17     void setexchangeid(exchangeSymbol exchangeid);
18     exchangeSymbol getexchangeid(){return exchangeid;}
19 private:
20     exchangeSymbol exchangeid;
21 };
```

本例的 private 继承方式的 shstock 类中的所有成员的属性如表 8.3 所示。

表 8.3　private 继承方式的 shstock 类中的所有成员

shstock 类成员	成员属性	来　源	shstock 类成员	成员属性	来　源
price	不可访问	继承自 stock 类	getprice	private	继承自 stock 类
name	不可访问	继承自 stock 类	getname	private	继承自 stock 类
exchangeid	private	shstock 新增	display	private	继承自 stock 类
setprice	private	继承自 stock 类	setexchangeid	public	shstock 新增
setname	private	继承自 stock 类	getexchangeid	public	shstock 新增

8.3　改变基类成员在派生类中的访问属性

使用 using 声明可以改变基类成员在派生类中的访问属性。基类的 protected 成员经过公有继承，在派生类中其属性为 protected，通过 using 声明，可以将其改为 public 或 private 属性，如例 8-4 所示。

【例 8-4】　在派生类 shstock 类中改变 price 成员的访问属性，该例的第 19 行代码"using stock::price;"用于将基类中的 price 改为 public 属性。

编写程序

```
1   enum exchangeSymbol{sh, sz,hk, ny};
2   class stock
3   {
4   public:
5       void setprice(double a);
6       double getprice()const;
7       void setname(char * a);
8       char * getname()const;
9       void display();
10  protected:
11      double price;
12      char * name;
13  };
14  class shstock: public stock
15  {
16  public :
17      void setexchangeid(exchangeSymbol exchangeid);
18      exchangeSymbol getexchangeid(){return exchangeid;}
19      using stock::price;
20  private:
21      exchangeSymbol exchangeid;
22  };
```

如果使用例 8-4 的方式,则例 8-5 的主函数则会编译错误,即用 stock 类对象 stock1 调用 price 会有问题,因为其属性为 protected,不可以用类对象直接访问。但用 shstock 类对象 stock2 调用 price 就没有问题,因为其属性通过 using 声明后,由 protected 属性变为 public 属性。

【例 8-5】 在派生类 shstock 类中改变 price 成员的访问属性后的访问。
编写程序

```
1    # include< iostream >
2    using namespace std;
3    enum exchangeSymbol{sh, sz,hk, ny};;
4    class stock
5    {
6    public:
7        void setprice(double a){price = a;};
8        double getprice()const{return price;};
9        void setname(char * a)
10       {
11           name = new char[strlen(a) + 1];
12           strcpy(name, a);
13       };
14       char * getname()const{return name;};
```

```
15      void display()const
16      {
17          cout <<"name: "<< name << endl;
18          cout <<"price: "<< price << endl;
19      };
20  protected:
21      double price;
22      char * name;
23  };
24  class shstock: public stock
25  {
26  public :
27      void setexchangeid(exchangeSymbol ex){exchangeid = ex;};
28      exchangeSymbol getexchangeid(){return exchangeid;}
29      using stock::price;
30  private:
31      exchangeSymbol exchangeid;
32  };
33  int main()
34  {
35      stock stock1;
36      stock1.setprice(12.4);
37      //cout << stock1.price << endl;                          //编译错误
38      shstock stock2;
39      stock2.setprice(22.4);
40      cout << stock2.price << endl;
41      return 0;
42  }
```

运行结果

```
22.4
```

8.4　名字隐藏

如果派生类中新增一个成员变量,该成员变量与基类中的成员变量同名,则新增的成员变量会遮蔽从基类中继承的成员变量。同理,如果派生类中新增的成员函数与基类中的成员函数同名,则新增的成员函数会遮蔽从基类中继承的成员函数,如例8-6所示。

【例8-6】　basic 类派生出 derived 类后的同名成员遮蔽基类成员。

编写程序

```
1   # include < iostream >
2   using namespace std;
3   class basic
4   {
```

```
 5  public:
 6      void setx(int a){x = a;}
 7      void sety(int b){y = b;}
 8      int getx(){return x;}
 9      int gety(){return y;}
10  private:
11      int x;
12      int y;
13  };
14  class derived : public basic
15  {
16  public:
17      void setx(char * a){x = a;}
18      char * getx(){return x;}
19  private:
20      char * x;
21  };
22  int main()
23  {
24      basic d0;
25      d0.setx(50);                          //通过
26      cout << d0.getx()<< endl;             //通过
27      derived d1;
28      d1.setx("class");                     //通过
29      cout << d1.getx()<< endl;
30      d1.setx(50);                          //编译错误
31      d1.basic::setx(100);                  //通过
32      cout << d1.basic::getx()<< endl;      //通过
33      return 0;
34  }
```

运行结果

```
50
class
100
```

例 8-6 中定义了一个基类 basic,之后通过继承 basic 类派生出 derived 类。需要注意的是在 basic 类中定义了一个成员变量 x,该变量是 int 型,与之对应的成员函数是 setx 和 getx 函数。而派生类中同样定义了一个成员变量 x,而它是 char 指针类型,与之对应的成员函数是 setx 和 getx 函数。在主函数中,定义了 derived 类的对象 d1,在调用 setx (char *)函数时,编译通过。接着又调用从基类中继承的 setx(int)函数,编译出错。最后通过类名来调用基类继承的 setx(int)函数,编译通过。在派生类 derived 中,setx(char *)与基类继承的 setx(int)函数同名,如此一来,派生类新增的函数 setx(char *)遮蔽了从基类继承的 setx(int)函数,通过 d1.setx(50)调用 setx(int)是不成功的,故而出现编译错误。正确的调用方法是通过类名来调用:d1.basic::setx(int)。

例 8-6 中可以看出被遮蔽了的基类的成员变量或成员函数并非没有继承,而是被派生类的同名成员变量和成员函数遮蔽了,调用的时候需要用类名加域解析操作符。

8.5 间接继承

假设类 C 继承自类 B,类 B 继承自类 A。那么类 C 除了能够继承类 B 的成员函数和成员变量外,同样也能继承类 B 继承自类 A 的所有成员。换言之,类 C 可以继承来自类 A 的所有成员。因此继承既可以是直接继承,也可以是间接继承。

【例 8-7】 间接继承。

编写程序

```
1   # include < iostream >
2   using namespace std;
3   class A
4   {
5   public:
6       int getx(){return x;}
7       void setx(int a){x = a;}
8   private:
9       int x;
10  };
11  class B : public A
12  {
13  public:
14      int gety(){return y;}
15      void sety(int b){y = b;}
16  private:
17      int y;
18  };
19  class C : public B
20  {
21  public:
22      int getz(){return z;}
23      void setz(int c){z = c;}
24  private:
25      int z;
26  };
27  int main()
28  {
29      C c;
30      c.setx(1);
31      c.sety(2);
32      c.setz(3);
33      cout << c.getx()<< endl;
34      cout << c.gety()<< endl;
35      cout << c.getz()<< endl;
```

```
36      return 0;
37 }
```

运行结果

```
1
2
3
```

在本例中,先定义了类 A,然后通过派生定义了类 B,之后再派生定义了类 C。类 B 和类 C 都有自己新增的成员变量和成员函数。类 A、类 B 和类 C 的所有成员和成员变量,及其所有成员的属性,如表 8.4 所示。

表 8.4 间接继承的各类的所有成员

类	成 员	属 性	来 源	类	成 员	属 性	来 源
A	x	private	自身		x	不可访问	继承自类 B
	getx	public	自身		getx	public	继承自类 B
	setx	public	自身		setx	public	继承自类 B
B	x	不可访问	继承自类 A	C	y	不可访问	继承自类 B
	getx	public	继承自类 A		gety	public	继承自类 B
	setx	public	继承自类 A		sety	public	继承自类 B
	y	private	类 B 新增		z	private	类 C 新增
	gety	public	类 B 新增		getz	public	类 C 新增
	sety	public	类 B 新增		sety	public	类 C 新增

从表中可以看出类 C 不仅包含类 B 的成员,同时还包含类 A 的成员,在表格中将这些成员都统一归为继承自类 B,而实际上,可以将成员变量 x 及成员函数 setx 和 getx 视为间接继承自类 A。间接继承所得的成员变量和成员函数,其属性遵循直接继承时的规则。

8.6 继承机制下的构造函数

第 7 章中介绍了构造函数的功能和用法,派生类同样有构造函数。当创建一个派生类对象时,基类构造函数将会被自动调用,用于初始化派生类从基类中继承的成员变量。而派生类中新增的成员变量则需要重新定义构造函数用于初始化。

【例 8-8】 创建一个派生类对象,基类构造函数将会被自动调用。
编写程序

```
1  # include < iostream >
2  using namespace std;
3  class stock
4  {
5  public:
```

```
6        stock();
7        stock(char * a, double p = 5.0);
8        void setprice(double a);
9        double getprice()const;
10       void setname(char * a);
11       char * getname()const;
12       void display();
13 private:
14       double price;
15       char * name;
16 };
17 class stock_derived :public stock
18 {
19 public:
20       void display();
21 };
22 stock::stock(char * a, double p)
23 {
24       name = a;
25       price = p;
26 }
27 stock::stock()
28 {
29       name = "readymade corp.";
30       price = 0.0;
31 }
32 void stock::setprice(double a)
33 {
34       price = a;
35 }
36 double stock::getprice()const
37 {
38       return price;
39 }
40 void stock::setname(char * a)
41 {
42       name = a;
43 }
44 char * stock::getname()const
45 {
46       return name;
47 }
48 void stock::display()
49 {
50       cout <<"The price of "<< name <<" is $ "<< price << endl;
51 }
52 void stock_derived::display()
53 {
54       cout <<"The price of "<< getname()<<" is $ "<< getprice()<< endl;
```

```
55 }
56 int main()
57 {
58     stock_derived b;
59     b.display();
60     return 0;
61 }
```

运行结果

The price of readymade corp. is $ 0

本例定义了 stock_derived 类,该类没有自身的成员变量,类中所有成员变量都继承自 stock 类,类中成员函数仅有一个 display 函数,该函数遮蔽了基类 stock 中的 display 函数。在主函数中定义派生类的对象 b,之后调用派生类的 display 函数。

在本例中不难看出派生类也存在一个默认构造函数,并且在创建对象时自动调用基类默认构造函数。这种情况,基类的构造函数功能已经满足派生类创建对象初始化的需要,派生类无须重新自定义一个构造函数。

如果在创建对象时使用带参数的构造函数,不管是新增的成员变量,还是没有增加的成员变量,都需要自己设计一个构造函数。

【例 8-9】 创建对象时使用有参数构造函数——需要添加构造函数。
编写程序

```
1  # include < iostream >
2  using namespace std;
3  enum exchangeSymbol{sh, sz,hk, ny};
4  class stock
5  {
6  public:
7      stock();
8      stock(char * a, double p = 5.0);
9      void setprice(double a);
10     double getprice()const;
11     void setname(char * a);
12     char * getname()const;
13     void display();
14 private:
15     double price;
16     char * name;
17 };
18 class shstock: public stock
19 {
20 public :
21     shstock():stock(){exchangeid = sh;}
22     shstock(exchangeSymbol exchangeid, char * t, double p);
23     void setexchangeid(exchangeSymbol exchangeid);
```

```
24     exchangeSymbol getexchangeid(){return exchangeid;}
25     void display();
26 private:
27     exchangeSymbol exchangeid;
28 };
29 stock::stock(char * a, double p)
30 {
31     name = a;
32     price = p;
33 }
34 stock::stock()
35 {
36     name = "readymade corp.";
37     price = 0.0;
38 }
39 void stock::setprice(double a)
40 {
41     price = a;
42 }
43 double stock::getprice()const
44 {
45     return price;
46 }
47 void stock::setname(char * a)
48 {
49     name = a;
50 }
51 char * stock::getname()const
52 {
53     return name;
54 }
55 void stock::display()
56 {
57     cout <<"The price of "<< name <<" is $ "<< price << endl;
58 }
59 void shstock::setexchangeid(exchangeSymbol exchangeid)
60 {
61     this -> exchangeid = exchangeid;
62 }
63 shstock::shstock(exchangeSymbol exchangeid, char * t, double p):stock(t,p)
64 {
65     this -> exchangeid = exchangeid;
66 }
67 void shstock::display()
68 {
69     stock::display();
70     cout <<"The exchangeSymbol is "<< exchangeid << endl;
71 }
72 int main()
```

```
73 {
74     shstock shreadymade ;
75     shreadymade .display();
76     shstock sh600832(sh, "Oriental Pearl", 59.9);
77     sh600832.display();
78     return 0;
79 }
```

运行结果

```
The price of readymade corp. is $ 0
The exchangeSymbol is 0
The price of Oriental Pearl is $ 59.9
The exchangeSymbol is 0
```

本例中定义了两个类,stock 类和 shstock 类,shstock 类是 stock 类的派生类。在 shstock 类中新增了一个 exchangeSymbol 成员变量,为此必须重新设计新的构造函数。在本例的 stock 类中有一个默认构造函数和一个带参数的构造函数,shstock 类中同样声明了两个构造函数,一个默认构造函数和一个带参数的构造函数,默认构造函数显式调用基类的默认构造函数,带参构造函数显式调用基类的带参构造函数。在主函数中定义了 shstock 类的对象 shreadymade,该对象调用 shstock 类的默认构造函数,shstock 类中的默认构造函数先调用基类的默认构造函数,将 name 和 price 进行初始化,之后才会执行自身函数体中的内容。之后又定义了 shstock 类对象 sh600832,该对象在定义时后面接有 3 个参数,很明显是需要调用 shstock 类的带参构造函数。其中 sh 参数用于初始化 exchangeid 成员变量,而后两个参数则用于初始化从基类继承的 name 和 price 两个成员变量。当然初始化顺序依然是先调用基类的带参构造函数初始化 name 和 price,然后再执行自身函数体中的初始化代码初始化 exchangeid 成员变量。

在本例中 exchangeSymbol 没有显示为 sh,只显示为 0,熟悉枚举类型的读者应该清楚,枚举类型在本例中是从 0 开始的 int 类型。

从本例可以很清楚地看到,当创建派生类对象时,先由派生类构造函数调用基类构造函数,然后执行派生类构造函数函数体中的内容,即先执行基类构造函数,再执行派生类构造函数。如果继承关系有好几层,如类 A 派生出类 B,类 B 派生出类 C,则创建类 C 对象时,构造函数的执行顺序为先执行类 A 的构造函数,其次是类 B 的构造函数,最后是类 C 的构造函数。构造函数的调用顺序是按照继承的层次,自顶向下,从基类再到派生类。

8.7　派生类构造函数调用规则

派生类构造函数可以自动调用基类的默认构造函数而无须显式调用。例如,在例 8-9 中,如果将 shstock 类中的默认构造函数 shstock():stock(){exchangeid = sh;}语句修改为 shstock(){exchangeid = sh;},则程序运行结果依然保持不变,因为派生类的构造函数会自动调用基类的默认构造函数。

　　派生类构造函数可以自动调用基类的默认构造函数,但前提是默认构造函数必须存在。通常情况下,系统会自动生成默认构造函数,但是如果在基类中定义了一个带参构造函数,则系统不会为基类自动生成默认构造函数,派生类则无法自动调用基类的默认构造函数,因为基类根本就不存在默认构造函数。遇到这种情况有两种解决方案:其一,在基类中定义一个默认构造函数(不带参数的构造函数),如例 8-9;其二,派生类中的每一个构造函数都显式地调用基类中的带参构造函数。

　　【例 8-10】 基类不存在默认构造函数,试图调用默认构造函数。
　　编写程序

```
1  class base
2  {
3  public:
4      base(int a){x = a; y = 0;}
5      base(int a, int b){x = a; y = b;}
6  private:
7      int x;
8      int y;
9  };
10 class derived: public base
11 {
12 public:
13     derived(){z = 0;}
14     derived(int c){z = c;}
15 private:
16     int z;
17 };
```

　　本例先定义了一个类 base 作为基类,基类中拥有两个成员变量 x 和 y,同时定义了两个带参数的构造函数,如此一来类 base 就不会自动生成默认构造函数了。再来看派生类定义,派生类中新增了成员变量 z,并且定义了一个带参构造函数和一个默认构造函数。如此定义,编译器会提示语法错误,因为派生类的构造函数没有显示调用基类构造函数。解决这个问题有两种方法:其一,在基类自己定义一个默认构造函数,其二,显示调用基类构造函数。如果使用后者,为了显式调用基类构造函数,可以将代码改为例 8-11 形式。例 8-11 代码是派生类中的构造函数显式调用基类的 base(int a, int b){x = a; y = b;}构造函数。也可以改为派生类中的构造函数显式调用基类的 base(int a){x = a; y = 0;}构造函数。

　　【例 8-11】 基类不存在默认构造函数,采用显式调用构造函数。
　　编写程序

```
1  class base
2  {
3  public:
```

```
4        base(int a){x = a; y = 0;}
5        base(int a, int b){x = a; y = b;}
6   private:
7        int x;
8        int y;
9   };
10  class derived: public base
11  {
12  public:
13       derived(int a, int b):base(a, b){z = 0;}
14       derived(int c,int a, int b):base(a,b){z = c;}
15  private:
16       int z;
17  };
```

同时还建议在设计类时为每一个类设计一个默认构造函数,默认构造函数并不会妨碍构造函数的显式调用。通常还会遇到这样一种情况,派生类中并未显式定义构造函数,这时派生类中只有系统自动生成的默认构造函数,如果不为基类设计一个默认构造函数,程序则会编译出错。这种错误很玄妙,难以发现。因此,为了避免这种情况的发生,建议为每一个类设计一个默认构造函数。

8.8 继承机制下的析构函数

创建派生类对象时构造函数的调用顺序是按照继承顺序,先执行基类构造函数,然后再执行派生类的构造函数。但是对于析构函数,其调用顺序是恰好相反,即先执行派生类的析造函数,然后再执行基类的析造函数。

【例 8-12】 构造函数和析构函数的执行顺序。
编写程序

```
1   # include < iostream >
2   using namespace std;
3   class A
4   {
5   public:
6        A(){cout <<"A constructor"<< endl;}
7        ~A(){cout <<"A destructor"<< endl;}
8   };
9   class B: public A
10  {
11  public:
12       B(){cout <<"B constructor"<< endl;}
13       ~B(){cout <<"B destructor"<< endl;}
14  };
15  class C: public B
```

```
16 {
17 public:
18     C(){cout <<"C constructor"<< endl;}
19     ~C(){cout <<"C destructor"<< endl;}
20 };
21 int main()
22 {
23     C test;
24     return 0;
25 }
```

运行结果

```
A constructor
B constructor
C constructor
C destructor
B destructor
A destructor
```

在本例中定义了三个类,类 C 继承自类 B,类 B 继承自类 A。在每个类中定义默认构造函数和析构函数。在主函数中定义了类 C 的一个对象,创建对象时各个类的构造函数会被调用。退出程序,各类的析构函数会被逐一调用。

程序运行结果很好地说明了构造函数和析构函数的执行顺序。构造函数的执行顺序是按照继承顺序自顶向下的,从基类到派生类;而析构函数的执行顺序是按照继承顺序自底向上,从派生类到基类。因为每一个类中最多只能有一个析构函数,因此调用时并不会出现二义性,因此析构函数不需要显式的调用。

8.9　多继承

在本章前面所有的例子中,派生类都只有一个基类,称为单继承。而在 C++语言中一个派生类中允许有两个及以上的基类,称为多继承。单继承中派生类是对基类的特例化,如上海股票类是股票类中的特例。而多继承中,派生类是所有基类的一种组合。

【例 8-13】 多继承。
编写程序

```
1  # include < iostream >
2  using namespace std;
3  class teacher
4  {
5  public:
6      void setname(char * a){name = a;}
7      char * getname(){return name;}
8  protected:
```

```
9      char * name;                                    //职称
10 };
11 class cadre
12 {
13 public:
14      void setpost(char * a){post = a;}
15      char * getpost(){return post;}
16 protected:
17      char * post;                                   //职务
18 };
19 class teacher_cadre: public cadre, public teacher
20 {
21 public:
22      void setwages(int a){wages = a;}
23      int getwages(){return wages;}
24      void showinfor()
25      {
26          cout <<"name = "<< name << endl;
27          cout <<"post = "<< post << endl;
28          cout <<"wages = "<< wages << endl;
29      }
30 private:
31      int wages;                                      //工资
32 };
33 int main()
34 {
35      teacher_cadre test;
36      test.setwages(8800);
37      test.setname("Prof.");
38      test.setpost("Dean");
39      test.showinfor();
40      return 0;
41 }
```

运行结果

```
name = Prof.
post = Dean
Wages = 8800
```

本例中定义了三个类,一个是教师类 teacher,该类中有一个成员变量职称 name;另一个类是干部类 cadre,该类中有一个成员变量职务 post;最后定义了一个类 teacher_cadre,该类是 cadre 和 teacher 类的派生类,它也有一个新增的成员变量 wages,表示工资。教职工干部 teacher_cadre 类是 cadre 类和 teacher 类的组合。

在多继承中,派生类继承了所有基类中的所有成员变量和成员函数,这些继承的成员变量及成员函数其访问规则与单继承相同,例 8-13 中的 teacher_cadre 类中的所有成员及访问属性如表 8.5 所示。

表 8.5　teacher_cadre 类中的所有成员及访问属性

teacher_cadre 成员	成 员 属 性	来　　源	teacher_cadre 类成员	成 员 属 性	来　　源
name	protected	teacher 类	getpost	public	cadre 类
setname	public	teacher 类	wages	private	teacher_cadre 类新增
getname	public	teacher 类	setwages	public	teacher_cadre 类新增
post	protected	cadre 类	getwages	public	teacher_cadre 类新增
setpost	public	cadre 类	showinfor	public	teacher_cadre 类新增

使用多继承可以描述事物之间的组合关系,但是如此一来也可能会增加命名冲突的可能性,冲突很有可能发生在基类与基类之间,基类与派生类之间。命名冲突是必须要解决的问题。

【例 8-14】　继承中命名冲突问题。

编写程序

```
1   # include < iostream >
2   using namespace std;
3   class A
4   {
5   public:
6       void setx( int a){x = a;}
7       int getx(){return x;}
8   protected:
9       int x;
10  };
11  class B
12  {
13  public:
14      void setx( int a){x = a;}
15      int getx(){return x;}
16  protected:
17      int x;
18  };
19  class C: public A, public B
20  {
21  public:
22      void setx( int a){x = a;}
23      int getx(){return x;}
24      void show()
25      {
26          cout <<"x = "<< A::x << endl;
27          cout <<"x = "<< B::x << endl;
28          cout <<"x = "<< C::x << endl;
29      }
30  private:
31      int x;
```

```
32 };
33 int main()
34 {
35     C test;
36     test.setx(10);
37     test.B::setx(20);
38     test.A::setx(30);
39     test.show();
40     return 0;
41 }
```

运行结果

```
x = 30
x = 20
x = 10
```

程序分析

本例是一个非常极端的例子,只是为了说明命名冲突问题。在本例中有三个类 A、B 和 C,其中类 C 继承自类 A 和类 B。在三个类中都有一个成员变量,变量名恰好都为 x,成员函数都名为 setx 和 getx。由于两个基类和派生类中出现了命名冲突,因此产生了遮蔽的情况。为了解决命名冲突问题只能采用域解析操作符来区分具体所调用的类中的成员函数。

8.10　虚基类

在多继承时很容易产生命名冲突问题,如果将所有类中的成员变量及成员函数都命名为不同的名字,命名冲突依然有可能发生,如非常经典的菱形继承层次。类 A 派生出类 B 和类 C,类 D 继承自类 B 和类 C,这时类 A 中的成员变量和成员函数继承到类 D 中变成了两份,一份来自类 A 派生类 B 然后派生类 D 这一过程,另一份来自类 A 派生类 C 然后派生类 D 这一条过程,构成一个菱形继承结构形式,如图 8.1 所示。

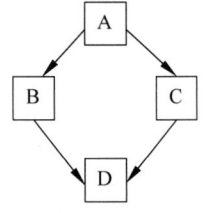

图 8.1　菱形继承

【例 8-15】 典型的菱形继承结构。

编写程序

```
1 class A
2 {
3 public:
4     void setx(int a){x = a;}
5     int getx(){return x;}
6 private:
7     int x;
```

```
8   };
9   class B: public A
10  {
11  public:
12      void sety(int a){y = a;}
13      int gety(){return y;}
14  private:
15      int y;
16  };
17  class C: public A
18  {
19  public:
20      void setz(int a){z = a;}
21      int getz(){return z;}
22  private:
23      int z;
24  };
25  class D: public B, public C
26  {
27      //...
28  };
```

本例即为典型的菱形继承结构,类 A 中的成员变量及成员函数继承到类 D 中均会产生两份,这样的命名冲突非常棘手,通过域解析操作符已经无法分清具体的变量了。

为此,C++语言提供了虚继承这一方式解决命名冲突问题。虚继承只需要在继承属性前加上 virtual 关键字。

【例 8-16】 虚继承。

编写程序

```
1   # include < iostream >
2   using namespace std;
3   class A
4   {
5   public:
6       void setx(int a){x = a;}
7       int getx(){return x;}
8   private:
9       int x;
10  };
11  class B: virtual public A
12  {
13  public:
14      void sety(int a){y = a;}
15      int gety(){return y;}
16  private:
17      int y;
```

```
18 };
19 class C: virtual public A
20 {
21 public:
22      void setz(int a){z = a;}
23      int getz(){return z;}
24 private:
25      int z;
26 };
27 class D: public B, public C
28 {
29      //...
30 };
31 int main()
32 {
33      D test;
34      test.setx(10);
35      test.sety(20);
36      test.setz(30);
37      cout << test.getx()<< endl;
38      cout << test.gety()<< endl;
39      cout << test.getz()<< endl;
40      return 0;
41 }
```

运行结果

```
10
20
30
```

程序分析

本例中类 B 和类 C 都是继承于类 A,都是虚继承,如此操作之后,类 D 只会得到一份来自类 A 的数据。在本例的主函数中,定义了类 D 的对象 test,然后通过该对象调用从类 A 间接继承来的 setx 和 getx 成员函数,因为类 B 和类 C 继承自类 A 采用的是虚继承,故通过类 D 调用 setx 和 getx 不会有命名冲突问题,因为类 D 只得到了一份类 A 的数据。

8.11　组合

如果类 B 有必要使用类 A 的功能,则要分两种情况考虑。

(1) 若在逻辑上类 B 是类 A 的"一种"(a kind of),则允许类 B 继承类 A 的功能。如男人(Man)是人(Human)的一种,男孩(Boy)是男人的一种。那么类 Man 可以从类 Human 派生,类 Boy 可以从类 Man 派生。示例程序见例 8-17。

【例 8-17】　逻辑上类 B 是类 A 的"一种"。

编写程序

```
1  class Human
2  {
3      //…
4  };
5  class Man : public Human
6  {
7      //…
8  };
9  class Boy : public Man
10 {
11      //…
12 };
```

这就是继承和派生的概念。派生类是基类的具体化实现,是基类中的一种。

(2) 若在逻辑上类 A 是类 B 的"一部分"(a part of),则不允许类 B 继承类 A 的功能,而是要用类 A 和其他东西组合出类 B。如眼(Eye)、鼻(Nose)、口(Mouth)、耳(Ear)是头(Head)的一部分,所以类 Head 应该由类 Eye、Nose、Mouth、Ear 组合而成,不是派生而成。示例程序如例 8-18 所示。

【例 8-18】　逻辑上类 A 是类 B 的"一部分"——组合。

编写程序

```
1  class Eye
2  {
3  public:
4      void Look(void);
5  };
6  class Nose
7  {
8  public:
9      void Smell(void);
10 };
11 class Mouth
12 {
13 public:
14      void Eat(void);
15 };
16 class Ear
17 {
18 public:
19      void Listen(void);
20 };
21 //类 Head 应该由类 Eye、Nose、Mouth、Ear 组合而成
```

```
22 class Head
23 {
24 public:
25     void Look(void) { m_eye.Look(); }
26     void Smell(void) { m_nose.Smell(); }
27     void Eat(void) { m_mouth.Eat(); }
28     void Listen(void) { m_ear.Listen(); }
29 private:
30     Eye m_eye;
31     Nose m_nose;
32     Mouth m_mouth;
33     Ear m_ear;
34 };
```

这就是组合的概念。在一个类中可以用类对象作为数据成员,即子对象。实际上,对象成员的类型可以是本派生类的基类,也可以是另外一个已定义的类。在一个类中以另一个类的对象作为数据成员的,称为类的组合(composition)。

如果允许 Head 从 Eye、Nose、Mouth、Ear 派生而成,那么 Head 将自动具有 Look、Smell、Eat、Listen 这些功能,本例如果设计成例 8-19 所示形式将是错误的设计。这种程序方法十分简短并且运行正确,但是这种设计却是错误的。这就使很多程序员经不起"继承"的诱惑而犯下设计错误。我们必须给"继承"设立一些使用规则:如果类 A 和类 B 毫不相关,不可以为了使类 B 的功能更多而让类 B 继承类 A 的功能。

【例 8-19】 错误的设计。

编写程序

```
1  class Head : public Eye, public Nose, public Mouth, public Ear
2  {
3      //...
4  };
```

例如,声明 Professor(教授)类是 Teacher(教师)类的派生类,另有一个类 BirthDate(生日),包含 year、month、day 等数据成员。可以将教授生日的信息加入到 Professor 类的声明中,如例 8-20 所示。

【例 8-20】 Professor 类继承自 Teacher 类,同时组合 BirthDate 类。

编写程序

```
1  class Teacher                    //教师类
2  {
3  public:
4      //Some Code
5  private:
6      int num;
7      string name;
```

```
8       char sex;
9   };
10  class BirthDate                    //生日类
11  {
12  public:
13      //Some Code
14  private:
15      int year;
16      int month;
17      int day;
18  };
19  class Professor:public Teacher     //教授类
20  {
21  public:
22      //Some Code
23  private:
24      BirthDate birthday;            //BirthDate 类的对象作为数据成员
25  };
```

在本例中 BirthDate 是成员类，Professor 是组合类，Professor 和 BirthDate 两个类之间不是"是"的关系，而是"有"的关系。不能说教授（Professor）是一个生日（BirthDate），只能说教授（Professor）有一个生日（BirthDate）的属性。

Professor 类通过继承，从 Teacher 类得到了 num、name、age、sex 等数据成员；通过组合，从 BirthDate 类得到了 year、month、day 等数据成员。继承是纵向的，组合是横向的。

如果定义了 Professor 对象 prof1，则 prof1 包含生日的信息。通过这种方法有效地组织和利用现有的类，大大减少了工作量。

如果修改了成员类的部分内容，只要成员类的公用接口（如头文件名）不变，如无必要，组合类可以不修改，但组合类需要重新编译。

8.12 综合实例

【例 8-21】 程序功能：以一个小型诊所的简单信息管理程序为例，说明类和数据成员、成员函数的设计，以及继承与派生的应用。

为了声明医生类、患者类，首先声明一个 Person 类，Person 类基础上，派生出医生、患者类。另外声明一个账单类，使其和医生类、患者类一起共同用于表示一家诊所的信息管理。

在一条医生记录中，包括医生的专业说明（specialty），如内科医生（internist）、外科医生（surgeon）、儿科医生（pediatrician）、产科医生（obstetrician）及全科医生（general practitioner）；除此之外，Doctor 记录还含有诊费（office_visit_fee）。

在一条患者记录中，包括该患者产生的药费（drug_fee）和患者的诊费（即医生的诊费）。

在一条账单中,包括一名患者对象、该患者对应的主治医生、该患者产生的诊费和药费。

应用程序能够显示诊所中每个患者的信息和对应主治医生的信息,统计全都患者的总费用。

编程提示

根据上述需求,设计一个基类 Person,派生出 Doctor 医生类和 Patient 患者类,由于账单中包括患者记录以及该患者对应的主治医生,因此,构造 Billing 账单类时,包含 Doctor 类和 Patient 患者类的内嵌对象成员;除此之外,在 Billing 类中还应含有静态数据成员,用于统计全部患者的总费用,即诊所的总收入。每个类都包含构造函数和析构函数。

Person 类:

姓名(name)
年龄(age)
性别(gender)
身份证号码(id_number)
构造函数
析构函数
getName()
showInfo()

Doctor 类:

专业名称(specialty)
诊费(office_visit_fee)
构造函数
析构函数
getOfficeVisit_fee()
showInfo()

Patient 类:

药费(drug_fee)
费用(payment,包括诊费和药费)
主治医生(dr)
构造函数
析构函数
getPayment()
showInfo()

Billing 类:

患者对象(m_patient)
主治医生(m_doctor)
总收入(total_income)
构造函数
析构函数
showInfo()

get_total_income()

编写程序

```
1
2    #include <iostream>
3    #include <string>
4    using namespace std;
5
6    class Person                        //基类
7    {
8    protected:
9            string name;                //姓名
10           int age;                    //年龄
11           char gender;                //性别,'f'女性,'m'男性
12           string idNumber;            //身份证号码
13   public:
14           Person(string, int, char, string);
15           Person(Person &);
16           ~Person(){}
17           string getName();
18           void showInfo();
19   };
20
21   class Doctor:public Person          //医生类
22   {
23   private:
24           string specialty;           //专业名称
25           double officeVisitFee;      //诊费
26   public:
27           Doctor(string, int, char, string, string, double);
28           ~Doctor(){}
29           double getOfficeVisitFee();
30           void showInfo();
31   };
32
33   class Patient:public Person         //患者类
34   {
35   private:
36           double drugFee;             //药费
37           double payment;             //患者费用,包括诊费和药费
38           Doctor dr;
39   public:
40           Patient(string, int, char, string, double, Doctor &);
41           ~Patient(){}
42           double getPayment();
43           void showInfo();
44   };
45
```

```cpp
46   class Billing                           //账单类
47   {
48   private:
49           Patient mPatient;               //内嵌患者类对象
50           Doctor mDoctor;                 //内嵌医生类对象
51           static double totalIncome;      //诊所总收入,静态数据成员
52   public:
53           Billing(Patient &, Doctor &);
54           ~Billing(){}
55           void showInfo();
56           static double getTotalIncome(); //静态成员函数
57   };
58
59   double Billing::totalIncome = 0.0;
60
61   Person::Person(string theName, int theAge, char theGender, string theIdNumber)
62   {
63           name = theName;
64           age = theAge;
65           gender = theGender;
66           idNumber = theIdNumber;
67   }
68   Person::Person(Person &theObject)
69   {
70           name = theObject.name;
71           age = theObject.age;
72           gender = theObject.gender;
73           idNumber = theObject.idNumber;
74   }
75   string Person::getName()
76   {
77           return name;
78   }
79   void Person::showInfo()
80   {
81           cout <<"name: "<< name << endl;
82           cout <<"age: "<< age << endl;
83           cout <<"gender: "<< gender << endl;
84           cout <<"id number: "<< idNumber << endl;
85   }
86
87   Doctor::Doctor(string theName, int theAge, char theGender, string theIdNumber, string
88           theSpecialty, double theFee):Person(theName, theAge, theGender, theIdNumber)
89   {
90           specialty = theSpecialty;
91           officeVisitFee = theFee;
92   }
93   double Doctor::getOfficeVisitFee()
94   {
```

```
 95             return officeVisitFee;
 96  }
 97  void Doctor::showInfo()
 98  {
 99             Person::showInfo();
100             cout <<"specialty: "<< specialty << endl;
101             cout <<"office visit fee: "<< officeVisitFee << endl;
102             cout << endl;
103  }
104
105  Patient::Patient(string theName, int theAge, char theGender, string theIdNumber, double
106             theDrugFee, Doctor &theDr):Person(theName, theAge, theGender, theIdNumber),
107             dr(theDr)
108  {
109             drugFee = theDrugFee;
110             payment = drugFee + dr.getOfficeVisitFee();
111  }
112  double Patient::getPayment()
113  {
114             return payment;
115  }
116  void Patient::showInfo()
117  {
118             Person::showInfo();
119             cout <<"principal physician: "<< dr.getName()<< endl;
120             cout <<"payment: "<< payment << endl;
121             cout <<"drug fee: "<< drugFee << endl;
122             cout <<"office visit fee: "<< dr.getOfficeVisitFee()<< endl;
123             cout << endl;
124  }
125
126  Billing::Billing(Patient &pa, Doctor &dr):mPatient(pa), mDoctor(dr)
127  {
128             totalIncome += mPatient.getPayment();
129  }
130  void Billing::showInfo()
131  {
132             mPatient.showInfo();
133             mDoctor.showInfo();
134  }
135  double Billing::getTotalIncome()
136  {
137             return totalIncome;
138  }
139
140  int main()
141  {
142             /*
143             Doctor dr1("Doctor A", 43, 'm', "142701196912072548", "pediatrician", 100.0);
```

```
144          Doctor dr2("Doctor B", 39, 'f', "330201197301261630", "obstetrician", 50.0);
145
146          Patient p1("Patient A", 12, 'm', "110101200006065662", 200.5, dr1);
147          Patient p2("Patient B", 31, 'f', "110101198111095339", 65.6, dr2);
148
149          Billing bill1(p1, dr1);
150          Billing bill2(p2, dr2);
151
152          bill1.showInfo();
153          bill2.showInfo();
154          cout <<"clinic total income: "<< Billing::getTotalIncome()<<" RMB YUAN"<< endl;
155          return 0;
156          */
157
158          Doctor dr1("杨秀英", 43, 'm', "142701196912072548", "pediatrician", 100.0);
159          Doctor dr2("李功成", 39, 'f', "330201197301261630", "obstetrician", 50.0);
160
161          Patient p1("张三", 12, 'm', "110101200006065662", 200.5, dr1);
162          Patient p2("李四", 31, 'f', "110101198111095339", 65.6, dr2);
163
164          Billing bill1(p1, dr1);
165          Billing bill2(p2, dr2);
166
167          bill1.showInfo();
168          bill2.showInfo();
169          cout <<"clinic total income: "<< Billing::getTotalIncome()<<" RMB YUAN"<< endl;
170          return 0;
171 }
```

运行结果

```
name: 张三
age: 12
gender: m
id number: 110101200006065662
principal physician: 杨秀英
payment: 300.5
drug fee: 200.5
office visit fee: 100

name: 杨秀英
age: 43
gender: m
id number: 142701196912072548
specialty: pediatrician
office visit fee: 100

name: 李四
age: 31
```

```
gender: f
id number: 110101198111095339
principal physician: 李功成
payment: 115.6
drug fee: 65.6
office visit fee: 50

name: 李功成
age: 39
gender: f
id number: 330201197301261630
specialty: obstetrician
office visit fee: 50

clinic total income: 416.1 RMB YUAN
```

本章小结

继承是面向对象技术的重要内容,有了继承,使软件的重用成为可能。

面向对象方法的继承性是联结类与类的一种层次模型。继承是面向对象程序设计能够提高软件开发效率的重要原因之一。继承意味着派生类中无须重新定义在基类中已经定义的属性和行为,而是自动地、隐含地拥有其基类的全部属性与行为。继承机制允许和鼓励类的重用,派生类既具有自己新定义的属性和行为,又具有继承来的属性和行为。当派生类又被它更下层的派生类继承时,它继承的及自身定义的属性和行为又被下一级派生类继承。继承是可以传递的,符合自然界中特殊与一般的关系。

继承性具有重要的实际意义,它简化了人们对事物的认识和描述。如我们认识了飞行器的特征之后,再考虑飞机、飞船和导弹时,由于它们都具有飞行器的共性,于是可以认为它们具有飞行器的一般本质特征,从而只需把精力用于发现和描述飞机、飞船和导弹独有的特征。

面向对象程序设计中的继承性是对客观世界的直接反映。通过类的继承,能够实现对问题的深入抽象描述,反映人类认识问题的发展过程。

软件人员开发新的软件,能从已有的软件中直接选用完全符合要求的部件的机会不多,一般都要进行许多修改才能使用,实际上有相当部分要重新编写,工作量很大。缩短软件开发过程的关键是鼓励软件重用。继承机制解决了这个问题。编写面向对象的程序时要把注意力放在实现对自己有用的类上,对已有的类加以整理和分类,进行剪裁和修改,在此基础上集中精力编写派生类新增加的部分,使这些类能够在程序设计的许多领域使用。

由于C++语言提供了继承的机制,这就吸引了许多厂商开发各类实用的类库。用户将它们作为基类去建立适合于自己的类(即派生类),并在此基础上设计自己的应用程序。类库的出现使得软件的重用更加方便。

对类库中类的声明一般放在头文件中,类的实现(函数的定义部分)是单独编译的,以目标代码形式存放在系统某一目录下。用户使用类库时,不需要了解源代码,但必须知道头文件的使用方法和如何连接这些目标代码(在哪个子目录下),以便源程序在编译后与之连接。

有许多基类被程序的其他部分或其他程序使用,这些程序要求保留原有的基类不受破坏。使用继承是建立新的数据类型,它继承了基类的所有特征,但不改变基类本身。基类的名称、构成和访问属性丝毫没有改变,不会影响其他程序的使用。

用户往往得不到基类的源代码。如果想修改已有的类,必须掌握类的声明和类的实现(成员函数的定义)的源代码。但是,如果使用类库,用户无法知道成员函数的代码,因此也就无法对基类进行修改。

在类库中,一个基类可能已被指定与用户所需的多种组件建立了某种关系,因此在类库中的基类不允许修改(即使用户知道源代码,也绝不允许修改)。

实际上,许多基类并不是从已有的其他程序中选取来的,而是专门作为基类设计的。有些基类可能并没有什么独立的功能,只是一个框架,或者说是抽象类。人们根据需要设计了一批能适用于不同用途的通用类,目的是建立通用的数据结构,以便用户在此基础上添加各种功能,从而建立各种功能的派生类。

在面向对象程序设计中,需要设计类的层次结构,从最初的抽象类出发,每一层派生类的建立都逐步地向着目标的具体实现前进,换句话说,是不断地从抽象到具体的过程。每一层的派生和继承都需要站在整个系统的角度统一规划,精心组织。

思考题

1. 简述什么是基类,什么是派生类,它们是什么关系,在程序设计过程中采用这种关系有什么好处。

2. 简述什么是单一继承(single-inheritance),什么是多重继承(multiple-inheritance),编制派生类的主要步骤有哪些。

3. 派生类构造函数各部分的执行次序是什么?

4. 派生类析构函数各部分的执行次序是什么?

5. 简述什么是继承方式,继承方式有哪些,哪种继承方式是主流继承方式(用得最多)。

练习题

1. 声明一个基类 Box,成员数据包括 width、height 和 length,成员函数包括 SetWidth、SetHeight、SetLength、GetWidth、GetHeight、GetLength 等,请在 Box 类基础上派生出一个具有颜色的 ColoredBox 类,并且可以用 SetColor 成员函数为 ColoredBox 类对象赋颜色值,用 GetColor 取得其颜色值。已知可以设置 blue、white、black、yellow、red 5 种颜色。

2. 利用第 1 题中声明的 ColoredBox 类,编制一个完整程序,在 main 函数中定义一个具有颜色的 ColoredBox 类对象 cbox,并且利用 SetWidth、SetHeight 等成员函数为该对象赋值；用 GetWidth、GetHeight 等成员函数取得该对象的属性值并屏幕输出。

3. 编写程序,设计一个汽车类 vehicle,包含的数据成员车轮个数 wheels 和车重 weight。小车类 car 是 vehicle 类的派生类,其中包含载人数 passenger_load,卡车类 truck 是 vehicle 的派生类,其中包含载人数 passenger_load 和载重量 payload,每个类都有相关数据的输出方法。

4. 利用第 3 题中声明的 car 类和 truck 类,编制一个完整程序,在 main 函数中定义一个 4 个车轮、车重 2000kg、最多载 5 人的 car 类对象和 10 个车轮、车重 8000kg、最多载 3 人、最大载重量 340 000kg 的 truck 类对象,屏幕输出这两个对象的全部信息。

5. 创建一个 Person 类作为一般注册人员,Person 类成员数据包括：身份证号(IdPerson)、姓名(Name)、性别(Sex)、出生日期(Birthday)、家庭地址(HomeAddress)等。成员函数包括：带参数的构造函数和不带参数的默认构造函数、身份证号码赋值函数(SetId)和提取函数(GetId)、姓名赋值函数(SetName)和提取函数(GetName)、性别赋值函数(SetSex)和提取函数(GetSex)、出生日期赋值函数(SetBirth)和提取函数(GetBirth)、家庭地址赋值函数(SetHomeAdd)和提取函数(GetHomeAdd)等。派生一个学生类,为派生类添加学号和 30 门课程考试成绩成员数据,并添加赋值学生成绩(SetCourse)和取得学生成绩(GetCourse)成员函数、屏幕输出学生信息(PrintStudentInfo)成员函数、带参数的学生类构造函数和不带参数的默认构造函数等。

6. 利用第 5 题中声明的 Student 类,编写一个完整程序,在 main 函数中定义一个学生类对象 stud,用其构造函数给 stud 赋身份证号、姓名、性别、出生日期、家庭地址等,用 Student 类的成员函数为 stud 对象赋三门课程成绩,屏幕输出 stud 的全部信息。

7. 编写程序,创建圆(Circle)类并能设置和取得 Circle 类对象的圆心坐标和半径值,计算 Circle 类对象的面积和圆周长；创建直线(Line)类并能够设置和取得直线的长度；由圆和高多重继承派生出圆锥,计算和显示圆锥的体积和表面积。

第 9 章

多态和虚函数

在 C++ 语言中,多态(polymorphism)是指由继承而产生的相关的不同的类,其对象对同一消息会作出不同的响应,分别执行不同的操作,这种情况称为多态现象。

那么多态到底有什么用处呢? 不妨来看个例子。在 Windows 环境下,经常会进行一些打开操作,如打开 txt 文件、打开 Word 文件等,系统能够自动根据当前所操作的文件类型来决定用哪个软件打开文件。也就是说,每个对象可以用自己的方式去响应共同的消息。用鼠标双击一个文件对象(向对象传送一个消息),如果对象是一个 doc 文件,则会启动 Word 编辑器并打开此文件;如果对象是一个 txt 文件,则会启动文本编辑器并打开该文件。多态是面向对象程序设计的一个重要特征,能增加程序的灵活性。

从系统实现的角度看,多态分为两类: 静态多态和动态多态。

函数重载(包括第 3 章的公共函数重载和第 7 章的成员函数重载)和第 10 章运算符重载实现的多态属于静态多态,在程序编译时系统就能决定调用的是哪个函数,因此静态多态又称编译时的多态。静态多态通过函数的重载实现(运算符重载实质上也是函数重载)。

在 C++ 程序中,程序的每一个函数在内存中会被分配一段存储空间,而被分配的存储空间的起始地址则为函数的入口地址。例如,设计一个程序时都必须为程序设计一个主函数,主函数同样会在内存中被分配一段存储空间,这段存储空间的起始地址即为函数的入口地址。

在前文所列举的所有程序中,函数的入口地址与函数名是在编译时进行绑定的,称为编译期绑定,而多态的功能则是将函数名动态绑定到函数入口地址,这样的动态绑定过程称为运行期绑定,换句话说,函数名与函数入口地址在程序编译时无法绑定到一起,只有等运行的时候才确定函数名与哪一个函数入口绑定到一起。

编译期绑定是指在程序编译时就将函数名与函数入口地址绑定到一起,运行期绑定

是指在程序运行时才将函数名与函数入口地址绑定到一起,而在运行期绑定的函数称其
是多态的。

动态多态是在程序运行过程中才动态地确定操作所针对的对象,它又称运行时的多
态。动态多态通过虚函数(virtual function)实现。一般来说,面向对象程序设计中所指
的多态不是静态多态而是动态多态。

9.1　基类指针

派生类的一个重要特征是派生类的指针和基类的指针兼容,即指向基类的指针可以
指向派生类,反之不行。

通常来说,派生类总是含有一些基类没有的成员变量或方法函数。而派生类肯定含
有基类所有的成员变量和方法函数。所以用基类指针指向派生类时没有问题,因为基类
有的,派生类都有,不会出现非法访问的问题。也就是指向基类的指针可以指向派生类。

但是如果用派生类指针指向基类的话,一旦访问派生类特有的方法函数或者成员变
量,则会出现非法,因为被派生类指针指向的由基类创建的对象,根本没有要访问的那些
内容,那些是派生类特有的,只有用派生类初始化对象时才会有,这样是很危险的,编译器
会直接报错。综上所述,反之不行。

假设有个 Person 类,是基类,包括了人的一些基本属性和方法。再假设有个 Student
类,派生于 Person 类,新增了一个"学号"成员。

Person * p = new Student(),指向基类的指针指向派生类,这是可以的。因为 p 是
Person 的指针,所以 p 里面没有"学号"成员,则不会访问 Student 新增的"学号"成员。如
果反过来,Student * s = new Person(),s 有"学号"成员,编译器认为访问"学号"成员是
没有问题的,但实际对象 Person 没有这个成员,在运行期间实际访问到哪部分的内存也
就不得而知了,所以编译器不允许派生类指针指向基类对象。

多态是巧妙地利用了指向基类的指针可以指向派生类这一简单但强大的多面特征。

9.2　多态的前提条件

多态除了利用了指向基类的指针可以指向派生类的这一重要特征外,还必须使用虚
函数才能实现多态。为了说明基类的指针可以指向派生类和虚函数的必要性,我们先来
看一个示例程序。

【例 9-1】　基类指针指向继承类对象。

编写程序

```
1   # include < iostream >
2   using namespace std;
3   class stock
4   {
5   public:
```

```
6        void display(){cout <<"I'm stock class!"<< endl;}
7    };
8    class shstock: public stock
9    {
10   public:
11       void display(){cout <<"I'm shstock class!"<< endl;}
12   };
13   int main()
14   {
15       stock  * p;
16       shstock test;
17       p = &test;
18       p->display();
19       return 0;
20   }
```

运行结果

I'm stock class!

程序分析

本例中两个类,一个是 stock 类,一个是 shstock 类,二者构成继承关系,同时在这两个类中均含有一个 display 函数。在主函数中,定义了一个基类类型的指针 p 和派生类对象 test,然后基类指针 p 指向派生类对象 test,并且通过指针调用 display 函数。因为函数同名,故在派生类对象中会出现遮蔽现象,即派生类中的 display 函数会遮蔽基类中的 display 函数。

从结果来看,程序最终调用的 display 函数是基类的 display 函数,而非派生类中的 display 函数。但此程序的本意是基类类型的指针根据所指向对象的类型来自动决定调用派生类的 display 函数。为了实现这一功能,C++语言提供了多态这一机制。

要想形成多态必须具备以下三个条件。

- 必须存在继承关系。
- 继承关系中必须有同名的虚函数。
- 存在基类类型的指针,且通过该指针调用虚函数。

根据以上三个条件,将例 9-1 进行修改,使 display 函数具有多态特性。修改后程序如例 9-2 所示。

【例 9-2】 增加虚函数使基类指针指向继承类对象。

编写程序

```
1    # include< iostream >
2    using namespace std;
3    class stock
4    {
5    public:
6        virtual void display(){cout <<"I'm stock class!"<< endl;}
```

```
7  };
8  class shstock: public stock
9  {
10 public:
11     virtual void display(){cout <<"I'm shstock class!"<< endl;}
12 };
13 int main()
14 {
15     stock *p;
16     shstock test;
17     p = &test;
18     p->display();
19     return 0;
20 }
```

运行结果

I'm shstock class!

程序分析

本例程序相对于例 9-1 只是在 display 函数前各添加了一个 virtual 关键字。对照三个多态的构成条件分析,多态首先需要继承关系,shstock 类继承自 stock 类,因此 stock 类和 shstock 类构成继承关系;其次多态需要同名的虚函数,stock 类和 shstock 类中都有 display 函数,同时通过添加关键字 virtual 后,display 函数成为虚函数;最后多态需要通过基类类型的指针来调用虚函数,在例 9-2 的主函数中,p 即为基类类型指针,并且将该指针指向派生类对象,调用 display 函数。这个程序展示出来的就是多态,display 函数通过 virtual 关键字声明为虚函数,具有多态特性。将例 9-2 的主函数修改成例 9-3 形式,分析函数运行结果。

【例 9-3】 修改例 9-2 的 main 函数,使用 new 关键字动态创建基类对象和派生类对象。

编写程序

```
1  int main()
2  {
3      stock *p = new stock;
4      p->display();
5      delete p;
6      p = new shstock;
7      p->display();
8      delete p;
9      return 0;
10 }
```

运行结果

```
I'm stock class!
I'm shstock class!
```

本例程序的主函数中同样声明了一个基类类型的指针,通过 new 给指针分配一个基类对象,通过 p 指针调用 display 函数,此时输出"I'm stock class!",因为这中间一直没有涉及派生类。销毁之前 new 分配的 stock 对象,然后通过 new 分配一个 shstock 类对象,p 指向该派生类对象,通过 p 指针调用 display 函数,此时的情况和例 9-2 是完全相同的,因此输出"I'm shstock class!",之后 delete 销毁派生类对象。

9.3 虚成员函数

在 9.2 节中已经提到了虚函数的声明方法,在函数返回类型前加上 virtual 关键字。virtual 关键字仅用于函数声明,如果函数在类外定义,只需在类内声明处加 virtual 关键字,类外定义处则不需要再加上 virtual 关键字。在 C++语言中只有类中的成员函数能被声明为虚函数,而顶层函数(公共函数)则不能声明为虚函数,因为声明虚函数是为了构成多态,而构成多态的第一个条件是需要继承关系,顶层函数不具有继承关系,因此也就不能被声明为虚函数。

【例 9-4】 成员函数类外定义的虚函数——基类和派生类的成员函数均声明为虚函数。

编写程序

```
1   # include < iostream >
2   using namespace std;
3   class stock
4   {
5   public:
6       virtual void display();
7   };
8   class shstock: public stock
9   {
10  public:
11      virtual void display();
12  };
13  void stock::display()
14  {
15      cout <<"I'm stock class!"<< endl;
16  }
17  void shstock::display()
18  {
19      cout <<"I'm shstock class!"<< endl;
20  }
21  int main()
```

```
22 {
23     stock * p = new stock;
24     p->display();
25     delete p;
26     p = new shstock;
27     p->display();
28     delete p;
29     return 0;
30 }
```

运行结果

```
I'm stock class!
I'm shstock class!
```

在本例中,将两个类中的 display 函数在类内部声明,类外部定义,如此修改并不会改变程序的运行结果。在本例中需要注意的是,在类内声明时 display 函数通过在返回类型前添加 virtual 关键字而被声明为虚函数,而在类外定义时,display 函数的返回类型前并未添加 virtual 关键字。

另外在本例中,基类和派生类中的 display 函数声明时都加上了 virtual 关键字,以表示将其声明为虚函数,而实际上这是不需要的,我们只需要将基类中的 display 函数通过 virtual 关键字声明为虚函数,之后即使在派生类中 display 函数声明时未加 virtual 关键字,但它在所有的派生类中都将自动成为虚函数。

【例 9-5】 成员函数类外定义的虚函数——派生类的成员函数不声明为虚函数。

问题分析

将例 9-4 中派生类的 display 成员函数声明时所用的 virtual 关键字删除,编译并运行程序,程序运行结果仍然保持不变。

编写程序

```
1  #include<iostream>
2  using namespace std;
3  class stock
4  {
5  public:
6      virtual void display();
7  };
8  class shstock: public stock
9  {
10 public:
11     void display();
12 };
13 void stock::display()
14 {
15     cout <<"I'm stock class!"<< endl;
16 }
```

```
17 void shstock::display()
18 {
19     cout <<"I'm shstock class!"<< endl;
20 }
21 int main()
22 {
23     stock * p = new stock;
24     p->display();
25     delete p;
26     p = new shstock;
27     p->display();
28     delete p;
29     return 0;
30 }
```

运行结果

```
I'm stock class!
I'm shstock class!
```

【例 9-6】 虚成员函数可以被继承。

编写程序

```
1   # include < iostream >
2   using namespace std;
3   class stock
4   {
5   public:
6       virtual void hello(){cout <<"Hello!"<< endl;}
7   };
8   class shstock: public stock
9   {
10      //...
11  };
12  int main()
13  {
14      stock * p = new stock;
15      p->hello();
16      delete p;
17      p = new shstock;
18      p->hello();
19      delete p;
20      shstock d;
21      d.hello();
22      return 0;
23  }
```

运行结果

```
Hello!
Hello!
Hello!
```

在本例中,和普通的成员函数一样,虚成员函数同样可以被继承。派生类 shstock 中无新增的成员变量或成员函数,它是 stock 类的派生类。在主函数中定义一个 stock 类类型的指针,然后先后指向基类和派生类的对象。在本例中,因为派生类中并不存在与基类 hello 函数具有相同函数名的虚函数(继承的 hello 函数与基类中的 hello 函数并未构成遮蔽关系),因此并未构成多态,自始至终调用的都是基类的 hello 函数。之后又定义了一个派生类对象 d,这个对象调用 hello 函数,当然这个 hello 函数是继承自基类 stock 中的 hello 函数。通过程序很明显可以看出虚函数具有继承特性,与普通函数完全相同。

9.4 虚成员函数表 vtable

通过 9.2 节与 9.3 节的介绍,已经对多态有了一定的了解。9.4 节将介绍多态是如何实现的。关于如何实现多态,对于程序设计人员来说,即使不知道也没有关系,但是对于加深对多态的理解具有重要意义,故而在此节中稍微阐述一下多态的实现机制。

在 C++语言中通过虚成员函数表 vtable 实现多态,虚函数表中存储的是类中虚函数的入口地址。在普通的类中没有虚函数表,只有在具有虚函数的类中(无论是自身添加的虚函数还是继承的虚函数)才会具有虚函数表,通常虚成员函数表的首地址将会被存入对象存储空间的最前面(32 位的操作系统中,存储地址是 4 字节,因此首地址就会占用对象的前 4 字节的空间)。

【例 9-7】 两个类中各有两个虚函数 f1 和 f2。
编写程序

```
1   # include < iostream >
2   using namespace std;
3   class stock
4   {
5   public:
6       virtual void f1(){cout <<"stock virtual f1"<< endl;}
7       virtual void f2(){cout <<"stock virtual f2"<< endl;}
8   };
9   class shstock: public stock
10  {
11  public:
12      virtual void f1(){cout <<"shstock virtual f1"<< endl;}
13      virtual void f2(){cout <<"shstock virtual f2"<< endl;}
14  };
15  int main()
16  {
```

```
17     stock b;
18     shstock d;
19     stock * p;
20     p = &b;
21     p -> f1();
22     p -> f2();
23     p = &d;
24     p -> f1();
25     p -> f2();
26     return 0;
27 }
```

运行结果

```
stock virtual f1
stock virtual f2
shstock virtual f1
shstock virtual f2
```

其函数入口地址如表 9.1 所示。

表 9.1　虚函数表示例

虚成员函数	函数入口地址	虚成员函数	函数入口地址
stock::f1	00D15834	shstock::f1	00D15844
stock::f2	00D15838	shstock::f2	00D15848

虚函数表里存储的是虚函数的入口地址。我们再来看主函数,在主函数中先定义了 stock 类对象 b,因为 b 类中有虚函数,因此存在虚函数表,而虚函数表的首地址就存储在对象所在存储空间的最前面,具体情况如图 9.1 所示。声明 shstock 对象 d 之后,情况也跟图 9.1 中一样,同样在对象存储空间中包含虚成员函数表地址。

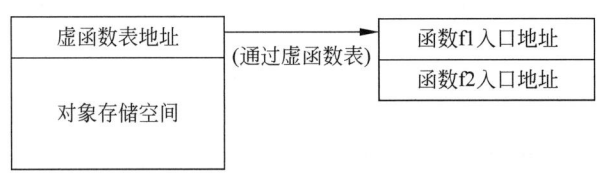

图 9.1　对象存储空间中包含虚成员函数表地址

定义了一个基类类型的指针 p,通过基类指针 p 调用虚函数 f1 或 f2 时,系统会先去 p 所指向的对象的前 4 字节中寻找到虚函数表地址,之后在内存中找到该虚函数表,然后在表中找到对应函数的入口地址,之后直接访问这个函数。当 p 指针指向的是基类对象时,则访问的是基类的虚函数表,调用的是基类中虚函数。当 p 指针指向的是派生类对象,则访问的是派生类的虚函数表,派生类的虚函数表中存的是派生类中的虚函数入口地址,因此调用的是派生类中的虚函数。

使用多态会降低程序运行效率,使用多态的程序会使用更多的存储空间来存储虚函数表等内容,而且在调用函数时需要去虚函数表中查询函数入口地址,这会增加程序运行时间。在设计程序时,程序设计人员可以选择性地使用多态,对于有需要的函数使用多态,对于其他函数则不要采用多态。通常情况下,如果一个类需要作为基类,并且期望在派生类中修改某成员函数的功能,并且在使用类对象时会采用指针或引用的形式访问该函数,则将该函数声明为虚函数。

9.5 虚析构函数

在类中,构造函数用于初始化对象及相关操作,构造函数不能声明为虚函数,因为在执行构造函数前对象尚未完成创建,虚函数表尚不存在,此时无法查询虚函数表,也就无法得知该调用哪一个构造函数。

析构函数则用于销毁对象时完成相应的资源释放工作,析构函数可以被声明为虚函数。我们通过一个例子说明析构函数声明为虚函数的必要性。

【例 9-8】 无虚析构函数。

编写程序

```
1   # include < iostream >
2   using namespace std;
3   class stock
4   {
5   public:
6       stock();
7       ~stock();
8   private:
9       int * a;
10  };
11  class shstock: public stock
12  {
13  public:
14      shstock();
15      ~shstock();
16  private:
17      int * b;
18  };
19  stock::stock()
20  {
21      cout <<"stock constructor!"<< endl;
22      a = new int[10];
23  }
24  stock::~stock()
25  {
26      cout <<"stock destructor!"<< endl;
27      delete[] a;
28  }
29  shstock::shstock()
30  {
```

```
31        cout <<"shstock constructor!"<< endl;
32        b = new int[1000];
33    }
34    shstock::~shstock()
35    {
36        cout <<"shstock destructor!"<< endl;
37        delete[] b;
38    }
39    int main()
40    {
41        stock * p;
42        p = new shstock;
43        delete p;
44        return 0;
45    }
```

运行结果

```
stock constructor!
shstock constructor!
stock destructor!
```

本例程序中定义了两个类,一个基类,一个派生类。派生类和基类中都分别定义了自己的构造函数和析构函数。基类和派生类中各有一个 int 型指针成员变量,在基类的构造函数中,给指针变量 a 分配了 10 个 int 型空间,在基类的析构函数则用于将 a 指针所指向的空间释放,在派生类的构造函数中,指针成员变量被分配了 1000 个整型空间,派生类的析构函数则是为了释放 b 指针所指向的存储空间。在主函数中,创建一个基类类型的指针,指针指向一个派生类对象,之后释放 p 指针所指向的对象的存储空间。

观察程序运行结果,程序打印"stock constructor!"这串字符,则说明基类的构造函数被调用了,之后程序又打印"shstock constructor!"这串字符,同样派生类的构造函数也被调用了。用 new 操作符创建一个派生类对象时会先调用基类构造函数,然后再调用派生类构造函数,程序输出结果与我们料想的完全一致。至此基类的成员变量 a 通过构造函数被分配了 10 个整型存储空间,派生类的成员变量 b 通过构造函数被分配了 1000 个整型存储空间。之后程序打印"stock destructor!"字符串,这说明基类的析构函数被调用了,a 指针所指向的 10 个整型内存空间被释放。但是之后却并未调用派生类的析构函数,不调用派生类的析构函数则会导致 b 指针所指向的 1000 个整型存储空间不会被释放,如此一来造成了内存泄漏。内存泄漏问题是程序设计人员需要极力避免的。本例中出现的问题是因为派生类的析构函数未被调用,为了解决这个问题,将基类的析构函数声明为虚函数,修改后基类的定义如例 9-9 所示。

【**例 9-9**】 修改例 9-8 中的 stock 类声明为虚析构函数。

编写程序

```
1    class stock
2    {
```

```
3  public:
4      stock();
5      virtual ~stock();
6  private:
7      int *a;
8  };
```

运行结果

stock constructor!
shstock constructor!
shstock destructor!
stock destructor!

本例将基类的析构函数声明为虚函数之后,派生类的析构函数也自动成为虚析构函数。在主函数中基类指针 p 指向的是派生类对象,当 delete 释放 p 指针所指向的存储空间时,会执行派生类的析构函数,派生类的析构函数执行完之后会紧接着执行基类的析构函数,以释放从基类继承的成员变量所消耗的资源。如此一来就不会存在内存泄漏问题了。

从本例可以很明显看出析构函数声明为虚函数的必要性,但是如果将所有基类的析构函数都声明为虚函数,也是不合适的。通常来说,如果派生类中存在一个指向动态分配内存的成员变量,并且派生类的析构函数中定义了释放该动态分配内存的代码,则应该将基类的析构函数声明为虚函数。

9.6 静态成员函数不能声明为虚函数

只有非静态成员函数才可以成为虚函数,而静态成员函数不能声明为虚函数。

【例 9-10】 虚静态成员函数的错误实例。

编写程序

```
1  class test
2  {
3  public :
4      virtual test(){a = new int[5];}    //error
5      static void g();                    //ok
6      virtual void f();                   //ok
7      virtual static void h();            //compile error
8      virtual ~test(){delete[] a;}        //ok
9  private:
10     int *a;
11 };
```

在本例中定义了一个 test 类,这个类中有一个指针成员变量 a,test 类中有五个成员函数,在本例中将析构函数和普通成员函数 f 声明为虚函数,则编译没有问题,将构造函数和静态成员函数声明为虚函数,则编译错误,这两种做法都违反 C++ 语法规定。

9.7 重载、覆盖和遮蔽

多态函数是指在运行期才将函数入口地址与函数名绑定的函数,仅有虚函数才是多态。但是除了虚函数以外,重载和遮蔽同样具有函数名相同的特征,在此作一下区分。为了说明方便,引入函数签名这一概念。函数签名包括函数名和函数参数的个数、顺序以及参数数据类型。函数签名概念如表 9.2 所示。

表 9.2 函数签名概念

例 1	例 2	例 3	例 4	例 5
void f( )	void f( )	void f(int)	void f(double, int)	int f(int, double)
void g( )	void f(int)	void f(double)	void f(int, double)	void f(int, double)

为了理解函数签名的含义,首先观察表 9.2 中的前四个例子。例 1 中函数 f() 和函数 g() 函数名不同,因此两个函数的函数签名不同;例 2 中函数 f() 和函数 f(int) 一个有参数,一个没有参数,因此两个函数的函数签名不同;例 3 中两个函数的函数名相同,函数参数个数相同,但函数参数的类型不同,因此这两个函数的函数签名不同;例 4 中的两个函数的函数名相同,函数参数个数相同,函数参数类型相同,但函数参数的顺序不同,因此两个函数的函数签名不同。

需要注意的是,函数签名并不包含函数返回值部分,如果两个函数仅有函数返回值不同,则系统无法区分两个函数,此时编译器会提示语法错误。例 5 中,两个函数的函数名相同,函数参数个数相同,函数参数类型相同,函数参数顺序相同,因此两个函数的函数签名相同。但两个函数的返回值不同,仅凭函数返回值,编译器无法区分两个函数,编译器提示语法错误。

了解了函数签名的含义之后,再来看一下函数的重载、覆盖和遮蔽。

1. 重载

函数重载是指两个函数具有相同的函数名,但是函数参数个数或参数类型不同。函数重载多发生在顶层函数之间或同一个类中。函数重载不需要构成继承关系。

【例 9-11】 多种重载。

编写程序

```
1   class stock
2   {
3   public :
4       stock();
5       stock(int a);
6       stock(int a, int b);
```

```
7        stock( stock &);
8        int fun(int a);
9        int fun(double a);
10       int fun(int a, int b);
11 private:
12       int x;
13       int y;
14 };
15 int g(int a);
16 int g(double a);
17 int g(int a, int b);
```

在本例中列出了几种函数重载的情形。首先是函数的构造函数重载,在类中声明了四个构造函数,这四个函数构成重载的关系,前面三个函数之间只是函数参数数目不同,第四个构造函数为复制构造函数,该函数与前面的默认构造函数和两个带参构造函数参数类型不同。类中的成员函数同样可以进行重载,如本例中 stock 类的三个 fun 函数。这两种情况是类内部的函数重载,在类外部顶层函数也同样能够成函数重载关系,如本例中的 g 函数,这三个函数都是顶层函数,由于函数名相同,但是函数参数不同,构成函数重载关系。

函数重载是编译期绑定,它并不是多态。

2. 覆盖

覆盖构成条件和多态构成条件是相同的,覆盖是一种函数间的表现关系,而多态描述的是函数的一种性质,二者所描述的是同一种语法现象。

覆盖首先要求有继承关系,其次要求构成继承关系的两个类中必须具有相同函数签名的成员函数,并且这两个成员函数必须是虚成员函数。具备这两个条件后,派生类中的虚成员函数会覆盖基类中同名的虚成员函数。如果通过基类指针或引用来调用虚成员函数,则会形成多态。

【例 9-12】 覆盖。

编写程序

```
1   # include < iostream >
2   using namespace std;
3   class stock
4   {
5   public :
6        virtual void vir1(){cout <<"stock vir1 is called!"<< endl;}
7        virtual void vir2(){cout <<"stock vir2 is called!"<< endl;}
8   };
9   class shstock : public stock
10  {
11  public:
12       void vir1(){cout <<"shstock vir1 is called!"<< endl;}
```

```
13        void vir2(){cout <<"shstock vir2 is called!"<< endl;}
14    };
15    int main()
16    {
17        stock  * p;
18        p = new shstock;
19        p -> vir1();
20        p -> vir2();
21        delete p;
22        return 0;
23    }
```

运行结果

```
shstock vir1 is called!
shstock vir2 is called!
```

本例是一个非常简单的多态的示例程序,stock 类和 shstock 类构成继承关系,在这两个类中成员函数 vir1 和 vir2 同名,并且这两个同名函数都被声明为虚函数。如此一来就构成了函数覆盖,派生类中的 vir1 函数覆盖基类中的 vir1 函数,派生类中的 vir2 函数覆盖基类中的 vir2 函数。在主函数中通过基类指针调用 vir1 和 vir2 虚函数,构成多态,这两个函数的运行为运行期绑定。

函数覆盖属于运行期绑定,需要注意的是如果函数不是虚函数,则无论采用什么方法调用函数均为编译期绑定。如果将例 9-12 的基类中的两个 virtual 关键字去掉,则主函数中调用 vir1 和 vir2 函数属于编译期绑定,无论 p 指针指向的是派生类对象或基类对象,执行的都将会是基类的 vir1 和 vir2 函数。

3. 遮蔽

函数遮蔽同样要求构成继承关系,构成继承关系的两个类中具有相同函数名的函数,如果这两个函数不构成覆盖关系,则构成遮蔽关系。遮蔽理解起来很简单,只要派生类与基类中具有相同函数名(注意不是相同函数签名)并且不构成覆盖关系即为遮蔽。

遮蔽可以分为两种情况,一种是非虚函数之间遮蔽,另一种则是虚函数之间遮蔽。通过以下程序示例分别介绍两种遮蔽情况。

【例 9-13】 非虚函数之间遮掩蔽。
编写程序

```
1   # include < iostream >
2   using namespace std;
3   class stock
4   {
5   public :
6       void vir1(){cout <<"stock vir1"<< endl;}
7       void vir2(){cout <<"stock vir2"<< endl;}
```

```
8    };
9    class shstock : public stock
10   {
11   public:
12       void vir1(){cout <<"shstock vir1"<< endl;}
13       void vir2(int){cout <<"shstock vir2"<< endl;}
14   };
15   int main()
16   {
17       stock  * p;
18       p = new shstock;
19       p->vir1();
20       p->vir2();
21       delete p;
22       shstock d;
23       d.vir1();
24       d.vir2(5);
25       d.stock::vir1();
26       d.stock::vir2();
27       return 0;
28   }
```

运行结果

```
stock vir1
stock vir2
shstock vir1
shstock vir2
stock vir1
stock vir2
```

本例中没有虚函数,stock 类和 shstock 类构成继承关系,因为构成继承关系的两个类中有同名函数,因此构成了函数遮蔽。派生类中的 vir1 函数遮蔽了基类中的 vir1 函数,派生类中的 vir2 函数遮蔽了基类中的 vir2 函数。需要注意的是,虽然派生类中的 vir2 函数和基类中的 vir2 函数的函数签名不同,但只需要函数名相同就构成函数遮蔽。接着来分析主函数,主函数中首先定义了基类类型的指针,指针指向的是继承类对象,然后通过指针调用函数 vir1 和 vir2,因为并不构成多态,因此调用的还是基类的 vir1 和 vir2 函数。之后定义了一个派生类对象 d,通过该对象调用 vir1 和 vir2 函数,因为派生类中的 vir1 和 vir2 遮蔽了基类中的 vir1 和 vir2 函数,因此直接调用则是派生类中的 vir1 和 vir2 函数。如果需要通过派生类对象调用被遮蔽的基类中的函数,则需要通过域解析操作符来处理,在本例最后的 d.stock::vir1();和 d.stock::vir2()就是这么做的。

【例 9-14】 函数均为虚函数。针对两个同名函数之间遮掩。

问题分析

如果构成继承关系的两个类中包含同名的虚函数,则情况较为复杂,但判断遮蔽还是非常简单的,还是那个原则：如果没有构成覆盖则为遮蔽。覆盖要求函数签名相同,而遮蔽只需要函数名相同。

编写程序

```
1   # include < iostream >
2   using namespace std;
3   class stock
4   {
5   public :
6       virtual void vir1(){cout <<"stock vir1"<< endl;}
7       virtual void vir2(){cout <<"stock vir2"<< endl;}
8   };
9   class shstock : public stock
10  {
11  public:
12      virtual void vir1(){cout <<"shstock vir1"<< endl;}
13      virtual void vir2(int){cout <<"shstock vir2"<< endl;}
14  };
15  int main()
16  {
17      stock  * p;
18      p = new shstock;
19      p->vir1();
20      p->vir2();
21      delete p;
22      shstock d;
23      d.vir1();
24      d.vir2(5);
25      d.stock::vir1();
26      d.stock::vir2();
27      return 0;
28  }
```

运行结果

```
shstock vir1
stock vir2
shstock vir1
shstock vir2
stock vir1
stock vir2
```

    本例中定义了两个类,stock 类和 shstock 类,这两个类构成继承关系,派生类和基类中包含同名的函数,并且同名的函数均为虚函数。针对这两个同名函数,逐一进行分析。首先来看 vir1 函数,基类和派生类中的 vir1 函数的函数签名相同,而且又是虚函数,构成了函数覆盖关系。再来看 vir2 函数,基类中的 vir2 函数和派生类中的 vir2 函数的函数名相同,但函数参数不同,则它们的函数签名不同,因此派生类中的 vir2 函数和基类中的 vir1 函数不构成函数覆盖,既然函数名相同,那么可以构成函数遮蔽。

在主函数中,定义了一个基类类型的指针,指针指向派生类对象,之后通过该指针分别调用 vir1 函数和 vir2 函数。由于 vir1 构成函数覆盖,因此通过基类指针调用 vir1 构成多态,由于 p 指针指向的是派生类对象,故调用的 vir1 函数是派生类中的 vir1 函数。派生类中的 vir2 函数和基类中的 vir2 函数只构成函数遮蔽,因此通过基类类型指针调用 vir2 函数并不会形成多态,最终调用的是基类中的 vir2 函数。之后定义了派生类对象 d,通过派生类对象 d 调用的函数只能是派生类中的函数,也包括从基类中继承的函数。d.vir1()和 d.vir2(5)这两个函数调用语句调用的都是派生类中新增的成员函数,派生类中的 vir1 函数虽然和基类中的 vir1 函数构成覆盖关系,但是由于没有通过基类指针来调用,也没有构成多态,调用的是派生类中的 vir1 函数;如果需要通过对象来调用从基类中继承的 vir1 函数,同样需要域解析操作符。派生类中的 vir2 函数和基类中 vir2 函数构成遮蔽,因此通过对象和成员选择符调用的仍是派生类中新增的 vir2 函数,如果想调用基类中的 vir2 函数,则需要通过域解析操作符。

以上总结了函数名相同的所有情况,函数名相同利用得当,可以为程序设计带来较大的便利,使用失当则容易误导程序设计人员。一般来讲,函数名相同通常会用在以下几种情况中。

(1)顶层函数的函数重载。对于程序设计人员而言,实现功能相同但所处理数据类型不同的函数时,采用函数重载的方式将会带来极大的方便。例如,设计一个求绝对值函数,针对整型和 double 类型各设计一个 abs 函数,调用时无须关注参数类型,这样的设计是很方便的。

(2)类中的成员函数的重载,这种函数重载和顶层函数重载同样能给程序带来方便。

(3)类中的构造函数重载,设计多个构造函数,用于不同的初始化对象方式。

(4)在继承层次中为了使用多态特性而采用相同函数签名。

除此之外,函数名相同还会导致继承层次中的函数遮蔽,而函数遮蔽这一特性通常会使得程序难以理解,因此建议谨慎使用函数遮蔽机制。

9.8 抽象基类和纯虚成员函数

公共接口是指一系列成员函数的集合,支持该接口的类必须以合适的方式重新定义这些成员函数,否则就无法创建对象。在 C++语言中,可以通过抽象基类来实现公共接口。为了介绍抽象基类,我们需要先来了解一下纯虚成员函数。

纯虚成员函数的声明语法如下。

```
virtual 函数返回类型 函数名(函数参数) = 0;
```

纯虚成员函数没有函数体,只有函数声明,在纯虚函数声明结尾加"=0"表明此函数为纯虚成员函数。包含纯虚成员函数的类即为抽象基类,之所以说它抽象,是因为它无法实例化,即无法用于创建对象。

【例 9-15】 抽象基类无法实例化。
编写程序

```
1   # include < iostream >
2   using namespace std;
3   class stock
4   {
5   public :
6       virtual void display() = 0;
7       //...
8   };
9   int main()
10  {
11      stock b;                            //compile error
12      return 0;
13  }
```

本例中只定义了一个 stock 类,该类中声明了一个纯虚成员函数,包含纯虚成员函数的类即为抽象基类,因此 stock 类为抽象基类。抽象基类无法用于创建对象,而主函数中尝试创建 stock 类的对象,这是不允许的,编译提示语法错误。

纯虚成员函数可以被派生类继承,如果派生类不重新定义抽象基类中的所有(有多个则要重新定义多个)纯虚成员函数,则派生类同样会成为抽象基类,因而也不能用于创建对象。

【例 9-16】 在派生类重新定义抽象基类中纯虚成员函数,则可以用于创建对象。
编写程序

```
1   # include < iostream >
2   using namespace std;
3   class stock
4   {
5   public :
6       stock(){x = 0;}
7       stock(int a){x = a;}
8       virtual void display() = 0;
9       int getx(){return x;}
10  private:
11      int x;
12  };
13  class shstock : public stock
14  {
15  public:
16      shstock(int a){ y = a;}
17  private:
18      int y;
19  };
```

```
20 class szstock : public stock
21 {
22 public:
23     szstock(int a, int b):stock(a){z = b;}
24     void display()
25     {
26         cout << getx()<<" "<< z << endl;
27     }
28 private:
29     int z;
30 };
31 int main()
32 {
33     stock b;                         //compile error
34     shstock d1(5);                   //compile error
35     szstock d2(5,6);
36     d2.display();
37     return 0;
38 }
```

在本例中定义了三个类。首先定义了 stock 类,stock 类中有一个整型成员变量 x,成员函数有两个构造函数、一个 getx 普通成员函数和一个纯虚成员函数 display。然后定义了 shstock 类,该类继承 stock 类,在该类中新增一个整型的成员变量 y,并且定义了一个构造函数。最后定义了 szstock 类,在该类新增一个整型的成员变量 z,定义了一个带参的构造函数,并显式调用了基类中的构造函数。除此之外 szstock 类还重新定义了基类中的纯虚成员函数 display,派生类中的 display 函数与基类中的纯虚成员函数构成函数覆盖。

主函数中,首先尝试创建 stock 类的对象,因为 stock 类包含一个纯虚成员函数,因此是抽象基类,不能创建对象。之后又尝试创建 shstock 类的对象,shstock 类继承了基类 stock 中的纯虚成员函数,并且没有重新定义该函数,因此 shstock 类虽然是 stock 类的派生类,但它仍然是抽象基类,因此同样不能创建对象。最后尝试创建 szstock 类的对象,该类同样是 stock 类的派生类,同样从 stock 类中继承了纯虚成员函数 display,但是该类中同时也重新定义了该函数,因此覆盖了基类的纯虚成员函数,该类不是抽象基类,因此可以创建对象。创建 szstock 类的对象时调用类中的带参构造函数,通过对象调用 display 函数,打印出成员变量 x 和 y 的值。

如果将本例 main 函数中的前两行删除(删除 stock b;和 shstock d1(5);两条语句),程序的运行结果是:5,6。

一个纯虚成员函数可以使类成为抽象基类,但是抽象基类中除了包含纯虚成员函数外,同样可以包含其他成员函数或成员变量。如例 9-16 所示的 stock 类,类中除了包含纯虚成员函数外,还包含了一个 private 成员变量 x 和两个构造函数及一个普通成员函数 getx。

只有类中的虚函数才能被声明为纯虚成员函数,普通成员函数和顶层函数均不能声明为纯虚成员函数。

【例 9-17】 普通成员函数和顶层函数均不能声明为纯虚成员函数。
编写程序

```
1  void fun() = 0;                    //compile error
2  class stock
3  {
4  public :
5      void display() = 0;            //compile error
6      //...
7  };
```

本例中企图将顶层函数和普通的成员函数声明为纯虚成员函数,这都是不允许的。

抽象基类可以用于实现公共接口,在抽象基类中声明的纯虚成员函数,派生类如果想要创建对象,则必须全部重新定义这些纯虚成员函数。

9.9 综合实例

【例 9-18】 CPolygon 为基类的"多边形——矩形和三角形"类的层次结构。
编写程序

```
1  # include < iostream >
2  using namespace std;
3  class CPolygon
4  {
5    protected:
6      int width;
7      int height;
8    public:
9      void set_values (int a, int b){width = a; height = b;}
10 };
11 class CRectangle: public CPolygon
12 {
13   public:
14     int area (){return (width * height);}
15 };
16 class CTriangle: public CPolygon
17 {
18   public:
19     int area (){return (width * height / 2);}
20 };
21 int main ()
22 {
23   CRectangle rect;                    //定义 CRectangle 类对象 rect
```

```
24    CTriangle trgl;                              //定义 CTriangle 类对象 trgl
25    CPolygon * ppoly1 = &rect;
26    CPolygon * ppoly2 = &trgl;
27    ppoly1 -> set_values (4,5);
28    ppoly2 -> set_values (4,5);
29    cout << rect.area() << endl;
30    cout << trgl.area() << endl;
31    return 0;
32 }
```

运行结果

```
20
10
```

本例以 CPolygon 为基类的"多边形 CPolygon——矩形 CRectangle 和三角形 CTriangle"类的层次结构。矩形类 CRectangle 和三角形类 CTriangle 派生于多边形类 CPolygon,没有用到虚函数的概念。

在 main 函数中定义了基类指针指向派生类,以便观看指针兼容这一特征。在 main 函数中定义了 CRectangle 类对象 rect,定义 CTriangle 类对象 trgl;定义基类指针 ppoly1,指向派生类对象 rect;定义基类指针 ppoly2,指向派生类对象 trgl。因为基类指针指向派生类对象,派生类的成员函数 set_values 继承于基类,也就是说基类和派生类都有成员函数 set_values,则可以用该指针访问该对象成员赋值。因为 ppoly1 和 ppoly2 是基类 Polygon 指针(不是派生类 Rectangle 或 Triangle 指针),只能访问继承于基类 Polygon 的成员,派生类的新增成员不能访问,所以访问派生类新增成员 area 还得用其对象 rect 和 trgl 来访问,基类指针不能访问派生类对象的 area 成员。

如果 area 是基类中有的成员,而不是在派生类中新增的成员,那么 area 成员则可以用基类指针访问,但问题是 Rectangle 类和 Triangle 类的 area 函数不同,没有一个统一的 area 函数可以在基类中定义,然后派生到派生类。

为了使基类指针调用派生类对象成员和调用基类对象成员有相同的特征,可以在基类中定义一个虚拟成员,并且该虚拟成员在派生类中重新定义。

为了声明一类的成员为虚拟的成员,只需在前面加关键字 virtual 即可。

对例 9-18 程序重写,在 CPolygon 类中添加一个虚拟成员 area ()。这样,三个类都用了相同的成员 width、height、set_values()和 area()。重写后程序如例 9-19 所示。

【例 9-19】 在基类 CPolygon 增加虚拟成员 area。

编写程序

```
1  # include < iostream >
2  using namespace std;
3  class CPolygon
4  {
5    protected:
```

```
6       int width;
7       int height;
8     public:
9       void set_values (int a, int b){width = a; height = b;}
10      virtual int area (){return 0;}
11 };
12 class CRectangle: public CPolygon
13 {
14    public:
15      int area (){return (width * height);}
16 };
17 class CTriangle: public CPolygon
18 {
19    public:
20      int area (){return (width * height / 2);}
21 };
22 int main ()
23 {
24     CRectangle rect;
25     CTriangle trgl;
26     CPolygon poly;
27     CPolygon * ppoly1 = &rect;
28     CPolygon * ppoly2 = &trgl;
29     CPolygon * ppoly3 = &poly;
30     ppoly1 -> set_values (4,5);
31     ppoly2 -> set_values (4,5);
32     ppoly3 -> set_values (4,5);
33     cout << ppoly1 -> area() << '\n';
34     cout << ppoly2 -> area() << '\n';
35     cout << ppoly3 -> area() << '\n';
36     return 0;
37 }
```

运行结果

```
20
10
0
```

本例基类中的 area 函数声明成了虚函数,因为该函数会在继承类中重新声明。实际上如果尝试不用关键字 virtual,那么该函数也可以在继承类中重新声明,但运行结果是"0""0""0",而不是"20""10""0"。因为不用关键字 virtual,三个指针的类型都是 CPolygon *,都调用 CPolygon::area(),而不是分别调用每个对象的相应 area()函数(CRectangle::area()、CTriangle::area()和 CPolygon::area())。

基类的指针指向派生类对象,并且基类的成员和派生类的成员同名,关键字 virtual的作用是让指针调用来自派生类的对象成员时,具体地调用派生类成员,而不是基类的成员。

一个类如果含有虚拟成员函数的类,或继承自含有虚拟成员函数的类,称为多态类。

以上含有虚拟成员函数的基类,可以定义对象(如 CPolygon poly;),也可以调用来自自身的成员函数(area(),值是 0)。

因为矩形类 CPolygon 不需要定义对象,可以将例 9-19 CPolygon 类中定义的虚拟函数 area()定义为纯虚拟函数,这样 CPolygon 类变成一个不能定义对象的抽象基类。

如前文所述,在定义虚拟函数时,直接让函数名等于 0,而不定义任何执行语句,这样的函数称为纯虚拟函数。含有纯虚拟函数的基类称为抽象基类。

定义的基类和抽象基类非常类似,基类的虚拟成员是有效的函数,对定义自基类的对象(如对象 poly)有一个基本的最小功能。抽象基类定义的虚拟成员函数根本就不能执行,直接在函数后面写上等于 0,因而抽象基类根本就不能定义对象。抽象基类 CPolygon 的代码如例 9-20 所示。

【例 9-20】 抽象基类 CPolygon。

编写程序

```
1   class CPolygon
2   {
3     protected:
4       int width;
5       int height;
6     public:
7       void set_values(int a, int b)
8       {
9           width = a;
10          height = b;
11      }
12      virtual int area () = 0;
13  };
```

抽象基类和一般多态基类的区别是,因为抽象基类至少含有一个非执行性虚拟函数,抽象基类不能定义对象。不能定义对象的抽象基类并不是完全无用,可以定义指向抽象类的指针变量指向来自其派生类的对象。

【例 9-21】 使用抽象基类 CPolygon。

编写程序

```
1   # include < iostream >
2   using namespace std;
3   class CPolygon
4   {
5     protected:
6       int width;
7       int height;
```

```
8    public:
9       void set_values (int a, int b){width = a; height = b;}
10      virtual int area (void) = 0;            //纯虚拟函数
11   };
12   class CRectangle: public CPolygon
13   {
14    public:
15      int area (){return (width * height);}
16   };
17   class CTriangle: public CPolygon
18   {
19    public:
20      int area (){return (width * height / 2);}
21   };
22   int main ()
23   {
24      CRectangle rect;
25      CTriangle trgl;
26      CPolygon * ppoly1 = &rect;
27      CPolygon * ppoly2 = &trgl;
28      ppoly1 -> set_values (4,5);
29      ppoly2 -> set_values (4,5);
30      cout << ppoly1 -> area() << '\n';
31      cout << ppoly2 -> area() << '\n';
32      return 0;
33   }
```

运行结果

```
20
10
```

本例将 CPolygon 重新定义成抽象基类。对于抽象基类,如果试图定义抽象基类对象,如 CPolygon poly;,将是错误的,但 CPolygon * ppoly1;CPolygon * ppoly2;是正确的,ppoly1 和 ppoly2 可以指向来自 CPolygon 派生类的对象。

抽象基类没有什么实际用处,抽象基类 CPolygon 的成员函数甚至可以用 this 这一特殊指针调用这个抽象基类的虚拟成员。

【例 9-22】 使用抽象基类 CPolygon 成员函数调用这个抽象基类的虚拟成员。

编写程序

```
1    # include < iostream >
2    using namespace std;
3    class CPolygon
4    {
5    protected:
```

```
 6        int width;
 7        int height;
 8   public:
 9        void set_values (int a, int b){width = a; height = b;}
10        virtual int area (void) = 0;
11        void printarea (void){cout << this -> area()<< endl;}
12     };
13   class CRectangle: public CPolygon
14   {
15     public:
16        int area (void){return (width * height);}
17   };
18   class CTriangle: public CPolygon
19   {
20     public:
21        int area (void){return (width * height / 2);}
22   };
23   int main ()
24   {
25     CRectangle rect;
26     CTriangle trgl;
27     CPolygon * ppoly1 = &rect;
28     CPolygon * ppoly2 = &trgl;
29     ppoly1 -> set_values (4,5);
30     ppoly2 -> set_values (4,5);
31     ppoly1 -> printarea();
32     ppoly2 -> printarea();
33     return 0;
34   }
```

运行结果

```
20
10
```

通过虚成员函数和抽象基类产生的多态特征对于面向对象程序设计非常重要,尽管以上应用实例较为简单,但这些特征可以应用到对象数组和动态创建情形。可以将例9-22的程序改写为例9-23的动态创建对象的形式。

【例9-23】 动态创建对象的形式。

编写程序

```
 1   # include < iostream >
 2   using namespace std;
 3   class CPolygon
 4   {
 5   protected:
 6        int width;
```

```
7       int height;
8   public:
9       void set_values (int a, int b){width = a; height = b;}
10      virtual int area (void) = 0;
11      void printarea (void){cout << this -> area()<< endl;}
12  };
13 class CRectangle: public CPolygon
14 {
15   public:
16      int area (void){return (width * height);}
17 };
18 class CTriangle: public CPolygon
19 {
20   public:
21      int area (void){return (width * height / 2);}
22 };
23 int main ()
24 {
25   CPolygon * ppoly1 = new CRectangle;
26   CPolygon * ppoly2 = new CTriangle;
27   ppoly1 -> set_values (4,5);
28   ppoly2 -> set_values (4,5);
29   ppoly1 -> printarea();
30   ppoly2 -> printarea();
31   delete ppoly1;
32   delete ppoly2;
33   return 0;
34 }
```

运行结果

```
20
10
```

以上程序也可以增加一个顶层函数(公共函数)printarea,该函数含有一个基类指针作为函数形参,并在函数体内用该基类指针调用虚函数 area。在 main 函数内,如果 printarea 的实际参数是矩形对象(对象地址)则打印矩形的面积,如果 printarea 的实际参数是三角形对象(对象地址)则打印三角形面积,如例 9-24 所示。

【例 9-24】 多态程序——printarea 的实际参数是矩形则打印矩形的面积,是三角形则打印三角形的面积。

编写程序

```
1   # include < iostream >
2   using namespace std;
3   class CPolygon
4   {
5   protected:
```

```
6        int width;
7        int height;
8    public:
9        void set_values (int a, int b){width = a; height = b;}
10       virtual int area (void) = 0;
11    };
12 class CRectangle: public CPolygon
13 {
14    public:
15       int area (void){return (width * height);}
16 };
17 class CTriangle: public CPolygon
18 {
19    public:
20       int area (void){return (width * height / 2);}
21 };
22 void printarea (CPolygon * ppoly)
23 {
24       cout << ppoly -> area()<< endl;
25 }
26 int main ()
27 {
28    CRectangle rect;                //定义 CRectangle 类对象 rect
29    CTriangle trgl;                 //定义 CTriangle 类对象 trgl
30    rect.set_values(4, 5);
31    trgl.set_values(4, 5);
32    printarea(&rect);
33    printarea(&trgl);
34    return 0;
35 }
```

运行结果

```
20
10
```

本章小结

利用虚函数和多态,程序员的注意力可集中在处理普遍性,而让执行环境处理特殊性。例如,抽象基类 CPolygon(四边形)派生出 CRectangle(矩形)和 CTriangle(三角形)两个派生类,在每一个派生类中都包含一个虚函数 area,其作用是计算面积。程序员使用基类指针控制有关对象,进行宏观的操作,不论对象处于继承层次中的哪一层,都可以用基类指针指向它,让程序调用各个对象的 area 函数。每个对象的 area 函数如何工作是在类中指定的,这就是执行环境,程序员不必考虑这些细节,只要简单地告诉每个对象"计算自己的面积",每个对象就会调用其中的 area 函数,计算出相应的面积。

多态把操作的细节留给类的设计者(多为专业人员)去完成,而让程序员(类的使用者)只需要做一些宏观性的工作,告诉系统做什么,而不必考虑怎么做,极大地简化了应用程序的编码工作,大大减轻了程序员的负担,也降低了学习和使用 C ++语言的难度,使更多的用户能更快地进入 C ++程序设计的大门。有人说,多态是开启继承功能的钥匙。

这一点对于软件开发是很有意义的,把类的声明与类的使用分离,这对于设计类库的软件开发商来说尤为重要。软件开发商设计了各种各样的类,但不必向用户提供源代码,只要软件开发商向用户提供类的接口(类所在的文件和类成员函数定义的目标文件的路径和文件名)以及使用说明,用户可以不知道基类中各个成员函数的实现代码,甚至不需要知道基类声明的内容便可以使用这些基类来派生出自己的类。

思考题

1. 顶层函数(公共函数)是否可以声明为虚函数,为什么?
2. 构造函数是成员函数吗? 是否能够声明为虚函数? 为什么?
3. 多态是否会降低程序运行效率,为什么?
4. 静态成员函数是否可以声明为虚函数,为什么?
5. 友元函数是否可以声明为虚函数,为什么?
6. 什么是覆盖,什么是多态,覆盖和多态之间是什么关系?
7. 什么是纯虚函数,什么是抽象基类,抽象基类的用途是什么?

练习题

1. 以下是一个基类 People 和继承类 Teacher 的实例代码及其输出结果。

```
1   # include < iostream >
2   using namespace std;
3   //基类 People
4   class People
5   {
6   public:
7       People(char * name, int age);
8       void display();
9   protected:
10      char * m_name;
11      int m_age;
12  };
13  People::People(char * name, int age) : m_name(name), m_age(age){}
14  void People::display()
15  {
16      cout << m_name <<"今年"<< m_age <<"岁了,是个无业游民。"<< endl;
17  }
18  //派生类 Teacher
```

```
19  class Teacher: public People{
20  public:
21      Teacher(char * name, int age, int salary);
22      void display();
23  private:
24      int m_salary;
25  };
26  Teacher::Teacher(char * name, int age, int salary): People(name, age), m_salary(salary){}
27  void Teacher::display()
28  {
29      cout << m_name <<"今年"<< m_age <<"岁了,是一名教师,每月有"<< m_salary <<"
30  元的收入。"<< endl;
31  }
32  int main()
33  {
34      People * p = new People("王志刚", 23);
35      p -> display();
36      delete p;
37      p = new Teacher("赵宏佳", 45, 8200);
38      p -> display();
39      delete p;
40      return 0;
41  }
```

运行结果：

王志刚今年 23 岁了,是个无业游民。
赵宏佳今年 45 岁了,是个无业游民。

程序符合基类指针可以指向派生类的规则,但输出结果错误（赵宏佳本来是一名教师,输出结果却是个无业游民）,不符合预期。修改以上程序使其符合预期。

2. 一套不完备的程序代码如下,修改程序,完成以下功能。

```
1   # include < iostream >
2   using namespace std;
3   //TXT 文件类
4   class TxtFile {
5   public:
6       void open(){cout <<"Open The File With notepad.exe!"<< endl; }
7   };
8   //Doc 文件类
9   class DocFile {
10  public:
11      void open(){ cout <<"Open The File With word.exe!"<< endl; }
12  };
13  int main()
14  {
15      TxtFile txtf;
```

```
16      DocFile docf;
17      DoubleClick(&txtf);
18      DoubleClick(&docf);
19          return 0;
20  }
```

本例中声明了 TxtFile 和 DocFile 两个类,main 函数中创建了 TxtFile 类对象 txtf 和 DocFile 类对象 docf,DoubleClick 是一个顶层函数(公用函数)。当 DoubleClick 中参数是 &txtf 时显示"Open The File With notepad.exe!",当 DoubleClick()中参数是 &docf 时显示"Open The File With word.exe!"。编写 DoubleClick 函数的定义代码并修改 TxtFile 和 DocFile 类的声明方式(可以改为派生类)完成以上功能。

添加 DoubleClick 函数的定义并修改 TxtFile 和 DocFile 类的声明方式后的运行结果是:

```
Open The File With notepad.exe!
Open The File With word.exe!
```

3. 定义猫科动物 Animal 类,由其派生出猫类(Cat)和豹类(Leopard),二者都包含虚函数 sound(),要求根据派生类对象的不同调用各自重载后的成员函数。

4. 假设公司基本工资系统声明了具有姓名(name,char * 类型)和工资金额(salary,int 类型)两个成员数据的类 Employee_salary,每月发放一次工资,工资金额暂时均为 10 000 元;部门 1 要求对其部门的员工,遇到过生日月份多发 1000 元工资。部门 2 要求对其部门的员工,遇到过生日月份多发 2000 元工资。设计一个具有多态和组合的程序,遇到非部门 1 和部门 2 的员工,按照原暂定工资金额发放;遇到部门 1 或部门 2 的员工,按照相关部门的要求发放工资。

5. 声明一个股票类(stock),成员数据包括股票公司名称 name、昨日收盘价格(Lastprice)、涨停板价格(UpperLimitPrice)、跌停板价格(LowerLimitPrice),并且规定涨跌停板价格不超过昨日收盘价格的上下 10%;现在交易所规定连续三年亏损的股票为 ST 股票,ST 股票涨跌停板价格不超过昨日收盘价格的上下 5%;声明 ST 股票类(stockST),能够在 main 函数中根据股票对象是否属于 ST 股票,为其设置应有的涨跌停板价格,能够显示股票名称、昨日收盘价格、涨停板价格、跌停板价格。

第10章

运算符重载

每个技术领域都发展了一套习惯性的简化形式,以便使涉及常用概念的说明和讨论更加方便,例如 $x+y\times z$,用到了＋和×两个运算符表示"相加"和"相乘",使用非常方便。C++语言作为一门计算机高级语言,也为内部类型提供了一组类似运算符,如＋和×在 C++中分别表示两个数相加和相乘。C++用户希望能在自己创建的新的类型(类)上使用这类 C++本身已经存在的运算符,如 C++用户需要用类表示复数和矩阵的概念,也希望用熟知的算术运算符进行类似的算术运算。C++中解决类似问题的技术称为运算符重载(operator overloading)。

在前面的章节中介绍了函数重载,所谓重载就是重新赋予新的含义。函数重载是对于已经存在的函数可以再定义一个同名称的函数,使之实现新的功能。运算符重载是对现有的运算符重新定义,赋予其另一种功能,以适应不同的类型。

10.1　运算符重载方法

【例 10-1】　重载的运算。
编写程序

```
1    # include < iostream >
2    using namespace std;
3    int main()
4    {
5        int i1 = 10, i2 = 10, i;
6        i = i1 + i2;
7        cout <<"i1 + i2 = "<< i << endl;
8        double d1 = 20, d2 = 20, d;
```

```
9        d = d1 + d2;
10       cout <<"d1 + d2 = "<< d << endl;
11       return 0;
12  }
```

运行结果

```
i1 + i2 = 20
d1 + d2 = 40
```

程序分析

程序里运算符＋既完成两个整型数的加法运算，又完成了双精度型的加法运算。为什么同一个运算符＋可以用于完成不同类型的数据的加法运算？因为C++语言针对预定义基本数据类型已经对运算符＋做了适当的重载。在编译程序编译不同类型数据的加法表达式时，则自动调用相应类型的加法运算符重载函数。但C++语言中所提供的预定义的基本数据类型有限，在解决一些实际的问题时，往往需要用户自定义数据类型。例如，用C++处理数学里所提到的复数，首先声明一个复数类，并定义一个类成员函数实现复数的加法运算。

【例 10-2】 声明一个复数类，并定义一个类成员函数实现复数的加法运算。

编写程序

```
1   # include < iostream >
2   using namespace std;
3   class Complex                        //复数类声明
4   {
5     public:
6         double real;                   //实数
7         double imag;                   //虚数
8         Complex(double a, double b)    //构造函数定义
9         {
10            this -> real = a;
11            this -> imag = b;
12        }
13        Complex(){}                    //默认构造函数定义
14        Complex operator + (Complex t) //成员函数 operator + 定义
15        {
16              Complex r;
17              r. real = this -> real + t. real;
18              r. imag = this -> imag + t. imag;
19              return r;
20        }
21  };
22  int main()
23  {
24    Complex com1(13, 10), com2(20, 44),sum;   //创建三个 Complex 类对象
25    //sum = com1. operator  +  (com2);
```

```
26        sum = com1 + com2;                              //对象 com1 执行成员函数 operator +
27        cout <<"sum 的实数部分为"<< sum.real << endl;
28        cout <<"sum 的虚数部分为"<< sum.imag <<"i"<< endl;
29        return 0;
30    }
```

运行结果

sum 的实数部分为 33
sum 的虚数部分为 54i

程序分析

本例中首先定义了一个类 Complex,具有公有数据成员 real 和 imag、构造函数、默认构造函数和成员函数 operator＋(Complex t)。其中,构造函数用于数据成员 real 和 image 赋初值,默认构造函数用于创建无初值的对象。成员函数 operator＋(Complex t) 的函数名称为 operator＋,参数类型为 Complex 类,函数返回值是 Complex 类型对象,该对象的成员数据 real 是原对象成员数据 real 加实参对象成员数据 real,成员数据 imag 是原对象成员数据 imag 加实参对象成员数据 imag。在 main()函数中,对象 com1 调用成员函数 operator＋,实参是 com2,返回值是 com1 和 com2 两个对象的成员数据相加后的对象,并将该对象赋给 sum 对象。

程序使用的成员函数 operator＋可以用其他名称代替,但我们还是愿意保留 operator＋这一名称的函数,operator＋称为"加载运算符函数"。在 main()函数中 sum＝com1.operator ＋ (com2)可以改写为 sum＝com1＋com2,当程序执行到 sum＝com1＋com2 时,编译器则将此式编译成 sum＝com1.operator＋(com2)。如此就实现了运算符＋的重载,也就是用"＋"实现了复数的相加。

通过本例,我们已经对运算符重载的操作方法有了进一步的理解。之所以学习在程序中实现运算符重载的相关功能,是因为我们需要使用同一种运算符去实现不同的运算功能。例如,运算符＋,在数学运算中可以被用于进行加法运算。而该运算符被用于复数之间时,又可以被用来对复数数据进行操作。运算符＋被用于两个字符串之间时,又可以被用于对字符串数据进行连接操作。

虽然重载运算符所实现的功能完全可以用函数实现,但使用运算符重载能使用户程序易于编写、阅读和维护。在实际工作中,类的声明和类的使用往往是分离的。假如在声明 Complex 类时,对运算符＋、－、*、/都进行了重载,那么使用这个类的用户在编程时可以完全不考虑函数是怎么实现的,而放心大胆地直接使用运算符＋、－、*、/进行复数的运算即可,十分方便。

需要注意的是,运算符被重载后,其原有的功能仍然保留,并没有丧失或改变。

总而言之,通过运算符重载,扩大了 C++语言已有运算符的作用范围,使之能用于类对象。运算符重载对 C++语言有重要的意义,运算符重载和类结合起来,可以在 C++程序中定义出很有实用意义且使用方便的新的数据类型。运算符重载使 C++具有更强大的功能、更好的可扩充性和适应性,这也是 C++吸引人的特点之一。

10.2 运算符重载的规则

（1）C++程序中预定义的运算符其运算对象只能是基本数据类型，而不适用于用户自定义类型（如类），这也是研究运算符重载的原因之一。

（2）C++语言不允许用户自定义新的运算符，只能对已有的C++运算符进行重载。而且C++语言把重载运算符限制在允许重载的运算符之中。

（3）C++语言中绝大部分的运算符允许重载，具体如下。

① 算术运算符：＋，－，＊，／，％，＋＋，－－。

② 位操作运算符：＆，｜，～，＾，<<，>>。

③ 逻辑运算符：!，＆＆，||。

④ 关系运算符：<，>，>=，<=，==，!=。

⑤ 赋值运算符：＝，＋＝，－＝，＊＝，／＝，％＝，＆＝，｜＝，＾＝，<<＝，>>＝。

⑥ 其他运算符：[]，()，->，逗号运算符(,)，new，delete，new[]，delete[]，->＊。

（4）C++语言中不能重载的运算符有 5 个，具体如下。

① 成员访问运算符：.。

② 作用域运算符：::。

③ 条件运算符：? :。

④ 指针运算符（间接引用运算符）：＊。

⑤ 编译预处理命令的开始符号：#。

前两个运算符不能重载是为了保证访问成员的功能不能被改变，域运算符和"sizeof运算符的运算对象是类型而不是变量或表达式"，不具备重载的特征。

（5）重载不能改变运算符运算对象（即操作数）的个数。即单目运算符只能重载为单目运算符，双目运算符只能重载双目运算符。如关系运算符是双目运算符，重载后是双目运算符，需要两个参数。运算符＋、－、＊、＆ 等既可以作为双目运算符，也可以作为单目运算符，可以分别将它们重载为双目运算符和单目运算符。

（6）重载不能改变运算符的优先级别。用户重载新定义运算符，不改变原运算符的优先级和结合性。也就是说，对运算符重载不改变运算符的优先级和结合性，并且运算符重载后，也不改变运算符的语法结构。

（7）重载运算符的函数不能有默认的参数，否则就改变了运算符参数的个数，与第(5)点矛盾。

（8）重载的运算符必须和用户定义的自定义类型的对象一起使用，其参数至少应有一个是类对象（或类对象的引用）。也就是说，参数不能全部是 C++的标准类型，以防止用户修改用于标准类型数据的运算符的性质。运算符重载实际是一个函数，所以运算符的重载实际上是函数的重载。编译程序对运算符重载的选择，遵循着函数重载的选择原则。当遇到不很明显的运算时，编译程序将寻找参数相匹配的运算符函数。

（9）用于类对象的运算符一般必须重载，但有两个例外，运算符＝和运算符 ＆ 不必用户重载。赋值运算符＝可以用于每一个类对象，利用它在同类对象之间相互赋值。地

址运算符 & 也不必重载,它能返回类对象在内存中的起始地址。

总之,当 C++语言原有的一个运算符被重载之后,它原先所具有的语义并没有消失,只相当于针对一个特定的类定义了一个新的运算符。运算符重载可以使程序更加简洁,表达式更加直观,增加可读性。

10.3 运算符函数

C++语言中预定义的运算符其运算对象只能是基本数据类型,而不适用于用户自定义类型(如类)。运算符重载的方法是定义一个重载运算符的函数,在需要执行被重载的运算符时,将指定的运算表达式转化为对运算符函数的调用,并遵循函数重载的选择原则,以实现相应的运算。

C++语言的运算符重载通过定义函数实现,运算符重载实质上是函数的重载。关键字 operator 后面接需要重载的运算符号称为运算符函数。

10.3.1 重载为类的成员函数

例 10-2 中实现复数相加用到的 operator 后面接需要重载的运算符号,称为运算符+函数,采用重载为类成员函数的形式来实现。运算符的重载形式有两种:重载为类的成员函数和重载为类的友元函数。运算符重载为类的成员函数的语法形式如下。

```
返回类型 operator 运算符(形参列表)
{
    函数体;
}
```

其中"运算符"表示用户需要重载的运算符标识,例如运算符+。

和其他函数一样,运算符函数具有返回类型、函数名称、形参列表和函数体。例 10-2 中的类名相当于其他函数的返回类型。比较一下函数的定义一般形式。

```
返回类型 函数名(形参列表)
{
    函数体;
}
```

可以看出,运算符函数的函数名称是"operator 运算符号"。

以上的定义是在类内定义成员函数的形式,如果在类外定义运算符函数的语法形式如下。

```
返回类型 类名::operator 运算符号(形参列表)
{
    函数体;
}
```

其中类名是该成员函数属于哪个类。例 10-2 的复数加法运算的成员函数 operator+定义移到类外写为:

```
Complex Complex:: operator + (Complex t)              //成员函数 operator + 定义
{
    Complex r;
    r.real = this->real + t.real;
    r.imag = this->imag + t.imag;
    return r;
}
```

对类外定义运算符重载函数 operator＋还可以改写得更为简练。

```
Complex Complex:: operator + (Complex t)
{return Complex(real + t.real, imag + t.imag);}
```

定义了重载运算符的函数后，可以说：函数 operator＋重载了运算符＋。在执行复数相加的表达式 com1＋com2 时（假设 com1 和 com2 都是已经定义的 Complex 对象），系统则会调用 operator＋函数。这样，用户可以非常方便地对这些运算符重载函数进行调用，也符合了面向对象编程的特点。

10.3.2　重载为类的友元函数

在 C++语言中，用户也可以将运算符重载函数定义为友元函数。这样，用户就可以在类的外部直接对类中的私有成员变量进行直接访问了。

友元函数之所以可以访问 C++类中的私有成员变量，是因为友元函数就好像是在已经封装好的 C++类上所开的一个小孔，以便外界对其内部进行访问。所以，友元函数并不属于 C++类中的成员函数。因此，用户也不能在友元函数中使用指针 this。否则，程序会出现错误。

【例 10-3】　将例 10-2 的代码进行修改，采用友元函数的形式。

编写程序

```
1   //例 10 - 3 程序:
2   # include < iostream >
3   using namespace std;
4   class Complex                          //复数类声明
5   {
6   public:
7       double real;                       //实数
8       double imag;                       //虚数
9       Complex(double a, double b)        //构造函数定义
10      {
11          this->real = a;
12          this->imag = b;
13      }
14      Complex(){}                        //默认构造函数定义
15      //成员函数 operator + 定义
16      friend Complex operator + (Complex t1, Complex t2);
17   };
```

```
18 Complex operator + (Complex t1, Complex t2)          //成员函数 operator + 定义
19 {
20     Complex r;
21     r. real = t1. real + t2. real;
22     r. imag = t1. imag + t2. imag;
23     return r;
24 }
25 int main()
26 {
27     Complex com1(13, 10), com2(20, 44), sum;          //创建三个 Complex 类对象
28     //sum = operator + (com1, com2);
29     sum = com1 + com2;                                //对象 com1 执行成员函数 operator +
30     cout <<"sum 的实数部分为"<< sum. real << endl;
31     cout <<"sum 的虚数部分为"<< sum. imag <<"i"<< endl;
32     return 0;
33 }
```

运行结果

```
sum 的实数部分为 33
sum 的虚数部分为 54i
```

程序分析

以上友元的形式定义重载运算符的函数后,可以说:函数 operator+重载了运算符+。在执行复数相加的表达式 com1+com2 时(假设 com1 和 com2 都是已经定义的 Complex 对象),系统则会调用 operator+函数。C++编译系统将程序中的表达式 com1+com2 解释为 operator+(com1,com2),即执行 com1+com2,相当于调用以下函数。

```
Complex operator + (Complex t1, Complex t2)
{
    Complex r;
    r. real = t1. real + t2. real;
    r. imag = t1. imag + t2. imag;
    return r;
}
```

这样,用户可以非常方便地对这些运算符重载函数进行调用,也符合了面向对象编程的特点。可以看出,运算符重载为类的成员函数,它的参数个数会比"该运算符的操作数"少一个(后缀++和后缀——除外),而运算符重载为友元函数时,它的参数与其操作数个数相同。

特别提醒,以上代码在 Visual C++ 6.0 以上版本能够正常运行,在 Visual C++ 6.0 以下版本需要建两个文件,cpp10_3.h 和 cpp10_3.cpp。

编写程序

```
1  //文件 cpp10_3.h 代码:
```

```
2   class Complex                                    //复数类声明      //cpp10_3.h
3   {
4   public:
5       double real;                                 //实数
6       double imag;                                 //虚数
7       Complex(double a, double b)                  //构造函数定义
8       {
9           this -> real = a;
10          this -> imag = b;
11      }
12      Complex(){}                                  //默认构造函数定义
13      friend Complex operator + (Complex t1, Complex t2);
14      //成员函数 operator + 定义
15   };
16  Complex operator + (Complex t1, Complex t2)      //成员函数 operator + 定义
17  {
18      Complex r;
19      r.real = t1.real + t2.real;
20      r.imag = t1.imag + t2.imag;
21      return r;
22  }
23  //文件 cpp10_3.cpp 代码:
24  # include < iostream >                           //cpp10_3.cpp
25  # include "cpp10_3.h"
26  using namespace std;
27  int main()
28  {
29      Complex com1(13, 10), com2(20, 44), sum;     //创建三个 Complex 类对象
30      //sum = operator + (com1, com2);
31      sum = com1 + com2;                           //对象 com1 执行成员函数 operator +
32      cout <<"sum 的实数部分为"<< sum.real << endl;
33      cout <<"sum 的虚数部分为"<< sum.imag <<"i"<< endl;
34      return 0;
35  }
```

程序分析

当我们这样写它就不会出错。为什么呢? 微软公司解释说这是产品的一个错误。

也就是说,有的 C++编译系统(如 Visual C++ 6.0)没有完全实现 C++标准,不支持把重载函数重载为友元函数,Visual C++ 6.0 中会编译出错。在 Visual C++ 6.0 版本以下可以建两个文件。

但是 Visual C++所提供的老形式的带后缀.h 的头文件可以支持此项功能,因此可以将程序头两行修改为 # include < iostream.h >,即可顺利运行。以后如遇到类似情况,亦可照此办理。

为什么把运算符函数作为友元函数呢? 因为运算符函数要访问 Complex 类对象中的成员。如果运算符函数不是 Complex 类的友元函数,而是一个普通的函数,它没有权利访问 Complex 类的私有成员。

　　运算符重载函数可以是类的成员函数,也可以是类的友元函数。极少情况下可以是既非类的成员函数也不是友元函数的普通函数,原因是普通函数不能直接访问类的私有成员。

　　在以上的两种方式中,什么时候应该用成员函数方式,什么时候应该用友元函数方式? 二者有何区别呢? 如果将运算符重载函数作为成员函数,它可以通过 this 指针自由地访问本类的数据成员,因此可以少写一个函数的参数。但必须要求运算表达式第一个参数(即运算符左侧的操作数)是一个类对象,而且与运算符函数的类型相同。因为必须通过类的对象去调用该类的成员函数,而且只有运算符重载函数返回值与该对象同类型,运算结果才有意义。在例 10-3 中,表达式 com1＋ com2 中第一个参数 com1 是 Complex 类对象,运算符函数返回值的类型也是 Complex,这是正确的。如果 com1 不是 Complex 类,它就无法通过隐式 this 指针访问 Complex 类的成员。如果函数返回值不是 Complex 类复数,显然这种运算没有实际意义。

　　如果想将一个复数和一个整数相加,如 com1＋i,可以将运算符重载函数作为成员函数,形式如下。

```
ComplexComplex::operator + (int&i)              //运算符重载函数作为 Complex 类的成员函数
{   return Complex(real + i, imag);}
```

　　注意在表达式中重载的运算符＋左侧应为 Complex 类的对象,如:

```
c3 = c2 + i;
```

　　不能写成:

```
c3 = i + c2;                                      //运算符 + 的左侧不是类对象,编译出错
```

　　如果出于某种考虑,要求在使用重载运算符时运算符左侧的操作数是整型量(如表达式 i＋c2,运算符左侧的操作数 i 是整数),这时无法利用前面定义的重载运算符,因为无法调用 i.operator＋ 函数。可想而知,如果运算符左侧的操作数属于 C++标准类型(如 int 型)或是一个其他类的对象,则运算符重载函数不能作为成员函数,只能作为非成员函数。如果函数需要访问类的私有成员,则必须声明为友元函数。可以在 Complex 类中声明如下。

```
friend Complex operator + (int &i, Complex &c);
//第一个参数可以不是类对象,在类外定义友元函数
Complex operator + (int &i, Complex &c)              //运算符重载函数不是成员函数
{ return Complex(i + c.real, c.imag);}
```

　　将双目运算符重载为友元函数时,在函数的形参表列中必须有两个参数,不能省略,形参的顺序任意,不要求第一个参数必须为类对象。但在使用运算符的表达式中,要求运算符左侧的操作数与函数第一个参数对应,运算符右侧的操作数与函数的第二个参数对应。如:

```
c3 = i + c2;                                      //正确,类型匹配
c3 = c2 + i;                                      //错误,类型不匹配
```

请注意,数学上的交换律在此不适用。如果希望适用交换律,则应再重载一次运算符+。如:

```
Complex operator + (Complex &c, int &i)          //此时第一个参数为类对象
{ return Complex(i + c.real, c.imag);}
```

这样,使用表达式 i+c2 和 c2+i 都合法,编译系统会根据表达式的形式选择调用与之匹配的运算符重载函数。可以将以上两个运算符重载函数都作为友元函数,也可以将一个运算符重载函数(运算符左侧为对象名)作为成员函数,另一个(运算符左侧不是对象名)作为友元函数。但不可能将两个都作为成员函数。

C++语言规定,有的运算符(如赋值运算符、下标运算符、函数调用运算符)必须定义为类的成员函数,有的运算符则不能定义为类的成员函数(如流插入运算符<<和流提取运算符>>、类型转换运算符)。

由于友元函数的使用会破坏类的封装,因此从原则上说,要尽量将运算符函数作为成员函数。但考虑到各方面的因素,一般将单目运算符重载为成员函数,将双目运算符重载为友元函数。

10.4 双目运算符的重载

双目运算符(或称二元运算符)是 C++语言中最常用的运算符。双目运算符有两个操作数,通常在运算符的左右两侧,如 3+5, a=b, i<10 等。在重载双目运算符时,函数中应该有两个参数。下面举例说明重载双目运算符的应用。

【例 10-4】 定义一个字符串类 String,用来存放不定长的字符串,重载运算符==,<和>,用于两个字符串的等于、小于和大于的比较运算。

编写程序

(1)首先建立一个 String 类。

```
1  //例 10-4-1 程序:
2  # include < iostream >
3  using namespace std;
4  class String
5  {
6  public:
7      String(){p = new char[1];p[0] = '\0';}          //默认构造函数
8      String(char * str);                              //构造函数
9      void display();
10 private:
11     char * p;                                        //字符型指针,用于指向字符串
12 };
13 String::String(char * str)                           //定义构造函数
14 {
15     p = new char[strlen(str) + 1];strcpy(p,str);     //使 p 指向实参字符串
16 }
```

```
17 void String::display()                    //输出 p 所指向的字符串
18 {
19     cout << p;
20 }
21 int main()
22 {
23     String string1("Hello"), string2("Book");
24     string1.display();
25     cout << endl;
26     string2.display();
27     return 0;
28 }
```

运行结果

```
Hello
Book
```

（2）增加对运算符重载的部分。为便于编写和调试，先重载一个运算符>。程序如下。

```
1  //例 10 - 4 - 2 程序：
2  # include < iostream >
3  # include < cstring >
4  using namespace std;
5  class String
6  {
7  public:
8      String(){p = new char[1];p[0] = '\0';}
9      String(char * str);
10     bool operator >(String &string2);
11     void display();
12   private:
13       char * p;
14 };
15 String::String(char * str)
16 {
17   p = new char[strlen(str) + 1];strcpy(p,str);
18 }
19 void String::display()
20 {
21   cout << p;
22 }
23 bool String::operator >(String &string2)
24 {
25   if(strcmp(p, string2.p)> 0)
26       return true;
27   else
```

```
28      return false;
29 }
30 int main()
31 {
32    String string1("hello"), string2("book");
33    cout <<(string1 > string2)<< endl;
34    return 0;
35 }
```

运行结果

1

这是一个并不完善的程序,但已经完成了实质性的工作,运算符重载成功。其他两个运算符的重载如法炮制即可。

(3) 扩展到对 3 个运算符重载。

在 String 类体中声明 3 个成员函数:

```
bool operator >(String &string2);
bool operator <(String &string2);
bool operator == (String &string2);
```

在类外分别定义 3 个运算符重载函数:

```
bool String::operator >(String &string2)
{
 if(strcmp(p, string2.p)> 0)
     return true;
  else
     return false;
}
bool String::operator <(String &string2)
{
 if(strcmp(p, string2.p)< 0)
     return true;
  else
     return false;
}
bool String::operator == (String &string2)
{
 if(strcmp(p, string2.p) == 0)
     return true;
  else
     return false;
}
```

修改主函数:

```
int main()
```

```
{
String string1("Hello"), string2("Book"), string3("Computer");
cout <<(string1 > string2)<< endl;                    //比较结果应该为 true
cout <<(string1 < string3)<< endl;                    //比较结果应该为 false
cout <<(string1 == string2)<< endl;                   //比较结果应该为 false
return 0;
}
```

程序执行后的显示结果如下。

```
1
0
0
```

结果正确。到此为止,主要任务基本完成。

(4) 进一步修饰完善程序,使输出结果更为直观。下面给出最后的程序。

```
1   //例 10 - 4 - 3 程序:
2   # include < iostream >
3   # include < cstring >
4   using namespace std;
5   class String
6   {
7   public:
8       String(){p = new char[1];p[0] = '\0';}
9       String(char * str);
10      bool operator >(String &string2);
11      bool operator <(String &string2);
12      bool operator == (String &string2);
13      void display();
14    private:
15        char * p;
16  };
17  String::String(char * str)
18  {
19    p = new char[strlen(str) + 1];strcpy(p,str);
20  }
21  void String::display()
22  {
23    cout << p;
24  }
25  bool String::operator >(String &string2)
26  {
27    if(strcmp(p, string2.p)> 0)
28        return true;
29    else
30        return false;
31  }
32  bool String::operator <(String &string2)
```

```
33  {
34    if(strcmp(p, string2.p)< 0)
35        return true;
36      else
37        return false;
38  }
39  bool String::operator == (String &string2)
40  {
41    if(strcmp(p, string2.p) == 0)
42        return true;
43      else
44        return false;
45  }
46  int main()
47  {
48      String string1("Hello"), string2("Book"), string3("Computer");
49      cout <<(string1 > string2)<< endl;            //比较结果应该为 true
50      cout <<(string1 < string3)<< endl;            //比较结果应该为 false
51      cout <<(string1 == string2)<< endl;           //比较结果应该为 false
52      return 0;
53  }
```

运行结果

```
1
0
0
```

程序也可以修改为友元的形式。需要注意的是,在 Visual C++ 6.0 中定义一般的函数为友元函数通常没有问题。然而对某些重载操作符的函数,即使将它们定义为类的友元函数,Visual C++ 6.0 的编译器仍然会显示出错信息,认为这些友元函数无权访问类的私有成员。这应该是 Visual C++ 6.0 编译器与标准 C++ 不兼容的地方。

10.5 单目运算符的重载

在 C++语言中,单目运算符是指该运算符只具有一个操作数,只被用于进行单个数据的运算,即参与运算的数据只有一个,如!a、-b、&c、* p,还有最常用的++i 和 --i 等。单目运算符只有一个操作数,重载单目运算符的方法与重载双目运算符的方法类似。

由于单目运算符只有一个操作数,因此如果运算符重载函数作为友元函数,运算符重载函数只有一个参数。如果运算符重载函数作为成员函数,则可省略此参数。

用户在实际编程时,最为常用的单目运算符有前置运算符和后置运算符两种。最常用的为++及--等。虽然运算后对象的值一致,但先自加或后自加的重载运算符函数的返回值并不一致,必须在重载时予以区分。

前置单目运算符是指运算符在数据之前,即使用格式"运算符 运算数据"进行表示。

例如,前置单目运算符＋＋a,表示变量 a 在使用前会被加 1。前置单目运算符通常情况下,运算符在运算数据之前,都表示运算数据在调用之前需要进行相应的运算。前置单目运算符重载与前文所讲解的重载知识点相同,用户可以直接将前置单目运算符功能封装到一个重载函数中即可。＋＋为前置运算时,它的运算符重载函数的一般格式如下。

< type > operator ++()

在 C++语言中,用户常用的前置单目运算符也可以将运算符放到运算数据之后,作为后置单目运算符使用。其基本格式为 a++,表示程序在调用变量 a 之后,将变量值进行加 1 操作。＋＋为后置运算时,它的运算符重载函数的一般格式如下。

< type > operator ++(int)

也就是说,针对＋＋和－－这一特点,C++语言约定:在自增(自减)运算符重载函数中,增加一个 int 型形参,就是后置自增(自减)运算符函数。

【例 10-5】 对于向量的自加运算。
编写程序

```
1   //例 10 - 5 程序:
2   # include < iostream >
3   using namespace std;
4   class A
5   {
6   public:
7       float x;
8       float y;
9       A(float a = 0, float b = 0)
10      {
11          x = a;
12          y = b;
13      }
14      A operator ++()
15      {
16          A   t;
17          t. x = ++x;
18          t. y = ++y;
19          return t;
20      }
21      A operator ++(int)
22      {
23          A   t;
24          t. x = x++;
25          t. y = y++;
26          return t;
27      }
28  };
29  int main()
```

```
30  {
31      A a(2, 3), b;
32      cout << a. x <<"   "<< a. y << endl;
33      cout << endl;
34      b = ++a;
35      cout << a. x <<"   "<< a. y << endl;
36      cout << b. x <<"   "<< b. y << endl;
37      cout << endl;
38      b = a++;
39      cout << a. x <<"   "<< a. y << endl;
40      cout << b. x <<"   "<< b. y << endl;
41      return 0;
42  }
```

运行结果

```
2    3

3    4
3    4

4    5
3    4
```

程序分析

其中++前置运算的运算符重载函数可以写作：

```
A operator ++()
{    ++x;
     ++y;
     return * this;
}
```

程序中对运算符++进行了重载，使它能用于向量 A 类对象。注意，前置自增运算符++和后置自增运算符++二者作用的区别。前者是先自加，返回修改后的对象本身。后者返回自加前的对象，然后对象自加。仔细分析后置自增运算符重载函数。

可以看到：重载后置自增运算符时，多了一个 int 型的参数，增加这个参数只是为了与前置自增运算符重载函数有所区别，此外没有任何作用。编译系统在遇到重载后置自增运算符时，则自动调用此函数。

10.6　重载流插入运算符和流提取运算符

C++的流插入运算符<<和流提取运算符>>是 C++在类库中提供的，所有 C++编译系统都在类库中提供输入流类 istream 和输出流类 ostream。cin 和 cout 分别是 istream 类和 ostream 类的对象。在类库提供的头文件中已经对<<和>>进行了重载，使之作为流插入运算符和流提取运算符，用于输入和输出 C++标准类型的数据。因此，在本书前面几章中，凡是用 cout ＜＜和 cin ＞＞对标准类型数据进行输入输出，都要用♯include＜iostream＞把头文件包含到本程序文件中。

如果想直接用＜＜和＞＞输出和输入自己声明的类型的数据，必须对它们重载。

对＜＜和＞＞重载的函数形式如下。

```
istream & operator >> (istream &, 自定义类 &);
ostream & operator << (ostream &, 自定义类 &);
```

（1）重载运算符＞＞的函数的第一个参数和函数的类型都必须是 istream& 类型，第二个参数是要进行输入操作的类。

（2）重载＜＜的函数的第一个参数和函数的类型都必须是 ostream& 类型，第二个参数是要进行输出操作的类。

（3）只能将重载＞＞和＜＜的函数作为友元函数或普通的函数，而不能将它们定义为成员函数。

10.6.1　重载流插入运算符＜＜

在程序中，如果用插入运算符＜＜输出用户自己声明的类的对象的信息，则需要重载流插入运算符＜＜。

【例 10-6】　在例 10-2 的基础上，用重载的＜＜输出复数。

编写程序

```
1   //例 10 - 6 程序:
2    ♯ include < iostream >
3   //VC6 下需要改为♯ include < iostream.h >
4   using namespace std;
5   class Complex
6   {
7   public:
8       Complex()
9       {
10          real = 0;
11          imag = 0;
12      }
13      Complex(double r, double i)
14      {
15          real = r;
16          imag = i;
17      }
18      Complex operator + (Complex &c2);              //运算符 + 重载为成员函数
19      friend ostream& operator <<(ostream&, Complex&);   //运算符<<重载为友元函数
20  private:
21      double real;
22      double imag;
23  };
24  Complex Complex::operator + (Complex &c2)
```

```
25 {
26      return Complex(real + c2.real, imag + c2.imag);
27 }
28 ostream & operator << (ostream& output, Complex& c)
29 {
30      output <<"("<< c.real <<" + "<< c.imag <<"i)"<< endl;
31      return output;                                         //连续向输出流插入信息
32 }
33 int main()
34 {
35      Complex c1(2, 4), c2(6, 10), c3;
36      c3 = c1 + c2;
37      cout << c3;
38      return 0;
39 }
```

运行结果

(8 + 14i)

程序分析

在 Visual C++ 6.0 环境下运行时,需要将第 1 行代码改为♯include < iostream. h >。

在对运算符<<重载后,在程序中用<<不仅能输出标准类型数据,还可以输出用户自定义的类对象。用 cout << c3 即能以复数形式输出复数对象 c3 的值。形式直观,可读性好,易于使用。

下面对以上程序的实现过程作一些说明。程序中重载了运算符<<,运算符重载函数中的形参 output 是 ostream 类对象的引用,形参名 output 是用户任意起的。分析 main 函数第 37 行:

cout << c3;

运算符<<的左面是 cout,前面已提到 cout 是 ostream 类对象。<<的右面是 c3,它是 Complex 类对象。由于已将运算符<<的重载函数声明为 Complex 类的友元函数,编译系统把 cout << c3 解释为 operator <<(cout,c3)。

即以 cout 和 c3 作为实参,调用下面的 operator <<函数。

```
ostream& operator <<(ostream& output, Complex& c)
{
  output <<"("<< c.real <<" + "<< c.imag <<"i)"<< endl;
  return output;
}
```

调用函数时,形参 output 成为 cout 的引用,形参 c 成为 c3 的引用。因此调用函数的过程相当于执行:

```
cout <<"("<< c3.real <<" + "<< c3.imag <<"i)"<< endl;
return cout;
```

注意：以上语句中的<<是 C++预定义的流插入符,因为它右侧的操作数是字符串常量和 double 类型数据。执行 cout 语句输出复数形式的信息,然后执行 return 语句。

return output 的作用是能连续向输出流插入信息。刚才是在执行 cout << c3;语句,在已知 cout << c3 的返回值是 cout 的当前值。如果有语句 cout << c3 << c2;,则先处理 cout << c3,再处理<< c2,即(cout << c3)<< c2;。而执行 cout << c3 得到的结果就是具有新内容的流对象 cout,因此,(cout << c3)<< c2 的第二步相当于 cout(新值)<< c2。运算符<<左侧是 ostream 类对象 cout,右侧是 Complex 类对象 c2,则再次调用运算符<<重载函数,接着向输出流插入 c2 的数据。现在可以理解了为什么 C++规定运算符<<重载函数的第一个参数和函数的类型都必须是 ostream 类型的引用,就是为了返回 cout 的当前值以便连续输出。

注意区分什么情况下的<<是标准类型数据的流插入符,什么情况下的<<是重载的流插入符。如：

cout << c3 << 5 << endl;

有下画线的<<是调用重载的流插入符,后面两个<<不是重载的流插入符,因为它的右侧不是 Complex 类对象而是标准类型的数据,是用预定义的流插入符处理的。

还有一点要说明：在本程序中,在 Complex 类中定义了运算符<<重载函数为友元函数,因此只有在输出 Complex 类对象时才能使用重载的运算符,对其他类型的对象是无效的。

10.6.2　重载流提取运算符>>

C++预定义的运算符>>的作用是从一个输入流中提取数据,如 cin >> i;表示从输入流中提取一个整数赋给变量 i(假设已定义 i 为 int 型)。重载流提取运算符>>的目的是用于输入自定义类型的对象的信息。

【例 10-7】　在例 10-6 的基础上,增加重载流提取运算符>>,用 cin >>输入复数,用 cout <<输出复数。

编写程序

```
1   //例 10 - 7 程序:
2   //Visual C++ 6.0下需要改为 # include < iostream.h >
3   # include < iostream >
4   using namespace std;
5   class Complex
6   {
7   public:
8       friend ostream& operator << (ostream&, Complex&);
9       friend istream& operator >> (istream&, Complex&);
10  private:
11      double real;
12      double imag;
```

```
13 };
14 ostream& operator << (ostream& output, Complex& c)
15 {
16     output <<"("<< c.real <<" + "<< c.imag <<"i)";
17     return output;
18 }
19 istream& operator >> (istream& input, Complex& c)
20 {
21     cout <<"input real part and imaginary part of complex number:";
22     input >> c.real >> c.imag;
23     return input;
24 }
25 int main()
26 {
27     Complex c1, c2;
28     cin >> c1 >> c2;
29     cout <<"c1 = "<< c1 << endl;
30     cout <<"c2 = "<< c2 << endl;
31     return 0;
32 }
```

运行结果

```
input real part and imaginary part of complex number:3 6 ↙
input real part and imaginary part of complex number:4 10 ↙
c1 = (3 + 6i)
c2 = (4 + 10i)
```

程序分析

尽管程序运行结果正确,但程序并不完善。在输入复数的虚部为正值时,输出的结果没有问题。如果虚部是负数,就不理想,观察输出结果。

```
input real part and imaginary part of complex number:3 6 ↙
input real part and imaginary part of complex number:4 - 10 ↙
c1 = (3 + 6i)
c2 = (4 + - 10i)
```

将重载运算符<<函数修改如下。

```
ostream& operator << (ostream& output, Complex& c)
{
    output <<"("<< c.real;
    if(c.imag >= 0)
        output <<" + ";                         //虚部为正数,在前加" + "号
    output << c.imag <<"i)"<< endl;             //虚部为负数,不加" + "号
    return output;
}
```

这样,运行时输出的最后一行为 $c2=(4-10i)$。

通过本章前几节的讨论,可以看到:在 C++语言中,运算符重载是很重要且很有实用意义的。它使类的设计更加丰富多彩,扩大了类的功能和使用范围,使程序易于理解,易于对对象进行操作,它体现了为用户着想、方便用户使用的思想。有了运算符重载,在声明了类之后,用户可以像使用标准类型一样来使用自己声明的类。类的声明往往是一劳永逸,有了好的类,用户在程序中就不必定义许多成员函数去完成某些运算和输入输出的功能,使主函数更加简单易读。好的运算符重载能体现面向对象程序设计思想。

运算符重载中使用引用的重要性如下。

(1)利用引用作为函数的形参,可以在调用函数的过程中通过传址方式使形参成为实参的别名,因此不生成临时变量(实参的副本),减少了时间和空间的开销。

(2)如果重载函数的返回值是对象的引用,返回的不是常量,而是引用所代表的对象,它可以出现在赋值号的左侧而成为左值,可以被赋值或参与其他操作(如保留 cout 流的当前值以便能连续使用<<输出)。

(3)使用引用时要特别小心,因为修改了引用就等于修改了它所代表的对象。

10.7 不同类型数据间的转换

机器语言的算术运算指令比 C++语言算术表达式的限制更多。为了让计算机执行机器指令中的运算,通常不仅要求两个操作数有相同的长度(字节数),而且还要求数据的存储方式相同,如同是单精度、浮点型数等。

在 C++语言中,最好把同类型的常量值赋给同一类型的变量,或使用同类型的常量和变量进行运算。

在 C++语言程序中,允许在表达式中混合使用各种不同类型的数据。在一个表达式中,可以同时出现不同类型的常量和变量。在这种情况下,C++语言编译程序通常需要生成一些附加的指令,在执行一条运算类指令之前,将其中一个操作数的类型转换成另一个操作数的类型。

10.7.1 C++语言标准类型数据间的转换

C++语言中标准数据类型之间的转换有自动类型转换和强制类型转换两种形式。

(1)自动类型转换:自动类型转换是指编译器在将语句(或表达时)翻译成指令时,由编译程序自动进行的类型转换。例如,int i=6;i=7.5+i;。

编译系统对 7.5 作为 double 型数处理,在求解表达式时,先将 6 转换成 double 型,然后与 7.5 相加,结果为 13.5,在给整型变量 i 赋值时,将 13.5 转换为整数 13,然后赋给 i。

(2)强制类型转换:如果自动类型转换满足不了需要,则可以要求编译程序进行强制类型转换。强制类型转换是通过使用强制类型转换运算符(由圆括号括住类型名构成)实现。其格式如下。

(类型名)(被转换的表达式)

其功能是把表达式的运算结果,强制转换成类型名所给定的类型。例如,(float) m

表示整型变量 m 的值强制转换为单精度浮点型。(int)(3.86 * x—y)表示表达式 3.86 *
x—y 的值强制转换为整型。

10.7.2　转换构造函数

如果用户自定义了类,则提出以下问题。一个自定义类的对象能否转换成标准类型
的数,例如,能否将一个复数类数据转换成整数或双精度数;能否将 Date 类的对象转换
成 Time 类的对象。

解决这个问题的关键是让编译系统知道如何进行转换,需要定义专门的函数处理。
转换构造函数(conversion constructor function)的作用是将一个其他类型的数据转换成
一个指定的类的对象。

下面回顾一下之前学习过的几种构造函数。

(1) 默认构造函数。以 Complex 类为例,函数原型的形式如下。

```
Complex(){};                              //没有参数
```

(2) 用于初始化的构造函数。函数原型的形式如下。

```
Complex(double r1, double r2);            //形参表列中一般有两个及以上参数
```

(3) 用于复制对象的复制构造函数。函数原型的形式如下。

```
Complex(Complex & c);                     //形参是本类对象的引用
```

(4) 一种新的构造函数——转换构造函数(指定类型的数据转换成类对象)。转换构
造函数只有一个形参。函数原型的形式如下。

对象名 = 类名(类型 数据){构造函数定义}

例:Complex(double r){real=r; image=0};

其作用是将 double 型的参数 r 转换成 Complex 类的对象,将 r 作为复数的实部,虚
部为 0。用户可以根据需要定义转换构造函数,在函数体中告诉编译系统如何进行转换。

转换构造函数需要注意以下两点。

(1) 在类体中,可以有转换构造函数,也可以没有转换构造函数,视需要而定。以上
几种构造函数可以同时出现在同一个类中,它们是构造函数的重载。编译系统会根据建
立对象时给出的实参的个数与类型去选择形参与之匹配的构造函数。例如,在 Complex
类中定义了构造函数,在 Complex 类的作用域中有以下语句。

```
c1 = Complex(3.6);                        //假设 c1 已被定义为 Complex 类对象
```

建立一个无名的 Complex 类对象,其值为 3.6,然后将此无名对象的值赋给 c1,c1 在
赋值后的值是 3.6。

(2) 如果已对运算符+进行了重载,使之能进行两个 Complex 类对象的相加。若在
程序中有以下表达式,则会出现编译错误。

```
c = c1 + 2.5;                             //编译出错
```

因为不能用运算符＋将一个 Complex 类对象和一个浮点数相加。可以先将 2.5 转换 Complex 类无名对象，然后再进行相加

```
c = c1 + Complex(2.5);                          //合法
```

转换构造函数的函数体根据需要由用户确定，务必使其有实际意义。例如，可以如此定义转换构造函数：

```
Complex(double r){real = r; imag = 0;}          //符合习惯,合乎情理
```

即实部为 r，虚部为 0，合乎情理。如果定义为 Complex(double r){real＝0；imag＝r；}，这并不违反语法，但不合乎情理。

归纳起来，使用转换构造函数将一个指定的数据转换为类对象的方法如下。

（1）声明一个类（如 Complex）。

（2）在这个类中定义一个只有一个参数的构造函数，参数的类型是需要转换的类型，函数体中指定转换的方法。

（3）在该类的作用域内用以下形式进行类型转换。

类名(指定类型的数据)

例如，类型转换可应用两个类之间，Teacher 与 Student 可在 Teacher 中定义：

```
Teacher(Student &s){num = s.num; strcpy(name, s.name); sex = s.sex;}    //合法合理
```

使用以上定义方法时，注意其可见性，即对象 s 中的 num、name、sex 必须是公用成员，否则不能被类外引用。

10.7.3 类型转换函数

类型转换函数（type conversion function）的作用是将一个类的对象转换成另一类型的数据。

类型转换函数的一般形式如下。

operator 类型名( ){实现转换的语句}

说明：在函数名前面不能指定函数类型，函数没有参数。其返回值的类型是由函数名中指定的类型名确定。类型转换函数只能作为成员函数，因为转换的主体是本类的对象，不能作为友元函数或普通函数。例如，已声明了一个 Complex 类，可以在 Complex 类中如此定义类型转换函数：

```
operator double(){return real;}
```

类型转换函数需要注意以下几点。

（1）函数名是 operator double。这点是和运算符重载时的规律一致（在定义运算符＋的重载函数时，函数名是 operator＋）。

（2）从函数形式可以看出，它与运算符重载函数相似，都是用关键字 operator 开头，只是被重载的是类型名。在前面列出的类型转换函数中，double 类型经过重载后，除了

原有的含义外,还获得新的含义(将一个 Complex 类对象转换为 double 型数据,并指定转换方法)。这样,编译系统不仅能识别原有的 double 型数据,而且还会把 Complex 类对象作为 double 型数据处理。

(3)定义了前面的类型转换函数后,程序中的 Complex 类对象是不是一律都转换为 double 型数据呢? 不是的,它们具有双重身份,既是 Complex 类对象,又可作为 double 型数据。

(4)转换构造函数和类型转换运算符有一个共同的功能:当需要时,编译系统会自动调用这些函数,建立一个无名的临时对象(或临时变量)。例如,若已定义 d1、d2 为 double 型变量,c1、c2 为 Complex 类对象,且类中已定义了类型转换函数。

【例 10-8】 使用类型转换函数。

编写程序

```
1  //例 10-8 程序:
2  # include < iostream >
3  using namespace std;
4  class Complex
5  {
6  public:
7        Complex(){real = 0;imag = 0;}
8        Complex(double r,double i){real = r;imag = i;}
9        operator double() {return real;}     //类型转换函数
10 private:
11       double real;
12       double imag;
13 };
14 int main()
15 {
16     Complex c1(3,4),c2(5, - 10),c3;
17     double d;
18     d = 2.5 + c1;                    //要求将一个 double 型数据与 Complex 类数据相加
19     cout << d << endl;
20     return 0;
21 }
```

运行结果

5.5

程序分析

(1)如果在 Complex 类中没有定义类型转换函数 operator double,程序编译将出错。注意,程序中不必显式地调用类型转换函数,它是自动被调用的,即自动调用。

(2)如果在 main 函数中加一个语句 c3=c2;,由于赋值号两侧都是同一类的数据,可以合法进行赋值,没有必要把 c2 转换为 double 型数据。

(3)如果在 Complex 类中声明了重载运算符+函数作为友元函数,并在类外定义

operator+函数:

```
Complex operator + (Complex c1,Complex c2)     //定义运算符 + 重载函数
{
    return Complex(c1.real + c2.real,c1.imag + c2.imag);
}
```

若在 main 函数中有语句 c3＝c1＋c2;,由于已对运算符＋重载,使之能用于两个
Complex 类对象的相加,因此将 c1 和 c2 按 Complex 类对象处理,相加后赋值给同类对
象 c3。如果改为 d＝c1＋c2;,d 为 double 型变量,将 c1 与 c2 两个类对象相加,得到一个
临时的 Complex 类对象,由于它不能赋值给 double 型变量,而又有对 double 的重载函
数,于是调用此函数,把临时类对象转换为 double 数据,然后赋给 d。

对类型的重载和对运算符的重载的概念和方法相似。重载函数都使用关键字
operator。因此,通常把类型转换函数也称为类型转换运算符函数,由于它也是重载函
数,因此也称为类型转换运算符重载函数(或称强制类型转换运算符重载函数)。

假如程序中需要对一个 Complex 类对象和一个 double 类型变量进行＋、一、＊、/等
算术运算,以及关系运算和逻辑运算,如果不用类型转换函数,就要对多种运算符进行重
载,以便能进行各种运算。如此操作十分麻烦,工作量较大,程序显得冗长。如果用类型
转换函数对 double 进行重载(使 Complex 类对象转换为 double 型数据),就不必对各种
运算符进行重载,因为 Complex 类对象可以被自动地转换为 double 型数据,而标准类型
的数据的运算,可以使用系统提供的各种运算符。

【例 10-9】 包含转换构造函数、运算符重载函数和类型转换函数的程序。
编写程序

```
1  //例 10 - 9 程序:
2  # include < iostream >
3  //Visual C++6.0下需要改为 # include < iostream. h >
4  using namespace std;
5  class Complex
6  {
7  public:
8      Complex(){real = 0; imag = 0;}                      //默认构造函数
9      Complex(double r){real = r; imag = 0;}              //转换构造函数
10     Complex(double r, double i){real = r; imag = i;}    //实现初始化的构造函数
11     //重载运算符 + 的友元函数
12     friend Complex operator + (Complex c1, Complex c2);
13     void display();
14 private:
15     double real;
16     double imag;
17 };
18 Complex operator + (Complex c1, Complex c2)             //定义运算符 + 重载函数
19 {
20     return Complex(c1.real + c2.real, c1.imag + c2.imag);
21 }
```

```
22  void Complex::display()
23  {
24      cout <<"("<< real <<" + "<< imag <<"i)"<< endl;
25  }
26  int main()
27  {
28      Complex c1(3, 4), c2(5, -10), c3;
29      c3 = c1 + 2.5;                          //复数与double型数据相加
30      c3.display();
31      return 0;
32  }
```

运行结果

5.5 + 4i

程序分析

(1) 如果没有定义转换构造函数,则此程序编译出错,因为没有重载运算符使之能将 Complex 类对象与 double 型数据相加。由于 c3 是 Complex 类对象,必须将 2.5 转换为 Complex 类对象,然后与 c1 相加,再赋值给 d。

(2) 现在在类 Complex 中定义了转换构造函数,并具体规定了如何构成一个复数。由于已重载了运算符+,在处理表达式 c1+2.5 时,编译系统把它解释为 operator+(c1, 2.5),由于 2.5 不是 Complex 类对象,编译系统先调用转换构造函数 Complex(2.5),建立一个临时的 Complex 类对象,其值为(2.5+0i)。上面的函数调用相当于:operator+ (c1, Complex(2.5))。将 c1 与(2.5+0i)相加,赋给 c3。运行结果为 5.5+4i。

(3) 在已定义了相应的转换构造函数情况下,将运算符+函数重载为友元函数,在进行两个复数相加时,可以用交换律。如果运算符+重载函数不作为 Complex 类的友元函数,而作为 Complex 类的成员函数,它的第一个参数必须是本类的对象。当第一个操作数不是类对象时,不能将运算符函数重载为成员函数。如果将运算符+函数重载为类的成员函数,则交换律不适用。由于这个原因,一般情况下将双目运算符函数重载为友元函数。单目运算符则多重载为成员函数。

(4) 如果一定要将运算符函数重载为成员函数,而第一个操作数又不是类对象时,只有一个办法能够解决,再重载一个运算符+函数,其第一个参数为 double 型。此函数只能是友元函数,函数原型为 friend operator+(double,Complex&);。显然这样做不太方便,还是将双目运算符函数重载为友元函数比较方便。

(5) 在例 10-9 程序的基础上增加类型转换函数 operator double(){return real;},此时 Complex 类的公用部分如下。

```
public:
    Complex(){real = 0; imag = 0; }
    Complex(double r){real = r; imag = 0; }              //转换构造函数
    Complex(double r,double i){real = r; imag = i; }
    operator double(){return real; }                      //类型转换函数
```

```
friend Complex operator + (Complex c1, Complex c2);        //重载运算符 +
void display();
```

程序的其他部分不变。这时程序在编译时出错,原因是在处理 c1+2.5 时出现二义性。一种理解是:调用转换构造函数,把 2.5 变成 Complex 类对象,然后调用运算符+重载函数,与 c1 进行复数相加。另一种理解是:调用类型转换函数,把 c1 转换为 double 型数,然后与 2.5 进行相加。编译系统无法判定,这二者是矛盾的。如果要使用类型转换函数,则删去运算符+重载函数。

10.8   综合实例

2020 年,在席卷全球的新型冠状病毒的肆虐下,人类面临众多前所未有的危机和挑战。中国人民在中国共产党的领导下,在抗疫救灾、经济和社会的发展,以及科技创新等方面取得了举世瞩目的伟大成就。2020 年,让我们同样振奋和骄傲的是,在超难模式下,中国航天不断创造奇迹,取得了嫦娥 5 号、北斗卫星导航系统和天问一号等一大批重大成果。

以航空航天领域为背景,通过空间测距和空间定位应用中最基础的三维空间向量为例,构造三维空间的向量类 Vector3D,以加强对 C++语言的运算符重载的理解和掌握。

在设计和实现三维空间的向量类中,除了考虑多种构造函数和设置函数外,为方便程序员使用该类,需要运用本章学习到的运算符重载的知识,对向量对象和三维点变量的 +、−、*、/、+=、−=、/= 和 ==、!=以及>>和<<等运算符进行重载实现。

为了方便阅读,特别说明如下。

(1) 三维空间向量的分量采用 double 类型,向量比较运算符==重载实现中采用常见的 double 类型比较方法。

(2) 对于+、*(向量数乘)、<<和>>采用友元函数方式实现。

(3) 对于运算符+重载的实现方法,考虑到向量对象和三维空间点结构体(Point3D)变量的相加运算需要实现交换律,即"向量对象 + 点变量"和"点变量 + 向量对象"。这里在转换构造函数 Vector3D(const Point3D& p) 基础上,采用友元函数实现重载。

(4) 重载运算符 ^ 和 * 实现向量的点乘运算和叉乘运算。

【例 10-10】 向量类 Vector3D 的头文件 vector3D.h。

```
1  # ifndef _VECTOR3D_H
2  # define _VECTOR3D_H
3
4  # include < iostream >
5  # include < cmath >
6  # include < assert.h >
7  using namespace std;
8  const double MINVALUE = 1e − 10;
9
10 struct Point3D                          // 三维空间点结构体
```

```
11 {
12     double x;
13     double y;
14     double z;
15 };
16
17 class Vector3D
18 {
19  private:
20    double x,y,z;                                          // 向量 X,Y,Z 的三个分量
21    double getModule() const;                              // 计算向量的模数
22
23  public:
24    Vector3D();                                            // 缺省(无参数)的构造函数
25    Vector3D(const double r);                              //同一个数初始化向量的三个分量
26    Vector3D(double l, double m, double n);                //用三个分量值初始化一个向量
27    Vector3D(const double array[], int startIndex);        //用一个 double 数组初始化一个向量
28    Vector3D(const Point3D& p);                            // 转换构造函数
29    Vector3D(const Vector3D& vec);                         // 复制构造函数
30    void setX(double l = 0);                               // 设置向量 X 方向上的分量值
31    void setY(double m = 0);                               // 设置向量 Y 方向上的分量值
32    void setZ(double n = 0);                               // 设置向量 Z 方向上的分量值
33    void setXYZ(double l = 0, double m = 0, double n = 0); //设置向量三个方向上的分量值
34    double getX() const;                                   // 获取向量 X 方向上的分量值
35    double getY() const;                                   // 获取向量 Y 方向上的分量值
36    double getZ() const;                                   // 获取向量 Z 方向上的分量值
37    Point3D getXYZ() const;                                // 获取向量三个方向上的分量值
38    void normalize();                                      //向量归一化处理
39    double getLength() const;                              // 获取向量的长度
40    double getDistance(const Vector3D& vec) const;         // 获取向量之间的距离
41    bool operator == (const Vector3D& vec) const;          // 判断两个向量是否相等
42    bool operator != (const Vector3D& vec) const;          // 判断两个向量是否不相等
43    Vector3D& operator = (const Vector3D& vec);            // 赋值运算符 =
44    // 向量加法运算符 +
45    friend Vector3D operator + (const Vector3D& vec0, const Vector3D& vec1);
46    Vector3D& operator += (const Vector3D& vec);           // 向量加复合运算符 +=
47    Vector3D operator - () const;                          //向量取反
48    // 向量减法运算符 -
49    friend Vector3D operator - (const Vector3D& vec0, const Vector3D& vec1);
50    Vector3D& operator -= (const Vector3D& vec);           // 向量减法复合运算符 -=
51    friend Vector3D operator * (const double r, const Vector3D& vec0);  //向量数乘运算 *
52    friend Vector3D operator * (const Vector3D& vec0, const double r);  //向量数乘运算 *
53    Vector3D& operator * = (const double r);               // 向量数乘复合运算 * =
54    Vector3D operator / (const double r) const;            // 向量除数运算/
55    Vector3D& operator / = (const double r);               // 向量除数复合运算/ =
56    double operator ^(Vector3D& vec) const;                // 向量的点乘运算^
57    Vector3D operator * (Vector3D& vec) const;             // 向量的叉乘运算
58    Vector3D operator * = (Vector3D& vec);                 // 向量的叉乘复合运算
59    // IO 插入运算符 << 和 IO 提取运算符 >> 重载为友元函数
```

```
60    friend ostream& operator << (ostream& output, Vector3D vec);
61    friend istream& operator >> (istream& input, Vector3D& vec);
62  };
63
64  # endif // _VECTOR3D_H
```

【例 10-11】 向量类 Vector3D 的实现文件 vector3D.cpp。

```
1    # include "vector3D.h "
2    Vector3D::Vector3D()                                  // 缺省(无参数)的构造函数
3    {
4        x = y = z = 0;
5    }
6
7    Vector3D::Vector3D(const double r)                    // 同一个数初始化向量的三个分量
8    {
9        x = y = z = r;
10   }
11
12   Vector3D::Vector3D(double l, double m, double n):x(l),y(m),z(n)
13   {
14   }
15   //用一个 double 型的数组初始化三维向量
16   Vector3D::Vector3D(const double array[], int startIndex)
17   {
18       assert(startIndex + 3 <= sizeof(array)/sizeof(double));
19       x = array[startIndex];
20       y = array[startIndex + 1];
21       z = array[startIndex + 2];
22   }
23
24   Vector3D::Vector3D(const Point3D& p):x(p.x),y(p.y),z(p.z)
25   {
26   }
27
28   Vector3D::Vector3D(const Vector3D& vec)                //复制构造函数
29   {
30       x = vec.x; y = vec.y; z = vec.z;
31   }
32
33   void Vector3D::setX(double l)                          // 设置向量 X 方向上的分量值
34   {
35       x = l;
36   }
37
38   void Vector3D::setY(double m)                          // 设置向量 Y 方向上的分量值
39   {
40       y = m;
```

```
41    }
42
43    void Vector3D::setZ(double n)                      // 设置向量 Z 方向上的分量值
44    {
45        z = n;
46    }
47
48    void Vector3D::setXYZ(double l,double m, double n)  //设置向量的 XYZ 坐标
49    {
50        x = l; y = m; z = n;
51    }
52
53    double Vector3D::getX() const                      // 获取向量 X 方向上的分量值
54    {
55        return x;
56    }
57
58    double Vector3D::getY() const                      // 获取向量 Y 方向上的分量值
59    {
60        return y;
61    }
62
63    double Vector3D::getZ() const                      // 获取向量 Z 方向上的分量值
64    {
65        return z;
66    }
67
68    Point3D Vector3D::getXYZ() const                   // 获取向量三个方向上的分量值
69    {
70        Point3D p = {x, y, z};
71        return p;
72    }
73
74    void Vector3D::normalize()
75    {
76        double m = getModule();
77        if (m)
78        {
79            double l = 1 / m;
80            x *= l; y *= l; z *= l;
81        }
82    }
83
84    double Vector3D::getModule() const
85    {
86        return sqrt(x * x + y * y + z * z);
87    }
88
89    double Vector3D::getLength() const
```

```
90  {
91      return this->getModule();
92  }
93
94  double Vector3D::getDistance(const Vector3D& vec) const    //获取向量之间的距离
95  {
96      return( (x - vec.x) * (x - vec.x) +
97              (y - vec.y) * (y - vec.y) +
98              (z - vec.z) * (z - vec.z));
99  }
100
101 bool Vector3D::operator == (const Vector3D& vec) const    //判断两个向量是否相等
102 {
103     return fabs(x - vec.x) < MINVALUE && fabs(y - vec.y) < MINVALUE
104                && fabs(z - vec.z) < MINVALUE;
105 }
106
107 bool Vector3D::operator != (const Vector3D& vec) const    //判断两个向量是否不相等
108 {
109     return !( * this == vec);
110 }
111
112 Vector3D& Vector3D::operator = (const Vector3D& vec)       // 赋值运算符 =
113 {
114     x = vec.x; y = vec.y; z = vec.z;
115     return * this;
116 }
117
118 Vector3D operator + (const Vector3D& vec0, const Vector3D& vec1) // 向量加法运算符 +
119 {
120     return Vector3D(vec0.x + vec1.x, vec0.y + vec1.y, vec0.z + vec1.z);
121 }
122
123 Vector3D& Vector3D::operator += (const Vector3D& vec)      // 向量加法复合运算符 +=
124 {
125     x += vec.x; y += vec.y; z += vec.z;
126     return * this;
127 }
128
129 Vector3D Vector3D::operator - () const                    //向量取反
130 {
131     return Vector3D( - x, - y, - z);
132 }
133
134 Vector3D operator - (const Vector3D& vec0, const Vector3D& vec1)    // 向量加法运算符 -
135 {
136     return Vector3D(vec0.x - vec1.x, vec0.y - vec1.y, vec0.z - vec1.z);
137 }
138
```

```
139  Vector3D& Vector3D::operator -= (const Vector3D& vec)      // 向量减法复合运算符 -=
140  {
141      x -= vec.x; y -= vec.y; z -= vec.z;
142      return * this;
143  }
144
145  Vector3D operator * (const double r, const Vector3D& vec0)  // 向量数乘运算 *
146  {
147      return Vector3D(vec0.x * r, vec0.y * r, vec0.z * r);
148  }
149
150  Vector3D operator * (const Vector3D& vec0, const double r)  // 向量数乘运算 *
151  {
152      return Vector3D(vec0.x * r, vec0.y * r, vec0.z * r);
153  }
154
155  Vector3D& Vector3D::operator * = (const double r)           // 向量数乘复合运算 * =
156  {
157      x * = r; y * = r; z * = r;
158      return * this;
159  }
160
161  Vector3D Vector3D::operator / (const double r) const        // 向量除法运算 /
162  {
163      assert(r);
164      return ( * this) * (1/r);
165  }
166
167  Vector3D& Vector3D::operator / = (const double r)           // 向量除法复合运算 / =
168  {
169      assert(r);
170      return ( * this) * = (1/r);
171  }
172
173  double Vector3D::operator ^ (Vector3D& vec) const           // 向量的点乘运算 ^
174  {
175      return (x * vec.x + y * vec.y + z * vec.z);
176  }
177
178  Vector3D Vector3D::operator * (Vector3D &vec) const         // 向量的叉乘运算
179  {
180      return Vector3D(y * vec.z - z * vec.y,
181                      z * vec.x - x * vec.z,
182                      y * vec.z - z * vec.y);
183  }
184
185  Vector3D Vector3D::operator * = (Vector3D& vec)             // 向量的叉乘复合运算
186  {
187      x = y * vec.z - z * vec.y;
```

```
188    y = z * vec.x - x * vec.z;
189    z = y * vec.z - z * vec.y;
190    return * this;
191 }
192
193 ostream& operator << (ostream& output, Vector3D vec)
194 {
195    output << "(" << vec.x << ", " << vec.y
196            << ", " << vec.z << ")" << endl;
197    return output;
198 }
199
200 istream& operator >> (istream& input, Vector3D& vec)
201 {
202    cout << "Please input X,Y,Z of Vector 3D:";
203    input >> vec.x >> vec.y >> vec.z;
204    return input;
205 }
```

为了测试向量类 Vector3D 和相应运算符重载的设计的有效性,通过以下主程序进行测试验证。

【例 10-12】 向量类 Vector3D 的测试主程序 main.cpp。

```
1    # include "vector3D.h "
2    int main()
3    {
4       Point3D p = {10, 20, 30};
5       Vector3D v0, v1(100), v2(1,2,3), v3 = p;
6
7       cin >> v0;
8       v0.normalize();
9       cout << "v0 : " << v0 << "v1 : " << v1;
10      cout << "v2 : " << v2 << "v3 : " << v3 << endl;
11
12      cout << "v1 + v2 : " << v1 + v2 << endl;
13
14      cout << "Length of v2 : " << v2.getLength() << endl;
15      cout << "Distance from v2 to v1 : " << v2.getDistance(p)
16           << endl << endl;
17
18      Vector3D v5 = v1 + p, v6 = p + v1;
19      cout << "v5 = v1 + p : " << v5;
20      cout << "v6 = p + v1 : " << v6;
21      cout << "v5 == v6 : " << ((v5 == v6) ? "true":"false")
22           << endl << endl;
23
24      Vector3D v7 = v1 * 2, v8 = 2 * v1;
```

```
25      cout << "v7 = v1 * 2 : " << v7;
26      cout << "v8 = 2 * v1 : " << v8;
27      cout << "v7 != v8 : " << ((v5 != v6) ? "true":"false")
28          << endl << endl;
29
30      cout << " - v1 : " << - v1;
31      cout << "v1 += v2 : " << (v1 += v2);
32      cout << "v1 -= v2 : " << (v1 -= v2) << endl;
33      cout << "v1 += p : " << (v1 += p);
34      cout << "v1 -= p : " << (v1 -= p) << endl;
35      cout << "v1 * = 3 : " << (v1 * = 3);
36      cout << "v1 / 3 : " << (v1 / 3);
37      cout << "v1 /= 10 : " << (v1 /= 10) << endl;
38      cout << "v1 ^ v2 : " << (v1 ^ v2) << endl;
39      cout << "v1 * v2 : " << (v1 * v2);
40      cout << "v1 * = v2 : " << (v1 * = v2) << endl;
41
42      return 0;
43  }
```

运行结果

```
Please input X,Y,Z of Vector 3D: 20 20 20
v0 : (0.57735, 0.57735, 0.57735)
v1 : (100, 100, 100)
v2 : (1, 2, 3)
v3 : (10, 20, 30)

v1 + v2 : (101, 102, 103)

Length of v2 : 3.74166
Distance from v2 to v1 : 1134

v5 = v1 + p : (110, 120, 130)
v6 = p + v1 : (110, 120, 130)
v5 == v6 : true

v7 = v1 * 2 : (200, 200, 200)
v8 = 2 * v1 : (200, 200, 200)
v7 != v8 : false

 - v1 : ( - 100, - 100, - 100)
v1 += v2 : (101, 102, 103)
v1 -= v2 : (100, 100, 100)

v1 += p : (110, 120, 130)
v1 -= p : (100, 100, 100)

v1 * = 3 : (300, 300, 300)
```

```
v1 / 3 : (100, 100, 100)
v1 / = 10 : (30, 30, 30)

v1 ^ v2 : 180
v1 * v2 : (30, -60, 30)
v1 * = v2 : (30, -60, -240)
```

本章小结

函数重载是 C++语言的一大特性,通过重载可以把不同的参数类型、参数个数,但功能相似的函数采用同样的函数名。而运算符重载则是一种特殊的函数重载,使得程序更加简洁、高效,而且更符合人类的逻辑抽象和思维习惯。

C++运算符重载主要针对对象之间的运算,并通过成员函数和友元函数实现。在进行对象之间的运算时,根据运算符重载的定义调用与运算符相对应的函数进行处理。成员函数的形式比较简单,即在类里面定义了一个与操作符相关的函数,而友元函数因为缺乏 this 指针,所以需要通过增加一个形参实现。

思考题

考虑下面的 Array 类,如何定义赋值运算符＝的重载。注意处理可能造成的内存泄漏问题。

```
class Array{
        int length;                                //数组大小
        int *data;
    public:
        Array(int len = 10):length(len){
            data = new int[len];                   //申请内存
        }
        ~Array(){
            delete[] data;                         //释放内存
            data = NULL;
        }
}
```

练习题

1. 用友元函数对二维向量重载双目运算符＋和单目运算符＋＋。

2. 用成员函数对二维向量重载双目运算符＋和单目运算符＋＋。

3. 对 RMB(人民币)类(含元和分两项)重载运算符＋,实现两笔款相加;在给定本金和利率情况下,创建函数计算本利和。

4. 定义复数类 Complex,包括两个 double 型的数据成员 real 和 image,要求对＋、

一、*、/四个运算符进行重载以实现复数的＋、－、*、/运算，并在主函数中进行验证。

5. 定义一个复数类 Complex，重载运算符＋，使之能用于复数的加法运算。参加运算的两个运算量可以都是复数类对象，也可以其中一个是整数，顺序任意。例如，c1＋c2、c1＋i、i＋c1 均合法（其中 i 为整数，c1、c2 为复数）。在 main 函数中调用重载运算符，分别求两个复数之和、复数与整数之和。

6. 编写程序，处理一个复数与一个 double 型数相加的运算，运算结果存放在一个 double 型的变量 d1 中，输出 d1 的值，再以复数形式输出此值。定义 Complex（复数）类，在成员函数中包含重载类型转换运算符：operator double(){ return real;}。

第 **11** 章

输入/输出流

　　C 语言使用 printf 函数库形式提供输入/输出(I/O)机制,C++语言在此基础上又开发了一套安全、简洁、可扩展的高效 I/O 系统。前面章节中常用到的 cin 和 cout,就属于流类库形式工作的 I/O 系统。本章将对于 C++程序的 I/O 流系统做出全面的阐述,其目的有二:

　　(1) 介绍 I/O 流系统的工作原理和有关概念,特别是 I/O 操作和格式控制的方法;

　　(2) 以实现 I/O 操作为基本功能,通过类的继承与多继承关系构造起来的流类库,作为一个按 OOP 框架构造的实际的 C++程序系统范例,帮助用户对以类为核心设计软件的方法与技术有一个较深入的认识。

11.1 文件、流及 C++ 语言的流类库

11.1.1　流类库的优点

　　用 C++语言自身支持 I/O 操作的流类库代替 printf 函数族,是一个明显的进步。虽然不少 C 程序员满足于 C 系统提供的 I/O 函数库,认可它的有效和方便,但与 C++的 I/O 系统相比,就显示出明显的缺点,因此没有人否认这种取代是必然的。

1. 简明与可读性

　　从直观上来看,这种改变使得 I/O 语句更为简明,增加了可读性。用 I/O 运算符(提取运算符>>和插入运算符<<)代替不同的输入/输出函数名(如 printf,scanf 等)是一个大的改进。例如,下面的两个输出语句可以反映出二者之间的差别。

```
printf("n = % d, a = % f\n", n, a);
cout <<"n = "<< n <<", a = "<< a << endl;
```

虽然两种语言的输出结果是一样的,但在编写程序语句和阅读时,感觉却是不同的。后者简明、直观、易写、易读,几乎所有的 C 程序员转而使用 C++语言后,都很自然地接受新的形式。

2. 类型安全

类型安全(type safe)是指在进行 I/O 操作时不需要对输入/输出的数据在类型上进行特别说明,编译系统将自动按变量原来定义的类型或表达式的类型进行 I/O 操作。以最简单的输出语句为例,下面是显示颜色值 color 和尺寸 size 的一个简单函数。

```
void show(int color, float size){cout <<"color = "<< color <<", size = "<< size << endl;}
```

在这个函数的调用过程中,编译系统将自动按变量的类型显示,第一个 color 自然是整型值,第二个 size 必然是浮点型值。

如果采用 printf()函数,由于其参数中的数据类型必须由程序员以参数格式%d、%f、%c、%s 的形式给出,因此类型不安全。而 C++语言的 I/O 系统则不会出现这种情形。

3. 易于扩充

C++语言所附的 I/O 系统,在其流类的定义中,把原来 C++语言中的左、右移位运算符<<和>>,通过运算符重载的方法,定义为插入(输出)和提取(输入)运算符。为输入/输出功能对于各种用户定义的类型数据的扩充,创造了便利的条件。而在 stdio.h 文件中说明的 printf()函数却很难做到这一点。例如,在 C++语言提供的 I/O 系统中,它是把运算符<<的重载函数作为输出流类 ostream 的成员函数定义的,分别对字符串 char、short、int、long、float、double、const void ∗ (指针)等类型做了说明。在此基础上,用户不难对于新的类型数据的输出重载运算符<<。它可以作为用户定义的类型(如类 complex)的友元函数来定义:

```
friend ostream & operator <<(ostream & s, complex c){s <<'('<< c.re <<', '<< c.im <<')'; return s;}
```

11.1.2 文件与流的概念

前文所用到的输入和输出,都以终端为对象,即从键盘输入数据,运行结果输出到显示器屏幕上。从操作系统的角度看,除了以终端为对象进行输入和输出外,每一个与主机相连的输入/输出设备都被看作一个文件。文件(File)是计算机的基本概念,一般指存储于外部介质上的信息集合。每个文件应有一个包括设备及路径信息的文件名。其中外部介质主要指硬盘,也包括光盘等。光盘作为输入/输出对象,光盘文件既可以作为输入文件,也可以作为输出文件。

信息是数据和程序代码的总称。文件分为文本文件和二进制文件,前者以字节(byte)为单位,每字节对应一个 ASCII 码,表示一个字符,故又称字符文件。文本文件保存的是一串 ASCII 字符,可用文字处理器对其进行编辑,输入/输出过程中系统要对内/外存的数据格式进行相应转换。二进制文件以字位(bit)为单位,实际上是由 0 和 1 组成的序列,输入/输出过程中,系统不对相应数据进行任何转换。例如,整数 12345 以文本形式存储占用 5 字节,以二进制形式存储则可能只占用 2 字节(16bit)。

在程序中,文件的概念不单是狭义地指硬盘上的文件,所有的有输入/输出功能的设备,如键盘、控制台、显示器、打印机都被视为文件。这就是广义上文件的概念。就输入/输出操作来说,这些外设和硬盘上的文件是一致的,对于程序员来说文件只与信息的输入/输出相关,而且这种输入/输出是串行序列形式的。于是,人们把文件的概念抽象为"流"(stream)。

11.1.3 输入/输出的含义

(1) 对系统指定的标准设备的输入和输出,即从键盘输入数据,输出到显示器屏幕。这种输入/输出称为标准的输入/输出,简称标准 I/O。

(2) 以外存磁盘文件为对象进行输入和输出,即从磁盘文件输入数据,数据输出到磁盘文件。以外存磁盘文件为对象的输入/输出称为文件的输入/输出,简称文件 I/O。

(3) 对内存中指定的空间进行输入和输出。通常指定一个字符数组作为存储空间(实际上可以利用该空间存储任何信息),这种输入和输出称为字符串的输入/输出,简称串 I/O。

流是程序设计对 I/O 系统中文件的抽象。一个输入文件,它可能是一个只读磁盘文件,也可能是键盘,一律把它视为流的"源"。而一个输出文件则称为流的"汇"。

C++ 的 I/O 系统,定义了一系列由某种继承派生关系的流类,并为这些抽象的流类定义一系列的 I/O 操作函数,当需要进行实际的 I/O 操作时,只须创建这些类的对象(称为流),并令其与相应的物理文件(硬盘或 U 盘文件名或外设名)相联系。

因此,文件可以说是个物理概念,而流则是一个逻辑概念。所有流(类对象)的行为都是相同的,而不同的文件则可能具有不同的行为。例如,磁盘文件可进行写操作或读操作;显示器文件则只可进行写操作;而键盘文件只可进行读操作。

I/O 操作是针对抽象的流来定义的,对文件的 I/O 操作,其前提是把该文件与一个(对象)流联系起来,这是 C++ 的 I/O 系统的基本原理。具体地说,当程序与一个文件交换信息时,必须通过"打开文件"的操作将一个文件与一个流(类对象)联系起来。一旦建立了这种联系,以后对该流(类对象)的访问就是对该文件的访问,即对一个具体设备的访问。可通过"关闭文件"的操作将一个文件与流(类对象)的联系断开。

在内存中开辟一片区域作为输入/输出操作的缓冲区,可以提高运行效率,因此 I/O 操作可以区分为缓冲 I/O 和非缓冲 I/O。

11.1.4 C++ 语言的流类库

严格地说,C++ 的 I/O 系统并不是 C++ 语言的一部分,它是为用户提供的专用于 I/O 操作的一组标准类、函数和对象等。

作为基本类的主要几个类在 iostream 标准头文件(iostream standard header)中被说明。下面介绍其中几个主要类的内容。

(1) ios 类在其中以枚举定义方式给出一系列与 I/O 有关的状态标志、工作方式等常量,定义了一系列涉及输入/输出格式的成员函数(包括设置域宽、数据精度等),它的一个数据成员是流的缓冲区指针。同时,ios 类作为虚基类派生了输入流类 istream 和输出流类 ostream。

（2）streambuf 类负责管理流的缓冲区,包括负责设置缓冲区和在缓冲区与输入流和输出流之间存取字符的操作的成员函数。

（3）istream 类和 ostream 类除继承了 ios 类的成员之外,主要为 C++的系统数据类型分别对于运算符>>和运算符<<进行重载。istream 类的派生类 ifstream 类支持磁盘文件的输入操作,ostream 类的派生类 ofstream 类支持磁盘文件的输出操作。

（4）iostream 类以 istream 和 ostream 为基类,它同时继承二者,以便创建可以同时进行 I/O 操作,即进行输入和输出双向操作的流。

（5）istream-withassign 类是 istream 的派生类,主要增加了输入流（对象）之间的赋值（=）运算。

（6）ostream-withassign 类是 ostream 的派生类,主要增加了输出流（对象）之间的赋值（=）运算。

（7）iostream-withassign 类是 iostream 类的派生类。派生类 fstream 类支持磁盘文件的输入输出双向操作。

这 8 个类的继承关系如图 11.1 所示。其中 streambuf 类与 ios 类之间没有继承关系,当 I/O 操作需要使用 I/O 缓冲区时,可以创建缓冲区对象,通过流的缓冲区指针,完成有关缓冲区的操作。

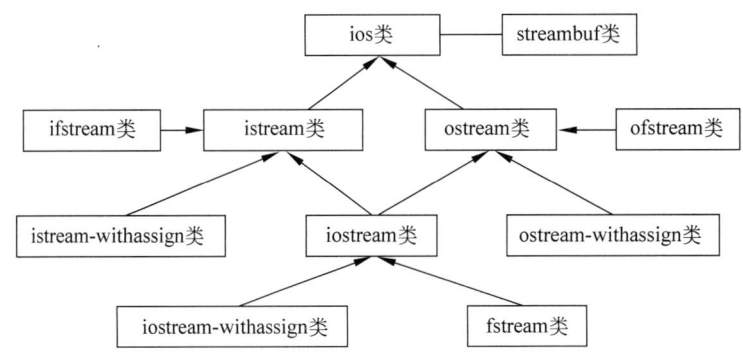

图 11.1　流类库的基本结构

在流类库中,最重要的两部分功能为标准输入/输出（standard input/output）和文件处理。

C++的流类库除了类的定义之外,还定义了四个全局流对象：cin、cout、cerr 和 clog。它们可以完成人机交互的功能。

（1）cin：标准输入流对象,在不作其他说明的条件下,键盘为其对应的标准设备。它是带缓冲区的,缓冲区由 streambuf 类对象管理。

（2）cout：标准输出流对象,在不作其他说明的条件下,显示器为标准设备。它是带缓冲区的,缓冲区由 streambuf 类对象管理。

（3）cerr 和 clog：标准错误输出流,在不作其他说明的条件下,输出设备是显示器。它们之间只有一个微小的区别：cerr 是不经过缓冲区,直接向显示器上输出有关信息,而clog 中的信息存放在缓冲区中,缓冲区满后或遇到 endl 时向显示器输出。

正是因为 cin 和 cout 是预定义的流,所以在本书的大量程序中,可以未经说明直接使用它们。其条件是在程序中加入♯include＜iostream＞和 using namespace std；，则有关的类说明和对象流的说明，已经写好并存在其中了。需要注意的是，程序中使用上述四个预定义流类对象进行读写时，不必先进行"打开文件"的操作，使用完后也不需要进行"关闭文件"的操作（因为这些流类对象与文件之间的联系是预定义好的，可认为系统已为每一程序都隐含进行了对它们的打开与关闭操作）。在 ios 类中，还提供了一些控制输入/输出格式的函数成员。

11.2　C++语言输入/输出的格式控制

11.2.1　输入/输出格式控制符

C++语言的输入/输出系统有完善的格式控制功能，除了以类 ios 的成员函数形式给出了一套控制函数之外，还另外设计了使用方便的格式控制符和控制函数。使用格式控制符，可以进行格式化输入/输出。这些格式对所有文本方式的输入/输出流均适用。下面用两个实例分别介绍。

【例 11-1】　整型数输出。

编写程序

```
1   //例 11-1,整型数输出
2   ♯include＜iostream＞
3   using namespace std;
4   int main(void)
5   {
6       int inum = 255;
7       cout <<"十进制方式"<< inum << endl;
8       //八进制带数制基输出是前面加 0;参数等效 0x00a0
9       cout.flags(ios::oct|ios::showbase);
10      cout <<"八进制方式"<< inum << endl;
11      //等效 0x0040,因是或关系,仍带基输出,格式为 0x...
12      cout.flags(ios::hex|ios::showbase);
13      cout <<"十六进制方式"<< inum << endl;
14      return 0;
15  }
```

运行结果

十进制方式 255
八进制方式 0377
十六进制方式 0xff

【例 11-2】　浮点数输出。
编写程序

```
1   //例 11-2,浮点数输出
```

```
2    # include < iostream >
3    using namespace std;
4    int main()
5    {
6        double fnum = 31.415926535;
7        cout <<"默认域宽为:"<< cout.width()<<"位"<<'\n';
8        cout <<"默认精度为:"<< cout.precision()<<"位"<<'\n';
9        cout <<"默认表达方式:"<< fnum <<'\n';
                                   //按值大小自动决定是定点记数方式还是科学记数方式
10       cout.setf(ios::scientific);            //floatfield 为 0x1800
11       cout <<"科学记数表达方式:"<< fnum <<'\n';
12       cout.setf(ios::fixed);                 //设为定点记数方式,取消科学记数方式
13       cout <<"定点表达方式:"<< fnum <<'\n';
14       cout.precision(9);                     //精度为 9 位,小数点后 9 位
15       cout.setf(ios::scientific, ios::floatfield);
16       cout <<"9 位科学记数表达方式"<< fnum <<'\n';
17       return 0;
18   }
```

运行结果

默认域宽为:0 位
默认精度为:6 位
默认表达方式:31.4159
科学记数表达方式:3.141593e + 001
定点表达方式: 31.4159
9 位科学记数表达方式: 3.141592654e + 001

程序分析

在 ios 类的说明中,定义了一批公有的格式控制标志位以及一些用于格式控制的公有成员函数,通常先用某些成员函数设置标志位,然后再使用另一些成员函数进行格式输出。另外,ios 类中还设置了一个 long 类型的数据成员记录当前被设置的格式状态,该数据成员被称为格式控制标志字(或标志状态字)。标志字是由格式控制标志位"合成"的。

ios 类中用于格式控制的公有成员函数见表 11.1 所示。注意,ios 类作为诸多 I/O 流类的基类,其公有成员函数可被各派生类的对象直接调用。

表 11.1　ios 类中用于格式控制的公有成员函数

成 员 函 数	作　　用
long flags()	返回当前标志字
long flags(long)	设置标志字并返回
long setf(long)	设置指定的标志位
long unsetf(long)	清除指定的标志位
long setf(long, long)	设置指定的标志位的值
int width()	返回当前显示数据的域宽
int width(int)	设置当前显示数据域宽并返回原域宽

续表

成 员 函 数	作 用
char fill()	返回当前填充字符
char fill(char)	设置填充字符并返回原填充字符
int precision()	返回当前浮点数精度
int precision(int)	设置浮点数精度并返回原精度
char fill()	返回当前填充字符
char fill(char)	设置填充字符并返回原填充字符
int precision()	返回当前浮点数精度
int precision(int)	设置浮点数精度并返回原精度

所涉及的标志字(状态字)的各位都控制一定的 I/O 特征,标志字的各位定义为公有的无名的枚举类型,这些枚举值定义在以 ios 类为基类的 ios_base 类中。使用标志字,可以进行格式化输入/输出。这些标志字对所有文本方式的输入/输出流均适用。标志字的各位以枚举类型形式定义于 ios 类说明中。

```
Enum
{
    skipws = 0x0001,        //跳过输入中的空白字符
    left = 0x0002,          //输出左对齐
    right = 0x0004,         //输出右对齐
    internal = 0x0008,      //在输出符号或数制字符后填充
    dec = 0x0010,           //在输入输出时将数据按十进制处理
    oct = 0x0020,           //在输入输出时将数据按八进制处理
    hex = 0x0040,           //在输入输出时将数据按十六进制处理
    showbase = 0x0080,      //在输出时带有表示数制基的字符
    showpoint = 0x0100,     //输出浮点数时,必定带小数点
    uppercase = 0x0200,     //输出十六进制,用大写
    showpos = 0x0400,       //输出正数时,加 + 号
    scientific = 0x0800,    //科学记数方式输出浮点数
    fixed = 0x1000,         //定点方式输出实数
    unitbuf = 0x2000,       //插入后,立即刷新流
    stdio = 0x4000          //插入后,立即刷新 stdout 和 stderr
}
```

11.2.2 流操作子

流格式控制成员函数的使用比较麻烦,可改用流操作子(Setiosflags Stream Manipulator)。如 setw()等,可代替流类中的格式控制成员函数。

注意,绝大多数的流操作子仅适用于新的 C++标准流类库(头文件不带.h),常用的流操作子如表 11.2 所示。

表 11.2 常用流操作子

操 作 符	含 义
Boolalpha	把 true 和 false 表示为字符串
* noboolalpha	把 true 和 false 表示为 0 和 1
Showbase	产生前缀,指示数值的进制基数
* noshowbase	不产生进制基数前缀
Showpoint	总是显示小数点
* noshowpoint	只有当小数部分存在时才显示小数点
Showpos	在非负数值中显示+
* noshowpos	在非负数值中不显示+
* skipws	输入操作符跳过空白字符
Noskipws	输入操作符不跳过空白字符
Uppercase	在十六进制下显示 0X,科学记数法中显示 E
* nouppercase	在十六进制下显示 0x,科学记数法中显示 e
* dec	以十进制显示(VC 支持)
Hex	以十六进制显示(VC 支持)
Oct	以八进制显示(VC 支持)
Left	将填充字符加到数值的右边
Right	将填充字符加到数值的左边
Internal	将填充字符加到符号和数值的中间
* fixed	以小数形式显示浮点数
Scientific	以科学记数法形式显示浮点数
flush	刷新 ostream 缓冲区(VC 支持)
Ends	插入字符串结束符,刷新 ostream 缓冲区(VC 支持)
endl	插入换行符,然后刷新 ostream 缓冲区(VC 支持)
Ws	"吃掉"空白字符(VC 支持)
//以下参数化的流操作子要求程序中加入 #include<iomanip>	
setfill(ch)	用 ch 填充空白字符(VC 支持)
setprecision(n)	将浮点精度设置为 n(VC 支持)
setw(n)	按照 n 个字符来读或写(VC 支持)
setbase(b)	以进制基数 b 为输出整数值(VC 支持)

注: * 表示默认的流状态

cin、cout 和 clog 都是缓冲流。对输出而言,仅当输出缓冲区满才将缓冲区中的信息输出;对输入而言,仅当输入一行结束,才开始从缓冲区中提取数据。当希望把缓冲区中的信息立即输出,可用 flush。用 endl 也有同样功能,回车并立即显示,不必等缓冲区满(endl 清空缓冲区)。

【例 11-3】 采用流操作子的浮点数输出。

编写程序

```
1   //例 11-3,采用流操作子的浮点数输出
2   #include<iostream>
```

```
3   #include<iomanip>
4   using namespace std;
5   int main()
6   {
7       double fnum = 31.415926535;
8       cout <<"默认域宽为:"<< cout.width()<<"位"<<'\n';
9       cout <<"默认精度为:"<< cout.precision()<<"位"<<'\n';   //floatfield 为 0x1800
10      cout <<"默认表达方式:"<< fnum <<'\n';
                            //按值大小自动决定是定点表达方式还是科学记数表达方式
11      cout <<"科学记数表达方式:"<< scientific << fnum <<'\n';  //设为科学记数方式
12      cout <<"定点表达方式:"<< fixed << fnum <<'\n';
                            //设为定点表达方式,取消科学记数方式
13      //设置小数点后 9 位
14      cout <<"9 位科学记数表达方式:"<< setprecision(9)<< scientific << fnum <<'\n';
15      return 0;
16  }
```

运行结果

默认域宽为:0 位
默认精度为:6 位
默认表达方式: 31.4159
科学记数表达方式:3.141593e+001
定点表达方式:31.415927
9 位科学记数表达方式: 3.141592654e+001

11.2.3　C++标准设备的输入/输出

对 C++ 标准设备的输入/输出(cin、cout、cerr、clog、>>和<<)的使用细节作进一步讨论。

1. 提高标准输入/输出的健壮性

标准设备输入使用要点如下。

(1) cin 为缓冲流。键盘输入的数据保存在缓冲区中,当要提取时,从缓冲区中提取。如果一次输入过多,会留在那儿慢慢用。如果输入错误,必须在回车之前修改。如果按下回车键则无法挽回。只有把输入缓冲区中的数据提取完后,才要求输入新的数据。不能用刷新清除缓冲区,所以不能输错,也不能多输。

(2) 输入的数据类型必须与要提取的数据类型一致,否则出错。出错只是在流的状态字 state(枚举类型 ios_state)中对应位置(位置 1),程序继续。所以要提高健壮性,则必须在编程中加入对状态字 state 的判断。

(3) 空格和回车都可以作为数据之间的分隔符,多个数据可以在一行输入,也可以分行输入。但如果是字符型和字符串,则空格(ASCII 码为 32)无法用 cin 输入,字符串中也不能有空格。回车符也无法读入。

(4) 输入数以后再输入字符或字符串:如果数后直接加回车,应该用 cin.get()提取回车。如果还有空格,则要清空缓冲区。

状态字 state 为整型,其在 ios 中说明如下。

```
enum ios_state
{
        goodbit = 0x00,          //流正常
        eofbit = 0x01,           //输入流结束忽略后继提取操作;或文件结束已无数据可取
        failbit = 0x02,          //最近的 I/O 操作失败,流可恢复
        badbit = 0x04,           //最近的 I/O 操作非法,流可恢复
        hardfail = 0x08          //I/O 出现致命错误,流不可恢复,VC 6.0++不支持
}
```

读取状态的有关操作如下。

```
inline int ios::rdstate() const   //读取状态字
{
    return state;
}
inline int ios:operator!() const //可用操作符!()代替 fail()
{
    return state&(badbit|failbit);
}
inline int ios::bad()             //返回非法操作位
{
    return state & badbit;
}
inline void ios::clear(int _i)    //人工设置状态,可用于清状态
{
    lock();state = _i;unlock();
}
inline int ios::eof() const       //返回流(文件)结束位
{
    return state&eofbit;
}
inline int ios::fail() const      //返回操作非法和操作失败
{
    return state&(badbit|failbit);
}
inline int ios::good() const      //正常返回 1,否则返回 0
{
    return state == 0;
}
```

【例 11-4】 提高输入的健壮性(输入时需要故意输错,以测试健壮性)。

编写程序

```
1   //例 11-4,提高输入的健壮性(输入时需要故意输错,以测试健壮性)
2   # include < iostream >
3   using namespace std;
```

```
4  int main()
5  {
6      char str[256];
7      int i;
8   //强制清空缓冲区,保证输出,不会等缓冲区溢出再输出
9      cout <<"请输入整数:"<< endl;
10  //可故意输入若干非数字字符,再输入若干字符加数字串加若干非数字字符检测
11     cin >> i;
12     while(cin.fail())
13 {
14         cout <<"状态字为: "<< cin.rdstate()<< endl;
15         cin.clear(0);
16         cin.getline(str, 255);       //读空缓冲区
17         cout <<"输入错误,请重新输入整数: "<< endl;
18         cin >> i;
19     }
20     cin.getline(str, 256);             //读空缓冲区
21     cout <<"请输入字符串"<< endl;
22     cin.getline(str, 255);             //B行
23     cout <<"输入整数为:"<< i << endl;
24     cout <<"输入字符串为:"<< str << endl;
25     return 0;
26 }
```

运行结果

请输入整数:
qw
状态字为: 2
输入错误,请重新输入整数:
qw12er
状态字为: 2
输入错误,请重新输入整数:
12
请输入字符串
qw
输入整数为:12
输入字符串为:qw

2. 标准输入流成员函数

(1) 字符输入。

```
int istream::get();               //提取一个字符,包括空格、制表、回车等,与 cin 不同,返回为整型
istream&istream::get(char &);          //提取一个字符,放在字符型变量中
istream&istream::get(unsigned char &);     //提取一个字符,放在字符型变量中
```

（2）字符串输入。

```
istream&istream::get(char * , int, char = '\n');
istream&istream::get(unsigned char * , int, char = '\n');
istream&istream::getline(char * , int, char = '\n');
istream&istream::getline(unsigned char * , int, char = '\n');
```

提取的串放在以第一个参数为开始地址的存储区（不查边界）；第二个参数为至多提取的字符个数（指定为 n，最多取 $n-1$ 个，再加一个字符串结束符）；第三个参数为结束字符，遇此字符则结束，默认为回车换行符。

get 系列函数要求单独提取结束字符。getline 提取字符串时如遇到指定结束符则提取该结束符，但不保存在串中。这两个函数都会在提取的一系列字符后加一个串结束符，返回值为对象本身（* this）。

（3）其他函数。

函数 gcount()返回最后一次提取的字符数量，包括回车：

```
int istream::gcount();
```

函数 ignore()读空（指定一个大的数量）缓冲区：

```
istream&istream::ignore(int = 1, int = EOF);
```

第一个参数为要提取的字符数量，默认为 1；第二个参数为结束字符，提取该结束字符，但对所提取的字符不保存不处理，作用是空读。第二个参数的默认值 EOF 为文件结束标志。

在 iostream 中 EOF 定义为－1，在 int get()函数中，读入输入流结束标志 Ctrl＋Z 时，函数返回 EOF，为了能表示 EOF 的－1 值，返回类型为 int。采用 cin.eof()函数，当前所读为 EOF 则返回非零，注意函数自身未从流中读取。

【例 11-5】 给出字符输入、字符串输入、ignore()和 gcount()函数的使用实例。
编写程序

```
1   //例11-5,给出字符输入、字符串输入、ignore()和gcount()函数使用实例
2   #include<iostream>
3   #include<cstring>
4   using namespace std;
5   int main()
6   {
7       char str[255];
8       int i, n;
9       cout <<"输入字符"<< endl;                //输入 z
10      i = cin.get();
11      n = cin.rdstate();                      //读取状态字
12      cout <<"状态字为: "<< n << endl;          //状态字为1,流结束
13      cout <<"输入字符时,取得的是:"<< i << endl; //输入^Z时,返回 EOF,即－1
14      if(n == 0) cin.ignore(255, '\n');       //清除多余的字符和回车符
15      cin.clear(0);                           //使流恢复正常
```

```
16      cout <<"输入字符串 1:"<< endl;
17      cin.getline(str, 255);
18      cout <<"状态字为: "<< cin.rdstate()<< endl;
19      i = cin.gcount();
20      cout <<"字符串为:"<< str <<'\t'<<"读入字符数为:"<< i <<'\t';
21      cout <<"串长为:"<< strlen(str)<< endl;
22      cin.clear(0);                              //使流恢复正常
23      cout <<"输入字符串 2:"<< endl;
24      cin.getline(str, 255);
25      cout <<"状态字为: "<< cin.rdstate()<< endl;
26      i = cin.gcount();
27      cout <<"字符串为:"<< str <<'\t'<<"读入字符数为:"<< i <<'\t';
28      cout <<"串长为:"<< strlen(str)<< endl;
29      return 0;
30  }
```

运行结果

```
输入字符
z
状态字为: 0
输入字符时,取得的是:122
输入字符串 1:
abc
状态字为: 0
字符串为:abc   读入字符数为:4   串长为:3
输入字符串 2:
shanghai
状态字为: 0
字符串为: shanghai   读入字符数为:9   串长为:8
```

3. 标准输出流成员函数

标准输出流成员函数的使用比较简单,在此只列出输出流成员函数声明。

```
ostream&ostream::put(char);                    //输出参数字符
ostream&ostream::put(unsigned char);
ostream&ostream::put(signed char);
ostream&ostream::flush();                      //刷新一个输出流,用于 cout 和 clog
```

11.3 磁盘文件的输入和输出

如前文所述,从逻辑概念上说,磁盘文件与前面讨论的标准设备(键盘、显示器)文件没有本质的区别,标准流与文件流大致相当。不过,具体细节上,还是有些区别。因此,C++的 I/O 系统在基本类 ios、istream、ostream 等的定义基础上,又为磁盘文件的 I/O 派生出一个专用的 I/O 流类系统:filebuf、fstreambase、ifstream、ofstream、fstream。其中,类 filebuf 从 streambuf 派生,类 fstreambase 从 ios 派生,类 ifstream 从 istream 和 fstreambase 派生,类 ofstream 从 ostream 和 fstreambase 派生,类 fstream 从 iostream 和 fstreambase 派生。从而形成了支持文件 I/O 操作的、类似于基本流类族(以 ios 为中心)的一个流类族,其说明全部包含在头文件 fstream.h 中。

专用于磁盘文件 I/O 的流类(类型)所支持的功能如下。

ifstream:支持(提供)从本流类(对象)所对应的磁盘文件中输入(写入)数据。

ofstream:支持(提供)往本流类(对象)所对应的磁盘文件中输出(读取)数据。

fstream:支持(提供)对本流类(对象)所对应的磁盘文件进行输入和输出数据的双向操作。

注意,C++语言中没有预定义的文件流(类对象),即程序中用到的所有文件流类对象都要进行自定义(规定对象名及打开方式,并将该流类对象与一个具体的磁盘文件相联系等)。

11.3.1　文件的打开与关闭

为了对一个磁盘文件进行 I/O 即读写操作,首先打开文件,I/O 操作完成后再关闭。

对于 C++语言的 I/O 系统来说,打开工作包括在流(对象)的创建工作之中。流的创建通常由对应流类的构造函数完成,其中包括把创建的流与要进行读写操作的文件名相联系,并打开这个文件(另外也可通过成员函数 open 来显式完成文件的打开工作),例如:

```
ofstream outfile1("myfile1.txt");
```

创建 ofstream 类的对象 outfile1,使流类对象 outfile1 与磁盘文件 myfile1.txt 相联系,并打开用于"写"的磁盘文件 myfile1.txt。

也可按照如下方式来打开文件。

```
ofstream outfile1;                          //创建 ofstream 类的对象 outfile1
outfile1.open("myfile1.txt");               //通过成员函数 open 打开文件
```

文件流可分别对于 ifstream 类、ofstream 类和 fstream 类说明其对象的方式创建。三个类的构造函数如下。

```
ifstream::ifstream(char * name, int mode = ios::in, int file_attrb = filebuf::openprot);
ofstream::ofstream(char * name, int mode = ios::out, int file_attrb = filebuf::openprot);
fstream::fstream(char * name, int mode, int file_attrb = filebuf::openprot);
```

第一个参数为文件名字符串(包括路径);第二个参数为对文件进行的 I/O 模式(访问模式),其值已在 ios 中进行了定义,使用含义如下。

```
ios::in                     //用于读入
ios::out                    //用于写出
ios::ate                    //打开并指向文件尾
ios::app                    //用于附加数据打开并指向文件尾
ios::trunc                  //如文件存在,则清除其内容
ios::nocreate               //如文件不存在,则操作失败
ios::noreplace              //如文件存在,则操作失败
```

ios::binary   //二进制文件(默认时为文本文件)

参数 mode 可默认,当文件流为输入文件流时,其默认值为 in;当文件流为输出文件流时,默认值为 out。

如果需要,可用上述枚举常量的一个组合表示所需的访问模式(通过位运算符|进行组合)。例如:

ios::in|ios::out   //以读和写(可读可写)方式打开文件
ios::out|ios::binary   //以二进制写方式打开文件
ios::in|ios::binary   //以二进制读方式打开文件

第三个参数指定所打开文件的保护方式。该参数与具体的操作系统有关,一般只用它的默认值 filebuf∷openprot。

【例 11-6】 创建一个输出文件流(文本文件)并输出一串字符。

编写程序

```
1  //例 11-6 程序: 创建一个输出文件流(文本文件)并输出一串字符
2  # include < fstream.h >
3  int main()
4  {
5      ofstream output("hello.txt");          //默认打开模式 mode 时,隐含为文本文件
6      output <<"Hello world!"<< endl;
7      return 0;
8  }
```

执行程序后,可在当前目录(文件夹)下,看到新创建的文件 hello.txt,并可通过任意一个编辑软件看到该文件中的内容为"Hello world!"的字符串。

对于文件的 I/O 操作可分为按文本(text)方式和按二进制(binary)方式。虽然文件和流都是对于信息的一种抽象,无论是数据还是程序代码,都把它们看成是字符或位的序列。不过,文本方式与二进制方式之间的主要区别如下。

(1) 文本方式以字节(byte)为单位。

(2) 文本方式没有压缩功能。

(3) 文本方式有格式,它不仅以字符为单位,还以常量数字、单词(字符串)和行为单位。即它不仅要区分一个整数、一个浮点数、一个字符、一个字符串,同时还要分行。文本方式的名称就来源于此。

C++的 I/O 系统为了适应用户的习惯,提供 open 函数和 close 函数来完成上述工作,其方式是:用 open()和 close()代替构造函数和析构函数。其方法如例 11-7 所示。

【例 11-7】 用 open()和 close()代替构造函数和析构函数。

编写程序

```
1  //例 11-7.cpp, 用 open()和 close()代替构造函数和析构函数
2  #  include < fstream.h >
```

```
3   int main()
4   {
5       ofstream output;
6       output.open ("hello.txt");
7       output <<"Hello, I am a student!"<< endl;
8       output.close ();
9       return 0;
10  }
```

执行程序后,同样可在当前目录(文件夹)下,看到新创建的文件 hello. txt,并可通过任意一个编辑软件看到该文件中的内容为"Hello,I am a student!"的字符串。

11.3.2　使用插入运算符与提取运算符对磁盘文件进行读写操作

对文件的"读写操作"通常使用预定义的类成员函数实现,但也可使用继承而来的插入运算符<<和提取运算符>>进行,这基于如下事实。

(1) ifstream 类由 istream 类所派生,而 istream 类中预定义了公有的运算符重载函数 operator >>,所以,ifstream 流(类对象)可以使用预定义的运算符>>对自定义磁盘文件进行"读"操作(允许通过派生类对象直接调用其基类的公有成员函数)。

(2) ofstream 类由 ostream 类所派生,而 ostream 类中预定义了公有的运算符重载函数 operator <<,所以,ofstream 流(类对象)可以使用预定义的运算符<<来对自定义磁盘文件进行"写"操作。

(3) fstream 类由 iostream 类所派生,iostream 类由 istream 与 ostream 类共同派生,所以,fstream 流(类对象)可以使用预定义的运算符>>和<<对自定义磁盘文件进行"读"与"写"操作。

注意:使用预定义的运算符<<进行"写"操作时,为了今后能正确读出,数据间要人为地添加分隔符(如空格),这与用运算符>>进行"读"操作时遇空格或换行均结束一个数据相呼应。

实际上,插入运算符<<和提取运算符>>,以及标准流 cin、cout 等都是按文本方式组织与定义的。

【例 11-8】　编写程序对同一个文本文件完成如下操作。

(1) 在文本文件中写数据。

(2) 在文本文件尾部追加数据。

(3) 从文本文件读出数据并显示在屏幕上。

编写程序

```
1   //例 11-8 程序: (1)往文本文件写数据; (2)往文本文件尾部追加数据; (3)从文本
2   //文件读出数据并显示在屏幕上
3   # include < fstream.h >
4   int main()
5   {
6       //往文本文件写数据
```

```
7      ofstream outfile1("myfile1.txt");              //创建流类对象,与文本型磁盘文件相联系
8      //使用运算符<<对 outfile1 对象(所对应的文件)进行"写"操作
9      outfile1 <<"Hello!, Shanghai_University_of_Finance_and_Economics"<< endl;
10     outfile1.close();                              //关闭文件
11     //在文本文件尾部追加数据
12     //打开用于"追加"的文本型文件 myfile1.txt(第二参数 ios::app 的作用)
13     outfile1.open("myfile1.txt", ios::app);
14     int x = 12345, y = 67890;
15     //使用运算符<<进行写操作("追加").注意,数据间要人为地添加分隔符,对
16     //text 文件处理时,系统要对内外存的数据格式进行相应转换
17     outfile1 << x <<" "<< y << endl;
18     outfile1.close();                              //关闭文件
19     //从文本文件读出数据并显示在屏幕上
20     char str1[80], str2[80];
21     int x2, y2;
22     //创建流类对象;使它与文本型文件相联系;并将其打开
23     ifstream infile1("myfile1.txt");
24     infile1 >> str1 >> str2;                       //使用运算符>>进行读操作(遇空格、换行均结束)
25     infile1 >> x2 >> y2;
26     infile1.close();
27     cout <<"str1 = "<< str1 << endl;               //将读出的数据显示在屏幕上
28     cout <<"str2 = "<< str2 << endl;
29     cout <<"x2 = "<< x2 << endl;
30     cout <<"y2 = "<< y2 << endl;
31     return 0;
32  }
```

运行结果

```
str1 = Hello!,
str2 = Shanghai_University_of_Finance_and_Economics
x2 = 12345
y2 = 67890
```

并产生文件 myfile1.txt,该文件的内容如下。

```
Hello!, Shanghai_University_of_Finance_and_Economics
12345 67890
```

11.3.3 使用类成员函数对文件流(类对象)进行操作

本节介绍几个常用的对文件流(类对象)进行操作的类成员函数:get、put、read、write 以及 getline。

(1) 类成员函数 get 与 put。

使用类成员函数 get 与 put 可以对自定义磁盘文件进行读与写操作。

ostream::put 与 istream::get 的最常用格式如下。

ostream & put(char ch);

功能：将字符 ch 写入自定义文件(ostream 流对象所联系的文件)中。

istream & get(char & rch);

功能：从自定义文件(istream 流对象所联系的文件)中读出一个字符放入引用 rch 中。

注意，put 实际上只是 ostream 类中定义的公有成员函数，通常是通过其派生类 ofstream 的类对象对它进行调用。同理，通常是通过 ifstream 的类对象直接调用 get。

【例 11-9】 从键盘输入任意字符串，通过 put 将其写入自定义磁盘文件 ft.txt 中，并统计且显示输出符号的个数。

编写程序

```
1   //例 11－9 程序:
2    # include < fstream.h >
3    # include < stdio.h >
4    int main()
5   {
6        char str[80];
7        cout <<"Input string:"<< endl;
8        gets(str);                          //从键盘输入字符串(以"换行"结束输入)
9        ofstream fout("ft.txt");
10       int i = 0;
11       while(str[i])
12           fout.put(str[i++]);             //通过 put 将 str 中各字符写入文件
13       cout <<"len = "<< i << endl;        //显示输出符号的个数
14       fout.close();
15       return 0;
16  }
```

运行结果

```
Input string:
I am a student.
len = 15
```

程序把字符串 I am a student.(包括空格和标点)写入文件 ft.txt 中，并不必考虑其文本格式。可通过任意一个编辑软件看到该文件中的内容。

【例 11-10】 通过使用 get 从例 11-9 的文件中读出所写字符串，并统计所读出符号的个数，并显示在屏幕上。

编写程序

```
1   //例 11－10 程序:使用 get 从文件中读出符号串并显示在屏幕上
2    # include < fstream.h >
3    int main()
4   {
```

```
5        ifstream fin("ft.txt");
6        char ch;
7        int i = 0;
8        fin.get(ch);              //先读取一个符号 ch,若文件为空(结束)时,fin.eof()将取真值
9        while(!fin.eof())         //当读取的符号 ch 为有效符号(非文件结束)时继续
10       {
11           cout << ch;           //将读取的 ch 显示在屏幕上(对所读符号的"处理")
12           i++;                  //统计字符个数
13           fin.get(ch);          //读下一个符号 ch
14       }
15       cout << endl <<"len = "<< i << endl;
16       fin.close();
17       return 0;
18   }
```

运行结果

```
I am a student.
len = 15
```

程序分析

从本例中可以看出,使用 get 与 put 函数对文件进行读写操作十分简单,以每次一字节(8 位)顺序进行。文件中的各种特殊字符(如空格等)一律按普通字符处理。

(2) 类成员函数 read 与 write。

使用类成员函数 read 与 write 可以对文件进行读写操作。通常使用 read 与 write 对二进制文件进行读写操作。

一般在需要提高 I/O 操作速度、简化 I/O 编程时,如处理大批量数据时,以二进制方式进行读写操作可显示出它的优越性。所谓二进制方式,就是简单地把文件视为一个 0 和 1 组成的串,以字位(bit)为单位,不考虑文本格式,输入/输出过程中,系统不对相应数据进行任何转换。

程序中用到的 read 与 write 类成员函数的常用格式及功能如下。

ostream & write(const char * **pch, int nCount);**

功能:将 pch 缓冲区中的前 nCount 字节写入某个文件(ostream 流对象)中。

istream & read(char * **pch, int nCount);**

功能:从某个文件(istream 流对象)中读取 nCount 字节放入 pch 缓冲区中(若读至文件结束尚不足 nCount 字符时,也将立即结束本次读取过程)。

使用 read()、write()函数代替 get()和 put(),可以一次完成读写操作,例如,在前面的例子中使用 write()代替 put()时,其中的语句:

```
int i = 0;
while(str[i]) fout.put(str[i++]);   //通过 put 将 str 中各字符写到文件中
```

可用下面的语句代替:

```
        fout.write(str, sizeof(str));
```

【例 11-11】 编写程序,首先使用函数 write 在自定义二进制磁盘文件中写入如下三个"值":字符串 str 的长度值 Len(一个正整数)、字符串 str 本身以及一个结构体的数据。再使用函数 read 读出这些"值"并显示在屏幕上。

编写程序

```
 1  //例 11－11 程序:
 2  ＃include < fstream.h >
 3  ＃include < string.h >
 4  struct stu                              //声明结构体类型
 5  {
 6      char name[20];
 7      int age;
 8      double score;
 9  };
10  int main()
11  {
12      char str[20] = "Hello world!";        //准备写入的字符串 str
13      stu ss = {"Wang Xin", 22, 91.5};       //定义 ss 结构体变量,并赋了初值
14      cout <<"WRITE to 'fb.bin'"<< endl;
15      ofstream fout("fb.bin", ios::binary);  //打开用于"写"的二进制磁盘文件
16      int Len = strlen(str);                 //求出字符串 str 的长度值 Len
17      fout.write((char * )(&Len), sizeof(int));  //write 函数将字符串长度值 Len 写出
18      fout.write(str, Len);                  //使用 write 一次将 str 内容全部写出
19      fout.write((char * )(&ss), sizeof(ss)); //write 将 ss 结构体的内容全部写出
20      fout.close();                          //关闭文件
21      cout <<" -------------------------- "<< endl;
22      //而后再使用 read 读出这些"值"并将它们显示在屏幕上
23      cout <<" -- READ it from 'fb.bin' -- "<< endl;
24      char str2[80];
25      ifstream fin("fb.bin", ios::binary);   //以读方式打开二进制文件"fb.bin"
26      fin.read( (char * )(&Len), sizeof(int)); //使用 read 将字符串长度值 Len 读入
27      fin.read(str2, Len);                   //读取字符串本身放入 str2
28      str2[Len] = '\0';                      //增加结束符
29      fin.read( (char * )(&ss), sizeof(ss) ); //读取数据放入 ss 结构体之中
30      cout <<"Len = "<< Len << endl;
31      cout <<"str2 = "<< str2 << endl;
32      cout <<"ss = >"<< ss.name <<","<< ss.age <<","<< ss.score << endl;
33      fin.close();                           //关闭文件
34      cout <<" -------------------------- "<< endl;
35      return 0;
36  }
```

运行结果

```
WRITE to 'fb.bin'
 --------------------------
 -- READ it from 'fb.bin' --
Len = 12
```

str2 = Hello world!
ss = > Wang Xin, 22, 91.5

程序分析

注意,与文本文件不同,通过函数 write 写入二进制文件中的各数据间并不需要(再写出一个)分隔符,这是因为函数 write 与函数 read 的第二参数指定了读写长度。

(3) 类成员函数 getline。

使用类成员函数 getline 可以对文件进行"读"操作。istream::getline 的最常用格式如下。

istream & getline(char * pch, int nCount, char delim = '\n');

功能:从某个文件(istream 流对象)中读出一行(至多 nCount 个字符)放入 pch 缓冲区中,默认行结束符为\n(即第三参数的 delim 用于显式指定别的行结束符)。

注意,函数 getline 所操作的文件通常为文本文件。

【例 11-12】 编写程序,读取源程序文件"例 11_12.cpp"的各行并显示在屏幕上(假设源程序已存放在"例 11-12.cpp"文件中)

编写程序

```
1   //例 11 - 12 程序:
2    # include < fstream.h >
3    int main()
4    {
5        char line[81];
6   //打开用于"读"的文件"例 11_12.cpp"(即本源程序文件)
7        ifstream infile("例 11_12.cpp");
8        infile.getline(line, 80);              //读出一行(至多 80 个字符)放入 line 中
9        while(!infile.eof())                   //尚未读到文件结束时,继续循环处理
10       {
11           cout << line << endl;              //显示在屏幕上
12           infile.getline(line, 80);          //再读一行
13       }
14       infile.close();
15       return 0;
16  }
```

运行结果

程序执行后,将在屏幕上显示出上述源程序文件。

11.4 text 文件与 binary 文件

前文多次谈及 text 文件与 binary 文件的处理应用。本节通过实例进一步对它们各自的使用特点进行分析比较。

以 text 文件形式存储数据,优点是具有较高的兼容性,可利用任意一个文字处理程

序进行阅读或编辑等。缺点是存储一批纯数值信息时,要在数据之间人为地添加分割符(否则将导致数据无法正确读出);text 文件通常比 binary 文件所占的磁盘空间大,且不便于对数据实行随机访问(因为每一数据所占磁盘空间的大小通常不相同);另外,text 文件的输入/输出过程中,系统要对内外存的数据格式进行相应转换。

以 binary 文件形式存储数据,优点是便于对数据实行随机访问(同一类型数据所占磁盘空间的大小相同,不必在数据之间人为地添加分割符),而且所占的磁盘空间通常比 text 文件要小。缺点是兼容性低,不可利用文字处理程序进行阅读或编辑等。另外,对 binary 文件的输入/输出过程中,系统不对数据进行任何转换。

注意,由程序员决定将数据存储为 text 文件或 binary 文件。通过将打开文件方式(访问模式)的 nMode 设置为 ios::binary,可使打开的文件为 binary 文件形式;而在默认情况下,打开的文件为 text 文件形式。通常将纯文本信息(如字符串)以 text 文件形式存储,而将数值信息以 binary 文件形式存储。

11.4.1　按用户设置的文件形式进行读写操作

(1) 对同一批数据按照两种文件形式进行处理。

例 11-13 程序的功能为:a 数组中准备好的 8 个 int 型数据,分别通过运算符<<依次写入 text 文件 ft.txt 之中(注意各数据在文件中"长短"不一,与每一数据所具有的"位数"有关,另外数据间必须加入分隔符(空格))。通过使用类成员函数 write 将这相同的 8 个 int 型数据依次写入 binary 文件 fb.bin 之中(注意各数据在文件中"长短"相同,仅与数据具有的类型 int 有关,而且数据间不需要加入分隔符)。

【例 11-13】　编写程序,通过使用无参的成员函数 tellp() 获取当前已写入各文件的位置信息,以确认每一数据在文件中所占的"位数"即字节数。ostream::tellp 的功能:获取并返回"输出指针"的当前位置值(从文件首到当前位置的字节数)。

编写程序

```
1    //例 11 - 13 程序:
2    ♯ include < fstream.h >
3    int main()
4    {
5        int a[8] = {0, 1, - 1, 1234567890};
6        for(int i = 4; i < 8; i++)
7            a[i] = 876543210 + i - 4;
8    //后 4 个 a[i]均由 9 位数字组成,在 text 文件中所占字节数也为 9
9        ofstream ft("ft.txt");                //打开 text 文件
10       ofstream fb("fb.bin", ios::binary);   //打开 binary 文件
11       for(i = 0; i < 8; i++)                 //将 a 数组数据写入 ft.txt 和 fb.bin 之中
12       {
13           ft << a[i]<<" ";                   //数据间人为地添加了分隔符(空格)
14           fb.write((char * )(&a[i]), sizeof(a[i]));   //数据间不需要分隔符
15           cout <<"ft.tellp() = "<< ft.tellp()<<", ";  //显示 ft 文件输出指针当前位置
16           cout <<"fb.tellp() = "<< fb.tellp()<< endl;  //显示 fb 文件输出指针当前位置
17       }
```

```
18        ft.close();
19        fb.close();
20        return 0;
21  }
```

运行结果

```
ft.tellp() = 2, fb.tellp() = 4
ft.tellp() = 4, fb.tellp() = 8
ft.tellp() = 7, fb.tellp() = 12
ft.tellp() = 18, fb.tellp() = 16
ft.tellp() = 28, fb.tellp() = 20
ft.tellp() = 38, fb.tellp() = 24
ft.tellp() = 48, fb.tellp() = 28
ft.tellp() = 58, fb.tellp() = 32
```

（2）使用函数 read 与函数 write 对 text 文件进行操作时可能出错。

前文提到过，通常使用函数 read 与函数 write 对 binary 文件进行操作，因为使用它们对 text 文件进行操作时可能出错。

分析例 11-14 程序，发现其中的出错原因：系统试图将一批连续整数（从 first 到 last）先写入文件中而后再读出。但若使用 text 文件时，在 write 时有可能多写了一些东西（如回车换行符号等），如此将导致 read 时产生错误。

【例 11-14】 文件操作时出错。

编写程序

```
1   //例 11 - 14 程序:
2   # include < fstream.h >
3   int main()
4   {
5       int first, last;              //在文件中写入一批整数(从 first 到 last)
6       cout <<"first, last = ?";
7       cin >> first >> last;         //键盘输入 first 与 last
8       int f0 = first;
9       ofstream f1("file1.txt");     //按文本方式打开文件,read 与 write 时可能出错
10      while (f0 < = last)           //写入一批整数(从 first 到 last)
11      {
12          f1.write( (char * )(&f0), sizeof(int) );
13          f0++;
14      }
15      cout <<"共写入了 last - first + 1 = "<< last - first + 1 <<"个数据"<< endl;
16      cout <<"文件末位置: tellp() = "<< f1.tellp()<< endl;
17      f1.close();
18      //将刚写入文件中的数据通过 read 读出
19      f0 = first;
20      ifstream f2("file1.txt");     //按文本方式打开文件,read 与 write 时可能出错
21      while(f0 < = last)            //将保存在文件中的数据(从 first 到 last)逐一读出
```

```
22      {
23          int tmp;
24          f2.read((char * )(&tmp), sizeof(int));
25          if(tmp!= f0)                    //若读取时产生数据错误,输出提示信息
26          cout <<"ERR: f0, tmp = "<< f0 <<", "<< tmp << endl;
27          f0++;
28      }
29      f2.close();
30      return 0;
31 }
```

运行结果

```
first, last = ?1 30
共写入了 last - first + 1 = 30 个数据
文件末位置: tellp() = 121
ERR: f0, tmp = 26, 25
ERR: f0, tmp = 27, 25
ERR: f0, tmp = 28, 25
ERR: f0, tmp = 29, 25
ERR: f0, tmp = 30, 25
```

程序分析

输出时多写了一字节,读入数据时则出现错误。

若对程序中按文本方式打开文件的两句:

```
ofstream f1("file1.txt");               //文本文件
ifstream f2("file1.txt");               //文本文件
```

修改为:

```
ofstream f1("file1.txt", ios::binary);  //二进制文件
ifstream f2("file1.txt", ios::binary);  //二进制文件
```

则执行结果将是正确的:

```
first, last = ?1 30
共写入了 last - first + 1 = 30 个数据
文件末位置: tellp() = 120
```

(3) 采用 binary 文件形式对结构体数据进行读写处理。

【例 11-15】 从键盘读入 n 个结构体数据(个数 n 由用户通过键盘输入指定),使用 write 将这些结构体数据写入某个自定义二进制磁盘文件中,再使用 read 读出这些结构体数据并进行处理(例如,求出 n 个 score 的平均值 ave)。

编写程序

```
1  //例 11 - 15 程序:
2  # include < fstream.h >
```

```
3   int main()
4   {
5       struct person
6       {
7           char name [20];
8           int age;
9           float score;
10      } ss;                               //结构体变量 ss
11      int n;
12      cout <<"n = ? ";
13      cin >> n;                           //个数 n 由用户指定
14      ofstream fout("f01.bin", ios::binary);  //打开二进制文件
15      for(int i = 0; i < n; i++)          //处理 n 个结构体(数据)
16      {
17          cout <<"name, age, score = ? ";
18          cin >> ss.name >> ss.age >> ss.score;  //从键盘输入 ss 结构体数据
19          fout.write( (char *)(&ss), sizeof(ss)); //将 ss 的数据写到文件中
20      }
21      fout.close();
22      //使用 read 读出这些结构体数据并进行处理(例如,求出 n 个 score 的平均值)
23      ifstream fin("f01.bin", ios::binary);   //打开二进制文件 f01.bin
24      float ave = 0;
25      fin.read( (char *)(&ss), sizeof(ss));   //读入 1 个结构体数据放入 ss
26      while (!fin.eof())                      //若尚未到达文件末时,继续循环处理
27      {
28          ave += ss.score;                    //累加
29          fin.read( (char *)(&ss), sizeof(ss));  //再读数据到 ss
30      }
31      fin.close();
32      cout <<"n = "<< n <<" ave = "<< ave/n << endl;  //输出结果(平均值)
33      return 0;
34  }
```

运行结果

```
n = ? 3
name, age, score = ? Wang 20 90
name, age, score = ? Zhang 21 80
name, age, score = ? Li 22 87.5
n = 3 ave = 85.8333
```

11.4.2 对数据文件进行随机访问

使用类成员函数 write 与 read,并配合使用类成员函数 seekg、tellg、seekp 和 tellp,可以对文件进行"随机性"(非顺序性)的读写操作。

为了方便二进制方式的读写操作,系统提供了设置和读取文件的读写指针位置的函数。其中由类 istream 提供函数成员:

```
long tellg();                    // 获取"读入指针"的当前位置值(从文件首到当前位置的字节数)
istream& seekg(long offset, int dir = ios::beg);
```

参数 offset 给出一个整数,表示相对偏移字节数。参数 dir 有三个取值,在 ios 类中说明如下。

```
ios::beg                 //相对于文件开始位置
ios::cut                 //相对于指针当前位置
ios::end                 //相对于文件尾的位置
```

由第二个参数决定 offset 的数是从哪里开始计算的,参数 dir 有默认值为 ios::beg。由类 ostream 提供了函数成员:

```
long tellp();                    //获取"输出指针"的当前位置值(从文件首到当前位置的字节数)
ostream& seekp(long offset, int dir = ios::beg);
```

参数 offset 和参数 dir 的含义和取值同 seekg 函数的参数 offset 和参数 dir 相同。它们的使用方法如下。

```
long pos = fout.tellp();         //获取文件流 fout 的写指针的当前位置送到变量 pos
fin.seekg(0, ios::beg);          //把文件流 fin 的读指针定位到文件开头
```

seekp 功能:将"输出指针"的值置到一个新位置,使以后的输出从新位置开始。新位置由参数 offset 与 dir 的值确定。

seekg 功能:将"读入指针"的值置到一个新位置,使以后的输入从新位置开始。新位置由参数 offset 与 dir 的值确定。

tellg 功能:获取"读入指针"的当前位置值(从文件首到当前位置的字节数)。

tellp 功能:获取"输出指针"的当前位置值(从文件首到当前位置的字节数)。

【例 11-16】 文件随机访问。

编写程序

```
1   //例 11-16 程序:
2   # include < fstream.h >
3   int main()
4   {
5       const int n = 10;
6       int x, i;
7       ofstream fout("fdat.bin", ios::binary);
8       cout <<"Input "<< n <<" integers:"<< endl;
9       for(i = 1; i <= n; i++)              //输入 10 个数据,并写入二进制文件 fdat.bin 中
10      {
11          cin >> x;
12          fout.write((char *)(&x), sizeof(int));
13      }
14      fout.close();
15      cout <<" ---- The result ---- "<< endl;
16      ifstream fin("fdat.bin", ios::binary);
```

```
17      for(i = n - 1; i >= 0; i -- )          //从文件中(从后往前)读出数据并显示在屏幕上
18      {
19          fin.seekg(i * sizeof(int));         //读指针位置与 i 的大小有关(从后往前读)
20          fin.read((char * )(&x), sizeof(int));
21          cout << x <<" ";                    //将所读取数据显示在屏幕上
22      }
23      fin.close();
24      cout << endl;
25      return 0;
26  }
```

运行结果

```
Input 10 integers:
1 2 3 4 5 6 7 8 9 10
---- The result ----
10 9 8 7 6 5 4 3 2 1
```

11.5   字符串流

本节简单介绍 C++流类库中预定义的两个字符串流类：ostrstream 和 istrstream。其中的 ostrstream 类由 ostream 所派生，而 istrstream 类则由 istream 派生而来。

通过 ostrstream 类的使用，可将不同类型的信息转换为字符串，并存放(输出)在一个用户设定的字符数组中；通过 istrstream 类的使用，可将用户字符数组中的字符串读取(写入)，而后反向转换为各种变量的内部形式。

实际上，字符串流类对象并不对应于一个具体的物理设备，而是将内存中的字符数组看成是一个逻辑设备，并通过"借用"对文件进行操作的各种运算符和函数，最终完成上述所谓的信息转换工作。

使用字符串流类时，必须包含头文件 strstrea.h。

1. ostrstream 类的使用

ostrstream 类中的两个主要的成员函数：构造函数 ostrstream::ostrstream 和函数 ostrstream::pcount。

(1) 构造函数 ostrstream::ostrstream。

构造函数 ostrstream::ostrstream 的一般格式如下。

```
ostrstream(char * str, int n, int mode = ios::out );
```

参数 str 为字符数组，它将作为输出的"目的地"(输出数据将存放在 str 中)。参数 n 用来指出 str 中最多能够存放多少个字符(注意，一旦长度达到了 n 值，则不再接收其他任何字符)。参数 mode 指明流的打开方式，默认为 out(还可显式指定 ios::ate 或 ios::app，二者功能相同，都将把输出数据"附加"到尾部)。

注意,由于 ostrstream 是 ostream 的派生类,所以,凡可用于 ostream 类的运算符或成员函数,都可以使用到该 ostrstream 派生类的对象上(用于向与该派生类对象关联的作为输出"目的地"的 str 字符数组中写入数据)。另外,也可使用 ostream::seekp 函数指定写入位置(以实现随机写功能)。

(2)成员函数 ostrstream::pcount。

使用格式: `int pcount() const;`

功能:返回一个数值,表示目前已经输出到字符串流即字符数组中的字符个数(字节数)。

2. istrstream 类的使用

istrstream 类中最常用的两个构造函数:构造函数 ostrstream::ostrstream 和函数 ostrstream::pcount。

(1)一参构造函数。

`istrstream(char * str);`

由参数 str 指定一个以 '\0' 为结束符的字符串(字符数组),它的"整体字符"将作为"输入源"。

(2)二参构造函数。

`istrstream(char * str, int n);`

由参数 str 指定字符数组,它将作为"输入源",由参数 n 指出仅使用 str 的前 n 个字符(而不是"整体字符")。

注意:二参构造函数时,并不要求 str 中必须具有 '\0' 结束符号;若 n=0,则假定 str 为一个以 '\0' 为结束符号的字符串(字符数组)。

由于 istrstream 是 istream 的派生类,所以,凡可以用于 istream 类的运算符或成员函数,都可以使用到该 istrstream 派生类的对象上(用于从与该派生类对象关联的"输入源"即 str 字符数组中读取数据)。另外,也可使用 istream::seekg 函数指定读入位置(以实现随机读功能)。

【例 11-17】 字符串流。

编写程序

```
1   //例11-17程序:
2   # include < strstream >
3   # include < iostream >
4   # include < cstring >
5   using namespace std;
6   int main()
7   {
8       int i;
9       char str[36] = "This is a book.";
10      char ch;
```

```
11      istrstream input(str, 36);        //以串流为信息源
12      ostrstream output(str, 36);
13      cout <<"字符串长度: "<< strlen(str)<< endl;
14      for(i = 0;i < 36;i++)
15      {
16          input >> ch;                  //从输入设备(串)读取一个字符,所有空白字符全跳过
17          cout << ch;                   //输出字符
18      }
19      cout << endl;
20      int inum1 = 93, inum2;
21      double fnum1 = 89.5, fnum2;
22      output << inum1 <<' '<< fnum1 <<'\0';    //加空格分隔数字
23      cout <<"字符串长度: "<< strlen(str)<< endl;
24      //第二参数为 0 时,表示连接到以'\0'为结束符的字符串
25      istrstream input1(str, 0);
26      input1 >> inum2 >> fnum2;
27      cout <<"整数: "<< inum2 <<'\t'<<"浮点数: "<< fnum2 << endl;
28      //输出: 整数:93 浮点数:89.5
29      cout <<"字符串长度: "<< strlen(str)<< endl;
30      return 0;
31  }
```

运行结果

```
字符串长度: 15
Thisisabook.
字符串长度: 7
整数: 93      浮点数: 89.5
字符串长度: 7
```

程序分析

(1) 数据全部是以 ASCII 代码形式存放的字符,而不是以二进制形式表示的数据。

(2) 字符数组 ch 中的数据之间没有空格,连成一片,这是由输出的方式决定的。如果想将这些数据读回赋给程序中相应的变量,就会出现问题,因为无法分隔两个相邻的数据。为解决此问题,可在输出时人为地添加空格。

(3) 用字符串流时不需要打开文件和关闭文件。

(4) 通过字符串流从字符数组读数据就如同从键盘读数据一样,可以从字符数组读入字符数据,也可以读入整数、浮点数或其他类型数据。

与字符串流关联的字符数组相当于内存中的临时仓库,可以用来存放各种类型的数据(以 ASCII 形式存放),在需要时再从中读回来。它的用法相当于标准设备(显示器与键盘),但标准设备不能保存数据,而字符数组中的内容可以随时用 ASCII 字符输出。字符数组比外存文件使用方便,不必建立文件(无须打开与关闭),存取速度快,但它的生命周期与其所在的模块(如主函数)相同,该模块的生命周期结束后,字符数组也不存在了,因此只能作为临时存储空间。

11.6　综合实例

经过了改革开放四十年的快速发展,中国人又一次站在了时代的风口。在 21 世纪第三个十年的开端,中国的 IT 技术将继续加快发展的脚步,在 5G 技术、移动支付、大型分布式数据库和人工智能等多个领域中蓬勃发展,正在把科学技术扎扎实实的应用到经济发展和社会进步的各个方面,而"工匠精神"注入科技发展和应用,正是未来走向成功的重要途径!

本节以商业软件或线上系统具有的日志功能为例,通过简单的日志文件类的设计和实现,进一步学习输入/输出流技术的应用。

众所周知,良好的日志信息可以记录 IT 系统运行过程中重要的操作或状态变化,是分析系统操作和跟踪异常错误不可或缺的信息源。在实际工业应用场景中,系统日志模块必须能够自动保留历史日志文件,即当记录系统运行信息的日志文件大小达到既定最大值(字节数)时,会自动转储保存到一个新的历史文件中;而当前日志文件则会被清空,继续记录新的日志信息。例如,假设当前日志文件名为 myfile.log,当它的大小到达最大值(1MB)时,则把该文件重命名为新文件 myfile-0.log,从而实现文件转储功能。然后重新生成 myfile.log 的输出流,继续记录新的日志信息。根据实际需要,日志系统可以保留大量的历史日志文件,但当历史日志文件数目达到一定的上限时,系统一般会采用备份策略,将历史日志文件进行压缩、转储数据库或依据生成时间覆盖等。

本节实现的简单日志模块,其功能说明如下。

(1)日志模块可以让程序员配置文件名、日志文件大小上限和历史日志文件数量上限。

(2)日志模块重载运算符＋＝,为程序员提供简洁、方便地向日志文件添加字符串的功能。

(3)日志模块在执行添加日志信息(字符串)的过程中,自动检测添加当前信息后的日志文件大小。如果文件长度没有超过上限,则直接将日志信息添加写入;否则将当前日志文件转储保存到一个历史文件,然后清空当前日志文件,再添加写入日志信息。

(4)日志模块提供简单的历史日志文件覆盖策略。当历史日志文件数量超过既定的上限时,按照历史日志文件的生成文件时间顺序,对历史日志文件进行覆盖操作。

【例 11-18】　日志模块的头文件 log.h。

```
1   # ifndef _LOG_H
2   # define _LOG_H
3
4   # include < fstream >
5   # include < iostream >
6   # include < assert.h >
7   # include < cstring >
8   # include < sys/stat.h >
9   # include < time.h >
```

```
10  # include < Windows.h >                       // 日志信息写入次数
11
12  using namespace std;
13
14  const size_t OPERATIONSCALE = 100;            // 日志信息写入次数
15  const int DELAYSCALE = 30;                    // 延时毫秒数
16  const size_t MAXFILESIZE = 256;               // 单个日志文件最大字节数
17  const size_t MAXFILENUM = 10;                 // 日志文件最大数量
18
19  class LogFile {
20  public:
21      // 构造函数
22      LogFile(const string& file_name, size_t max_size, size_t max_file_num);
23      ~LogFile();                               // 析构函数
24      void operator += (string &msg);           // 重载运算符 +=
25
26  private:
27      void extend();                            //扩展,生成历史日志文件
28      string createHistoryFileName();           // 生成历史日志文件名
29      ofstream outfile;                         // 日志文件输出文件流
30      string filename;                          // 当前输出日志文件名
31      int fileno;                               // 日志文件名中数字标号
32      size_t size;                              // 当前日志文件字节数
33      size_t maxsize;                           // 日志文件最大字节数
34      size_t maxfilenum;                        // 日志文件最大文件数量
35  };
36
37  # endif                                       // _LOG_H
```

【例 11-19】 日志模块的实现文件 log.cpp。

```
1   # include "log.h"
2
3   LogFile::LogFile(const string& file_name,
4                    size_t max_size,
5                    size_t max_file_num)
6   :filename(file_name), maxsize(max_size), maxfilenum(max_file_num)
7   {
8       assert(maxfilenum > 0);                   // 判断输入日志文件最大数量是否合理
9       struct stat sf;
10      if (!stat(filename.c_str(), &sf)){        // 读取第一个日志文件的字节数
11          size = (size_t)sf.st_size;
12          fileno = 0;
13          // 打开第一个日志文件的输出流
14          outfile.open(filename.c_str(), ofstream::out|ofstream::app);
15      }
16      else                                      // 读取第一个日志文件的出错处理
17      {
```

```
18              cout << "Error: fail to get log file size!" << endl;
19              exit( -1 );
20          }
21      }
22
23  LogFile::~LogFile()
24  {
25      // 关闭日志文件输出流
26      if (outfile.is_open())
27          outfile.close();
28  }
29
30  void LogFile::operator += (string& msg)
31  {
32      // 如果日志文件字节数超过最大值,开始扩展日志文件,生成历史日志文件
33      if (size + msg.size() >= maxsize)
34          extend();
35      // 如果日志文件字节数不超过最大值,则继续写入日志文件
36      size += msg.size();
37      outfile << msg << endl;
38  }
39
40  void LogFile::extend()                    // 扩展日志文件
41  {
42      if (outfile.is_open())
43          outfile.close();
44      // 生成准备转储的历史日志文件名
45      string historyfilename = createHistoryFileName();
46      // 将当前(已经到达最大字节数的)日志文件重命名为历史日志文件名
47      rename(filename.c_str(), historyfilename.c_str());
48      // 重新打开当前日志文件输出流
49      outfile.open(filename.c_str(), ofstream::out | ofstream::trunc);
50      size = 0;
51  }
52
53  string LogFile::createHistoryFileName()
54  {
55      int filetag = (fileno++) % maxfilenum;
56      return filename + "-" + (char)('0' + filetag) + ".log";
57  }
```

【例 11-20】 日志模块的测试和验证应用程序 main.cpp。

```
1   int main()
2   {
3       LogFile testfile("myfile", MAXFILESIZE, MAXFILENUM);
4       time_t stime;
5       // 通过循环模拟生成日志信息,并写入日志输出流
```

```
6        for (size_t i = 0; i < OPERATIONSCALE; i++) {
7              Sleep(DELAYSCALE);                    // 延时 DELAYSCALE 毫秒
8              time (&stime);                        // 获取当前时间
9              string msgString(ctime(&stime));      // 生成当前时间戳字符串
10             // 模拟生成日志信息字符串
11             msgString += " -- This is the test message for log file operation! ";
12             // 通过重载运算符 += 将日志信息字符串写入日志输出流
13             testfile += msgString;
14       }
15   }
```

运行结果

生成 myfile-0、myfile-1.log 和 myfile-2.log 等一系列历史日志文件。

用文本编辑器打开任意一个历史日志文件，例如 myfile-0.log，可以看到如下日志信息。

```
Mon Feb 01 16:53:24 2021
    -- This is the test message for log file operation!
Mon Feb 01 16:53:24 2021
    -- This is the test message for log file operation!
Mon Feb 01 16:53:24 2021
    -- This is the test message for log file operation!
Mon Feb 01 16:53:24 2021
    -- This is the test message for log file operation!
Mon Feb 01 16:53:24 2021
    -- This is the test message for log file operation!
Mon Feb 01 16:53:25 2021
    -- This is the test message for log file operation!
Mon Feb 01 16:53:25 2021
    -- This is the test message for log file operation!
Mon Feb 01 16:53:25 2021
    -- This is the test message for log file operation!
```

本章小结

在 C++ 编程中，输入/输出流是一个特定类的对象，文件的输入/输出操作也以类成员函数的方式来提供。本质上，计算机中的流是一种信息的有序转换和传递。C++ 语言把某个对象接收外界的信息输入称为输入流，相应地从对象向外输出信息为输出流，二者合称为输入/输出流。对象之间进行信息或者数据的交换，先将对象或数据转换为某种形式的流，再通过流的传输，到达目的对象后再将流转换为对象数据。

从系统角度来说，C++ 中的标准 I/O 流表示内存与标准输入/输出设备之间信息的传递；文件流表示内存与外部文件之间的信息传递；字符串流表示内存变量与表示字符串流的字符数组之间信息的传递。

思考题

创建一个输出流对象：ofstream os("myfile.txt",ios_base::out|ios_base::binary)，注意第二个参数里的按位或符号|，可以把此符号换成 & 吗？思考并说明原因。

练习题

1. 先把整型常量 128 和 1024 分别存放到两个整型变量中，用标准输出流对象 cout 调用 ios 类中的成员函数和使用 ios 类中的格式化常量进行输出格式控制，完成以下工作。

① 设置为八进制输出。

② 按八进制输出。

③ 取消八进制输出设置，恢复十进制输出。

④ 按十进制输出。

⑤ 设置为十六进制输出。

⑥ 按十六进制输出。

⑦ 取消十六进制输出设置，恢复十进制输出。

⑧ 设置输出下一个数据的域宽为 10，按默认的右对齐输出(剩余位置填充空格字符)。

⑨ 设置输出下一个数据的域宽为 10，设置按左对齐输出。

⑩ 设置输出下一个数据的域宽为 10，设置填充字符为 * ，设置浮点数输出精度为 3，设置正数的正号输出。

2. 将常量 127 和 3.1415926 分别存放到两个变量中，用标准输出流对象 cout 调用 ios 类中的成员函数和使用 ios 类中的格式化常量进行输出格式控制，完成以下工作。

① 强制显示小数点和无效 0。

② 恢复默认输出。

③ 设置按科学表示法输出。

④ 设置按定点表示法输出。

⑤ 恢复默认格式输出。

⑥ 设置十六进制输出。

⑦ 设置基指示符输出和数值中的字母大写输出。

⑧ 取消基指示符输出和数值中的字母大写输出，仍按十六进制输出。

⑨ 恢复按十进制输出。

3. 向 C 盘根目录上的 prime.dat 文件输出 1~100 的质数。

4. 从键盘上输入若干行文本字符，直到从键盘上按下组合键 Ctrl+F 为止。把所有字符行存入 C 盘根目录上的 text.dat 文件中。组合键 Ctrl+F 代表文件结束符 EOF。

5. 假定一个结构体数组 class 中的元素类型 student 包含表示姓名的字符指针域 name 和表示成绩的整数域 score，编写一个函数把该数组中的 n 个元素输出到字符文件 C:\\class.dat 中。

第**12**章

C++的异常处理

C++语言有着非常强的纠错能力,发展至今,已经建立了比较完善的异常处理机制。C++语言的异常情况一般分为两种:一是语法错误,即程序中因书写出现了错误的语句、函数、结构和类等,致使编译器无法处理生成可执行程序;另一种是程序运行过程时发生的错误,这种情况往往由算法和程序设计细节引起。

对于第一种情况所述的语法错误,只要仔细书写代码即可避免,集成开发环境中的编译器会通过强大的报错机制定位和提示错误,提高工作效率。

而第二种情况涉及运行时的错误,相对来说要复杂一些。常见的错误包括申请内存失败、文件打开错误和数组下标溢出等。这些错误有时是难以避免的,而一旦出现这些情况,往往会造成算法执行失效、运行结果混乱、程序运行无故停止,甚至引发宕机、系统重启等故障。我们把这些在程序运行时的发生的错误统称为异常,而对这些错误的处理称为异常处理。一般来说,避免异常情况的方法是要求程序员充分考虑程序可能出现的逻辑分支和执行路径,在算法设计和程序编写时采取有效的处理策略和保护机制,使得程序运行遇到错误时能够及时提示用户,并容错运行或终止退出。C++提供的异常处理机制结构清晰、使用方便,可以在一定程度上保证程序的健壮性。例如,针对文件打开失败的情况,有很多种处理方法,其中最简单的保护方法是使用 return 命令,告诉上层调用者函数执行失败;另外一种处理策略是利用 C++ 的异常机制,抛出异常。

12.1　异常处理方法

12.1.1　异常处理机制

C++ 中处理异常的一般过程为:在程序执行过程中发生异常,可以不在本函数中处理,而是抛出一个错误信息,把它传递给上一级的函数来解决;如果上一级的函数解决不了,再传给其上一级的函数,由其上一级的函数处理;如此逐级上传,直到最高一级的函数无法处理,运行系统会自动调用系统函数 terminate,由它调用 abort 函数终止程序。这样的异常处理方法优点在于把异常触发和处理机制分离,使得它们不在同一个函数中处理。底层函数只需要解决实际的任务,而不必过多考虑对异常的处理,而把异常处理的任务交给上一级的函数处理。

C++的异常处理机制由三部分组成:检查(try)、抛出(throw)和捕获(catch)。把需要检查的语句放在 try 模块中,首先通过检查语句来检查发生的错误,然后由 throw 抛出异常,发出错误信息,最后由 catch 捕获异常信息,并进行处理。一般 throw 抛出的异常要和 catch 所捕获的异常类型所匹配。异常处理的一般格式如下。

```
try
{
    被检查语句
    throw 异常
}
catch(异常类型 1)
{
    进行异常处理的语句 1
}
catch(异常类型 2)
{
    进行异常处理的语句 2
}
```

如果某段程序发现了自身不能处理的异常,则可以使用 throw 表达式抛掷这个异常,将它抛掷给调用者。throw 中的<表达式>与 return 语句中的<表达式>相似,如果程序中有多处抛掷异常,则用不同的<表达式>类型互相区别,不能用<表达式>的值来区别不同的异常。

try 子句是代码的保护段。如果预料某段程序代码(或对某个函数的调用)有可能发生异常,则将它放在 try 子句中。如果这段代码(或被调函数)运行时遇到了异常情况,其中的 throw 表达式会抛掷这个异常。

catch 子句后的复合语句是异常处理程序,"捕获"由 throw 表达式抛掷的异常。异常类型说明部分指明该子句处理的异常的类型,它与函数的形参类似,可以是某个类型的值,也可以是引用。类型可以是任何有效的数据类型,包括 C++的类。当异常被抛掷以后,catch 子句便依次被检查,若某个 catch 子句的异常类型说明与被抛掷的异常类型一致,则执行该段异常处理程序。如果异常类型说明是一个省略号(…),catch 子句便处理任何类型的异常,这段处理程序必须是 try 模块的最后一段处理程序。

异常处理的执行过程如下。

(1) 控制通过正常的顺序执行到达 try 语句,然后执行 try 模块内的保护段。

(2) 如果在保护段执行期间没有引起异常,则不执行跟在 try 模块后的 catch 子句,程序从异常被抛掷的 try 模块后跟随的最后一个 catch 子句后面的语句继续执行。

(3) 如果在保护段执行期间或在保护段调用的任何函数中(直接或间接调用)有异常

被抛出,则从通过 throw 操作数创建的对象中创建一个异常对象(这隐含指可能包含一个备份构造函数)。执行程序会根据抛出的异常在执行上下文中按照 catch 子句在 try 语句块之后出现的顺序依次进行匹配检查,或者匹配一个能处理任何类型异常的 catch 子句。如果没有找到合适的处理程序,则继续检查下一个动态封闭的 try 模块。此处理将一直继续,直到最外层的封闭 try 模块被检查完。

(4) 如果匹配的处理器未找到,则运行函数 terminate 将被自动调用,而函数 terminate 的默认功能是调用 abort 终止程序。

(5) 如果找到匹配的 catch 处理程序,且它通过值进行捕获,则其形参通过复制异常对象进行初始化。如果它通过引用进行捕获,则参量初始化为指向异常对象,在形参被初始化之后,开始"栈展开"(stack unwinding)的过程。这包括对那些在与 catch 处理器相对应的 try 模块开始和异常丢弃地点之间创建的(但尚未析构)所有自动对象的析构。析构以与构造相反的顺序进行。然后执行 catch 处理程序,接下来程序跳转到跟随在最后的处理程序之后的语句。

实际上,"栈展开"是当异常抛出后,匹配 catch 子句的过程。抛出异常时,将暂停当前函数的执行,开始查找匹配的 catch 子句。沿着函数的嵌套调用链向上查找,直到找到一个匹配的 catch 子句,或找不到匹配的 catch 子句。其注意事项如下。

- 在栈展开期间,会销毁局部对象。如果局部对象是类对象,那么通过调用它的析构函数销毁;但是对于通过动态分配得到的对象,编译器不会自动删除,所以必须手动显式删除。
- 析构函数应该从不抛出异常。如果析构函数中需要执行可能会抛出异常的代码,则应该在析构函数内部将这个异常进行处理,而不是将异常抛出。
- 构造函数中可以抛出异常。注意,如果构造函数因为异常而退出,那么该类的析构函数就得不到执行,所以需要手动销毁在异常抛出前已经构造的部分。

【例 12-1】 除数为零的异常处理示例 1。

编写程序

```
1  //例 12-1 程序:
2  #include <iostream>
3  using namespace std;template <typename T>
4  T Div(T x,T y)
5  {
6    if(y==0)
7    throw y;                              //抛出异常
8    return x/y;
9  }
10 int main()
11 {
12   int x=5,y=0;
13   double x1=5.5,y1=0.0;
14   try
15     {
```

```
16              //被检查的语句
17              cout << x <<"/"<< y <<" = "<< Div(x,y)<< endl;
18              cout << x1 <<"/"<< y1 <<" = "<< Div(x1,y1)<< endl;
19          }
20      catch(int)                                      //异常类型
21          {
22              cout <<"除数为 0,计算错误!"<< endl;          //异常处理语句
23          }
24      catch(double)                                   //异常类型
25          {
26              cout <<"除数为 0.0,计算错误!"<< endl;        //异常处理语句
27          }
28      return 0;
29  }
```

运行结果

除数为 0,计算错误!

程序分析

也许有人会问,第二个双精度类型的除法计算也应该抛出异常才对啊,但在实际的运行过程中并非如此,其实该双精度类型除法函数根本没有被执行。以上程序的执行过程为:调用函数 Div(x,y)时发生异常,由函数 Div 中的语句 throw y;抛出异常,并不再往下执行 return x/y;;接着 catch 捕获 int 类型的异常并处理异常,最后执行 return 0;。因此函数 Div(x1,y1)和 catch(double){}模块根本没有被执行。

如果把 y 的值改为 1,则结果就变成为:

5/1 = 5
除数为 0.0,计算错误!

如果在执行 try 语句模块时,没有发生异常,则 catch 子句不起作用,流程转到其后的语句继续执行。从上述两个结果中可知第一次 throw 抛出的为 int 类型,所以找到处理该类型的 catch 子句。第二次是抛出 double 类型,所找到的是处理 double 类型的 catch 子句。

12.1.2　编程规则

异常处理编程中,需要注意以下几点。

(1) try 模块和 catch 模块必须要用花括号括起来,即使花括号内只有一个语句也不能省略花括号。

(2) try 和 catch 必须成对出现,一个 try_catch 中只能有一个 try 模块,但可以有多个 catch 模块,以便与不同的异常信息匹配。

(3) 如果在 catch 模块中没有指定异常信息的类型,而用省略号"…",则表示它可以捕获任何类型的异常信息。

(4) 如果 throw 不包括任何表达式,表示它把当前正在处理的异常信息再次抛出,传

给其上一层的 catch 模块处理。

（5）C++中一旦抛出一个异常，如果程序没有任何的捕获，那么系统将会自动调用一个系统函数 terminate，由它调用 abort 函数终止程序。

【例12-2】 除数为零的异常处理示例2。

编写程序

```
1   //例 12 - 2 程序:
2   ♯ include < iostream >
3   using namespace std;
4   template < typename T >
5   T Div(T x,T y)
6   {
7     if(y == 0)
8     throw y;                            //抛出异常
9     return x/y;
10  }
11  int main()
12  {
13    int x = 5,y = 1;
14    double x1 = 5.5,y1 = 0.0;
15    try
16      {
17        //被检查的语句
18         cout << x <<"/"<< y <<" = "<< Div(x,y)<< endl;
19         cout << x1 <<"/"<< y1 <<" = "<< Div(x1,y1)<< endl;
20      }
21    catch(...)                          //捕获任意类型异常
22      {
23       try
24        {
25           cout <<"任意类型异常!"<< endl;
26           throw;                       //抛出当前处理异常信息给上一层的 catch 模块
27        }
28      catch(int)                        //异常类型
29         {
30           cout <<"除数为 0,计算错误!"<< endl;   //异常处理语句
31         }
32      catch(double)//异常类型
33         {
34           cout <<"除数为 0.0,计算错误!"<< endl; //异常处理语句
35         }
36      }
37    return 0;
38  }
```

运行结果:

5/1 = 5
5.5/0 = 任意类型异常!
除数为 0.0,计算错误!

【例 12-3】 自定义异常类。

编写程序

```
1    //例 12 - 3 程序:
2    # include "stdafx. h"
3    # include < stdlib. h >
4    # include < crtdbg. h >
5    # include < iostream >
6    //内存泄漏检测机制
7    # define _CRTDBG_MAP_ALLOC
8    # ifdef _DEBUG
9    # define new new(_NORMAL_BLOCK, __ FILE __, __ LINE __)
10   # endif
11     class MyExcepction                              //自定义异常类
12   {
13     public:
14     MyExcepction(int errorId)                       //构造函数,参数为错误代码
15     {
16       std::cout <<"MyExcepction is called"<< std::endl;    //输出被调用信息
17       m_errorId = errorId;
18       }
19       //复制构造函数
20     MyExcepction( MyExcepction& myExp)
21     {
22       std::cout <<"copy construct is called"<< std::endl;   //输出被调用信息
23       this -> m_errorId = myExp. m_errorId;
24       }
25     ~MyExcepction()
26       {
27     std::cout <<"~MyExcepction is called"<< std::endl;   //输出被调用信息
28       }
29     int getErrorId()                                //获取错误码
30     {
31       return m_errorId;
32       }
33     private:
34     int m_errorId;                                  //错误码
35     };
36   int main() {
37     //内存泄漏检测机制
38     CrtSetDbgFlag(_CRTDBG_ALLOC_MEM_DF|_CRTDBG_LEAK_CHECK_DF);
39     //可以改变错误码,以便抛出不同的异常进行测试
40       int throwErrorCode = 110;
```

```
41      cout <<"input test code:"<< endl;
42      cin >> throwErrorCode;
43      try
44        {
45         if(throwErrorCode == 110)
46           {
47              MyExcepction myStru(110);
48              //抛出对象的地址 ->catch(MyExcepction * pMyExcepction)捕获
49              //这里该对象的地址抛出给catch语句,不会调用对象的复制构造函数
50              //传地址是提倡的做法,不会频繁调用该对象的构造函数或复制构造函数
51              //catch语句执行结束后,myStru会被析构
52              throw &myStru;
53           }
54        else
55            if(throwErrorCode == 119 )
56            {
57              MyExcepction myStru(119);
58              //抛出对象,这里通过复制构造函数创建一个临时的对象传给catch
59              //由catch(MyExcepction myExcepction)捕获
60              //在catch语句中会再次调用通过复制构造函数创建临时对象复制这里
61              //传过去的对象
62              //throw结束后myStru会被析构
63              throw myStru;
64            }
65          else
66            if(throwErrorCode == 120 )
67              {
68                 //不提倡这样的抛出方法
69                 //这样做的话,如果catch( MyExcepction * pMyExcepction)中不执
70                 //行delete操作,会发生内存泄漏
71                 //由catch(MyExcepction * pMyExcepction)捕获
72                 MyExcepction * pMyStru = new MyExcepction(120);
73                 throw pMyStru;
74              }
75            else
76              {
77                 //直接创建新对象抛出
78                 //相当于创建了临时的对象传递给catch语句
79                 //由catch接收时通过复制构造函数再次创建临时对象接收传递
80                 //过去的对象,throw结束后两次创建的临时对象会被析构
81                 throw MyExcepction(throwErrorCode);
82              }
83        }
84     catch(MyExcepction * pMyExcepction)
85       {
86          //输出本语句被执行信息
87          std::cout <<"执行了catch(MyExcepction * pMyExcepction)"<< std::endl;
88          //输出错误信息
89          std::cout <<"error Code:"<< pMyExcepction ->getErrorId()<< std::endl;
```

```
90              //异常抛出的新对象并非创建在函数栈上,而是创建在专用的异常栈上
91              //不需要进行 delete pMyExcepction
92          }
93      catch(MyExcepction myExcepction)
94          {
95              //输出本语句被执行信息
96              std::cout <<"执行了 catch(MyExcepction myExcepction)"<< std::endl;
97              //输出错误信息
98              std::cout <<"error Code:"<< myExcepction.getErrorId()<< std::endl;
99          }
100     catch(...)
101         {
102             //输出本语句被执行信息
103             std::cout <<"执行了 catch(...)"<< std::endl;
104             //处理不了,重新抛给上一级函数
105              throw ;
106         }
107         //暂停
108         int temp;
109         std::cin >> temp;
110         return 0;
111 }
```

运行结果

```
Input test code:
110
MyException is called
~MyException is called
执行了 catch(MyException * pMyException)
error Code: 110
4
```

12.2 异常处理的接口声明

为了加强程序的可读性,使函数的用户能够方便地知道所使用的函数会抛出哪些异常,可以在函数的声明中列出这个函数可能抛出的所有异常类型,例如:

```
void fun() throw( A,B,C,D);
```

表明函数 fun()可能并且只可能抛出类型(A,B,C,D)及其子类型的异常。

如果在函数的声明中没有包括异常的接口声明,则此函数可以抛出任何类型的异常,例如:

```
void fun();
```

一个不会抛出任何类型异常的函数可以进行如下形式的声明。

```
void fun() throw();
```

12.3　异常处理需要注意的问题

（1）如果抛出的异常一直没有函数捕获（catch），则会一直上传到 C++运行系统，导致整个程序的终止。

（2）一般在异常抛出后资源可以正常被释放。注意，如果在类的构造函数中抛出异常，系统不会调用它的析构函数，处理方法是：在抛出前删除申请的资源。

（3）异常处理仅通过类型匹配，而不是通过值匹配，所以 catch 子句的参数可以没有参数名称，只需要参数类型。

（4）函数原型中的异常说明要与实现中的异常说明一致，否则容易引起异常冲突。

（5）应该在 throw 语句后写上异常对象时，throw 先通过 copy 构造函数构造一个新对象，再把该新对象传递给 catch。那么当异常抛出后新对象如何释放？异常处理机制保证：异常抛出的新对象并非创建在函数栈上，而是创建在专用的异常栈上，因此才可以跨接多个函数而传递到上层，否则在栈清空的过程中就会被销毁。所有从 try 到 throw 语句之间构造起来的对象的析构函数将被自动调用。但如果一直上溯到 main 函数后还没有找到匹配的 catch 子句，那么系统调用 terminate()终止整个程序，在这种情况下不能保证所有局部对象会被正确地销毁。

（6）catch 子句的参数推荐采用地址传递而不是值传递，不仅可以提高效率，还可以利用对象的多态。另外，派生类的异常捕获要放到父类异常捕获的前面，否则，派生类的异常无法被捕获。

（7）编写异常说明时，要确保派生类成员函数的异常说明和基类成员函数的异常说明一致，即派生类改写的虚函数的异常说明至少要和对应的基类虚函数的异常说明相同，甚至更加严格，更加特殊。

12.4　异常传递的方法

12.4.1　传值

传值（by value）的过程中会产生临时对象的复制，不能解决多态的问题，如例 12-4 程序所示：myexception 虽然继承自 exception，但是无法被正确地调用 myexception 的方法，造成对异常对象的调用出错。

【例 12-4】　异常处理对象值传递。

编写程序

```
1   //例 12-4 程序:
2   class myexception:public exception{
3       public:
4       virtual const char * what() throw();
```

```
5  };
6  const char * myexception::what(){
7     return "myException";
8  }
9  class A{
10    public:
11    A(){}
12    void f() throw(){
13    throw myexception();
14    }
15 };
16 int main(){
17    A a;
18    try{
19      a.f();
20    }
21    catch(exception exc){
22      cout << exc.what();
23    }
24 }
```

运行结果

```
UnKnown exceptions
```

程序执行时会调用 exception 的 what 方法,而不是 myexception 的 what 方法。

12.4.2 传指针

传指针(by pointer)可以实现多态,但往往会将临时对象的地址作为指针传出去,出现悬挂指针错误。如果在堆上分配内存空间,又往往不知道何时删除对象,则出现"to be or not to be"的错误。

【例 12-5】 异常处理对象指针传递。
编写程序

```
1  //例 12 - 5 程序:
2  class myexception:public exception{
3      public:
4      virtual const char * what() const;
5  };
6  const char * myexception::what() const{
7      return "myException";
8  }
9  class A{
10    public:
11    A( ){ }
12    void f( ) throw( ){
```

```
13        throw new myexception();
14    }
15 };
16 int main(){
17    A a;
18    try {
19      a.f();
20    }
21    catch(exception * pexc){
22      cout << pexc - > what();
23      delete pexc;
24    }
25 }
```

运行结果

```
myException
```

12.4.3　引用传递

引用传递(by reference)是传递对象最好的方法,可以克服传值和传指针存在的问题。

【例 12-6】　异常处理对象引用传递。

编写程序

```
1  //例 12 - 6 程序:
2  class myexception:public exception{
3      public:
4      virtual const char * what() const;
5  };
6  const char * myexception::what() const{
7      return "myException";
8  }
9  class A{
10     public:
11     A(){}
12     void f() throw(){
13       throw myexception();
14     }
15 };
16 int main(){
17    A a;
18    try{
19      a.f();
20    }
21    catch(exception& exc){
22      cout << exc.what();
```

```
23   }
24 }
```

运行结果

```
myException
```

本章小结

增强错误恢复能力是提高代码健壮性的有力的途径之一。相对于 C 语言,C++语言的主要优势之一是它对异常处理的支持。传统异常处理方式是在非常靠近函数调用的地方编写错误处理代码,这样会使程序紧耦合而缺乏灵活性,且易出错。C++语言异常处理机制提供了处理错误的一种更好的方案,通过 try、throw 和 catch 将正常流程代码与错误处理代码清晰地隔离,使得程序更加健壮,且易于维护。

思考题

1. 为什么 C++要求获取内存最好放在构造函数中,而内存的释放在析构函数中?
2. 为什么要有异常重新抛出? 简述异常重新抛出与处理的次序及过程。

练习题

1. 当在 try 块中抛出异常后,程序最后是否回到 try 块中,继续执行后面的语句?
2. 什么是栈展开(stack unwinding)? 异常在其中按怎样的步骤寻求处理?
3. 简述以下程序的执行过程和运行结果。

```cpp
# include < iostream. h>
class Sample
{
  public:
  Sample()
 {
   cout << "Constructor" << endl;
   throw 1;
  }
 ~Sample()
 {
  cout << "Destructor" << endl;
 }
};
void main()
{
  try
```

```
  {
    Sample s;
  }
  catch(int)
 {
  cout << "出现异常情况" << endl;
 }
}
```

4. 简述以下程序的执行过程。

```
# include < iostream. h >
class Sample
{
  public:
  Sample()
 {
    cout << "Constructor" << endl;
 }
 ~Sample()
 {
    cout << "Destructor" << endl;
 }
};
void main()
{
  try
 {
    Sample s;
    throw 1;
 }
  catch(int)
 {
    cout << "出现异常情况" << endl;
 }
}
```

5. 编写程序,定义一个字符型数组 char str[20],显示该数组指定下标的元素,并用异常处理机制检测下标超界的情况。

6. 编写程序,求一元二次方程的根,并用异常处理机制检测无实数根的情况。

第3部分　附录

附 录 A

编码风格和准则及算法表示方法

A.1 编码风格和准则

一个 C++ 程序由一个或多个文件构成,在程序编译时编译系统分别对各个文件进行编译,一个文件就是一个编译单元。一个 C++ 程序从 main 函数开始执行,与 main 函数在程序文件中的位置无关。程序遇到 main 函数中的 return 0;语句后结束。

在 C++ 程序中程序语句的书写格式是自由的,一行内可以写多个语句,或一个语句写在多行上,对于执行语句,程序将编译后执行。

C++ 程序中的非执行语句起注释作用,C++ 程序中采用//作为注释开始的标志。而对于多行的注释内容可以采用"/ * "和" * /"标志来标记,在"/ * "与" * /"之间的内容作为注释内容,在程序编译和程序执行时略掉不起作用。

C++ 源程序一般形式如下。

```
# include < iostream >                //预处理指令
using namespace std;                  //标准命名空间 std
int  main()                           //主函数,函数首部
{ …                                   //函数体
return 0;                             //程序正常,执行返回值0
}
```

A.2 算法表示方法及解题步骤

【例 A-1】 编写程序,输入 n 值计算下列表达式的值,并输出计算结果。

$$sum = 1 - \frac{1}{\sqrt{2}} + \frac{1}{\sqrt{3}} - \frac{1}{\sqrt{4}} + \frac{1}{\sqrt{5}} - \frac{1}{\sqrt{6}} + \frac{1}{\sqrt{8}} - \frac{1}{\sqrt{9}} + \cdots + \frac{1}{\sqrt{n}}$$

编写程序

```
# include < iostream >
# include < cmath >
using namespace std;
int main(){
int   i = 1,n,f = 1;
 double sum = 0;
 cout <<"输入一个大于或等于 100 的正整数: ";
 cin >> n;
 while (i < = n){
 if (i % 7!= 0) {sum + = f * 1/double(sqrt(i)); f = - f;}
  i++;
 }
 cout <<"sum = "<< sum << endl;
 return 0;
}
```

运行结果

输入一个大于或等于 100 的正整数: 101
sum = 0.626447

说明:

while (i<=n)循环语句表示当 i<=n 时执行循环体中的语句。if (i%7!=0) {sum+= f * 1/double(sqrt(i)); f=-f;}表示当 i 不是 7 的倍数时按表达式 sum=sum+f * 1/ double(sqrt(i))计算,f=-f 表示 f 取(-1) * f 由正数变为负数,或由负数变为正数。两句外面的{}表示这是复合语句,满足 i 不是 7 的倍数时运行{sum+=f * 1/double(sqrt(i)); f=-f;}两个执行语句。

算法表示方法及解题步骤如下所示。

第 1 步　审题得到算法。

如果程序中的循环语句改成 while (1)表示条件永为真,并且在循环体中判断 i 是否为 7 的倍数时有如下要求:(1)若 i 是 7 的倍数,则跳过 7 的倍数,取下个数继续计算;(2)若判断 i 不是 7 的倍数,使用表达式计算 sum 的值,取下个数继续计算;(3)if 语句使用不能写 else 子句。防止程序的死循环等问题,在循环体中使用 break 和 continue 两个子句来实现。

第 2 步　通过自然语句方法、程序流程图法、N-S 流程图法表示算法的解题思路。

方法一　自然语句方法(如图 A.1 所示)

```
# include < iostream >
# include < cmath >
using namespace std;
int main(){
int i = 1,n,f = 1;
 double sum = 0;
 …//自然语句方法对应的 C++语句
return 0;
 }
```

显示信息"输入一个大于或等于100的正整数："，并且从键盘接收一个正整数存于整型变量 n 中，循环开始进行判断，判断条件为常量1(真)强制执行循环体内语句

  {　如果 $i>n$ 强制退出循环

   如果 i 是7的倍数，则循环控制变量 i 加1，并且返回到循环语句开始处进行条件判断

   按表达式 $sum = sum + f * \dfrac{1}{\sqrt{i}}$ 计算，得到 sum 值

   取 f 的负数 $f = -f$

   循环控制变量 i 加1，自动返回到循环语句开始处进行条件判断

  }

输出 sum 值

图 A.1

方法二　程序流程图法(如图 A.2 所示)

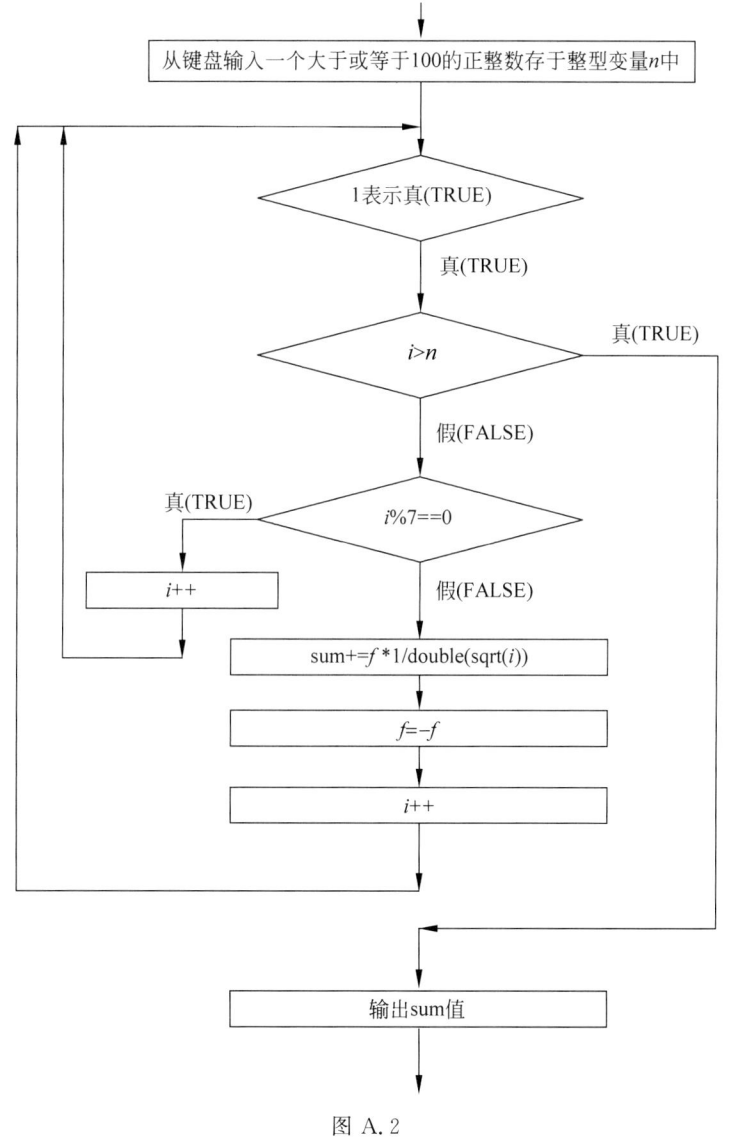

图 A.2

```
# include < iostream >
# include < cmath >
using namespace std;
int main(){
int i = 1, n, f = 1;
 double sum = 0;
    ...//程序流程图法对应的 C++语句
    return 0;
}
```

方法三　N-S 流程图法(如图 A.3 所示)

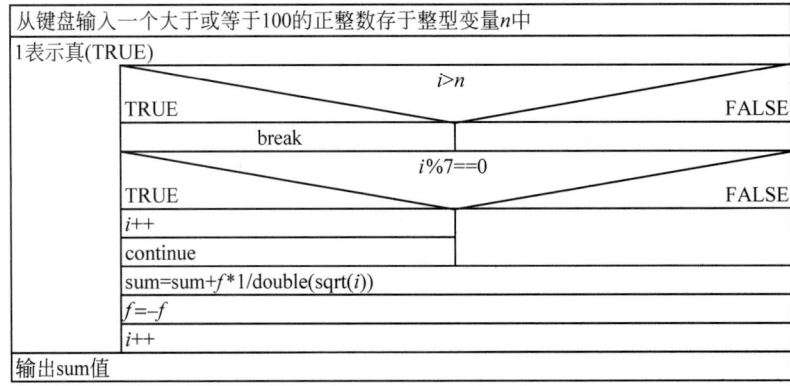

图 A.3

```
# include < iostream >
# include < cmath >
using namespace std;
int main(){
int i = 1, n, f = 1;
 double sum = 0;
    ...//N-S 流程图法对应的 C++语句
    return 0;
}
```

第 3 步　编写程序。

C++的源程序是扩展名为.cpp 的文件。

```
# include < iostream >
# include < cmath >
using namespace std;
int main(){
int i = 1, n, f = 1;
 double sum = 0;
 cout <<"输入一个大于或等于 100 的正整数: ";
 cin >> n;
 while (1)                                         //for(;1;)
 {if (i > n) break;
```

```
if (i % 7 == 0) {i++;continue;}
sum += f * 1/double(sqrt(i));
f =- f;
i++;
}
cout <<"sum = "<< sum << endl;
return 0;
}
```

第 4 步 对源程序进行编译,生成目标文件,将目标文件连接库文件生成执行文件。

C++程序编译器把源程序(.cpp)翻译成二进制文件的目标程序(.obj),经过程序修改且通过编译器检查正确后,系统将目标程序和系统预处理指令中的库文件信息相连接,形成一个可执行的二进制文件(.exe)。

第 5 步 执行程序,分析程序的运行结果,优化算法。

运行结果

```
输入一个大于或等于 100 的正整数: 101
sum = 0.626447
```

运行二进制执行程序(.exe)得到运行结果。程序运行结果与非程序软件(Excel 文档)的计算结果进行核对,并分析算法,直至正确为止。最后在保证运行结果正确的前提下进行算法优化(如图 A.4 所示)。

	B	C	D	E
1	计算结果(=SUM(E3:E103))			0.626447
2	i	1/sqrt(i)	f	f*1/sqrt(i)
3	1	1	1	1.000000
4	2	0.707106781	−1	−0.707107
5	3	0.577350269	1	0.577350
6	4	0.5	−1	−0.500000
7	5	0.447213595	1	0.447214
8	6	0.40824829	−1	−0.408248
9	7			
10	8	0.353553391	1	0.353553
11	9	0.333333333	−1	−0.333333
92	90	0.105409255	−1	−0.105409
93	91			
94	92	0.104257207	1	0.104257
95	93	0.103695169	−1	−0.103695
96	94	0.103142125	1	0.103142
97	95	0.102597835	−1	−0.102598
98	96	0.102062073	1	0.102062
99	97	0.101534617	−1	−0.101535
100	98			
101	99	0.100503782	1	0.100504
102	100	0.1	−1	−0.100000
103	101	0.099503719	1	0.099504

图 A.4

A.3　C++程序中全局变量的声明及函数声明与调用

在 C++程序中变量和函数必须先定义后使用。根据变量和函数作用域的规定,在程序中若全局变量写在变量使用语句之后,或者函数定义语句写在函数调用语句之后,则 C++程序中必须在使用全局变量之前,或者调用函数之前进行全局变量和函数声明,即先声明再使用。

【例 A-2】　含有全局变量的声明及函数声明与调用的 C++程序。

编写程序

```
# include < iostream >
using namespace std;
extern float a,b,c;                    //声明全局变量
int main()
{
 float add(float,float);               //声明函数,在调用之前声明
 a = 10;b = 20;
 c = add(a,b);
 cout <<"sum = "<< c << endl;
 cout <<"a = "<< a <<","<<"b = "<< b << endl;
 return 0;
}

float add(float a,float b)             //定义函数,定义局部变量 a、b,并且作为形参
{float c;                              //定义局部变量 c
 c = a + b;
 a++; b++;
 return c;
}

float a,b,c;                           //定义全局变量 a、b、c,位置于文件的末尾
```

运行结果

```
sum = 30
a = 10,b = 20
```

A.4　一个 C++程序由多个文件组成

【例 A-3】　从键盘输入三角形的三边值后进行判断,若三个值大于零且任意两边之和大于第三边且任意两边之差小于第三边,则判定为三角形。使用海伦公式计算此三角形的面积并输出;否则,不进行三角形面积计算并输出信息"不构成三角形!"。

编写程序

samplea.cpp 的源程序:

```
# include < iostream >
using namespace std;
int main(){
int yesno(float,float,float);                        //声明 sample1b.cpp 文件中的 yesno 函数
 double calc(float,float,float);                      //声明 sample1c.cpp 文件中的 calc 函数
 float a,b,c;
 cout <<"输入三角形三边值 a,b,c:";
 cin >> a >> b >> c;
 if (yesno(a,b,c)) cout <<"三角形面积:"<< calc(a,b,c)<< endl; //调用外部函数
 else cout <<"不构成三角形!"<< endl;
 return 0;
}
```

sampleb.cpp 的源程序：

```
int yesno(float a,float b,float c){
if (a > 0 && b > 0 && c > 0 && a + b > c && a + c > b && b + c > a && a - b < c && a - c < b && b - c < a)
return 1;
else return 0;
}
```

samplec.cpp 的源程序：

```
# include < cmath >
double calc(float a,float b,float c){
double s,area;
 s = (a + b + c)/2.0;
 area = sqrt(s * (s - a) * (s - b) * (s - c));
 return area;
}
```

运行结果

```
输入三角形三边值 a,b,c:2 3 4
三角形面积:2.90474

输入三角形三边值 a,b,c:2 3 5
不构成三角形!
```

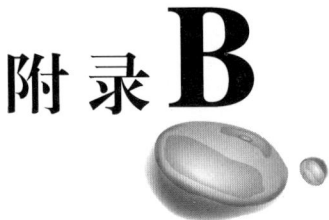

附录 B

C++常用库函数

B.1 常用数学函数表

头文件♯include＜math＞或者♯include＜math.h＞。

函 数 原 型	功　　能	返　回　值
int abs(int x)	求整数 x 的绝对值	绝对值
double acos(double x)	计算 arcos(x)的值	计算结果
double asin(double x)	计算 arsin(x)的值	计算结果
double atan(double x)	计算 arctan(x)的值	计算结果
double cos(double x)	计算 cos(x)的值	计算结果
double cosh(double x)	计算 x 的双曲余弦 cosh(x)的值	计算结果
double exp(double x)	计算 e^x 的值	计算结果
double fabs(double x)	求实数 x 的绝对值	绝对值
double fmod(double x)	求 x/y 的余数	余数的双精度数
long labs(long x)	求长整型数的绝对值	绝对值
double log(double x)	计算 In(x)的值	计算结果
double log10(double x)	计算 $\log_{10}(x)$ 的值	计算结果
double modf(double x, double * y)	取 x 的整数部分送到 y 所指向的单元格中	x 的小数部分
double pow(double x, double y)	计算 x^y 的值	计算结果
double sin(double x)	计算 sin(x)的值	计算结果
double sqrt(double x)	计算$\sqrt{x}$的值	计算结果
double tan(double x)	计算 tan(x)的值	计算结果

B.2　常用字符串处理函数表

头文件＃include < string >或者＃include < string. h >。

函 数 原 型	功　　能	返 回 值
void * memcpy(void * p1, const void * p2 size_t n)	存储器复制,将 p2 所指向的共 n 个字节复制到 p1 所指向的存储区中	目的存储区的起始地址（实现任意数据类型之间的复制）
void * memset(void * p int v, size_t n)	将 v 的值作为 p 所指向的区域的值,n 是 p 所指向区域的大小	该区域的起始地址
char * strcpy(char * p1, const char * p2)	将 p2 所指向的字符串复制到 p1 所指向的存储区中	目的存储区的起始地址
char * strcat(char * p1, const char * p2)	将 p2 所指向的字符串连接到 p1 所指向的字符串后面	目的存储区的起始地址
int strcmp(const char * p1, const char * p2)	比较 p1,p2 所指向的两个字符串的大小	两个字符串相同,返回 0;若 p1 所指向的字符串小于 p2 所指的字符串,返回负值;否则,返回正值
int strlen(const char * p)	求 p 所指向的字符串的长度	字符串所包含的字符个数（不包括字符串结束标志'\n'）
char * strncpy(char * p1, const char * p2, size_t n)	将 p2 所指向的字符串(至多 n 个字符)复制到 p1 所指向的存储区中	目的存储区的起始地址（与 strcpy()类似）
char * strncat(char * p1, const char * p2, size_t n)	将 p2 所指向的字符串(至多 n 个字符)连接到 p1 所指向的字符串的后面	目的存储区的起始地址（与 strcpy()类似）
char * strncmp(const char * p1, const char * p2, size_tn)	比较 p1,p2 所指向的两个字符串的大小,至多比较 n 个字符	两个字符串相同,返回 0;若 p1 所指向的字符串小于 p2 所指的字符串,返回负值;否则,返回正值（与 strcpy()类似）
char * strstr(const char * p1, const char * p2)	判断 p2 所指向的字符串是否是 p1 所指向的字符串的子串	若是子串,返回开始位置的地址;否则返回 0

B.3　其他常用函数表

头文件＃include < stdlib >或者＃include < stdlib. h >。

函 数 原 型	功　　能	返 回 值
void abort(void)	终止程序执行	
void exit(int)	终止程序执行	
double atof(const char * s)	将 s 所指向的字符串转换成实数	实数值
int atoi(const char * s)	将 s 所指向的字符串转换成整数	整数值
long atol(const char * s)	将 s 所指的字符串转换成长整数	长整数值
int rand(void)	产生一个随机整数	随机整数

函 数 原 型	功 能	返 回 值
void srand(unsigned int)	初始化随机数产生器	
int system(const char * s)	将 s 所指向的字符串作为一个可执行文件,并加以执行	
max(a,b)	求两个数中的大数	大数
min(a,b)	求两个数中的小数	小数

B.4 输入/输出的成员函数表

头文件♯include＜iostream＞或者♯include＜iostream.h＞。

函 数 原 型	功 能	返 回 值
cin ＞＞ v	输入值送给变量	
cout ＜＜ exp	输出表达式 exp 的值	
istream & istream::get(char &c)	输入字符送给变量 c	
istream & istream::get(char * , int, char = '\n')	输入一行字符串	
istream & istream::getline(char * , int, char = '\n')	输入一行字符串	
void ifstream::open(const char * ,int=ios::in, int = filebuf::openprot)	打开输入文件	
void ofstream::open(const char * ,int=ios::out, int = filebuf::openprot)	打开输出文件	
void fsream::open(const char * ,int, int = filebuf::openprot)	打开输入/输出文件	
ifstream::ifstream(const char * ,int = ios::in, int = filebuf::openprot)	构造函数打开输入文件	
ofstream::ofstream(const char * ,int=ios::out, int = filebuf::openprot)	构造函数打开输出函数	
fstream::fstream(const char * , int, int = filebuf::openprot)	构造函数打开输入/输出文件	
void istream::close()	关闭输入文件	
void ofstream::close()	关闭输出文件	
void fstream::close()	关闭输入/输出文件	
istream & istream::read(char * , int)	从文件中读取数据	
ostream & istream::write(const char * ,int)	将数据写入文件中	
int ios::eof()	判断是否到达打开文件的尾部	1 为到达, 2 为没有
istream & istream::seekg(streampos)	移动输入文件的指针	
istream & istream::seekg(streamoff,ios::seek_dir)	移动输入文件的指针	
streampos istream::tellg()	取输入文件的指针	
ostream & ostream::seekp(streampos)	移动输出文件的指针	
ostream & ostream::seekp(streamoff,ios::seek_dir)	移动输出文件的指针	
streampos ostream::tellp()	取输出文件的指针	

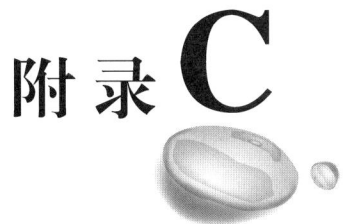

附录 **C**

编程环境安装和调试

C.1　Microsoft Visual C++ 2010 Express 安装

第一步：打开网址 https://microsoft-visual-cpp-express. soft32. com/free-download/？dm＝1,下载 vc_web. exe,双击安装文件运行安装程序,如图 C.1 所示。按照安装程序提示进行操作即可,步骤参见下文说明。

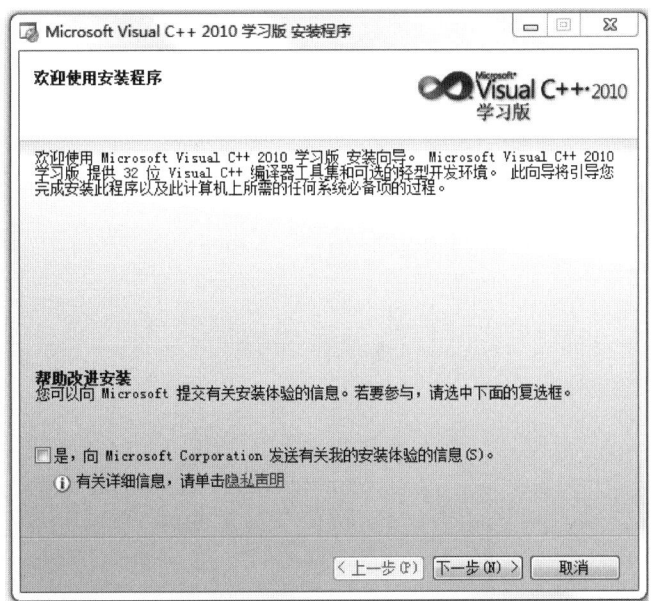

图 C.1

如图 C. 1 所示,单击"下一步"按钮。

如图 C. 2 所示,选择"我已阅读并接受许可条款"选项,单击"下一步"按钮。

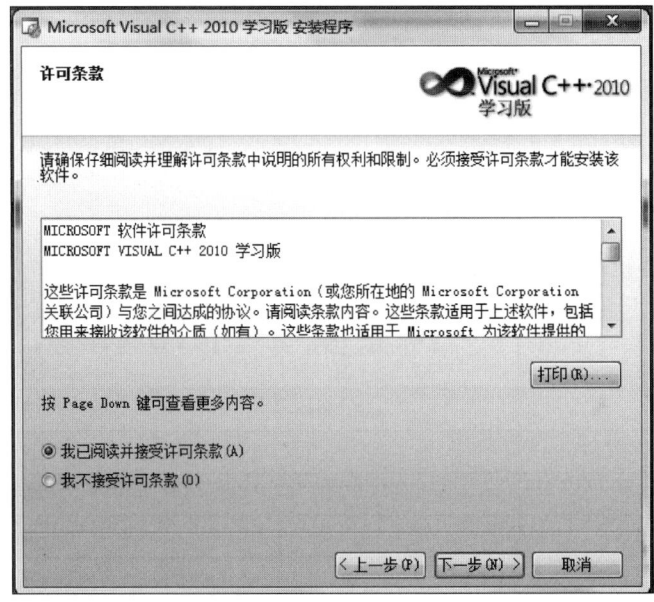

图 C. 2

如图 C. 3 所示,不勾选 Microsoft SQL Server 2008 Express Service Pack 1(x86)可选产品,单击"下一步"按钮。

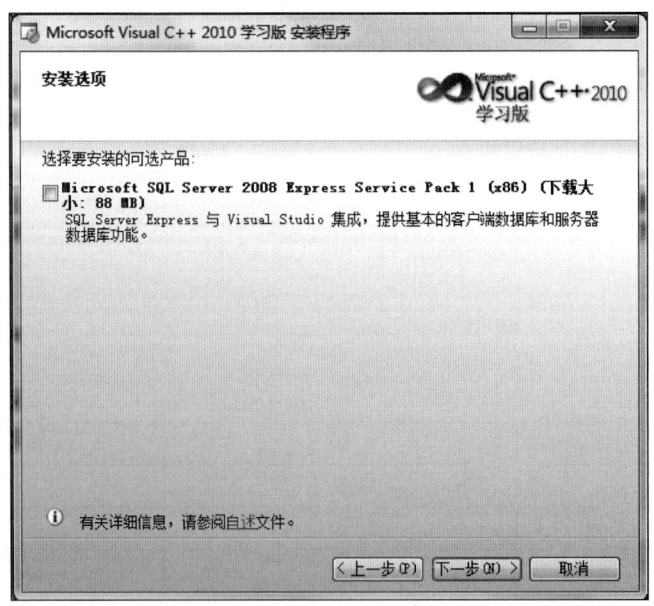

图 C. 3

如图 C. 4 所示,单击"安装"按钮即可完成安装。

图 C.4

C.2　Visual C++ 2010 Express 注册

下载 Visual C++ 2010 Express 后,有 30 天试用期,想永久使用,请按如下步骤进行注册。

打开 Visual C++ 2010 Express 的"帮助"菜单,单击"注册产品",如图 C.5 所示。

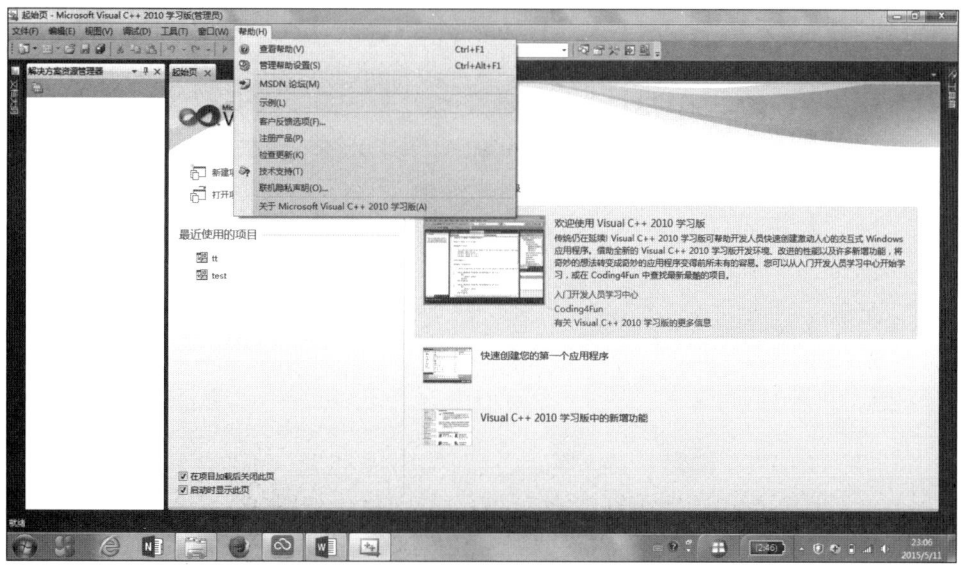

图 C.5

在弹出的对话框中，需要一个微软的账号，如果没有可以单击"立即注册"进行账号注册。如图 C.6 所示。

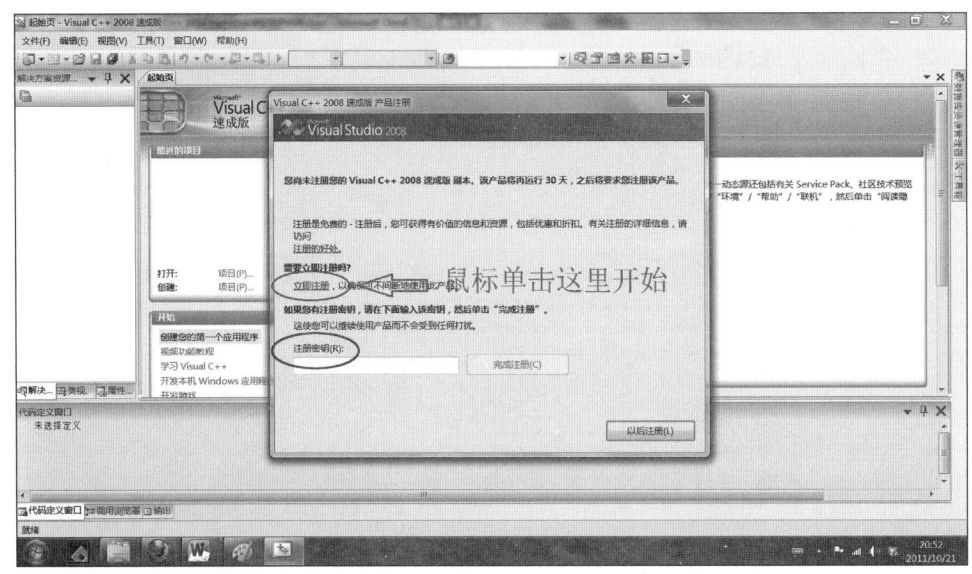

图 C.6

登录注册系统后，根据提示填写表格，完成后进入注册完成网页如图 C.7 所示。

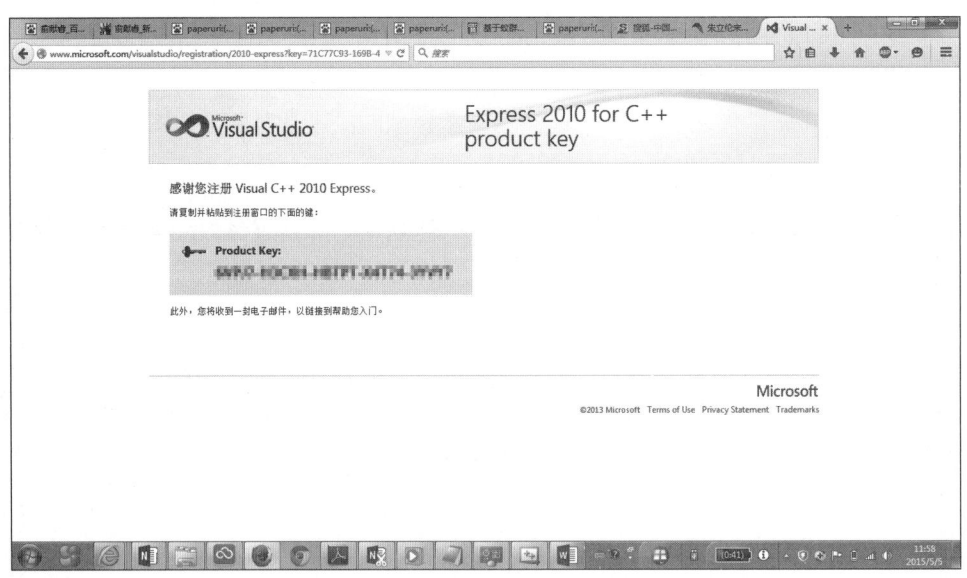

图 C.7

获得产品密钥后复制，直接填写到图 C.6 的"注册密钥"处，单击"完成注册"按钮即可完成注册。

C.3 Visual C++ 2010 Express 使用和程序调试

在 Windows 7 操作系统的"开始"菜单单击 Visual C++ 2010 Express 启动程序,如图 C.8 所示。

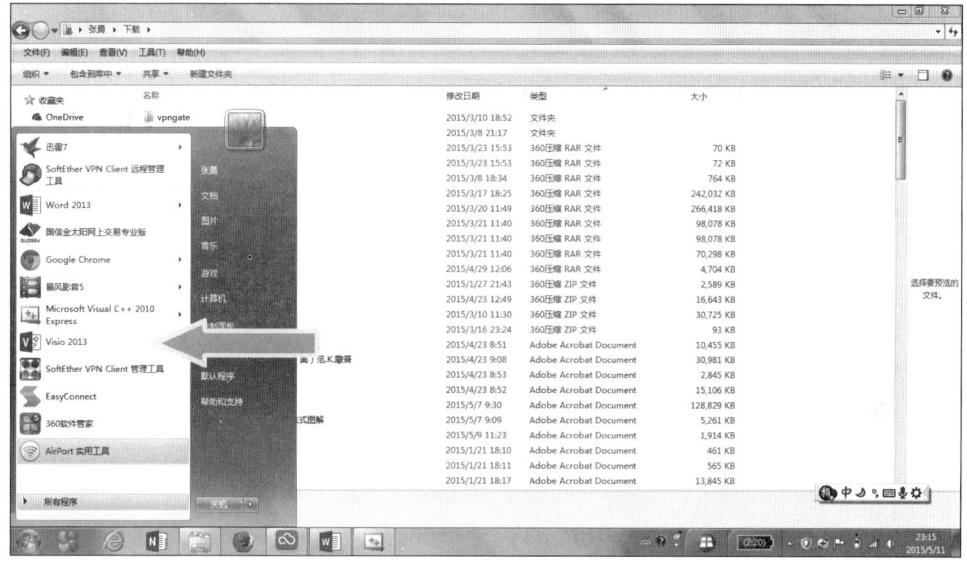

图 C.8

进入 Visual C++ 2010 Express 后,如果想要建立新的工程文件和新的源程序,单击"文件"→"新建"→"项目",如图 C.9 所示。

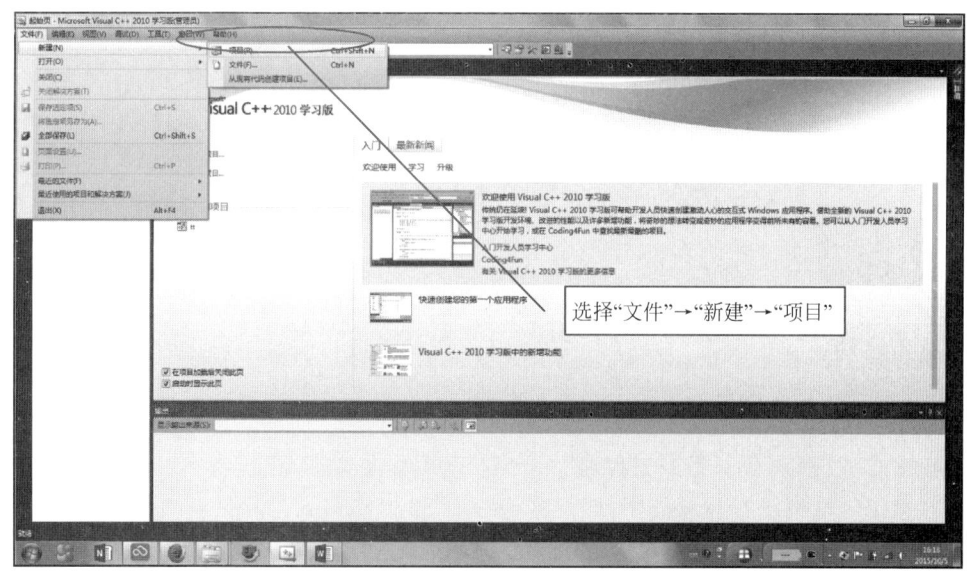

图 C.9

按图 C.10 所示步骤建立一个新的工程。

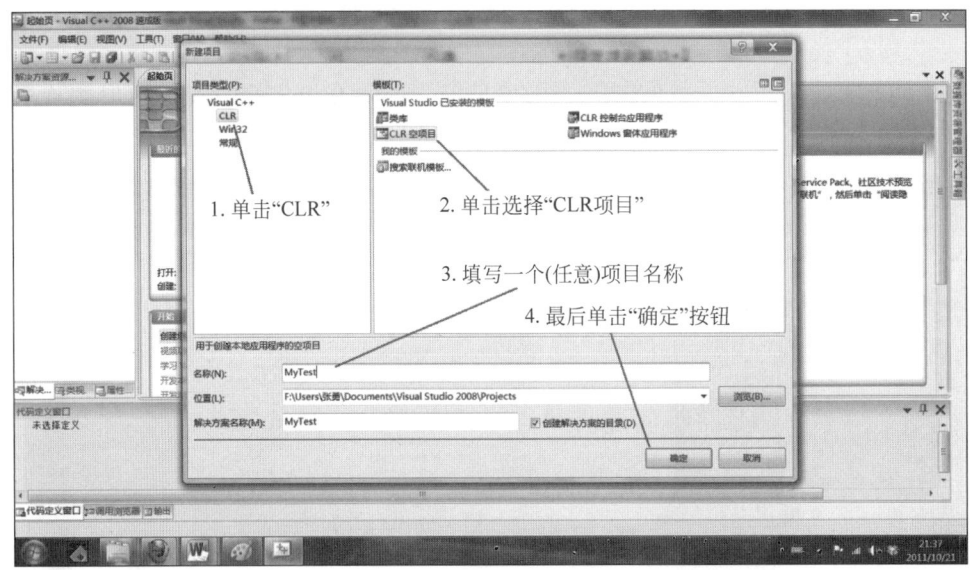

图 C.10

建立工程后,右击"源文件",单击"添加"→"新建项目",如图 C.11 所示。

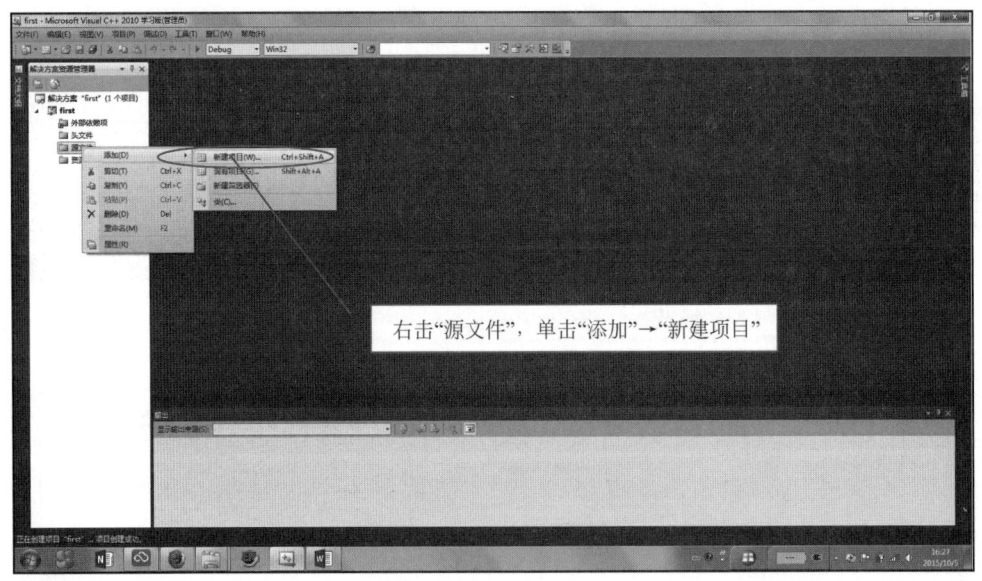

图 C.11

按图 C.12 所示步骤为该工程建立一个 C++源程序文件。

在编译区域编辑 C++源程序,即可进行编译、链接和调试,如图 C.13 所示。

选择已经编辑好的 C++程序,右击"源文件",单击"添加"→"现有项",将源程序添加进工程文件中,如图 C.14 和图 C.15 所示。

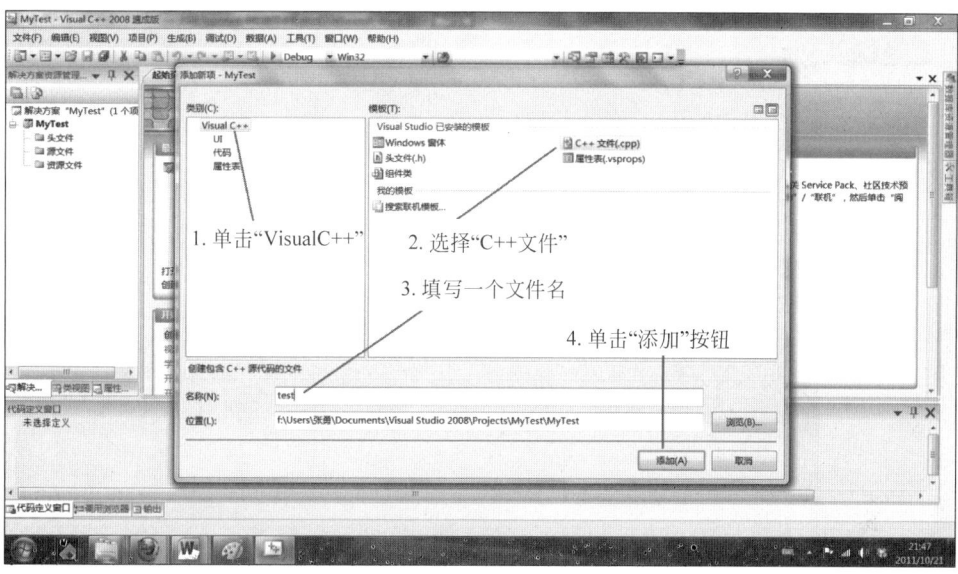

图 C.12

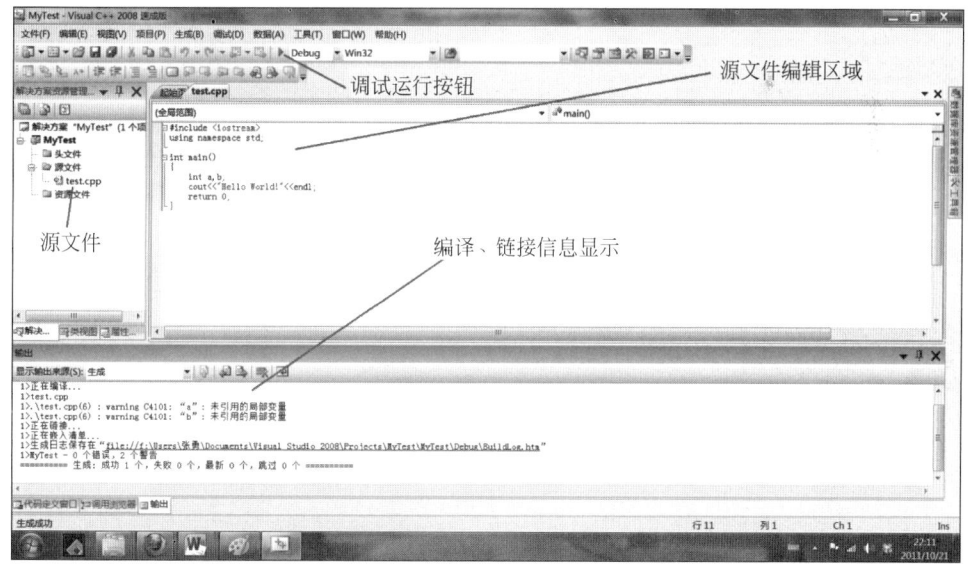

图 C.13

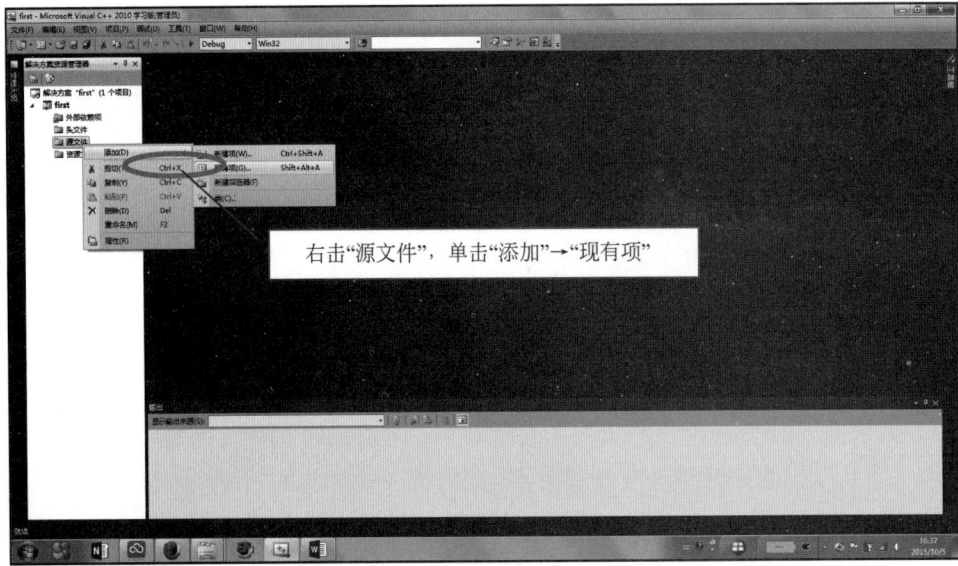

图 C.14

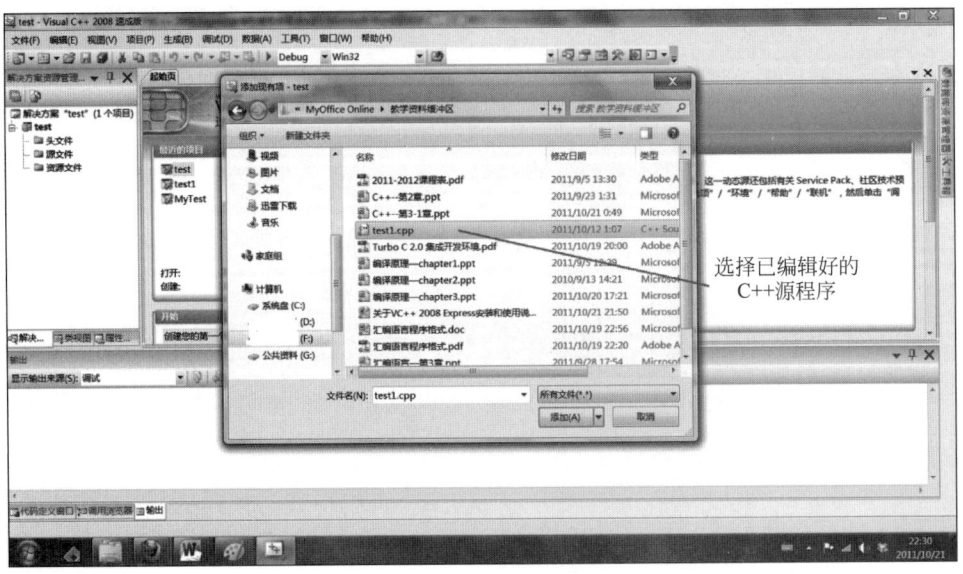

图 C.15

　　程序经过生成(编译、链接)后,就可以启动调试。调试程序的一种方法是通过"调试"菜单进入调试状态,如图 C.16 所示。

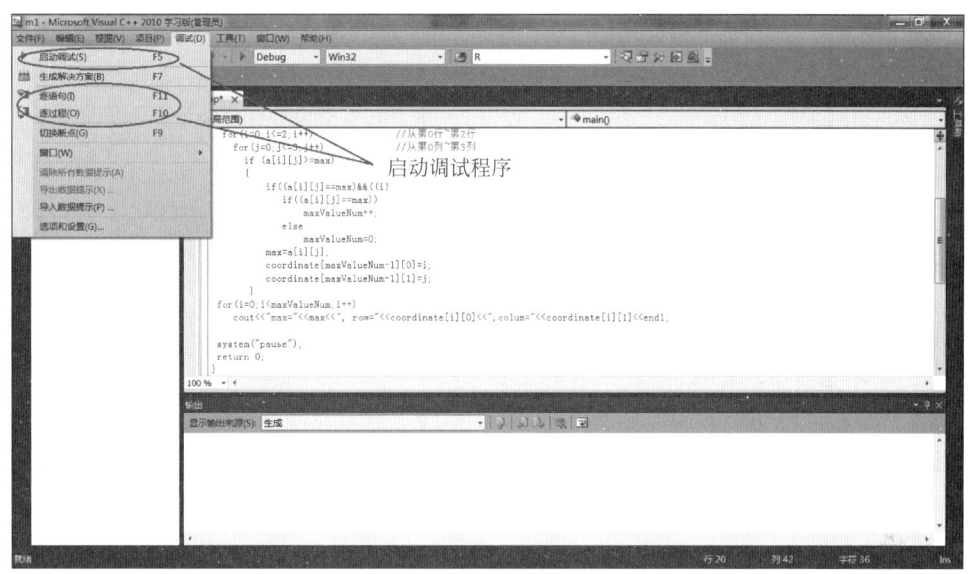

图 C.16

　　调试程序的第二种方式,用鼠标右击编辑区的程序,在弹出的快捷菜单中单击"运行到光标处"进入调试或设置程序断点进行调试,如图 C.17 所示。

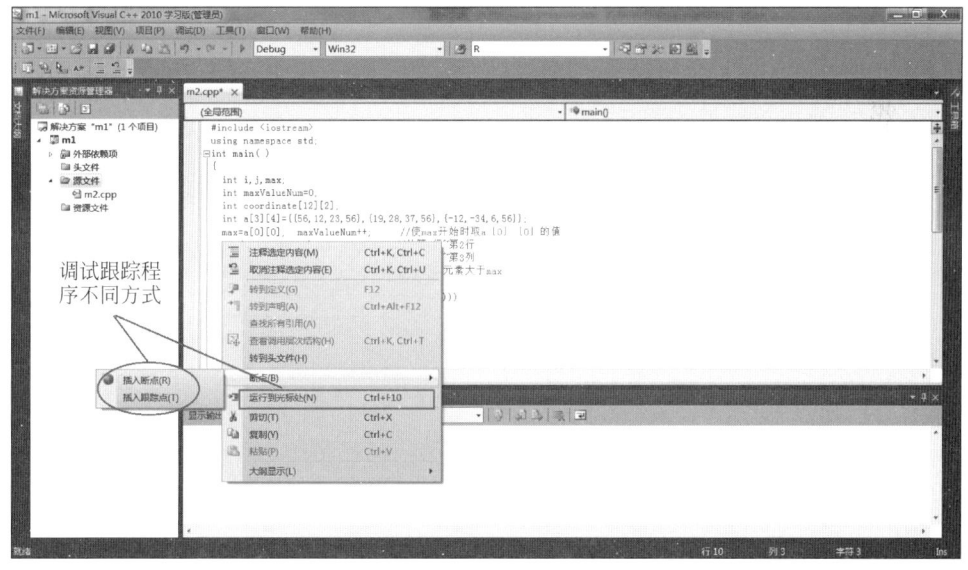

图 C.17

　　进入调试状态后,就可以根据程序的运行状态采用不同的模式跟踪程序,同时观察变量或数据的情况,从而了解程序的运行情况,发现程序的 bug,如图 C.18 所示。

图 C.18

附 录 D

运算符优先级表及ASCII码表

D.1　运算符优先级表

优先级	运算符	名称或含义	使 用 形 式	结合方向	说　　　明
1	[]	数组下标	数组名[常量表达式]	左到右	
	()	圆括号	(表达式)/函数名(形参表)		
	.	成员选择(对象)	对象.成员名		
	—>	成员选择(指针)	对象指针—>成员名		
2	—	负号运算符	—表达式	右到左	单目运算符
	(类型)	强制类型转换	(数据类型)表达式		
	++	自增运算符	++变量名/变量名++		单目运算符
	——	自减运算符	——变量名/变量名——		单目运算符
	*	取值运算符	*指针变量		单目运算符
	&	取地址运算符	&变量名		单目运算符
	!	逻辑非运算符	!表达式		单目运算符
	～	按位取反运算符	～表达式		单目运算符
	sizeof	长度运算符	sizeof(表达式)		
3	/	除	表达式/表达式	左到右	双目运算符
	*	乘	表达式*表达式		双目运算符
	%	余数(取模)	整型表达式/整型表达式		双目运算符
4	+	加	表达式+表达式	左到右	双目运算符
	—	减	表达式—表达式		双目运算符
5	<<	左移	变量<<表达式	左到右	双目运算符
	>>	右移	变量>>表达式		双目运算符

优先级	运算符	名称或含义	使 用 形 式	结合方向	说　明
6	>	大于	表达式>表达式	左到右	双目运算符
	>=	大于或等于	表达式>=表达式		双目运算符
	<	小于	表达式<表达式		双目运算符
	<=	小于或等于	表达式<=表达式		双目运算符
7	==	等于	表达式==表达式	左到右	双目运算符
	!=	不等于	表达式!=表达式		双目运算符
8	&	按位与	表达式&表达式	左到右	双目运算符
9	^	按位异或	表达式^表达式	左到右	双目运算符
10	|	按位或	表达式|表达式	左到右	双目运算符
11	&&	逻辑与	表达式&&表达式	左到右	双目运算符
12	||	逻辑或	表达式||表达式	左到右	双目运算符
13	?:	条件运算符	表达式1? 表达式2:表达式3	右到左	三目运算符
14	=	赋值运算符	变量=表达式	右到左	
	/=	除后赋值	变量/=表达式		
	*=	乘后赋值	变量*=表达式		
	%=	取模后赋值	变量%=表达式		
	+=	加后赋值	变量+=表达式		
	-=	减后赋值	变量-=表达式		
	<<=	左移后赋值	变量<<=表达式		
	>>=	右移后赋值	变量>>=表达式		
	&=	按位与后赋值	变量&=表达式		
	^=	按位异或后赋值	变量^=表达式		
	|=	按位或后赋值	变量|=表达式		
15	,	逗号运算符	表达式,表达式,…	左到右	顺序运算符

D.2　ASCII 码表

十进制值	十六进制值	终端显示	ASCII 助记名	备　注
0	00	^@	NUL	空
1	01	^A	SOH	文件头的开始
2	02	^B	STX	文本的开始
3	03	^C	ETX	文本的结束
4	04	^D	EOT	传输的结束
5	05	^E	ENQ	询问
6	06	^F	ACK	确认
7	07	^G	BEL	响铃
8	08	^H	BS	后退
9	09	^I	HT	水平跳格
10	0A	^J	LF	换行

十进制值	十六进制值	终端显示	ASCII 助记名	备 注
11	0B	^K	VT	垂直跳格
12	0C	^L	FF	换页
13	0D	^M	CR	回车
14	0E	^N	SO	向外移出
15	0F	^O	SI	向内移入
16	10	^P	DLE	数据传送换码
17	11	^Q	DC1	设备控制 1
18	12	^R	DC2	设备控制 2
19	13	^S	DC3	设备控制 3
20	14	^T	DC4	设备控制 4
21	15	^U	NAK	否定
22	16	^V	SYN	同步空闲
23	17	^W	ETB	传输块结束
24	18	^X	CAN	取消
25	19	^Y	EM	媒体结束
26	1A	^Z	SUB	减
27	1B	^[	ESC	退出
28	1C	^*	FS	域分隔符
29	1D	^]	GS	组分隔符
30	1E	^^	RS	记录分隔符
31	1F	^_	US	单元分隔符
32	20	(Space)	Space	
33	21	!	!	
34	22	`	`	
35	23	#	#	
36	24	$		
37	25	%		
38	26	&		
39	27	'		
40	28	(		
41	29	)		
42	2A	*		
43	2B	+		
44	2C	,		
45	2D	—		
46	2E	.		
47	2F	/		
48	30	0		
49	31	1		
50	32	2		
51	33	3		

续表

十进制值	十六进制值	终端显示	ASCII 助记名	备注
52	34	4		
53	35	5		
54	36	6		
55	37	7		
56	38	8		
57	39	9		
58	3A	:		
59	3B	;		
60	3C	<		
61	3D	=		
62	3E	>		
63	3F	?		
64	40	@		
65	41	A		
66	42	B		
67	43	C		
68	44	D		
69	45	E		
70	46	F		
71	47	G		
72	48	H		
73	49	I		
74	4A	J		
75	4B	K		
76	4C	L		
77	4D	M		
78	4E	N		
79	4F	O		
80	50	P		
81	51	Q		
82	52	R		
83	53	S		
84	54	T		
85	55	U		
86	56	V		
87	57	W		
88	58	X		
89	59	Y		
90	5A	Z		
91	5B	[		
92	5C	"		

十进制值	十六进制值	终端显示	ASCII助记名	备 注
93	5D	]		
94	5E	^		
95	5F	_		
96	60	`		
97	61	a		
98	62	b		
99	63	c		
100	64	d		
101	65	e		
102	66	f		
103	67	g		
104	68	h		
105	69	i		
106	6A	j		
107	6B	k		
108	6C	l		
109	6D	m		
110	6E	n		
111	6F	o		
112	70	p		
113	71	q		
114	72	r		
115	73	s		
116	74	t		
117	75	u		
118	76	v		
119	77	w		
120	78	x		
121	79	y		
122	7A	z		
123	7B	{		
124	7C	|		
125	7D	}		
126	7E			
127	7F		DEL	Delete

参 考 文 献

[1] 萨维奇. C++程序设计[M]. 8 版. 周靖,译. 北京:清华大学出版社,2012.

[2] 谭浩强. C++程序设计[M]. 2 版. 北京:清华大学出版社,2011.

[3] 翁惠玉,俞勇. C++程序设计思想与方法(慕课版)[M]. 3 版. 北京:人民邮电出版社,2016.

[4] 钱能. C++程序设计教程(修订版)——设计思想与实现[M]. 北京:清华大学出版社,1999.

[5] 王育坚. Visual C++面向对象编程[M]. 3 版. 北京:清华大学出版社,2013.

[6] 陈家骏. 程序设计教程[M]. 北京:机械工业出版社,2004.

[7] LIPPMAN S B. C++ Primer 中文版[M]. 李师贤,蒋爱军,梅晓勇,等译. 5 版. 北京:电子工业出版社,2013.

[8] 刘兰娟. 经济管理中的计算机应用[M]. 2 版. 北京:清华大学出版社,2013.

[9] SAVITCH W. C++程序设计(影印版)[M]. 8 版. 北京:清华大学出版社,2015.

[10] DEITEL P ,DEITEL H. C++大学教程[M]. 张引,等译. 9 版. 北京:电子工业出版社,2016.

[11] LIPPMAN S, LAJOIE J,MOO B. C++ Primer(影印版)[M]. 5 版. 北京:电子工业出版社,2013.

[12] MEYERS S. Effective C++改善程序与设计的 55 个具体做法(中文版)[M]. 侯捷,译. 3 版. 北京:电子工业出版社,2011.

[13] OLIVEIRA C. Practical C++ Financial Programming[M]. Berkeley,CA:Apress,2015.

[14] 谭浩强. C++程序设计[M]. 3 版. 北京:清华大学出版社,2015.

[15] 谭浩强. C++面向对象程序设计[M]. 2 版. 北京:清华大学出版社,2014.

图 书 资 源 支 持

感谢您一直以来对清华版图书的支持和爱护。为了配合本书的使用,本书提供配套的资源,有需求的读者请扫描下方的"书圈"微信公众号二维码,在图书专区下载,也可以拨打电话或发送电子邮件咨询。

如果您在使用本书的过程中遇到了什么问题,或者有相关图书出版计划,也请您发邮件告诉我们,以便我们更好地为您服务。

我们的联系方式:

地　　址: 北京市海淀区双清路学研大厦 A 座 714

邮　　编: 100084

电　　话: 010-83470236　010-83470237

客服邮箱: 2301891038@qq.com

QQ: 2301891038（请写明您的单位和姓名）

资源下载: 关注公众号"书圈"下载配套资源。

资源下载、样书申请

书圈

图书案例

清华计算机学堂

观看课程直播